DAMALS
1945

Gesichter des Jahres

Harry S. Truman

Dwight D. Eisenhower

Martin Niemöller

Grigori K. Schukow

Josef Stalin

Paul W. Tibbets

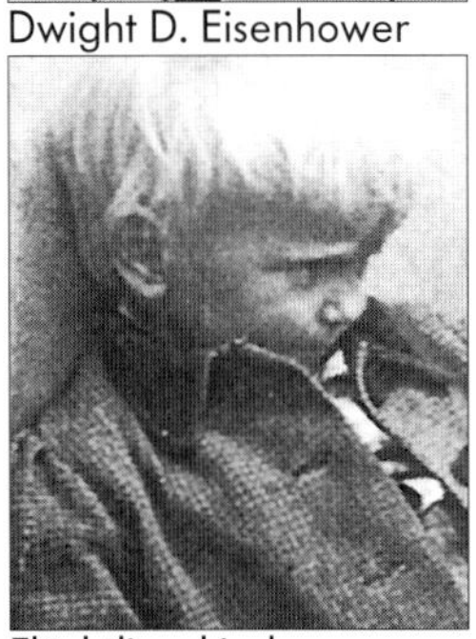
Flüchtlingskind

Kurt Schumacher

Trümmerfrau

Ho Chi Minh

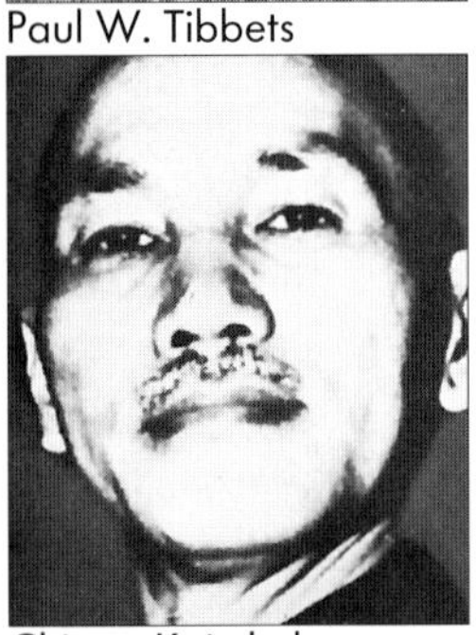
Chiang Kai-shek

Astrid Lindgren

Sir Geoffrey Lawrence

Bernard Montgomery

Mao Zedong

Achmed Sukarno

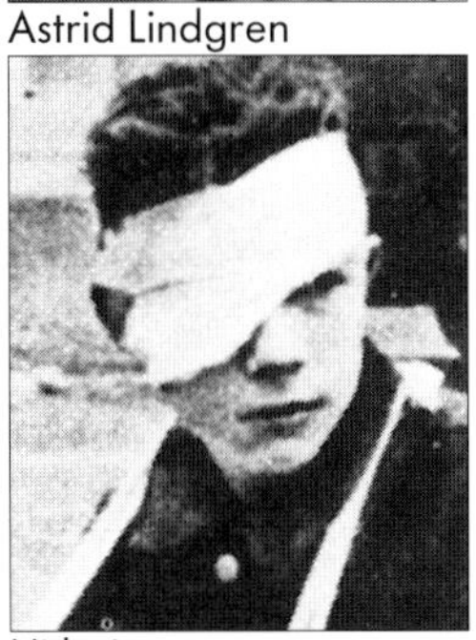
Hitlerjunge

Karl Dönitz

befreiter KZ-Häftling

Walter Ulbricht

Charles de Gaulle

Julius R. Oppenheimer

Käthe Kollwitz

Wernher von Braun

Winston Churchill

DAMALS 1945

Das Jahr Null

Guido Knopp

in Zusammenarbeit mit

Stefan Brauburger
Maya Dähne
Christian Deick
Christiane Deuse
Peter Hartl
Holger Hillesheim
Michael Metzger
Jörg Müllner
Ursula Nellessen
Mike Nowak
Jaqueline Plum
Kristiana Ruhl
Marcus Schnöbel
Georg Schwarte
Klaus-Konstantin Sondermann

Deutsche Verlags-Anstalt
Stuttgart

Das Jahr Null

Die eine große »Stunde Null« gab es natürlich nicht. Sie schlug nicht in dem Augenblick, als Keitel die ihm vorgelegte Kapitulationsurkunde unterschrieb, nicht um die Mitternacht des 8. Mai, als in Europa, und nur dort, die »Waffen schwiegen«; nicht in den bitteren Momenten, als die Bomben von Hiroshima und Nagasaki zündeten; schon gar nicht, als auch die Japaner sich bedingungslos ergaben.

Alle diese Augenblicke waren nur Indizien für das Ende einer Ära und den Anfang einer neuen. Die Geschichte holte Atem, nach dem fürchterlichsten aller Kriege, den die Menschheit je erlebt hatte. Doch fürchterlicher noch war die Erfahrung dessen, was der Mensch dem Menschen antun konnte. Erst Jahrzehnte später dämmerte den Nachgeborenen, daß das eigentliche Menetekel dieser Ära nicht der Krieg war, sondern Auschwitz – Synonym für ein unfaßbares Verbrechen.

Zeitenwende '45. Im zerstörten und besiegten, im besetzten und geteilten Deutschland hieß das: Ende des totalen Sterbens, des brutalen Bombenkriegs, des Massenmordes in den Lagern, Ende auch der letzten Illusionen, von den »Wunderwaffen« etwa, die den »Endsieg« bringen sollten, und der Redlichkeit des Reiches, das sich als ein furchtbares Gehäuse für die schlimmste Mörderbrut entpuppte, die in Deutschland je gehaust hatte.

Das Nazireich versank in einem Meer von Blut und Tränen. Sein monströses Dasein hing allein von jenem ab, der es geschaffen hatte. Ohne ihn, den Kristallisationspunkt böser Emotionen, war es nur ein Geisterschiff. Mit Hitlers Selbstmord endete der Spuk.

Finis Germaniae? Nein, es gab genügend Kontinuität, um auch den scheinbar absoluten Stillstand des Geschehens einzubetten in das Vorher und das Nachher. Was da aus Ruinen auferstand, war nicht das Deutschland von Morgen, sondern erstmal das von Vorgestern: Die Überlebenden der ersten Republik, die Veteranen Weimars, standen auf und packten an. Mitunter war die neue Zeit schon da, bevor die alte endete: Noch vor der Kapitulation formierte sich der erste Ortsverein der SPD; am Tag von Hitlers Selbstmord landete im Osten von Berlin die »Gruppe Ulbricht«, Schlangenei des späteren DDR-Regimes.

Kein Stillstand also, objektiv. Nur subjektiv, im Sehen und Empfinden deutscher Zeitgenossen war es mehr als das: ein Fall ins Bodenlose. Sich bedingungslos ergeben, auf Gnade oder Ungnade: Viele Völker haben das seit der Antike über sich ergehen lassen müssen. Dennoch war der mitteleuropäische Zusammenbruch des Jahres 1945 etwas Einzigartiges, gewaltiger und schlimmer als der letzte Akt des Dreißigjährigen Krieges, der das Land verwüstete und die Nation in Stücke riß. Es war fast so schlimm wie in Karthago, als die Römer die Bevölkerung versklavten und am Ende die verbrannte Stadt mit einem Fluch belegten.

Verbrannt war das geschlagene Deutschland auch, weiß Gott. Landauf landab bot sich den Siegern ein gespenstisches Bild des Todes. Viele Städte waren nur noch schwelende Ruinenfelder. Das Volk? Es existierte noch. Es hauste in den Trümmern, suchte nach Verwandten, wanderte auf Landstraßen, es hungerte und trauerte. Es war verfemt – wie die Verfluchten von Karthago. Seit die Welt erfahren hatte, was in deutschem Namen nicht nur in den Lagern des Regimes geschehen war, kehrt sich der Zorn der Völker gegen das gesamte »Volk der Täter«. Dabei war dieses Volk selbst Opfer des in seinem Namen ausgelösten Krieges geworden. Vier Millionen Deutsche waren als Soldaten für ihr mörderisches Vaterland gefallen. Dreieinhalb Millionen Zivilisten kamen um in Bombennächten, auf der Flucht, durch die Vertreibung.

Doch die Deutschen fanden keine Zeit für Tränen. Nichts als überleben wollten sie. Noch Hunderttausende verhungerten in diesem Jahr – gefangene Soldaten, Greise, Kranke. »Menschen essen Gras und Rinde von den Bäumen«, schrieb der Sowjetfunktionär Anastas Mikojan nach einer Fahrt durch die Ruinen von Berlin. Konrad Adenauer sah »das deutsche Volk zugrundegehen, langsam aber sicher«. Doch der alte Herr von Rhöndorf hatte seine Deutschen unterschätzt. Sie machten Leberwurst aus Holz, sie klaubten Ami-Kippen, fälschten Fragebögen, tauschten Silber gegen Butter, schlugen Wälder kahl und schneiderten aus Fahnentüchern Blusen.

Ende war das Jahr und Anfang: Schlußstrich unter eine Zeit der Weltkriege, die künftige Historiker als einen großen Orlog sehen werden – 1914 bis 1945, der Dreißigjährige Krieg des Zwanzigsten Jahrhunderts. Und das »Jahr Null« für eine neue Ära: Seit dem Urknall in der Wüste von Alamogordo ist die Menschheit in der Lage, sich selbst auszulöschen. Nicht Vernunft hat seit dem Krieg den großen Frieden in der Welt gesichert, sondern nur die Angst vor der Atombombe.

Guido Knopp

1945

France
Rumania
Poland

Diese Hand führt das Reich
Deutsche Jugend folge ihr in den Reihen der H.J.!

Inhalt

Mai

Juni

Juli

August

September

Oktober

November

Dezember

Neujahrsansprache

Aufruf zum Jahreswechsel
von Adolf Hitler

Deutsches Volk! Nationalsozialisten! Meine Volksgenossen! Nur der Jahreswechsel veranlaßt mich, heute zu Ihnen, meine deutschen Volksgenossen und Volksgenossinnen, zu sprechen. Die Zeit hat von mir mehr als Reden gefordert. Die Ereignisse der hinter uns liegenden zwölf Monate, besonders aber der Vorgang des 20. Juli, haben mich gezwungen, meine ganze Aufmerksamkeit und Arbeitskraft der einzigen Aufgabe zu widmen, für die ich seit vielen Jahren lebe: dem Schicksalskampf meines Volkes. Denn wenn auch die Gegner schon früher jedes Jahr unseren Zusammenbruch prophezeit haben, dann setzten sie doch auf das Jahr 1944 besondere Hoffnungen. Noch niemals schien ihnen der Sieg so nahe zu sein wie in den Augusttagen des vergangenen Jahres, als eine Katastrophe förmlich der anderen folgte. Wenn es nun trotzdem gelungen ist, das Schicksal wieder, wie so oft, zu wenden, dann fällt neben den Opfern, dem Ringen und Arbeiten aller meiner Volksgenossen in der Heimat und an der Front auch meiner eigenen Arbeit und meinem eigenen Einsatz ein Anteil an diesen Verdiensten zu. Ich habe damit nur in dem Sinne gehandelt, dem ich in der denkwürdigen Reichstagssitzung am 1. September 1939 mit der Erklärung Ausdruck verlieh, daß in diesem Kampf Deutschland weder durch Waffengewalt noch durch die Zeit jemals würde niedergezwungen werden, daß sich aber ein 9. November 1918 im deutschen Reich nie mehr wiederholen wird. (...)

Adolf Hitler

Ich möchte nun demgegenüber an der Wende eines Jahres, das uns genügend Gelegenheit geboten hat, den Beweis dafür zu liefern, daß dieses Volk und dieser Staat und seine führenden Männer unerschütterlich sind in ihrem Willen und unbeirrbar in ihrer fanatischen Entschlossenheit, den Krieg unter allen Umständen erfolgreich durchzukämpfen, noch einmal das feststellen, was sich für uns aus der Vergangenheit und Gegenwart ergibt und für die Zukunft zu wissen für alle Welt notwendig ist:

1. Wir kennen aus der Vergangenheit und Gegenwart die Ziele unserer Feinde. Was die britisch-amerikanischen Staatsmänner mit dem Deutschen Reich vorhaben, was die bolschewistischen Machthaber und letzten Endes die hinter allem stehenden internationalen Juden als Maßnahmen gegen das deutsche Volk beabsichtigen, ist uns bekannt. Ihre erfolgreiche Durchführung würde nicht nur die völlige Zerreißung des Deutschen Reiches, den Abtransport von 15 oder 20 Millionen Deutschen in das Ausland, die Versklavung des Restteiles unseres Volkes, die Verderbung unserer deutschen Jugend, sondern vor allem das Verhungern unserer Millionenmassen mit sich bringen. Davon abgesehen aber, kann man entweder nur in der Freiheit leben oder in der Knechtschaft sterben. Wenn nun früher diese Erkenntnisse als nationalsozialistische Propagandathesen verschrien oder abgetan werden konnten, so sind sie heute die ganz offen von den führenden Staatsmännern und Pressejuden dieser Länder eingestandenen Ziele, also die Proklamation der uns feindlichen Regierungen.

2. Demgegenüber sind nun aber auch wir zu allem entschlossen. Die Welt muß wissen, daß daher dieser Staat niemals kapitulieren wird, daß das heutige Deutsche Reich wie alle großen Staaten der Vergangenheit auf seinem Weg Rückschlägen ausgesetzt sein mag, daß es aber nie diesen Weg verlassen wird. Man muß wissen, daß die heutige Staatsführung die Sorgen und Leiden mit ihrem Volk teilt, aber niemals vor Sorgen oder Leid kapitulieren wird. Denn: für was unsere Feinde kämpfen, wissen sie, außer ihren Juden, selbst nicht, für was aber wir kämpfen, ist uns allen klar. Es ist die Erhaltung des deutschen Menschen, es ist unsere Heimat, es ist unsere zweitausendjährige Kultur, es sind die Kinder und die Kindeskinder unseres Volkes. Es ist also alles das, was uns das Leben allein überhaupt lebenswert erscheinen läßt...

Daß dieser Kampf selbst schon ein so grenzenlos schwerer ist, liegt im Wesen der angeführten Zielsetzung unserer Feinde, denn da sie die Absicht haben, unser Volk auszurotten, versuchen sie diese Methode bereits im Krieg mit Mitteln, wie sie die zivilisierte Menschheit noch nicht gekannt hat. Indem sie unsere Städte zertrümmern, hoffen sie nicht nur die deutschen Frauen und Kinder zu töten, sondern vor allem auch die Dokumente unserer tausendjährigen Kultur zu beseitigen, denen sie Ebenbürtiges gleichzustellen nicht in der Lage sind. Dies ist auch der Sinn des Vernichtungskrieges gegen die Kulturstätten Italiens gewesen, die tiefere Absicht bei der Fortführung des heutigen Kampfes in Frankreich, Belgien und den Niederlanden. Allein, so wie der Phönix aus der Asche, so hat sich zunächst aus den Trümmern unserer Städte der deutsche Wille erst recht aufs neue erhoben. Er hat Besitz ergriffen nicht nur von Millionen Soldaten, sondern ebenso von Millionen Arbeitern, Arbeiterinnen, von Frauen, ja selbst von Kindern. Was diesen Millionen im einzelnen alles an Leid zugefügt wird, ist unermeßlich. Aber ebenso unermeßlich ist die Größe ihrer Haltung. Wenn diese leidgeprüfte Zeit einmal ihr Ende gefunden hat, wird jeder Deutsche grenzenlos stolz darauf sein, sich als Angehöriger eines solchen Volkes bekennen zu dürfen...

Ich weiß, meine lieben Volksgenossen, was dieser Krieg von euch fordert. Es gibt wohl keinen Menschen in irgendeinem großen Land der Welt, der sein Volk und dessen

Heimstätten besser kennen kann als ich Deutschland. Allen den deutschen Städten und Orten, die heute zertrümmert werden, bin ich nicht nur geschichtlich, sondern auch persönlich so unendlich lebensnahe gekommen. Ich war ihnen seit Jahrzehnten nicht nur in historisch-kulturgeschichtlicher und menschlicher Liebe verbunden, sondern auch am stärksten beteiligt am Schicksal ihrer künftigen Entwicklung. Allein gerade dies ist es, was mich auch dieses Leid etwas leichter tragen läßt, daß ich mehr als ein anderer weiß, daß nicht nur das deutsche Volk als solches in seinem Willen immer aus tiefster Not emporgestiegen ist, sondern daß sich dereinst als Abschluß dieser Zeit auch die deutschen Städte wieder aus ihren Trümmerhalden erheben werden zu neuen Plätzen dieser Städteherrlichkeit. Der nationalsozialistische Staat wird mit seiner Energie und Tatkraft alles das, was heute der Zerstörung verfällt, in wenigen Jahren neu errichten. Unsere Städte werden in ihrem äußeren Bild gewaltiger und schöner sein als je zuvor. An die Stelle vernichteter Wohnkasernen werden gesündere Heime für den deutschen Menschen treten. Unsere sozialen und kulturellen Forderungen werden dabei eine bessere Berücksichtigung finden, als es bisher möglich gewesen war. (...)

Das Jahr 1944 war das Jahr der schwersten Belastungen in diesem gewaltigen Ringen. Es war das Jahr, in dem aber auch einmalig bewiesen wurde, daß die bürgerliche Gesellschaftsordnung nicht mehr in der Lage ist, den Stürmen der heutigen oder gar der kommenden Zeit zu trotzen. Staat um Staat, der nicht den Weg zu einer wahrhaft sozialen Neugestaltung findet, wird den Weg in das Chaos nehmen. Das liberale Zeitalter ist gewesen. Die Meinung, durch parlamentarisch-demokratische Halbheiten diesem Völkersturm begegnen zu können, ist kindisch. (...) So sind in diesem Jahr nach dem Vorbild des königlichen Italien Finnland, Rumänien, Bulgarien und Ungarn zusammengebrochen. Es ist aber in erster Linie ein Zusammenbruch als Ergebnis der Feigheit und Unentschlossenheit der Führungen. Diese selbst können in ihrem Handeln nur verstanden werden aus der korrupten und sozialmoralischen Atmosphäre der bürgerlichen Welt heraus.

Für uns aber, meine deutschen Volksgenossen, ist dies nur eine neue Verpflichtung, immer klarer zu erkennen, daß Sein oder Nichtsein einer deutschen Zukunft von der konsequenten Ausgestaltung unseres Volksstaates abhängen, daß alle die unermeßlichen Opfer, die unser Volk bringen muß, nur denkbar sind unter der Voraussetzung einer Gesellschaftsordnung, die mit allen Vorrechten aufräumt und damit das ganze Volk nicht nur zum Träger gleicher Pflichten, sondern auch gleicher Lebensrechte macht, die vor allem den gesellschaftlichen Wahngebilden einer überlebten Zeit einen unerbittlichen Kampf ansagt und an ihre Stelle die wertvollste Realität setzt, die es gibt, nämlich das Volk. Diese Überzeugung bindet gerade das Volk in solchen Stunden aber auch an seine Führung. Sie hat dem Appell, den ich in diesem Jahr besonders eindringlich an das deutsche Volk richten mußte, die einmalige Bejahung sichergestellt. Millionen Deutscher aller Berufe und aller Lebensstände, Männer und Frauen, Knaben und Mädchen bis herab zu Kindern, haben zum Spaten und zur Schaufel gegriffen. Tausende von Volkssturmbataillonen sind entstanden und im Entstehen begriffen. Divisionen über Divisionen sind neu aufgestellt. Volksartilleriekorps, Werfer- und Sturmgeschützbrigaden sowie Panzerverbände wurden aus dem Boden gestampft, Jagdgeschwader wieder aufgefrischt und mit neuen Maschinen versehen und vor allem, die deutschen Fabriken haben durch die deutschen Arbeiter und Arbeiterinnen Einmaliges geleistet. Ihnen, das darf ich heute aussprechen, schließen sich immer mehr jene der denkenden Menschen anderer Völker an, die als Arbeitskräfte in Deutschland das Wesen unserer sozialen Gemeinschaft erfassen. So wurde, was immer unsere Gegner zerschlagen haben, mit übermenschlichem Fleiß und einem Heldenmut sondergleichen wiederaufgebaut, und dies wird solange geschehen, bis das Beginnen unserer Feinde eines Tages ein Ende findet. Der deutsche Geist und der deutsche Wille werden dies erzwingen! Das, meine Volksgenossen, wird einmal eingehen in die Geschichte als das Wunder des zwanzigsten Jahrhunderts!

Ein Volk, das in Front und Heimat so Unermeßliches leistet, so Furchtbares erduldet und erträgt, kann daher auch niemals zugrunde gehen. Im Gegenteil: Es wird aus diesem Glutofen von Prüfungen sich stärker und fester erheben als jemals zuvor in seiner Geschichte. Die Macht aber, der wir alles verdanken, der jüdisch-internationale Weltfeind, er wird bei diesem Versuch, Europa zu vernichten und seine Völker auszurotten, nicht nur scheitern, sondern sich seine eigene Vernichtung holen. (...) Im übrigen will ich euch, meine Volksgenossen, so wie in den langen Jahren des Ringens um die Macht, auch heute aufs neue versichern, daß mein Glaube an die Zukunft unseres Volkes unerschütterlich ist. Wem die Vorsehung so schwere Prüfungen auferlegt, den hat sie zu Höchstem berufen! Es ist daher meine einzige Sorge, mich abzumühen, um das deutsche Volk durch diese Zeit der Not hindurchzuführen und ihm damit das Tor in jene Zukunft zu öffnen, an die wir alle glauben, für die wir kämpfen und arbeiten. Ich kann diesen Appell nicht schließen, ohne dem Herrgott zu danken für die Hilfe, die er Führung und Volk hat immer wieder finden lassen, sowie für die Kraft, die er uns gegeben hat, stärker zu sein als die Not und Gefahr (...) In dieser Stunde will ich daher als Sprecher Großdeutschlands gegenüber dem Allmächtigen das feierliche Gelöbnis ablegen, daß wir treu und unerschütterlich unsere Pflicht auch im neuen Jahr erfüllen werden des felsenfesten Glaubens, daß die Stunde kommt, in der sich der Sieg endgültig dem zuneigen wird, der seiner am würdigsten ist: dem Großdeutschen Reich!

Winteroffensive der Roten Armee

12. Januar
An der Ostfront setzt die Rote Armee zum Sturm auf die Grenzen des Reiches an. Im frühen Morgengrauen eröffnen die sowjetischen Truppen südlich von Warschau ihre Winteroffensive. 60 Infanteriedivisionen und acht Panzerkorps durchbrechen die aus-

Januar: Deutsche Soldaten auf dem Rückzug.

gelaugten Verteidigungslinien der Wehrmacht. Die deutsche Front reißt. In den folgenden Tagen beginnt der sowjetische Großangriff an allen Abschnitten der Ostfront. Ende Januar steht die Rote Armee bereits an der Oder, 70 Kilometer von Berlin entfernt (S. 13).

Die Befreiung von Auschwitz

26. Januar
Sowjetische Panzerspitzen befreien das Konzentrationslager Auschwitz bei Krakau in Polen. Als die ersten Rotarmisten das Lagergelände betreten, finden sie dort noch fast 8000 Häftlinge vor, darunter 180 Kinder. Mehr als 60 000 Insassen des größten Vernichtungslagers hat die SS zuvor in Richtung Westen »evakuiert«. Die meisten von ihnen kommen bei diesen Todesmärschen ums Leben. In den Gaskammern von Auschwitz sind bis November 1944 mehr als drei Millionen Juden aus ganz Europa ermordet worden (S. 21).

Februar: Josef Stalin (l.) und Franklin D. Roosevelt in Jalta.

Die »Großen Drei« in Jalta

11. Februar
Die drei führenden Männer der Anti-Hitler-Koalition stellen entscheidende Weichen für die Nachkriegszeit. Im russischen Seebad Jalta auf der Krim einigen sich US-Präsident Franklin D. Roosevelt, der britische Premier Winston Churchill und der sowjetische Staats- und Parteichef Josef Stalin auf die zusätzliche Einrichtung einer französischen Besatzungszone in Deutschland und auf die Gründung der Vereinten Nationen. Auf amerikanisches Drängen verpflichtet sich die Sowjetunion, nach der Kapitulation des Deutschen Reiches in den Krieg gegen Japan einzutreten. Strittig bleiben die Frage der polnischen Nachkriegsgrenzen (S. 35).

Hitlers »Nero-Befehl«

19. März
Hitler bricht den Stab über Deutschland. Der Diktator befiehlt, beim Heranrücken des Feindes alle Verkehrswege und Industrieanlagen zu zerstören. »Das deutsche Volk«, erklärt er Rüstungsminister Albert Speer gegenüber, hätte sich »als das schwächere erwiesen. Wenn der Krieg verlorengeht, wird auch das Volk verloren sein.« Zahlreiche Truppenkommandeure widersetzen sich dem Befehl.

Roosevelt stirbt

12. April
Der 32. Präsident der Vereinigten Staaten, Franklin Delano Roosevelt, erliegt den Folgen einer Gehirnblutung. Sein Nachfolger wird der außenpolitisch unerfahrene Vizepräsident Harry Spencer Truman. Der plötzliche Tod des US-Präsidenten löst in der ganzen Welt Trauer und Bestürzung aus. Nur die NS-Führung in Berlin nimmt die Nachricht aus Amerika mit Freude zur Kenntnis und hofft auf den Bruch der alliierten Kriegskoalition (S. 65).

Der Händedruck bei Torgau

25. April
Bei Torgau an der Elbe reichen sich amerikanische und sowjetische Soldaten die Hand. Mit dem umjubelten Treffen der sowjetischen 58. Gardeschützendivision und der 69. US-Division schließt sich die Lücke zwischen Ost- und Westfront. Der Oberbefehlshaber der westalliierten Streitkräfte, General Dwight D. Eisenhower, hatte mit Stalin schon im März ein Treffen an der Elbe vereinbart. Deutschland zerfällt am Ende des »Tausendjährigen Reiches« in zwei Teile (S. 69).

Hitler begeht Selbstmord

30. April
Adolf Hitler entzieht sich der Verantwortung für die Verbrechen seines Terrorregimes. Im »Führerbunker« unter der Berliner Reichskanzlei schießt

April: Adolf Hitler in der zerstörten Reichskanzlei.

April: Sowjetische und amerikanische Soldaten an der Elbe.

er sich mit einer Pistole in den Mund. Seine Geliebte Eva Braun, die Hitler noch am Tag zuvor geheiratet hat, nimmt sich mit Blausäure das Leben. Der Diktator bleibt bis zuletzt ein Fanatiker ohne Reue, der in seinem »politischen Testament« die Schuld am Krieg dem »internationalen Judentum« zuweist. Beide Leichen werden vor dem Führerbunker verbrannt. Nachfolger im Amt des Reichspräsidenten wird Großadmiral Karl Dönitz (S. 57).

Deutschland kapituliert

8. Mai
Nach mehr als fünf Jahren Krieg schweigen in Europa die

Mai: Berlin in Trümmern, Deutschland kapituliert.

Waffen. Im sowjetischen Hauptquartier in Berlin-Karlshorst unterzeichnet Generalfeldmarschall Keitel, der Chef des Oberkommandos der Wehrmacht, die Kapitulationsurkunde. Schom am 7. Mai hatte Generalobers Jodl in Reims im Namen der Regierung Dönitz kapituliert, doch Stalin hatte auf eine Wiederholung der Zeremonie in Karlshorst gedrängt. Die Unterschrift Keitels markiert den Schlußpunkt eines Krieges, der allein in Europa mehr als 36 Millionen Menschen das Leben gekostet hat (S. 77).

Die Geburtsstunde der Vereinten Nationen

26. Juni
In San Francisco unterzeichnen Vertreter von 51 Staaten die Charta der Vereinten Nationen. Die neue Weltorganisation, die an die Stelle des machtlos gewesenen Völkerbundes tritt, soll in Zukunft auch mit militärischen Mitteln den Weltfrieden bewahren helfen. Neben der UN-Vollversammlung, in der internationale Streitfälle beraten werden sollen, wird als Exekutivorgan ein Sicherheitsrat eingesetzt. Ständige Mitglieder darin sind die USA, Großbritannien, Frankreich, die Sowjetunion und China (S. 97).

Die Konferenz von Potsdam

17. Juli
Die »Großen Drei« kommen im Potsdamer Schloß Cäcilienhof zum letzten Gipfeltreffen der Anti-Hitler-Koalition zusammen. Truman, Stalin und Churchill, der am 28. Juli nach den britischen Unterhauswahlen vom neuen Premierminister Clement Attlee abgelöst wird, verständigen sich darauf, Deutschland zu entwaffnen, zu demokratisieren und den »Nationalsozialismus auszurotten«. Bis zu einem endgültigen Friedensvertrag erkennen die Alliierten in Potsdam die Verschiebung der polnischen Westgrenze bis zu Oder und Neiße an. Damit stimmen die Westmächte der Vertreibung von mehr als fünfzehn Millionen Deutschen aus den Ostgebieten zu (S. 107).

Kriegsverbrecher vor Gericht

20. November
Vor einem internationalen Gerichtshof in Nürnberg wird der Prozeß gegen die Hauptkriegsverbrecher des »Dritten Reiches« eröffnet. Zum ersten Mal in der Geschichte müssen sich führende Politiker und Militärs eines Staates für die von ihnen begangenen oder befohlenen Verbrechen vor einem Gericht verantworten. Zwölf der 22 Angeklagten werden wegen Verbrechens gegen die Menschlichkeit zum Tode durch den Strang verurteilt, sieben weitere zu Haftstrafen zwischen zehn Jahren (Karl Dönitz) und lebenslänglich (Rudolf Heß; S. 167).

Juli: Die »Großen Drei« in Potsdam. Churchill, Truman, Stalin (v. l.).

Atomtod in Hiroshima

6. August
Um 8.13 Uhr Ortszeit wirft der amerikanische B-29-Bomber »Enola Gay« über der japanischen Hafenstadt Hiroshima eine Atombombe ab. Mehr als 80 Prozent des Stadtgebietes werden völlig zerstört, mindestens 110 000 Menschen kommen ums Leben. Drei Tage später verwüstet eine weitere Atombombe Nagasaki. Die kaiserliche Regierung in Tokio kapituliert am 22. August. Hunderttausende Japaner leiden noch jahrzehntelang an den Folgen der atomaren Verstrahlung (S. 121).

November: Die Nazi-Verbrecher vor Gericht.

France
Rumania
Poland
Greece
Belgium
Jugoslavia

Der Anfang vom Ende

Die sowjetische Winteroffensive

»An der Ostfront blieb die Kampftätigkeit gering« – Zum letzten Mal wiederholte der Wehrmachtbericht vom 11. Januar, was seit dem August des vergangenen Jahres stereotyp vom Krieg der Wehrmacht gegen die Rote Armee gemeldet wurde. Damals hatten Stalins Truppen plötzlich an der Weichsel Halt gemacht und dem völlig zusammengebrochenen deutschen »Ostheer« die Möglichkeit gegeben, eine neue Frontlinie aufzubauen. Abgesehen vom russischen Vormarsch auf dem Balkan hieß es seitdem: »Im Osten nichts neues.«

Die Atempause weckte trügerische Hoffnungen. Goebbels' Propagandamaschine wurde nicht müde, die entscheidende Wende des Krieges zu beschwören. Am Neujahrstag zeigte sich sogar der seit dem 20. Juli wie vom Erdboden verschluckte Hitler wieder in der Öffentlichkeit und versuchte noch einmal, das Volk für den ›Endsieg‹ zu mobilisieren: »Wir sind zu allem entschlossen. Mein Glaube an die Zukunft unseres Volkes ist unerschütterlich.« Allzu viele Deutsche an der Front und in der Heimat ließen sich noch einmal täuschen. Und schien nicht der Stillstand der Fronten an den Reichsgrenzen den »Führer« tatsächlich zu bestätigen? Ein einfacher Soldat, der nach Hause schrieb, Deutschland müsse jetzt »nur glauben und nochmals glauben«, um »diese schwere Prüfung zu überstehen«, stand für Millionen.

Hitler selbst hämmerte sich und seinem Generalstab gebetsmühlenhaft die irrwitzige Parole ein, Rußlands Armeen seien nunmehr »ausgeblutet«. Alle verfügbaren Reserven der Wehrmacht hatte er kurz vor Weihnachten an die Westfront geworfen, um dort den entscheidenden Angriff zu führen, der die Kriegskoalition der Alliierten doch noch sprengen sollte. Die Ardennenoffensive aber war im Bombenhagel der amerikanischen und britischen Kampfflugzeuge gescheitert. Die deutschen Panzer, die auf dem Weg zur Maas verloren wurden, sollten bald an der Weichsel schmerzlich vermißt werden.

Der Diktator hatte die Ostfront gegen den Rat seiner höchsten Militärs entblößt. Als General Reinhard Gehlen, Chef des Geheimdienstes des Heeres, bedrohliche Zahlen von sowjetischen Truppenkonzentrationen vorlegte, herrschte ihn der selbsternannte Feldherr wütend an: Das Dossier sei »der größte Bluff seit Dschingis Khan« und der »idiotische Bearbeiter« der düsteren Prognose »sofort in ein Irrenhaus« zu sperren. General Heinz Guderian, als Chef des Generalstabs des Heeres sonst eher willfähriger Militärtechnokrat, kommentierte die Zornesausbrüche Adolf Hitlers lakonisch: »Er hatte ein besonderes Bild von der Welt ...«.

Gehlens Abteilung »Fremde Heere Ost«, deren Feindlagebeurteilungen oft genug weit von der Realität entfernt lagen, irrte sich diesmal nicht. Stalin hatte an der Weichsel die gewaltigste Streitmacht der Weltgeschichte zusammengezogen. Allein die Armeen der Marschälle Schukow und Konjew, die die Hauptlast der Offensive tragen sollten,

Sowjetisches Propagandaplakat. Auch zu Beginn des letzten Kriegsjahres – am Anfang vom Ende – lief die Propaganda beider Seiten auf Hochtouren (siehe auch S. 17).

Propaganda für die Offensive: »Tod dem faschistischen Reptil!«

waren mit 2,2 Millionen Soldaten, 6000 Panzern und fast 5000 Flugzeugen schlagkräftiger als die gesamte deutsche Wehrmacht. In den vorgesehenen Angriffsabschnitten standen mehr als 400 Geschütze aller Kaliber pro Kilometer Frontlinie bereit.

Ursprünglich hatte das sowjetische Oberkommando den Beginn der Winteroffensive erst für Ende Januar vorgesehen. Doch als der britische Premier Winston Churchill während der Ardennenoffensive um einen früheren Angriffstermin bat, um die in Bedrängnis

Die deutschen Stellungen werden von Truppen der 1. und 2. weißrussischen Front durchbrochen. Als einer der »Sündenböcke« gilt Generaloberst Harpe von der Heeresgruppe A. Hitler ersetzt ihn durch Generaloberst Schörner.

geratene Westfront zu entlasten, stimmte Stalin gern zu – die Konferenz der »Großen Drei« in Jalta stand vor der Tür. Der Tag X wurde auf den 12. Januar vorverlegt, den Neujahrstag des russischen Kalenders.

Am 9. Januar setzte starker Frost ein – seit jeher ein verläßlicher Verbündeter des russischen Soldaten. Morastige Wege verwandelten sich in befahrbare Eispisten, über Sümpfe und Bäche in den Weichselniederungen legte sich eine tragfähige Eisdecke. Doch brachte die Kälte auch tiefhängende Wolken und dichten Nebel. Die Luftwaffe beider Seiten mußte aus diesem Grunde vorläufig am Boden bleiben.

Den deutschen Soldaten in der vordersten Linie rund um den sowjetischen Weichsel-Brückenkopf bei Baranów bot sich schon seit Tagen eine äußerst gespenstische Szenerie: Aus riesigen Lautsprechern dröhnte von den Linien des Gegners ohrenbetäubende Chormusik und deutschsprachige Propaganda herüber. Die erfahreneren Soldaten wußten, daß die Rote Armee damit den Lärm von heranrasselnden Panzerketten zu übertönen pflegte. Offenbar stand ein Großangriff bevor. Zu sehen war nichts. Der Nebel legte sich wie ein Leichentuch über die polnische Ebene.

In der Nacht auf den 12. Januar verstummten die Lautsprecher plötzlich. Dann setzte das Inferno ein. Aus vielen tausend Geschützen und den Rohren der gefürchteten Stalinorgeln brach ein Feuersturm über die deutschen Verteidiger herein. Nach einem dreistündigen Bombardement stürzten sich die russischen Angriffstruppen auf das, was von den Stellungen der Wehrmacht übriggeblieben war. Ein überlebender Landser: »Wir konnten in der Dämmerung die Panzer nicht sehen, aber wir hörten ständig das Rasseln der Ketten. Sie schoben sich näher heran. Jeden Augenblick konnten sie aus dem Nichts hervorbrechen und unsere Batterie überrollen.«

Der russischen »Dampfwalze«, wie der Komiß-Jargon den russischen Gegner nannte, hielten die geschwächten Divisionen der Wehrmacht nicht stand. Nach wenigen Tagen hatte sich die gesamte deutsche Heeresgruppe A praktisch aufgelöst, in der Mitte der deutschen Ostfront klaffte eine riesige Lücke. Reserven hatte das deutsche Oberkommando nicht mehr zur Verfügung. Jetzt rächte sich, daß Hitler der im Baltikum eingeschlossenen Heeresgruppe Kurland unsinniges »Aushalten« befohlen hatte, anstatt mit der Evakuierung wenigstens eines Teils der 500 000 Mann über die Ostsee zu beginnen.

Die versprengten Reste des deutschen Heeres fluteten jetzt dahin zurück, wo sie 1939 zum ersten Eroberungsfeldzug Hitlers aufgebrochen waren: an die alte Ostgrenze des Reiches. Am 17. Januar fiel Warschau fast kampflos in die Hände von Marschall Schukows Heeresgruppe, der 1. Weißrussischen Front. An der Seite der Rotarmisten marschierten auch polnische Soldaten in ihre völlig zerstörte Hauptstadt ein, Einheiten des am 1. Januar unter tatkräftiger Mithilfe des Kremls installierten kommunistischen »Lubliner Komitees«. Die Warschauer Bevölkerung begrüßte ihre Landsleute kühl und zurückhaltend – gerade 100 Tage waren vergangen, seit die Aufständischen der polnischen Heimatarmee unter den Augen der schon an der Weichsel stehenden Russen im Feuer von Hitlers Schergen verblutet waren.

Über die deutschen Ostgebiete brach jetzt die Apokalypse des totalen Krieges herein. Am 21. Januar rollten die ersten sowjetischen Panzer über die Reichsgrenze, wenige Tage später war das ge-

Sowjetische Truppen sind bis zur Oder vorgerückt. Neben einer gesprengten Autobahnbrücke schlagen sie eine Pontonbrücke über den Fluß.

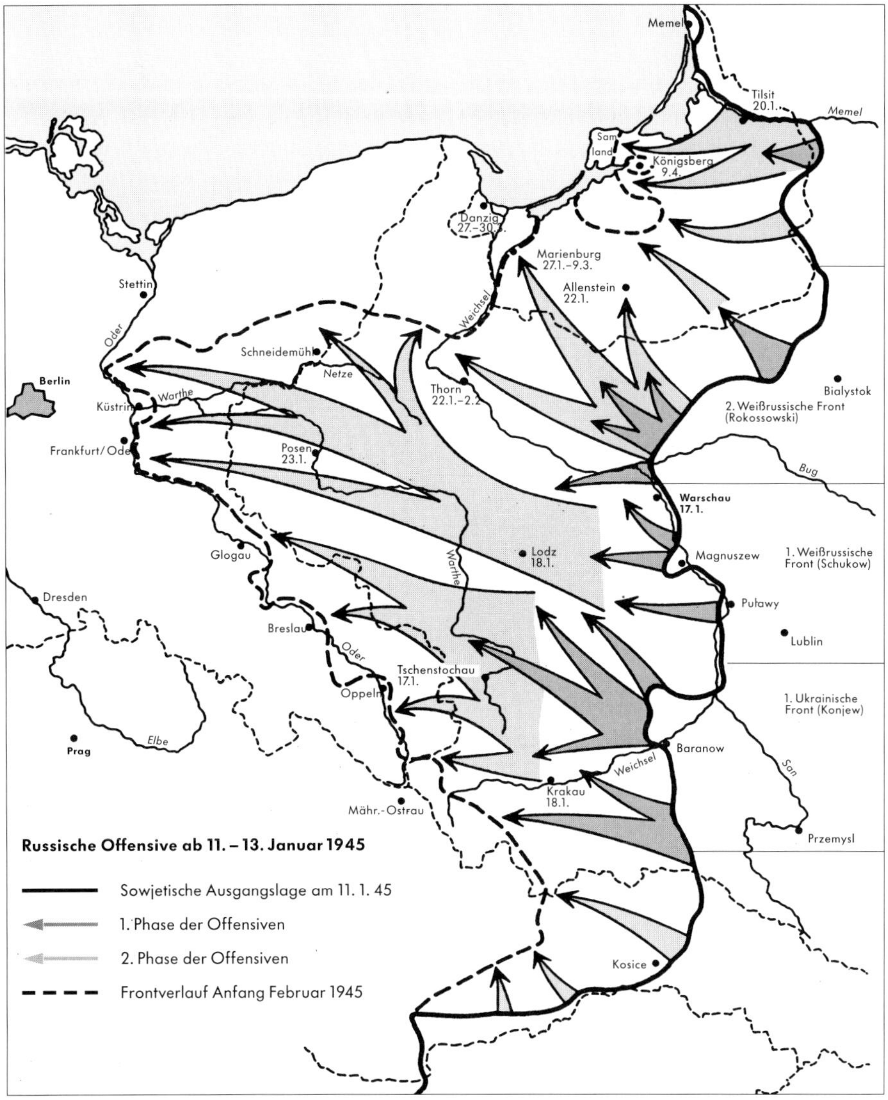

In zwei Phasen dringen die Sowjets über Ostpreußen und Schlesien bis zur Oder vor. Danzig kann sich noch bis zum 30. März halten, Königsberg bis zum 9. April (siehe auch S. 45).

samte oberschlesische Industrierevier besetzt. An den Stadtgrenzen von Breslau und Königsberg – beide Städte wurden von Hitler zur Festung erklärt – tobten erbitterte Kämpfe. Angefeuert von den Parolen der sowjetischen Propaganda übten die Rotarmisten, die von der Wolga bis an die deutschen Grenzen den grausamen Spuren von Hitlers Vernichtungsfeldzug gefolgt waren, gnadenlose Rache an der deutschen Zivilbevölkerung. Mit Flugblattparolen wie »Töte den Deutschen« im Gepäck, zogen sowjetische Einheiten mordend, plündernd und brandschatzend durch deutsche Ortschaften. Zwar versuchte das Oberkommando in Moskau schon bald wieder, die marodierende Soldateska zu zügeln, doch vielerorts war es zu spät.

Die erst zögernd und später nur widerwillig von den NS-Behörden eingeleitete Evakuierung der Zivilbevölkerung wurde zu einem blutigen Exodus.

Im Chaos der Flüchtlingstrecks und zurückweichenden Einheiten machten deutsche Feldjäger und »fliegende Standgerichte« regelrecht Jagd auf echte und vermeintliche Fahnenflüchtige. Ein damals 15jähriger Landarbeiter erinnert sich, »wie am Geländer der Weichselbrücke Soldaten aufgehängt waren. Das war für mich so was Schauriges! Das wa-

Marschall Georgi Schukow über den Beginn der Winteroffensive:

Bei unseren Berechnungen gingen wir davon aus, daß wir es mit einem erfahrenen, hartnäckigen und starken Gegner zu tun haben würden, den wir bereits gut kannten …

Bei der Vorbereitung dieser Operation taten wir viel zur Täuschung des Gegners. Wir wollten das Ausmaß der bevorstehenden Offensive

Die Befehlshaber der 1. und 2. weißrussischen Front: Marschall Schukow (l.) und Marschall Rokossowski.

und die Angriffsrichtungen, besonders die Richtung des Hauptschlags, geheimhalten. Wir suchten beim Gegner den Eindruck zu erwecken, daß wir unsere Truppen gegen Warschau konzentrierten …

Nach gründlicher Lagebesprechung mit den Kommandeuren und den Chefs der Waffengattungen beschlossen wir, direkt vor dem Generalangriff eine starke Gefechtsaufklärung durchzuführen und sie durch ein 30 Minuten langes Artilleriefeuer zu unterstützen …

Der Gegner hielt dem Vorgehen unserer Aufklärungsbataillone nicht stand und begann sich zurückzuziehen. Wir eröffneten darauf ein stärkeres Feuer der ganzen Artillerie … Dann begannen unsere Armeen einen Angriff mit allen Kräften der vordersten Front … Von diesem Augenblick an entwickelte sich der Durchbruch normal, und wir sparten auf diese Weise ganze Tausende Tonnen Munition, was uns später sehr gelegen kam.

Marschall Schukow, Erinnerungen und Gedanken, Deutsche Verlags-Anstalt, 1969.

ren Soldaten, die sich abgesetzt hatten, und die wurden entweder als Deserteure oder wegen ›Feigheit vor dem Feind‹ einfach aufgeknüpft.« Mehr als 30000 Todesurteile wurden während des Krieges aufgrund von Hitlers ›Zersetzungs-Paragraphen‹ vollstreckt. In »Mein Kampf« hatte er diese barbarische Rechtsprechung, der hunderte deutsche Richter bereitwillig folgten, schon vorgezeichnet: »An der Front kann man sterben, als Deserteur muß man sterben.«

Kurland 1945: Die von sowjetischen Truppen eingeschlossene 16. und 18. Armee erhält Nachschub über den Ostseehafen Libau. Eisenbahnflak sichert ihn gegen sowjetische Luftangriffe. Erst am 8. Mai kapituliert die Kurlandarmee unter Generaloberst Hilpert.

Im »Führerbunker« unter den Trümmern des Reichstages ging angesichts der sich unaufhaltsam in Richtung Reichshauptstadt bewegenden sowjetischen Panzer jeglicher Sinn für die Wirklichkeit endgültig verloren. Allen Ernstes ließ der stellvertretende Chef des »Wehrmachtführungsstabes«, General Warlimont, noch am 13. Januar ins Kriegstagebuch der Wehrmacht eintragen, daß »zu überlegen sei, ob dies eine letzte Anstrengung des Russen sei, oder ob er noch im Stande sein werde, weitere Angriffe zu führen ...«.

Hitler reagierte wie stets nach Niederlagen, er suchte Sündenböcke. Die Befehlshaber der zerschlagenen Heeresgruppen wurden entlassen, zum Kommandeur der »Heeresgruppe Weichsel« ernannte er jetzt Heinrich Himmler. Der SS-Chef war zwar ein militärischer Dilettant, doch der Diktator glaubte jetzt nur noch an die engsten Vertrauten – und an Wunder. Über seinem Schreibtisch hing schon seit Monaten ein Porträt Friedrichs des Großen, und gegenüber seinen Generalen beschwor er immer wieder ein zweites »Wunder des Hauses Brandenburg« – die unerwartete Wende des Kriegsglücks im Siebenjährigen Krieg, als Zarin Elisabeth 1762 starb und damit ein Sonderfriede mit Rußland möglich wurde.

Doch Hitlers Reich hatte mit dem Preußen Friedrichs nichts gemein. Als Marschall Schukows Panzerspitzen am 30. Januar die vereiste Oder bei Kunersdorf überquerten – ironischerweise dem Schauplatz der bittersten Niederlage des Alten Fritz – standen zwischen ihnen und dem 70 Kilometer entfernten Berlin keine nennenswerten deutschen Einheiten mehr. Die *New York Times* meldete vorschnell, der Fall der Reichshauptstadt stehe unmittelbar bevor.

Plötzlich aber stoppten die sowjetischen Panzer ihren Vormarsch. Himmler in Berlin führte das auf einen schweren Schneesturm über Osteuropa zurück und frohlockte reichlich blasphemisch: »Gott hat das deutsche Volk nicht vergessen.« Tatsächlich jedoch kam der Befehl zum Halt aus Moskau. Mitten in Schukows Lagebesprechung für den Vorstoß auf Berlin bestellte Stalin seinen obersten Militär ans Telefon und befahl, unverzüglich den Angriff zu stoppen. Wassilij Tschuikow, einer der anwesenden Generale, verstand die Welt nicht mehr: »Die Einnahme Berlins im Februar 1945 hätte das Ende des Krieges bedeutet, und die Verluste wären wesentlich geringer gewesen als im April«, schrieb er während der Chruschtschow-Ära, als Kritik am Andenken Stalins keine Gefahr für Leib und Leben mehr bedeutete.

Was Tschuikow freilich verschwieg: Eine Fortsetzung der Offensive hätte der gewohnten sowjetischen Strategie widersprochen. Stalin scheute jedes militärische Risiko. Zunächst mußten die Nachschublinien ausgebaut, Truppen, Panzer und Artillerie massiert werden, dann erst sollte die Rote Armee zum nächsten, diesmal entscheidenden Schlag ausholen. Ob bei einem schnelleren Angriff auf Berlin eigene Verluste hätten vermieden werden können, dürfte Stalin ohnehin kaum interessiert haben.

Der Todeskampf des »Dritten Reiches« zog sich noch drei Monate hin. Hunderttausende starben in den Bombennächten und an den Fronten. Doch wäre der Krieg schon im Februar beendet worden, hätten sich Rotarmisten und GIs vermutlich nicht an der Elbe, sondern am Rhein die Hand gereicht. Das Deutschland der Nachkriegszeit hätte dann wohl anders ausgesehen.

Christian Deick

Trotz hoher Verluste auf beiden Seiten: Der sowjetische Vormarsch ist nicht zu stoppen.

Krieg der Worte

Die Propagandaschlacht um Deutschland

Deutsche Propaganda läuft bis zuletzt auf Hochtouren. Haß wird mit allen Mitteln geschürt.

Die letzten Bombenangriffe vom 12. März 1945 waren den Frankfurtern noch in guter Erinnerung, vier Tage später waren Hunderte auf der Flucht: Sie hatten den »Nachrichten für die Truppe« entnommen, daß bereits eine »Massenflucht aus Frankfurt« eingesetzt habe. Die vermeintliche Wehrmachtspostille war jedoch ein Produkt britischer Kriegspropaganda. »Verwirrung und Aufwiegelung« waren nach Sefton Delmer, dem Verantwortlichen der britischen Propaganda, die Hauptanliegen der imitierten Zeitungen.

Weit wahrscheinlicher war es jedoch, ein gewöhnliches Flugblatt aus alliierter Feder zu finden. Über sechs Milliarden davon wurden während des gesamten Krieges von der Antihitlerkoalition über Westeuropa abgeworfen. Der Erfolg war freilich umstritten. »Meine persönliche Sicht der Sache ist«, kommentierte »Bomber-Harris«, der Oberkommandierende der britischen Luftwaffe, die alliierte Flugblattpropaganda, »daß wir nichts weiter erreicht haben, als den Kontinent während fünf langer Kriegsjahre ausreichend mit Klopapier zu versorgen.« Trotzdem markierten die Flugblatt-Abwürfe, für die teilweise gesonderte Flugzeuge innerhalb der Bomberstaffeln mitflogen, einen wichtigen Teil militärischer Strategie. Gegen Ende des Krieges kamen erst die Flugblätter vom Himmel, dann die Bomben, anschließend wieder Flugblätter. Wer ein alliiertes Flugblatt aufhob, war verpflichtet, es mit der Aufschrift »Feindpropaganda« zu versehen und abzuliefern. Doch selbst drakonische Strafen konnten die Bevölkerung nicht mehr abhalten, Notiz von den alliierten Propagandaverheißungen zu nehmen. »Bei Luftangriffen abgeworfene Flugblätter werden von den Volksgenossen aufgehoben und untereinander besprochen«, beklagten die geheimen NS-Stimmungsberichte.

Die Inhalte der Flugblätter variierten, oft richteten sie sich direkt an deutsche Soldaten. Auf einem englischen Flugblatt des Frühjahres 1945 wurde ein Grabkreuz abgebildet, darunter die Frage an die Wehrmachtssoldaten: »Willst Du der letzte sein, der sterben wird?« Daher druckten die Alliierten gegen Ende des Krieges Passierscheine für kapitulationswillige Landser in Millionenauflage. Das Oberkommando der Wehrmacht hatte dem nur Einschüchterung entgegenzusetzen. »Wer als deutscher Soldat seine Seele und seinen Geist dieser feindlichen Propagandawaffe aussetzt«, drohte eine militärische Verfügung, »begeht seelische Selbstverstümmelung. Sie ist nicht minder verächtlich als die feige körperliche Selbstverstümmelung.« Terrorurteile durch Standgerichte sollten diesem Zwang zur Nichtbeachtung alliierter Flugblätter Nachdruck verleihen.

Meist jedoch richteten sich die »Nachrichten vom Himmel« an die breite Masse der Bevölkerung, um sie zu ermutigen, mit dem Hitler-Regime zu brechen. So kamen Predigten des Münsteraner Kardinals Galen oder die tapferen Aufrufe der »Weißen Rose« diesmal wirklich unters ganze Volk. Etwas plumper hatten die Engländer schon Jahre vorher den Ausweg aus dem Kriegsdilemma aufgezeigt. »Stürzt die Nazis, und Ihr habt Frieden.«

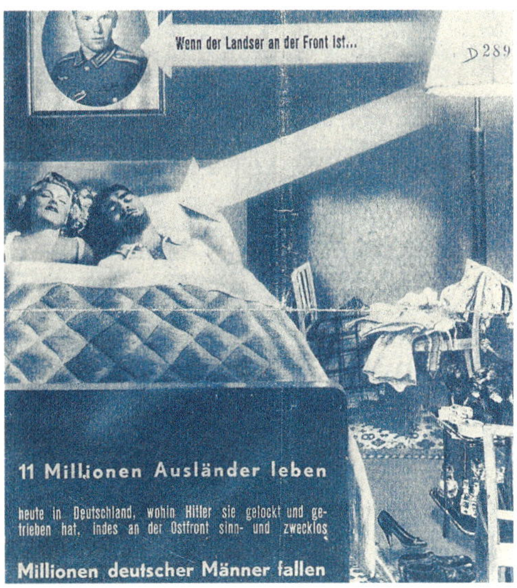

Neue Propagandastrategien – der Appell an private Ängste: »Während Du an der Front dem Tod ins Auge blickst, vergnügt sich Deine Frau mit dem Hausfreund« – deutsches Flugblatt für Engländer (oben) und russische Propaganda für Deutsche.

Während Flugblätter tonnenweise aus den alliierten Flugzeugen regneten, ohne nennenswerte Erfolge zu zeigen, konnte die Allianz der Hitlergegner mit Radiosendern, den »Langrohrgeschützen des Äthers«, erhebliche Wirkung erzielen. »Tam-tam-tam-ta« – das Erkennungszeichen des deutschen Programms der britischen BBC klang wie die Schicksalspauken aus Beethovens Fünfter, doch stand es für den Buchstaben V im Morsealphabet – V für victory, Sieg.

»Achtung! Kontrollieren Sie Ihre Lautsprecherstärke. Die Übertragung enthält Musik. Achtung, wir schalten ein.« Wer jetzt sein Radiogerät nicht abschaltete, begab sich in höchste Lebensgefahr, denn auf Abhören von »Feindsendern« stand die Todesstrafe. Trotzdem wuchs die geheime Hörergemeinde, die allabendlich im heimischen Radio englische Nachrichten, Sprachunterricht oder einfach nur die im Reich verpönte »Negermusik« hören wollte. Für jeden wurde etwas geboten. Sendungen für Intellektuelle, den Mittelstand, für Frauen. Protestanten konnten die streitbaren Worte Pastor Niemöllers, Katholiken die aufrüttelnden Appelle des Kardinals Galen vernehmen.

In den letzten Wochen des Krieges versorgte die BBC die deutschen Hörer mit alliierten Verlautbarungen und Überlebensstrategien. Im März 1945 empfahl der Sender, unterstützt von Friedensappellen Exildeutscher, sich der Erfassung zum Volkssturm zu entziehen. Die reguläre Truppe wurde Anfang April 1945 zur Dessertion aufgerufen, da so »nutzloses Blutvergießen vermieden werden« könne.

Gegen Ende des Krieges konfrontierten die Alliierten die Reichsbevölkerung mit den entsetzlichen Tatsachen, die das Regime geschaffen hatte. »In Belsen, dem Konzentrationslager«, begann ein Bericht von Gordon Walker, des ersten Reporters an Ort und Stelle, »wo wir 40000 Leichen beerdigen mußten, machte ich Schallplattenaufnahmen, damit die ganze Welt, damit Deutschland weiß, wie es dort zugegangen ist.« Nun folgten die erschütternden Aussagen einer Jüdin, die diese Hölle überlebt hatte. Dieses Tondokument war Teil der BBC-Strategie, den Deutschen durch Tatsachenschilderungen die Augen zu öffnen und das Vertrauen in die verbrecherische Staatsführung zu zerstören. Die Informationen der Kriegsgegner schufen eine Gegenöffentlichkeit in Deutschland, die mit der konstruierten Scheinwelt der braunen Propagandisten kollidierte. Daher mußte das Regime reagieren. »Die Gerüchtemacherei ist ins Kraut geschossen«, konnte man im April 1945 auf einem Berliner Flugblatt lesen. »Sie wird vom Feind als Waffe benutzt, um unsere Widerstandskraft zu lähmen und das Vertrauen zu erschüttern. Jeder, der ein unkontrolliertes Gerücht weitererzählt, arbeitet damit für den Feind.«

Sogenannte »schwarze Sender« wollten dagegen nicht für die Hörer erkennbar sein. Im Gegenteil, diese psychologisch konzipierte Propagandamethode baute darauf, durch Mithilfe von Kriegsgefangenen den Großdeutschen Rundfunk zu imitieren. Greuelmeldungen über willkürliche Massaker der SS sowie verwirrende Nachrichten sollten die Moral der Deutschen zermürben.

Den deutschen Kriegspropagandisten waren diese verdeckten Methoden nicht unbekannt. Solange die sendetechnischen Kapazitäten es erlaubt hatten, versuchten Deutsche ihrerseits, das feindliche Ausland mit Desinformation und Rassenpropaganda weichzuklopfen. Das »Schlachtschiff« der deutschen Propagandaflotte gegen England hieß William Joyce. Seine Naziparolen hatten früher bis zu fünfzig Prozent der britischen Radiohörer erreicht. Doch auch »Lord Haw-Haw«, wie die Briten den irischen Propagandisten in Hitlers Diensten nannten, wußte genau, wann die »Ätherschlacht« sowie der ganze Krieg verloren waren. »Sie werden ein paar Monate nichts mehr von mir hören«, schnarrte er seinen Abgesang am 30. April 1945 ins Mikrofon, »Deutschland ist, wenn Sie so wollen, in Europa kein Hauptfaktor mehr. Es lebe Deutschland. Heil Hitler. And farewell.«

Klaus-Konstantin Sondermann

Torpedos gegen Flüchtlinge

Der Untergang der »Wilhelm Gustloff«

Die Silhouette, die Alexander Marinesko, der Kommandant des sowjetischen U-Bootes S 13, am Abend des 30. Januar 1945 im Fadenkreuz seines Periskops erkannte, schien die eines Lastschiffes zu sein – und das konnte bedeuten, daß sich Tausende feindlicher Soldaten darauf befanden. Doch an Bord dieses 25 000-Tonnen-Schiffes befanden sich nur wenig Soldaten. Auf dem für rund 1500 Passagiere gebauten ehemaligen Flaggschiff der NS-Ferienorganisation »Kraft durch Freude« (KdF) waren auf engstem Raum 6600 Menschen zusammengepfercht – über 5000 Flüchtlinge, zumeist Frauen und Kinder, ein tausendköpfiger, bunt zusammengewürfelter Trupp Soldaten, 400 Marinehelferinnen und 130 Schwerstverwundete, die direkt von der Front kamen. Der Name des Schiffes: »Wilhelm Gustloff«. Jahrelang hatte es der Unterseeboot-Lehrdivision in Gotenhafen als Wohnschiff gedient, nun sollte es westwärts verlegt werden.

Die im Januar 1945 begonnene sowjetische Großoffensive trieb eine riesige Flüchtlingswelle vor sich her – endlose Trecks halbverhungerter und halberfrorener Frauen, Kinder und Greise, die in panischer Angst vor der Roten Armee nur ein Ziel kannten: nach Westen. Die Flüchtlinge fürchteten, daß die Russen schon in wenigen Tagen die Landverbindungen abschneiden könnten. Als letzte Hoffnung blieb die Rettung über das Meer. So waren die Häfen an der Ostseeküste mit Hunderttausenden von Hilfesuchenden überfüllt. Auf Befehl von Admiral Dönitz begann die Kriegsmarine mit der Evakuierung dieser verzweifelten Menschen. Jedes auch nur halbwegs seetüchtige Schiff wurde für den gefahrvollen Transport über die Ostsee herangezogen.

Auf der »Wilhelm Gustloff« übergab am späten Vormittag des 30. Januar Oberzahlmeister Luth dem Ersten Offizier Reese die vollständige Passagierliste. Bewaffnete Posten hatten den Zugang zum Schiff scharf kontrolliert, offiziell befanden sich 6050 Menschen an Bord. Doch kurz nach dem Ablegen aus Gotenhafen, gegen 13 Uhr, blockierten zahlreiche Boote, die mit Frauen und Kindern überladen waren, die Ausfahrt. Mütter flehten: »Nehmt uns mit, rettet unsere Kinder!« Über Seefallreeps und in Netzen wurden auch diese Flüchtlinge an Bord gehieft. Unter schweren Schnee- und Hagelschauern glitt die »Wilhelm Gustloff« schließlich, von Schleppern gezogen, aus dem Hafen. Auf der Kommandobrücke debattierte der Kapitän mit seinen Offizieren noch hitzig, welche Route wohl die beste sei. Um so rasch wie möglich durch das bedrohte Seegebiet hindurchzukommen, verzichtete Kapitän Petersen auf den vermeintlich sicheren, wenn auch verminten Weg entlang der Küste und wählte die Strecke, die von Minen geräumt war. Je eher er auf das offene Meer kam, so Petersens Kalkül, desto geringer war die Gefahr von küstennahen Luftangriffen. Entgegen der Tarnungvorschriften ließ er Positionslichter setzen, um die Gefahr von Kollisionen zu verringern. Nur ein Torpedoboot bot der Gustloff Geleitschutz. Mit einer Geschwindigkeit von

Der Untergang der »Wilhelm Gustloff« als Symbol für den Zusammenbruch des Dritten Reichs: Titelseite eines Romans über die Katastrophe auf der Ostsee.

12 Knoten lief das Schiff bei stürmischer See in den Abend hinein.

Um 21.08 Uhr gab Alexander Marinesko den Feuerbefehl. In 1000 Meter Entfernung war der große schwarze Kasten endlich vor die Torpedorohre gelaufen. Draußen herrschte dichtes Schneetreiben, die Temperatur war auf minus 18 Grad gesunken, die Nacht war stockdunkel. Seit Stunden hatte das sowjetische U-Boot auf diese Gelegenheit gelauert. Nun hatte es eine sichere Schußposition erreicht. Drei Torpedos zischten aus den Rohren des aufgetauchten U-Boots und bohrten sich in den Schiffsleib der »Wilhelm Gustloff«. Der erste Treffer landete im Vorschiff, im Wohntrakt der Stammbesatzung, und richtete dort ein Inferno an: Sofort schlossen sich die Schotten. Für die eingesperrten Soldaten war es das Todesurteil. Tonnenweise drangen die Fluten durch das riesige Loch. Der zweite Torpedo explodierte knapp unterhalb des trockengelegten Schwimmbades. Mit ungeheurer Wucht schossen die Wassermassen nach oben in die höherliegenden Decks. Auch für die dort zusammengepferchten Menschen gab es kein Entrinnen. Der dritte Treffer lag mitschiffs, explodierte im Maschinenraum und riß die Bordwand bis zum Deck auf. Schäumend und gurgelnd brachen die eis-

1939: Die Gustloff bringt als Truppentransporter Soldaten der Legion Condor zurück, die im spanischen Bürgerkrieg General Franco unterstützte.

kalten Fluten in das über zweihundert Meter lange Schiff.

Viele der eingeschlossenen Soldaten erschossen sich, um nicht jämmerlich in den Fluten zu ertrinken. Schon nach wenigen Minuten neigte sich das Schiff nach vorn und bekam gleichzeitig Schlagseite nach links. Auf den vereisten Oberdecks kamen die Menschen ins Rutschen und stürzten über Bord. Schreiende Mütter versuchten ihre Kinderwagen festzuhalten. Vergebens. Sie wurden unerbittlich in die Tiefe gezogen. Unter Deck brach Panik aus, es begann der Kampf ums Überleben.

Eine Marinhelferin, die wie durch ein Wunder mit dem Leben davonkam, erinnert sich: »Wir gelangten durch ein Chaos von Drähten, Stangen, Metallteilen und auseinandergerissenem Blech auf die schmale Nottreppe. Aber auch andere Menschen hatten in Todesangst diesen letzten Weg der Rettung gefunden. Der Kampf um jede Treppenstufe begann. Wer stürzte, kam um, denn erbarmungslos trampelten die anderen über ihn hinweg. Endlich hatten wir es geschafft. Wir flogen vom Druck der nachdrängenden Menschenmassen auf das vereiste Bootsdeck. Hier erwartete uns erneut die Hölle: ein fürchterliches Chaos schreiender Frauen und Kinder, verwundeter Soldaten, die sich nicht helfen konnten, dazwischen die Kommandos an den Rettungsbooten: ›Nur Frauen und Kinder in die Boote – zurück die Männer‹. Pistolenschüsse peitschten über das Deck – Frauen flehten Soldaten an: ›Mach Schluß mit uns allen, mach schnell!‹«

Das verzweifelte Ringen der Menschen um das nackte Überleben trieb viele in den Wahnsinn. An den Rettungsbooten fehlten die Matrosen, denn sie hatten zu den ersten Opfern gezählt. Es entbrannte ein mörderischer Kampf um die Boote, die durch Bedienungsfehler abstürzten und versanken, leer oder halbbesetzt nach unten rasten oder in den Verankerungen hängenblieben. 66 Minuten dauerte der Todeskampf der »Wilhelm Gustloff«. In den überfüllten Rettungsbooten ging es von neuem um Leben und Tod. Mit Fäusten und Pistolenschüssen wehrten sich die Menschen in den Booten gegen die, die sich im eisigen Wasser an den Bootsrand klammerten und so die Boote zum Kentern zu bringen drohten. Ein Mädchen sah, wie sich ihre Mutter in Todesangst an der Bordwand festhielt: »Ein Matrose hat ihr solange mit dem Ruder auf die Finger geschlagen, bis sie vom Boot abließ.« Bevor die »Wilhelm Gustloff« sank, erstrahlte sie noch einmal in vollem Lichterglanz. Dann erstickte das Wasser das Geheul der Schiffssirenen und die Todesschreie der Menschen.

Nur 838 Menschen konnten gerettet werden. Doch trotz derartiger Katastrophen – am 9. Februar sank die »Steuben« und riß mehr als 4000 Menschen mit in den Tod – wurden zwischen dem 15. Januar und dem 8. Mai mindestens zwei Millionen Menschen über die Ostsee nach Westen gebracht. *Ursula Nellessen*

Der Kapitän der »Wilhelm Gustloff« wählte den schnelleren Tiefwasserweg, weil er glaubte, Eis und schlechtes Wetter würden das mit Flüchtlingen überfüllte Schiff vor U-Boot-Angriffen bewahren.

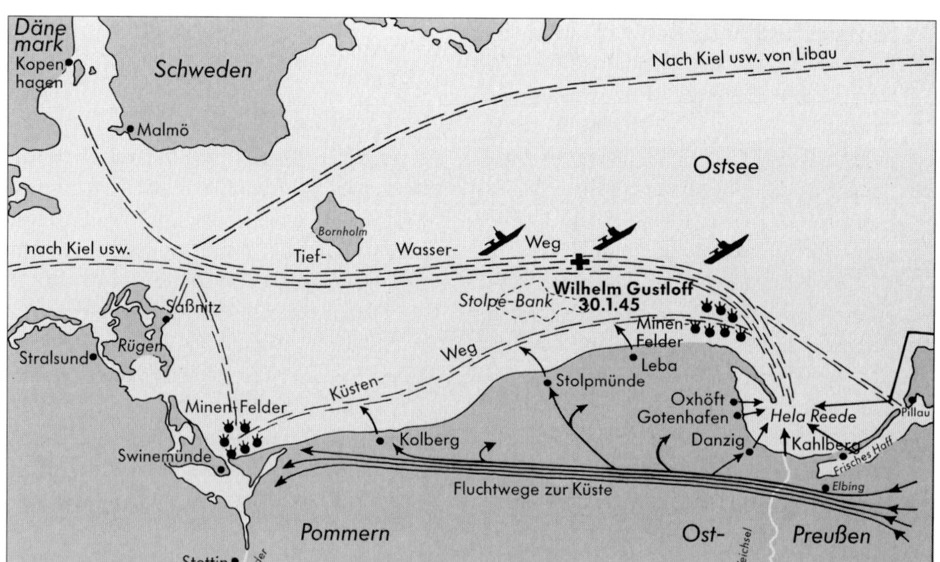

Im Zentrum des Grauens

Die Befreiung von Auschwitz

Riesigen grauen Raupen gleich zogen Gefangenenkolonnen durch die Winterlandschaft. Der Todesmarsch Tausender entkräfteter Auschwitz-Häftlinge vollzog sich unter den mitleidslosen Augen der SS-Bewacher. Männer, Frauen und Kinder wankten bei fünfundzwanzig Minusgraden in ihren dünnen, abgewetzten Sträflingsanzügen und rohen Holzpantinen apathisch Richtung Westen. »Getrieben von Hieben, begannen sie manchmal plötzlich vorwärtszugehen wie eine Herde Vieh, einer den anderen stoßend«, erzählt der tschechische Internierte Georg Straka. »Das freundlichste Wort hatte nicht die Kraft, sie zum Sprechen zu bewegen. Ein langer, starrer, ausdrucksloser Blick war alles. Man wurde nur ihres vergifteten Atems gewahr, der aus Eingeweiden zu kommen schien, die sich schon in einem Zustand der Zersetzung befanden.«

Wer aus Hunger, Schwäche oder wegen der Kälte zusammenbrach, starb am Straßenrand unter den Kolbenschlägen oder Schüssen der Bewacher. Die Zahl der namenlosen Opfer, die den Begleitmannschaften bei Todesmärschen zum Opfer fielen, bleibt für immer ein grausiges Geheimnis. Zerschmetterte Schädel und Blutlachen markierten die Marschroute des Todes.

In den Bahnhöfen des oberschlesischen Industriereviers standen teilweise offene Güterwaggons bereit, die Häftlinge weiterzutransportieren. Sie verteilten die wie Vieh zusammengepferchte Masse Mensch auf andere Konzentrationslager: Ravensbrück, Groß-Rosen, Sachsenhausen, Bergen-Belsen, Buchenwald, oder Mauthausen. Der Tod war ständiger Begleiter der Transporte: Durch Hunger und Durst, vor allem aber in der Eiseskälte der unbeheizten Güterwaggons starben die geschwächten Gefangenen zu Tausenden.

27. Januar 1945: KZ-Insassen von Auschwitz angesichts ihrer Befreier.

Auf Befehl Himmlers war Auschwitz mit allen Nebenlagern am 17. Januar 1945 von Lagerkommandant Richard Baer und dem schlesischen SS- und Polizeiführer Heinrich Schmauser aufgelöst worden. Das Vorrücken der sowjetischen Front gebot den deutschen Massenmördern, das Vernichtungslager Auschwitz-Birkenau aufzugeben und die Internierten abzuführen – dem Feind sollte kein lebender Zeuge der Todesmaschinerie in die Hände fallen. 65 000 Häftlinge waren schon während des vergangenen halben Jahres von Wachmannschaften der SS »evakuiert« worden, wie es schönfärberisch hieß. Die gleiche Anzahl Gefangener schleppte sich nun Mitte Januar in kilometerlangen Gefangenenkolonnen Richtung Reich, den Geschützdonner der Roten Armee im Rücken.

Doch nicht alle Auschwitz-Häftlinge wurden in die »wandelnden Leichenzüge« geprügelt. Als die SS-Schergen aus der Todesfabrik abgezogen waren, ließen sie – entgegen den Liquidierungsbefehlen Himmlers – noch rund 7000 Kranke und Marschuntaugliche zurück. Für sie begannen qualvolle Tage des Wartens auf die sowjetischen Befreier. »Draußen lag noch immer das große Schweigen. Nur in großen Abständen ließ sich die Artillerie wieder vernehmen«, so Primo Levis Erinnerungen an die letzten Tage vor der Befreiung. »Alle sagten einander, daß die Russen bald, ja in der nächsten Stunde schon eintreffen würden, aber keiner war fähig, es klaren Sinnes zu fassen.« Die lebenden Gerippe, krank und schwach wie sie waren, mußten ihr Überleben organisieren. Die wenigen Kartoffeln und Rüben, von der

29. April 1945: Häftlinge des KZ Dachau begrüßen ihre Retter.

Lagerleitung in der Hektik des Aufbruchs zurückgelassen, reichten nur für eine kurze Zeit; Trinkwasser gewannen sie durch geschmolzenen Schnee.

Obwohl ein grausames Schicksal die Internierten aneinandergekettet hatte, kam es in den zehn Tagen bis zu ihrer Befreiung immer wieder zu Auseinandersetzungen. »In der Küche rauften sich zwei um die letzten Reste fauler Kartoffeln«, erinnert sich Primo Levi. »Sie hatten sich an ihren Lumpen gepackt und schlugen einander mit komischen und unsicheren Schlägen, jiddische Schmähungen zwischen den vereisten Bärten hervorstoßend.« Meist jedoch herrschte Grabesstille um diese Beinhäuser lebender Toten; die Lagerstraßen waren menschenleer. Der süßliche Geruch verwesender Leichname drang durch die Ritzen und Fenster der Baracken. »Wir lagen in einer Welt der Toten und der Larven« beschreibt der Überlebende Levi die grauenvolle Situation. »Um uns und in uns war die letzte Spur der Zivilisation geschwunden. Das Werk der Vertierung, von den triumphierenden Deutschen begonnen, war von den geschlagenen Deutschen vollendet worden.«

Doch endlich war es soweit. Am Nachmittag des 27. Januar 1945 erreichten die Spitzen der 1. Ukrainischen

15. April 1945: Engländer haben das KZ Bergen-Belsen befreit und finden grauenhafte Zustände vor. Ehemalige KZ-Aufseher der SS transportieren Leichen ab.

Front unter Marschall Konjew das berüchtigte »Arbeit macht frei«-Schild am Eingang dieser Todesfabrik. »Wir hörten eine Granate in der Nähe des Lagertors explodieren«, schildert die Gefangene Anna Chomicz den Augenblick der Befreiung. »Sofort schauten wir aus den Blocks hinaus und erblickten mehrere sowjetische Aufklärer, die mit schußbereiten Gewehren vom Tor her in unsere Richtung gingen. Bei unserem Anblick senkten die Aufklärer ihre Gewehre.« Kein Wunder: Hinter den Starkstromzäunen standen Tausende von »Muselmännern«, wie die körperlich besonders schwachen KZ-Insassen im Häftlingsjargon genannt worden waren. Die ausgehungerten Kreaturen – Männer, Frauen und Kinder – mit ihren tief in den Höhlen liegenden Augen und knochigen gelben Gliedern, die aus den Lumpen hervorschauten, waren meist zu schwach zum Winken oder Weinen. »Ich glaubte, nachdem ich Majdanek gesehen hatte, daß das schon der Gipfelpunkt der Sache gewesen sei«, erzählt Jerzy Bossak, ein polnischer Kameramann im Dienste der Roten Armee. »Nachdem ich nach Auschwitz gekommen bin, habe ich festgestellt, Majdanek war eine Vorstadt des Verbrechens, Auschwitz aber die Metropole.«

Was die Sowjetsoldaten zu sehen bekamen, übertraf selbst die kühnsten Behauptungen ihrer Militärpropaganda: Hunderte halbverwester Leichen, die die SS-Leute nicht mehr zu beseitigen vermocht hatten, stapelten sich in offenen Gruben. Hinzu kamen noch die herumliegenden Leichname der Toten, die, von der SS als Sterbende zurückgelassen, die Befreiung nicht mehr erleben durften. Als Ertrag der staatlich angeordneten Leichenfledderei lagerte Frauenhaar tonnenweise in Schuppen – es war als »Roßhaar« zur Matratzenherstellung gedacht. Auf den Versand ins Reich warteten auch übermannshohe Haufen von Brillengestellen sowie Berge von Koffern und Kleidern, Schuhen und Prothesen.

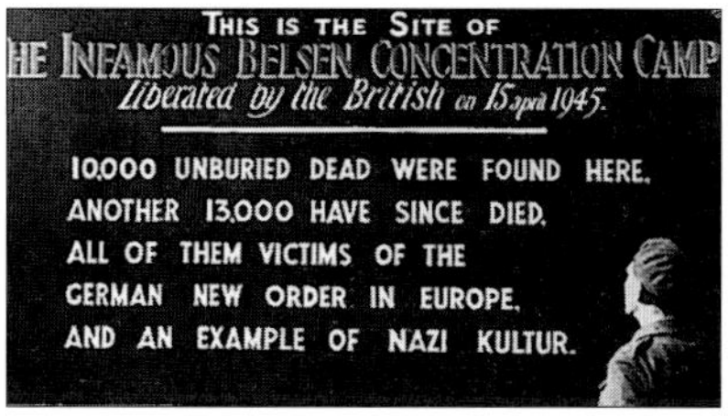

Vom »Maschinenpark« des Holocaust, den Gaskammern und Krematorien, fanden die Befreier nur noch Ruinen. Sie hatte die SS ab Spätherbst 1944 angesichts der näherrückenden Roten Armee gesprengt. Die »Vorarbeit« dazu hatten Gefangene schon Anfang Oktober 1944 besorgt: Wegen kursierender Gerüchte über die Beendigung der Vergasungen und der wahrscheinlichen Tötung aller »Geheimnisträger«, wie die Häftlinge des »Sonderkommandos« lagerintern genannt wurden, brach am 7. Oktober ein verzweifelter Aufstand los. Im Verlauf dieser Rebellion setzten die Aufständischen ein Krematorium in Brand. Ende November 1944 befahl Himmler dann, alle Gaskammern und Krematorien zu zerstören. Das letzte Krematorium samt dazugehörender Gaskammer wurde allerdings erst am Vortag der endgültigen Lagerauflösung gesprengt. Lagerlisten und sonstige Dokumente wurden verbrannt – nach Himmlers Willen sollten alle Spuren des Jahrhundertverbrechens getilgt werden. Doch der fast fünfjährige Massenmord in der Todesfabrik mit ihren Nebenlagern ließ sich nicht in Wochenfrist verwischen.

Im Juni 1940 war Auschwitz als Kriegsgefangenenlager eingerichtet worden. Doch in den Jahren 1941 und 1942 änderte sich diese Bestimmung: Die SS unter Lagerkommandant Rudolf Höß errichtete hier das Zentrum des millionenfachen Massenmords an den Juden Europas. Hitler selbst hatte zu Kriegsbeginn in einer Reichtagsrede das Stichwort gegeben, als er die »Vernichtung des europäischen Judentums« ankündigte; konkrete Konturen gewann der Genozid nach der sogenannten Wannseekonferenz vom 20. Januar 1942: »Im Zuge der Endlösung«, hieß es im kalten Bürokratendeutsch des Sitzungsprotokolls, sollten die Juden im Osten zur Sklavenarbeit gezwungen werden, »wobei zweifellos ein Großteil durch natürliche Verminderung ausfallen wird«. Wer also dabei nicht schon zu Tode kam, »wird, da es sich bei diesen zweifellos um den widerstandsfähigsten Teil handelt, entsprechend behandelt werden müssen.« So kamen in Auschwitz nach »Selektionen«, Zwangsarbeit und willkürlichen Mordaktionen bis Kriegsende rund drei Millionen Juden zu Tode, weitere 500 000 Häftlinge starben durch Seuchen, Kälte oder Hunger.

»Die Juden sind eine Rasse, die ausgetilgt werden muß. Wo immer wir nur einen erwischen, geht es mit ihm zuende«, drohte Hans Frank, der Statthalter Hitlers im besetzten Polen, noch Anfang März 1944 in Krakau. Tatsächlich war es der SS-Furie bis Kriegsende gelungen, zwei Drittel des »Weltjudentums« umzubringen, alleine in Auschwitz starb die Hälfte der insgesamt über sechs Millionen ermordeter Juden. Zwar waren die jüdischen Arbeitssklaven auch ein wirtschaftlicher Faktor – warum sonst hätten Zehntausende täglich zwölf und mehr Stunden in den etwa dreißig »arischen« Rüstungsunternehmen im Umfeld von Auschwitz-Birkenau schuften müssen. Doch den ideologisch motivierten Henkern standen klare Order vor Augen: Die Juden sollten »vernichtet« werden – ob mit Hilfe von Zyklon B, einem blausäurehaltigen Gas, oder durch Phenolspritzen, ob durch die Brutalität der Wärter oder im Verlauf der Zwangsarbeit – die Todesursache spielte nur eine untergeordnete Rolle. Denn in Auschwitz galt der inoffizielle Grundsatz: »Deutsche können, Polen sollten, Juden müssen sterben.«

Millionenfacher Mord an Juden, Zigeunern, Homosexuellen und Behinderten, sowie an Kriegsgefangenen, Intellektuellen und Widerstandskämpfern sämtlicher Staaten, die im Einmarschbereich der deutschen Kriegsmaschinerie lagen, verlieh dem bei weitem größten Konzentrationslager der Nationalsozialisten eine grauenvolle Einzigartigkeit:

Die Industrie als Handlanger der Nazis: Auch das gehört zur Geschichte der Vernichtungslager. Oberingenieur Max Faust von den IG Farben erklärt Heinrich Himmler (r.) die Anlagen seines Konzerns bei Auschwitz.

Das Vernichtungslager zeigte aller Welt, wie abgrundtief Täter und Opfer im 20. Jahrhundert im Malstrom eines menschenfeindlichen Systems sinken können. Die Todeszentrale Auschwitz wurde zum Golgatha der Menschlichkeit. *Klaus-Konstantin Sondermann*

Primo Levi
Der Kommandant von Auschwitz

SS-Sturmbannführer Richard Baer, von dessen Verhaftung man soeben erfahren hat, war Nachfolger von Rudolf Höß im Amt des Lagerkommandanten von Auschwitz. Ich war fast ein Jahr lang sein Untertan, einer seiner hunderttausend Sklaven. Zusammen mit anderen Zehntausend wurde ich sogar von ihm an die IG Farben »verpachtet«, jenem riesigen deutschen Chemie-Trust, der für jeden von uns vier bis acht Mark pro Tag zahlte, quasi als Arbeitslohn. Man zahlte zwar, aber nicht an uns, wie man ja auch ein Pferd oder einen Ochsen nicht entlohnt. Das Geld wurde unseren Chefs ausbezahlt, in diesem Fall also der machthabenden Lager-SS.

Primo Levi

Folglich war ich sein Eigentum. Dennoch würde ich sein Gesicht nicht wiedererkennen, sofern es nicht zu jener finsteren und fettleibigen Gestalt mit ordenstrotzendem Bauch gehört, die jeden Morgen und Abend dem endlosen Marsch unserer Kolonne beizuwohnen pflegte, wenn es mit Musik hin zur Arbeit und wieder zurück ging. Aber sie glichen sich alle in ihren Visagen, ihren Stimmen, ihrer Körperhaltung: alle gleichermaßen verzerrt vom selben Haß, vom selben Zorn und von ihren Allmachtsgelüsten. Deswegen blieb uns ihre Hierarchie auch verborgen; SS, Gestapo, Arbeitsdienst, Partei, Firma, diese ganze enorme Maschinerie existierte über uns. Aus unserer Perspektive schien sie flach, ohne Tiefe. Ein Nacht- und Nebelreich, von dessen Struktur wir nichts wußten.

Von Richard Baer wußte man bis heute nicht viel. Er wird nur kurz in den Erinnerungen seines Vorgängers Höß erwähnt und als jemand beschrieben, der während der schrecklichen Januarwochen 1945 völlig überrascht und entschlußunfähig war. Er sitzt in Groß-Rosen, einem Lager von zehn-, zwölftausend Häftlingen, und ist vollauf damit beschäftigt, dorthin die Hundertvierzigtausend aus dem Lager Auschwitz zu verfrachten, das es angesichts des überraschenden russischen Vorstoßes unbedingt zu »evakuieren« gilt. Man bedenke, was dieses Zahlenverhältnis bedeutet; man bedenke auch jenen anderen Ausweg, den Verstand, Menschlichkeit und Klugheit nahelegten, nämlich das Unvermeidbare zur Kenntnis zu nehmen, den Haufen Halbtoter seinem Schicksal zu überlassen, die Tore zu öffnen und sich auf und davon zu machen. Man bedenke all dies, und man wird sich von diesem Mann ein hinreichend klares Bild machen können.

Er gehört zum gefährlichsten Menschentypus des Jahrhunderts. Denn recht besehen, ohne ihn, die Höß', die Eichmanns, die Kesselrings und ohne die tausend anderen treuen und blinden Befehlsvollstrecker wären die großen Bestien, Hitler, Himmler, Goebbels, macht- und waffenlos geblieben. Ihre Namen kämen in der Geschichte nicht vor; sie wären vorbeigezogen wie düstere Meteore am Nachthimmel Europas. Aber das Gegenteil ist passiert: Der Samen, den diese schwarzen Apostel ausstreuten, hat, wie die Geschichte bewies, mit bestürzender Geschwindigkeit und Gründlichkeit bei allen Schichten in Deutschland Wurzeln geschlagen und Wucherungen des Hasses gezeitigt, der auch heute noch Europa und die Welt vergiftet.

Widerstand kam nur zögernd und spärlich auf und wurde augenblicklich unterdrückt. Das Wort der Nationalsozialisten fand sein Echo gerade in den traditionellen Tugenden der Deutschen, in ihrem ungestillten Hunger nach Vormachtstellung und in ihrer Neigung zum vorauseilenden Gehorsam.

Aus diesem Grund sind sie so gefährlich, die Leute wie Baer, diese maßlos unterwürfigen, maßlos treuen, maßlos gefügigen Menschen. Ich will nicht als Ketzer oder Gotteslästerer erscheinen: Im Selbstverständnis eines vollkommen aufrechten Menschen, der als Beispiel für eine moderne Moral figurieren könnte, wird es immer noch genug Platz für Vaterlandsliebe und überlegten Gehorsam geben.

Das wirft spontan die Frage auf: Wie soll man über das deutsche Volk von heute sprechen? Wie es beurteilen? Was von ihm erwarten?

Es ist schwer, das Herz eines Volkes abzuhorchen. Wer heute nach Deutschland reist, scheint dort Verhältnisse anzutreffen, wie man sie überall antrifft: wachsenden Wohlstand, friedliebende Menschen, kleine und große Intrigen, kaum Aufruhrstimmung; am Kiosk Zeitungen wie bei uns, im Zug und in der Straßenbahn Gespräche wie bei uns; hin und wieder einen Skandal, der ausgeht wie alle Skandale. Und doch liegt etwas in der Luft, was man anderswo nicht findet. Wer ihnen die schrecklichen Tatsachen der jüngeren Geschichte vorhält, trifft ganz selten auf Reue oder auch nur auf kritisches Bewußtsein. Sehr viel häufiger begegnet er unschlüssigen Reaktionen, in die hinein sich Schuldgefühle, Revanchegelüste und eine hartnäckige und anmaßende Ignoranz vermengen.

So kann auch die auffallend schwerfällige, gewundene Arbeitsweise der deutschen Polizei und der Ermittlungsbehörden nicht in Erstaunen setzen. Das Bild ist unscharf und reich an Widersprüchen, aber eine im wesentlichen beibehaltene Linienführung taucht darin immer wieder auf: Die Fragen nach den Verbrechen, Verwüstungen und dem Leid, das es Europa zugefügt hat, versucht Deutschland, man könnte sagen, zivil- und nicht strafrechtlich zu beantworten. Bekanntlich hat sich die deutsche Regierung bereit gezeigt, den Opfern des Nazismus in allen seinerzeit besetzten Ländern (nicht aber in Italien) Entschädigungen zu gewähren; ebenso handelten und handeln heute noch diejenigen deutschen Firmen, die während des Krieges die versklaveten Arbeitskräfte ausbeuteten. Weit weniger bereit aber zeigten sich Polizei und Behörden, die von den Alliierten begonnene Entnazifizierungskampagne zum Abschluß zu führen. So ist es zu der gegenwärtigen, unfaßbaren Situation gekommen, in der es möglich ist, daß ein Auschwitzkommandant in Deutschland über fünfzehn Jahre lang ungestört leben und arbeiten kann und daß der Henker von Millionen Unschuldiger aufgespürt wird, nein, nicht von der deutschen Polizei, sondern »illegalerweise« von Opfern, die seiner Hand entkommen sind.

23. Dezember 1960, aus: Primo Levi, Die dritte Seite, 1986.

Überlebende berichten

Primo Levi: »Es dauerte (nach der Heimkehr) viele Monate, bis ich die Gewohnheit verlor, den Blick beim Gehen stets auf den Boden zu heften, als sei ich immer auf der Suche nach Eßbarem oder nach Dingen, die sich schnell einstecken und gegen Brot eintauschen ließen…«

Ruth Kersting: »Nach der Befreiung habe ich keinen Menschen sehen wollen, nur Tiere.«

Edith Bruck: »Ich träumte oft vom Tod, von Blut, von Lagern, und manchmal hatte ich Angst, einzuschlafen, weil die Nacht ein einziger Alpdruck war.«

Eine Jüdin, die als Achtzehnjährige von Frankreich nach Auschwitz deportiert worden war: »Ich kam mit der Erwartung, nach allem Durchgemachten anders empfangen zu werden. Die Gleichgültigkeit der Menschen gegenüber dem Gewesenen kränkte mich. Ich verstand die Menschen nicht mehr, und sie haben mich nicht mehr verstanden. So ist es bis heute. Ich konnte das oberflächliche Mitleid der verschonten Glaubensgenossen nicht vertragen.«

Jenny Spritzer: »Mit dem größten Teil meiner Freundinnen und Kolleginnen (aus Auschwitz), die das Ende des Krieges und damit ihre Befreiung erlebt haben, stehe ich in schriftlicher Verbindung. Es ist eigenartig, alle behaupten einstimmig, vom Leben und der Freiheit eigentlich enttäuscht zu sein. Woran liegt das? Haben wir uns das Leben in unserer Phantasie zu schön vorgestellt?«

Grete Salus: »Wir haben geglaubt, daß wir Ruhe finden werden am Herzen einer Welt, das für uns schlägt, für unser Schicksal. Daß dem nicht so ist, das ist ein schwerer Schlag für uns, der es uns schwer macht, uns wiederzufinden. Sicher sind wir zu anspruchsvoll und haben uns in unserer Gefangenschaft eine Welt zusammengeträumt, die es nicht gibt, nicht geben kann. Wir haben ein Extrem erlebt, das wirklich Böse. Jetzt dachten wir, das andere zu erleben – das wirklich Gute. Wir haben die richtigen Maße verloren und müssen erst den Weg finden zwischen diesen beiden.«

Lucie Adelsberger: »Nicht nur die Welt um uns ist anders geworden, sondern wir selber sind umgeknetet. Man liest in Märchen und Legenden, daß Engel und Boten des Himmels, die auf die Erde hinabgesandt werden, sich verirren und sich nicht zurechtfinden können. Etwas davon gilt auch für die, die von der Hölle zur Erde zurückkehren. Menschliche Vorstellungen und Maßstäbe lösten sich auf. Alles dort war überdimensional und übersteigert in der Dynamik, so daß unsere Begriffe verändert sind und es schwer ist, sich wieder an genormte Bahnen zu gewöhnen. Nach so viel Gemeinheit und Unglück erwartet man ein Übermaß an Güte und Glück, wie es nicht von dieser Erde ist.«

Rudolf Vrba: »Wir glaubten, wir hätten uns eingelebt, aber immer blieb eine Schranke. Immer war etwas da, das uns an unsere jüngste Vergangenheit erinnerte. Immer wieder stellten wir fest, daß wir alles zu Auschwitz in Beziehung setzten und alles nach Auschwitzer Maßstäben, die niemand sonst kannte oder verstand, beurteilten. Stets, wenn wir glaubten, wir wären wieder normale Menschen, stieg die Vergangenheit erneut vor uns auf und zerstörte unsere Illusionen.«

Hermann Langbein: »Personen, die als halbe Kinder in den Lagern gelernt hatten, daß man nur überleben kann, wenn man sich über alle Regeln und Verbote hinwegsetzt und nur ein Gebot beachtet: sich nie erwischen zu lassen, sind nicht selten kriminell geworden. Moralische Bedenken erscheinen ihnen lächerlich, Warnungen von Älteren schieben sie beiseite; denn diese Leute haben in Auschwitz mitsamt ihren Moralbegriffen jämmerlich versagt, während sie das Leben – auf sich gestellt – weit besser gemeistert hatten.«

Grete Salus: »Wenn der Körper auch meist einen Knacks weg hat, so ist der Riß im Fundament unserer menschlichen Existenz ein viel unheilbarerer… Jetzt spüren wir erst die Wunden, die man uns geschlagen, die feste Haut ist auf einmal nicht mehr da, ja unser Inneres hat sich gleichsam nach außen gestülpt und zuckt zurück vor jeder Berührung mit dieser Welt.«

Elie Wiesel: »Diese Menschen sind amputiert worden, aber es fehlt ihnen nicht ein Bein oder ein Auge, sondern der Lebenswillen und die Lebenslust… Sie sind keine normalen Menschen mehr. Unter dem Schock ist eine Feder in ihrem Innern gesprungen. Früher oder später machen sich die Folgen bemerkbar.«

Aus: Hermann Langbein, Menschen in Auschwitz, 1987.

Januar 1945

1 · Montag Neujahr

Zwölf Minuten nach Beginn des neuen Jahres schlägt eine deutsche V 1-Rakete im Stadtzentrum von Antwerpen ein. 37 Zivilisten kommen ums Leben.

1305 deutsche Kampfflugzeuge greifen alliierte Feldflugplätze in Belgien, Nordfrankreich und den Niederlanden an. Das Unternehmen mit dem Decknamen »Bodenplatte« ist der letzte Großeinsatz der Luftwaffe.

2 · Dienstag

Bei schweren Luftangriffen auf Ludwigshafen und Nürnberg wirft die britische Royal Air Force mehr als 2000 Tonnen Bomben ab. Die staufische Kaiserburg, das Wahrzeichen Nürnbergs, wird stark beschädigt.

Die zerstörte Nürnberger Altstadt.

3 · Mittwoch

Nach schweren Kämpfen erobern britische Truppen in Birma die strategisch wichtige Hafenstadt Akyab.

Ein Berliner »Schnellgericht« verurteilt zehn Blumenhändler wegen »Wucherei« zu Gefängnisstrafen.

4 · Donnerstag

Im Pazifik versenkt ein japanischer Kamikaze-Flieger den US-Flugzeugträger »Ommaney Bay«.

Julius Leber (1891–1945).

5 · Freitag

In Berlin Plötzensee wird der sozialdemokratische Widerstandskämpfer Julius Leber hingerichtet. Leber war von den Verschwörern des 20. Juli als Innenminister nach dem Sturz Hitlers vorgesehen (S. 207).

6 · Samstag

Der britische Premierminister bittet Stalin telegrafisch, die geplante sowjetische Offensive vorzuverlegen, um die Westfront der Alliierten zu entlasten. NS-Stellen rufen die deutsche Bevölkerung zur »Volksopfer«-Sammlung auf, die der Ausrüstung des »Volkssturms« mit Kleidungsstücken dienen soll.

7 · Sonntag

SS-Panzereinheiten unternehmen einen Entsatzangriff auf das von der Roten Armee eingeschlossene Budapest. Nach Anfangserfolgen scheitert der Vorstoß an der Überlegenheit der sowjetischen Truppen.

8 · Montag

Während einer Lagebesprechung im »Führerhauptquartier« bezeichnet Hitler Meldungen über eine bevorstehende sowjetische Großoffensive als »idiotisch«.

9 · Dienstag

Unter großen Verlusten landen rund 68 000 US-Marines auf der philippinischen Insel Luzon. Die japanische Marine versucht vergeblich, mit Kamikaze-Booten die amerikanische Landungsflotte zu stoppen.

10 · Mittwoch

Die deutsche Polizei in Wien stellt den österreichischen Komponisten Franz Lehár unter Hausarrest. Der 74jährige hatte sich geweigert, sich von seiner »nicht-arischen« Ehefrau zu trennen.

11 · Donnerstag

In Griechenland unterzeichnen Vertreter der kommunistischen ELAS-Milizen und des britischen Oberkommandos ein Waffenstillstandsabkommen.

12 · Freitag

An der Ostfront beginnt die Rote Armee ihre seit langem erwartete Winteroffensive. Schon am ersten Tag brechen die deutschen Verteidigungslinien rund um den Weichselbrückenkopf bei Baranow zusammen (S. 13).

Unaufhaltsam rollt der sowjetische Vormarsch gen Westen.

13 · Samstag

Mit dem Rückzug der Heeresgruppe E verlassen die letzten deutschen Soldaten Griechenland und Albanien.

Verbände der Royal Air Force werfen im Rahmen der Luftoffensive gegen die deutsche Chemieindustrie mehr als 2100 Tonnen Bomben auf die Leuna-Werke in Merseburg ab.

14 · Sonntag

US-Panzerspitzen befreien die Verteidiger des während der deutschen Ardennenoffensive eingeschlossenen Bastogne.

15 · Montag

In Bern vereinbaren Vertreter Deutschlands, Großbritanniens und der USA den Austausch schwerverletzter Kriegsgefangener. Die schweizerische Regierung erklärt sich bereit, den Austausch zu beaufsichtigen.

16 · Dienstag

Nach dem Scheitern der Ardennenoffensive und dem Zusammenbruch der deutschen Ostfront verläßt Hitler das Führerhauptquartier »Adlerhorst« und zieht mit seinem Stab in den Führerbunker unter der Reichskanzlei in Berlin (S. 57).

Zwei aufeinanderfolgende britische Luftangriffe richten in Magdeburg schwere Zerstörungen an.

17 · Mittwoch

An der Seite der Roten Armee erobern polnische Truppen das völlig zerstörte Warschau.

Im Vernichtungslager Kulmhof (poln. Chelmno) bricht ein Aufstand gegen die SS-Wachmannschaften aus. Nur drei jüdische Häftlinge überleben. In Chelmno sind seit 1941 mindestens 150 000 Juden ermordet worden.

18 · Donnerstag

Das Konzentrationslager Auschwitz wird von der Lagerleitung aufgelöst, 65 000 Häftlinge vor der heranrückenden Roten Armee »evakuiert«. Die meisten von ihnen kommen auf dem Todesmarsch nach Westen ums Leben (S. 21).

Sowjetische Truppen marschieren in Krakau ein.

19 · Freitag

Der amerikanische Präsident Franklin D. Roosevelt gibt dem Drängen Charles de Gaulles, des Chefs der provisorischen Regierung Frankreichs, nach und stimmt der Einrichtung einer französischen Besatzungszone im besiegten Deutschland zu (S. 127).

20 · Samstag

Vertreter der kommunistischen provisorischen Regierung Ungarns schließen in Moskau einen Waffenstillstand. Ungarn tritt auf seiten der Alliierten in den Krieg gegen Deutschland ein.

Als erster US-Präsident wird der schwerkranke Franklin D. Roosevelt in Washington für eine vierte Amtsperiode vereidigt. Neuer Vizepräsident wird der 60jährige Harry S. Truman (S. 65).

21 · Sonntag

Sowjetische Einheiten der 1. Ukrainischen Front unter Marschall Iwan S. Konjew dringen in Schlesien auf deutsches Reichsgebiet vor.

Die kanadischen Behörden geben bekannt, daß von 15 000 Soldaten, die auf den europäischen Kriegsschauplatz geschickt werden sollten, jeder Dritte zu desertieren versucht habe.

22 · Montag

Der japanische Ministerpräsident Koiso ruft in Tokio zur »totalen Mobilisierung der nationalen Kräfte« auf.

In Ostpreußen erobert die Rote Armee die Städte Insterburg und Allenstein. Sowjetische Panzer erreichen die Stadtgrenze von Breslau.

Völlig verarmt stirbt in Jerusalem 76jährig die deutsch-jüdische Schriftstellerin Else Lasker-Schüler.

23 · Dienstag

Auf ihrem Rückzug aus Ostpreußen sprengen Einheiten der deutschen Wehrmacht das Tannenberg-Denkmal, das zur Erinnerung an den Sieg über die zaristische Armee im Ersten Weltkrieg errichtet worden war.

Im Gefängnis von Berlin-Plötzensee wird der Widerstandskämpfer Helmuth James Graf von Moltke ermordet. Auf seinem Gut in Niederschlesien hatte sich der Kreisauer Kreis getroffen, um über einen Sturz Hitlers und Pläne für eine deutsche Nachkriegsregierung zu beraten (S. 207).

24 · Mittwoch

Im von amerikanischen Truppen besetzten Aachen erscheint die erste Ausgabe der *Aachener Nachrichten*, der ersten von den Alliierten lizensierten deutschen Zeitung.

Der »Reichsführer SS« Heinrich Himmler übernimmt den Oberbefehl über die neuaufgestellte deutsche Heeresgruppe Weichsel, die den sowjetischen Vorstoß auf Berlin abwehren soll.

25 · Donnerstag

Die deutsche Reichspost ruft die Bevölkerung auf, beim Verschicken von Telegrammen »höchste Selbstdisziplin« zu üben. Die Beförderung privater Briefe ist bereits weitgehend eingestellt.

26 · Freitag

In der Nähe der Weichselmündung erreichen sowjetische Truppen das Ostseeufer. Damit ist Ostpreußen von der Landverbindung zum übrigen Reich abgeschnitten. Die deutsche Kriegsmarine beginnt mit der Evakuierung der Zivilbevölkerung auf dem Seeweg.

Im KZ Ravensbrück wird die britische Agentin Violette Szabo, die in Frankreich festgenommen worden war, von der SS erschossen.

29 · Montag

Die deutsche Reichsbank führt aufgrund der kriegsbedingten Engpässe die Ausgabe von Banknoten in vereinfachter Gestaltung ein.

30 · Dienstag

Zum Jahrestag der Machtergreifung hält Hitler seine letzte Rundfunkrede und beschwört das deutsche Volk, weiterzukämpfen, »bis am Ende der Sieg unsere Anstrengungen krönt«.

Auschwitzhäftlinge und ihre sowjetischen Befreier.

27 · Samstag

Einheiten der Roten Armee befreien das Konzentrationslager Auschwitz bei Krakau und finden dort noch fast 8000 Häftlinge vor. Im größten Vernichtungslager sind mehr als drei Millionen Juden aus ganz Europa ermordet worden (S. 21).

Amerikanische B-29-Bomber fliegen einen schweren Angriff auf die japanische Hauptstadt.

28 · Sonntag

Im Führerbunker unter der zerstörten Berliner Reichskanzlei empfängt Hitler seinen letzten Staatsgast, den norwegischen Ministerpräsidenten Vidkun Quisling (S. 209).

Die Rote Armee erobert Kattowitz in Oberschlesien.

In der Ostsee versenkt ein sowjetisches U-Boot das deutsche Flüchtlingsschiff »Wilhelm Gustloff«. Mehr als 5000 Menschen kommen in den eisigen Fluten ums Leben (S. 19).

In Berlin und der noch von deutschen Truppen gehaltenen Atlantikfestung La Rochelle wird der Propagandafilm »Kolberg« von Veit Harlan uraufgeführt.

31 · Mittwoch

Bei Kienitz, knapp 80 Kilometer von Berlin entfernt, errichten sowjetische Truppen einen Brückenkopf am linken Ufer der Oder. Die Offensive der Roten Armee kommt vorläufig zum Stehen.

Die verlorene Heimat

Deutsche auf der Flucht nach Westen

Der Aufbruch geschah in aller Eile. »Wir aßen also noch rasch zusammen: Wer weiß, wann man wieder etwas bekommen würde ... Dann standen wir auf, ließen Speisen und Silber auf dem Tisch zurück und gingen zum letzten Mal durch die Haustür, ohne sie zu verschließen. Es war Mitternacht ... Draußen hatte sich inzwischen der Treck formiert. Ich lief in den Stall, machte mein Reitpferd fertig, von dem ich wußte, das es allen Strapazen gewachsen sein würde ... «. Marion Gräfin Dönhoff erinnert sich an jenen Tag im Januar 1945, als ihre Flucht aus Ostpreußen begann. »Bis Preußisch Holland waren es von Quittainen nur elf Kilometer. Eine gute Stunde Fahrzeit, so rechneten wir normalerweise. An diesem Tag brauchten wir sechs Stunden. Die Straßen glichen spiegelblankem Eis, die Pferde rutschten, das Coupé, in das wir zwei Kranke verladen hatten, stand dauernd quer zur Fahrtrichtung. Aus allen Nebenstraßen kamen sie gequollen und verstopften die Kreuzungen, und einen Kilometer vor der Stadt kam alles endgültig zum Stillstand. Wir standen über zwei Stunden, ohne auch nur einen Zentimeter vorzurücken.«

Beinahe über Nacht hatte sich das bis dahin weitgehend vom Krieg verschonte Ostpreußen in ein riesiges Flüchtlingslager verwandelt.

Mit der am 12. Januar begonnenen Großoffensive hatte die Rote Armee zum entscheidenden Schlag gegen das Deutsche Reich ausgeholt. Mehr und mehr deutsche Städtenamen tauchten im Wehrmachtsbericht auf: Allenstein und Rastenburg, Sensburg und Rössel. Nach wenigen Tagen waren alle Bahnlinien ins Reich unterbrochen, und am 26. Januar war Ostpreußen durch einen russischen Vorstoß bis nach Elbing vom Westen abgeschnürt.

Wer noch zurückgeblieben war, mußte mit dem Schlimmsten rechnen: »Die Stunde der Vergeltung an den Deutschen für die Qualen und Leiden, für die verbrannten Dörfer und zerstörten Städte, Kirchen und Schulen, für die Verhaftungen, Lager und Erschießungen, für Auschwitz, Majdanek, Treblinka, für die Ghetto-Morde« hatte geschlagen, so wie es das nationale polnische Befreiungskomitee schon im Juli 1944 in einem Manifest prophezeit hatte. Die Verbrechen des Regimes kehrten sich nun gegen die deutsche Bevölkerung. »Zorn und Haß«, so verbrämte die amtliche sowjetische Geschichtsschreibung den Rachefeldzug ihrer Armee, »glühten in den Herzen der Soldaten, als sie die ehemaligen faschistischen Todeslager in Litauen, Ostpreußen und Polen betraten.« Unter den Eroberern waren viele, deren Familienangehörige von den Deutschen gequält und ermordet worden waren, deren Familien nach Deutschland verschleppt, deren Angehörige obdachlos

Glücklich, wer Platz in einem der wenigen Züge findet, obwohl auch sie nicht vor Luftangriffen sicher sind.

Für Tausende von Flüchtlingen beginnt, wie für diese junge Mutter mit ihrem Sohn, ein langer Leidensweg in eine ungewisse Zukunft.

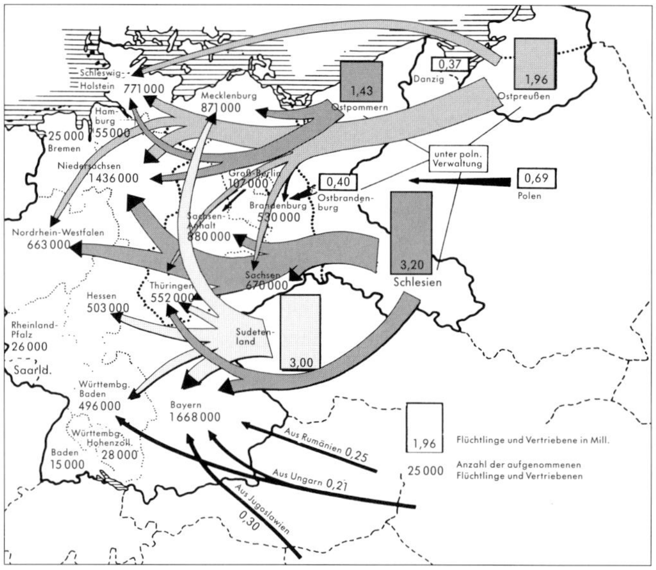

Die Fluchtbewegungen der deutschen Bevölkerung aus den ehemaligen deutschen Ostgebieten sowie aus Rumänien, Ungarn und Jugoslawien.

gemacht, die um Hab und Gut beraubt worden waren. Das Pendel der Gewalt schlug nun zurück. Es traf zuerst die Deutschen in den Ostgebieten, in der Tschechoslowakei und in anderen Ländern, in denen sie als Minderheit hatten leben können. Mehr als zwei Millionen Menschen verloren ihr Leben, zwölf Millionen ihre Heimat.

Die ersten, die im Treck nach Westen zogen, waren im Sommer 1944 die Flüchtlinge aus dem Memelgebiet. Ein Provisorium, wie viele anfangs wähnten, das nur solange Bestand haben sollte, bis die sowjetische Offensive an der baltischen Front zurückgeschlagen sei. Denn weiter als bis Memel, so verhieß die Nazi-Propaganda, konnten die russischen Verbände gar nicht kommen: An den Panzergräben des »Ostwalls« sollte ihnen endgültig Einhalt geboten werden. Doch die fünf sowjetischen Armeen, die am 16. Oktober zum Generalangriff auf Ostpreußen antraten, ließen sich durch keinen Panzergraben aufhalten. Schon nach drei Tagen war die Rote Armee über die alte Reichsgrenze bis nach Nemmersdorf vorgedrungen. Als es deutschen Kampfverbänden gelang, Teile des besetzten Gebiets um Nemmersdorf zurückzuerobern, bot sich ihnen ein Bild des Grauens. Was sie sahen, wurde für die Bevölkerung in Ostpreußen zum Inbegriff unaussprechlicher Angst: Die Trümmer der von Panzern zermalmten und zerschossenen Wagen lagen am Straßenrand, Tote zuhauf in den Straßengräben; an einem Leiterwagen im Dorf, nahe dem Wirtshaus, und an Scheunentoren waren entkleidete und vergewaltigte Frauen angenagelt, und in den Wohnungen lagen und saßen über siebzig Tote: zuvor vergewaltigte Frauen, Kinder mit eingeschlagenen Köpfen, ein alter Mann und eine blinde, 84jährige Frau mit gespaltenem Schädel, auch sie nach dem Urteil einer ausländischen Ärztekommission vergewaltigt. In Windeseile sprach sich der grausame Fund herum. Der Name Nemmersdorf ließ die ostdeutsche Bevölkerung erzittern: Die Panik vor dem Einmarsch der russischen Soldaten überlagerte fortan alle Überlegungen. Die Goebbels-Propaganda, die die Tat im großen Stil für sich ausschlachtete, schürte die Angst der Menschen noch mehr.

Drei Monate später setzten die weit überlegenen sowjetischen Armeen zu ihrem entscheidenden Schlag an: Am 12. Januar rückten sie in Richtung Schlesien vor, einen Tag später in Richtung Berlin; am gleichen Tag griffen sie Ostpreußen an und marschierten auf Königsberg zu. Sie bedrohten die deutsche Abwehrstellung an der Weichsel und das oberschlesische Industriegebiet; Ende Januar hatte die Rote Armee ganz Ostbrandenburg besetzt. Die Bevölkerung geriet in heillose Furcht. Für eine halbwegs geordnete und geplante Flucht nach Westen war es nun zu spät, da die offizielle Durchhaltepolitik jede Vorbereitung zur Evakuierung im Ansatz erstickt hatte.

Ein von den Sowjets zusammengeschossener Flüchtlingstreck in Ostpreußen. Hätte die deutsche Führung die Flucht früher zugelassen, der Bevölkerung wäre viel Leid erspart geblieben.

Für Vorkehrungen zur Flucht drohten schwere Strafen. Dennoch gehörten schließlich die Statthalter der Partei, die die rechtzeitige Rettung verhindert hatten, oft zu den ersten, die ihre Haut retteten. »Ich wand mich durch die Fülle der Wagen und Menschen hindurch zur Kreisleitung der NSDAP. Alle Türen standen offen, verkohltes Papier wirbelte in der Zugluft herum. Auf dem Boden lagen Akten. Alle Zimmer waren leer. 'Die sind natürlich als erste weg, die Schweine', sagte ein Bauer, der gleich mir dort herumstöberte«, berichtet Marion Gräfin Dönhoff. Aus allen Dörfern flohen eilig zusammengestellte Trecks aus Ochsengespannen, Pferdefuhrwerken, Schlitten und Handkarren vor der herannahenden Roten Armee. Doch in dem heillosen Chaos auf den verstopften Straßen verlor man sich meist schon bald aus den Augen. Niemand war genau über den Verlauf der Front informiert, trügerische Hoffnungen wurden bestärkt durch scheinbar beruhigende Gerüchte, an die sich die Menschen verzweifelt klammerten. Wehrmachtsfahrzeuge, zerschossene Panzer und steckengebliebene Trecks blockierten die Straßen. Immer wieder zwangen Tieffliegerangriffe die Flüchtlinge in die Straßengräben, immer in der Hoffnung, dieses Mal noch mit dem Leben davonzukommen. Nie konnte man sicher sein, ob sich die russischen Panzer nicht unvermutet von den Feldern aus auf die Straße schoben und den Fliehenden den Weg abschnitten.

Von Ostpreußen aus gab es nur noch eine Möglichkeit zu entkommen: die Flucht über die Ostsee. Die rettenden Häfen waren nur über das zugefrorene Frische Haff oder die vorgelagerte Nehrung zu erreichen. Doch der Weg war gefahrvoll, führte über vereiste Straßen und durch tosende Schneestürme. Die Frauen mußten es nicht selten alleine schaffen, denn die wenigen daheimgebliebenen Männer wurden oft in letzter Minute zum Volkssturm abkommandiert. Die Strecke über das Frische Haff war tückisch: Die Pferde glitten immer wieder aus, Wagen brachen zusammen, die hastig vollgeladenen Schlitten ließen sich kaum von der Stelle ziehen. Trotz klirrender Kälte brach das Eis unter den Gespannen immer wieder ein, und die Flüchtlinge mußten bis zu den Knien durch das eiskalte Wasser waten. Auf dem Eis barg das Vorankommen ein stetes Risiko. Mit Stöcken mußten die Flüchtlinge den Pfad nach verborgenen Bombentrichtern abtasten. Oft rutschten die verzweifelten Menschen aus und glaubten sich schon verloren. In den völlig durchnäßten und steifgefrorenen Kleidern wurde jede Bewegung zur Qual. Doch die Todesangst vertrieb die Frostschauer, die über den Körper jagten.

Sie waren die unschuldigsten Opfer des Krieges: Ein Flüchtlingskind wird von einem Captain der US-Armee über eine gesprengte Elbbrücke getragen.

Eine Ostpreußin, die über das Haff flüchtete, berichtet: »Ende Februar sind wir ans Haff gekommen. Wir waren gezwungen, über das gefrorene Haff zu marschieren, weil die Wehrmacht den Weg über die Nehrung für sich blockiert hatte. Mit tragenden Stuten, die durch das Rutschen kaum noch gehen konnten, haben wir uns 27 Stunden über das Eis geschleppt. Wir sind fast durch eine

Ostpreußische Nächte

Wahrlich gründlich, wahrlich weise
zahlen wir dem Feind jetzt heim:
alles brennt! Und die Quartiere?
Legen uns wohl in den Schnee?
Na, und wenn schon! In der Patsche,
sitzen wir doch nicht umsonst:
Glühte je in solcher Röte
irgendwo ein Horizont?...

Was Jahrhunderte geschaffen,
brennt hier nieder, sinkt zu Schutt.
Flammen plätschern, Flammen
peitschen über meinen Kopf hinweg...

Neidenburg: verglühend bricht hier
altes gutes Mauerwerk.
Übestürzt ward's aufgegeben,
rasch besetzt im Plünderwahn....
Zweiundzwanzig, Höringstraße.
Noch kein Brand, doch wüst, geplündert.
Durch die Wand gedämpft – ein Stöhnen:
Lebend finde ich noch die Mutter.
Waren's viel auf der Matratze?
Kompanie? Ein Zug? Was macht es!
Tochter – Kind noch, gleich getötet.
Alles schlicht nach der Parole:
Nichts vergessen! Nichts verzeih'n!
Blut für Blut! – Und Zahn für Zahn.
Wer noch Jungfrau, wird zum Weibe,
und die Weiber – Leichen bald.
Schon vernebelt, Augen blutig,
bittet: »Töte mich, Soldat!«
Sieht nicht der getrübte Blick?
Ich gehör doch auch zu jenen!...

Ein verwaister Kinderwagen –
ganz in Rüschen, himmelblau –
drum ein Knäuel von Soldaten:
»Guck, der Säugling, auch ein Deutscher!
Wird mal groß, setzt auf den Helm;
wär's nicht besser – gleich abknallen?
Hat die Führung doch befohlen:
Blut für Blut!

...zwischendurch die Frau erschossen,
Teppich rot mit Blut bespritzt,
und den kranken Mann im Bette
gleich in einem auskuriert.
Nur ein Jüngelchen, ihr Neffe,
merkt, was los ist, springt hinaus,
über'n Zaun und hopp und rennt,
hakenschlagend und sich windend,
wie ein Häschen, wie ein Tierchen,
übers Feld zum Walde hin.
Von der Straße knallt in Rage
fast ein Zug ihm hinterher:
– »Wetten!« – »Hab' ihn« – »der haut ab!«
– »ist verwundet!« –»gib-gib-gib ihm!«
– »Ach der Hund..., nun ist er weg.
Wenn er erst mal groß geworden...«

Alexander Solschenizyn

Allee aus Pferde- und Menschenleichen gezogen. Die Wehrmacht hatte die Fahrgassen mit Ästen markiert, weil ja abseits der Pfade schon Wagen eingebrochen waren. Durch den Beschuß der russischen Flugzeuge mit Bordwaffen wurden die Pferde scheu, liefen aufeinander zu. Dadurch brachen wieder Wagen ein. Die Wehrmacht hat immer wieder neue Wege für uns markiert. Es war eine grauenvolle Fahrt. Ich hatte meine beiden kleinen Kinder fest im Arm, weil ich mir sagte, wenn wir getroffen werden, dann hoffentlich alle, denn ich wollte nicht, daß meine Kinder alleine bleiben. Es sind auch viele alleinstehende Leute auf dem Haff gelaufen, die getroffen wurden. Doch über die Leichen der anderen hat man hinweggesehen. Der eigene Kummer und die eigene Sorge haben blindgemacht.« Drei Kilometer, höchstens fünf, kamen die Trecks am Tag voran. Doch mindestens zwei Millionen Flüchtlinge erreichten die Häfen der Danziger Bucht. In den letzten 115 Tagen des Krieges wurden sie auf 700 Schiffen, Fähren und Schleppern im Pendelverkehr nach Westen evakuiert. Aber wie viele beim Ansturm auf die Schiffe zerquetscht und ins Wasser gedrängt wurden, weiß niemand. Tausende von Menschen ertranken bei Schiffsuntergängen in der eiskalten Ostsee.

Ob mit Pferdefuhrwerken, auf dem Fahrrad oder zu Fuß: Jeder versucht, neben seinem Leben so viel Habe wie möglich in Sicherheit zu bringen.

Etwas geordneter verlief die Auswanderung aus Schlesien, wo die erste große Fluchtwelle um den 19. Januar losbrach. Die meisten Schlesier konnten mit Bahnen und Omnibussen entkommen. In Breslau allerdings reichten die Züge für das riesige Flüchtlingsheer nicht aus. Über 100 000 Menschen, meist Frauen, mußten die Stadt bei tiefster Kälte zu Fuß verlassen. Die Regierungsangestellte Elisabeth Erbrich wird den 22. Januar, an dem sie den schriftlichen Befehl erhielt, die Stadt zu verlassen, für immer im Gedächtnis behalten: »In meinem Rucksack das Notwendigste, auf dem Leib Unterwäsche und Kleider, soviel ich anziehen konnte, ein Paar Stiefel an den Füßen... So trat ich meine Flucht an. Es war eisiges, sonnenklares Winterwetter und 16 Grad Kälte. Wie eine Karawane zogen die Flüchtlinge, wie eine schwarze Schlange im leuchtend weißen Schnee.« 22 Kilometer von Breslau entfernt konnte sie sich auf einen Güterzug retten. Unter den Flüchtlingen am Bahnhof herrschte Panikstimmung. Vor den Zugtüren stauten sich die Massen. Einer riß den anderen von der Tür. Kinder wurden von ihren Müttern getrennt. Alte Frauen irrten umher. Sie hatten den Verstand verloren, wußten nicht mehr ihren Namen und woher sie kamen.

»Aufrechnung hilft nicht weiter; Gedanken an Rache machen alles noch schlimmer.«

Sebastian Haffner

Doch ein schlimmeres Schicksal drohte oft denen, die gezwungen waren, zurückzubleiben oder die von der Offensive der Roten Armee eingeholt wurden. Für die Zurückgebliebenen folgten Monate fortwährender Plünderungen, willkürlicher Erschießungen und brutaler Vergewaltigungen. Die Sieger betrachteten deutsche Frauen oft als persönliche Beute. Eine Frau, die diese Tage miterlebte, erinnert sich: »Wir fanden eine große Scheune, wo wir uns verborgen halten konnten. Die vom Marsch erschöpften Menschen stöhnten und weinten, Kinder schrien. Dann, in der Dunkelheit, kamen sie. Zunächst konnten wir die Motoren der Lastwagen hören, ein schreckliches Geräusch. Dann ertönten kehlige Stimmen, kurz darauf wurden die Türen aufgerissen, Helligkeit überflutete die Tenne, der Wagen fuhr heran, und die Ladefläche klappte herunter. Nun lag alles in hellem Scheinwerferlicht, der Lichtstrahl hob angstverzerrte Gesichter aus dem Dunkel, Menschengruppen, die sich aneinanderpreßten. Die angetrunkenen Russen brauchten nur noch auszusortieren. Je jünger, desto besser. Sie rissen die Schwester vom Bruder, die Mutter von den Kindern, um Schreie kümmerten sie sich nicht; sie nahmen Großmütter und Halbwüchsige. Das Gewehr im Anschlag grölten sie: 'Frau, komm...!' Und dann halfen sie mit Schlägen und Tritten nach, falls sich jemand wehrte. Ich sah die junge Frau, die eben ein Kind geboren hatte, das noch nicht einmal abgenabelt war. Sie rissen die Nabelschnur mit der Hand auseinander, zerrten die blutende, erschöpfte Frau von dem nackten Baby fort und schleuderten sie auf den Lastwagen. Ich höre sie noch heute schreien.« Später schrieb Boris Telpuchowski, Professor am Institut für Marxismus-Leninismus beim Zentralkomitee der KPdSU, in seiner »Geschichte des Großen Vaterländischen Krieges«: »Das Benehmen der Sowjetsoldaten, der Zöglinge der KP, zur deutschen Bevölkerung war menschlich.«

All die Schrecken des Krieges, die bis dahin an fernen Fronten geschahen, waren nun in das eigene Land zurückgekehrt – und doch darf man eines nicht vergessen: Deutschland hat unter Hitler mit diesem Krieg angefangen. Aber wie wird man mit diesen Greuel fertig? Sebastian Haffner hat darauf eine Antwort: »Aufrechnung hilft nicht weiter; Gedanken an Rache machen alles noch schlimmer. Irgendeiner muß die Seelengröße aufbringen, zu sagen: 'Es ist genug.'«

Ursula Nellessen

Der Untergang von Elbflorenz

Bombenterror gegen Dresden

Am 13. Februar und nur wenige Stunden vor der Katastrophe feierte Dresden Fasching. Die 19jährige Eva Miersch verrichtete im Fernsprechamt ihren abendlichen Dienst, in Gedanken aber tanzte sie bereits auf der bescheidenen Feier, zu der sie eingeladen war. Daß plötzlich Sirenen aufheulten, schreckte sie nicht allzu sehr. Sicherlich wieder nur einer der unzähligen Fehlalarme, dachte sie sich. Schließlich wußte jeder in Dresden, dem »Luftschutzkeller des Reiches«, von den beruhigenden Gerüchten, die besagten: Die Alliierten wollen die sächsische Metropole schonen.

Doch um 22.09 Uhr zerschlugen sich alle Hoffnungen, Dresden überstehe den Krieg, der schon lange entschieden war, schadlos. »Achtung!«, verkündete der Rundfunksprecher, »Feindliche Bomberverbände haben ihren Kurs geändert und befinden sich jetzt im Anflug auf das Stadtgebiet!« Der Schock saß tief. Jemand im Fernsprechamt flüsterte entsetzt: »Sie kommen ...«

Zur selben Zeit riß die Wolkendecke über der Stadt auf. 244 britische Lancaster- Bomber stießen auf die wehrlose Großstadt nieder. Die Flak war an die Ostfront verlegt. Holzattrappen »verteidigten« Dresden. Tonnenschwere Bomben fielen auf die historische Innenstadt, in der sich etwa 600000 schlesische Flüchtlinge drängten. Dresden war ihnen wie eine Oase in der Trümmerwüste des Deutschen Reiches vorgekommen. Jetzt wurde die Stadt zur tödlichen Falle.

Binnen weniger Minuten verwandelten sich Straßenzüge in eine Hölle, durch die ein orkanartiger Feuersturm

Der britische Luftmarschall Sir Arthur Harris, verantwortlich für die geplante Zermürbung der Zivilbevölkerung durch Flächenbombardements, wird zum Großoffizier der Ehrenlegion ernannt.

wirbelte, der Eisenbahnwaggons umstürzte, Menschen von den Füßen riß und durch die Straßen schleuderte. Haushohe Stichflammen schossen aus den Häusern. Der Asphalt brannte. Löschfahrzeuge verglühten auf dem Pflaster. In den Kellern erstickten und verbrannten Menschen. Der Feuerschein war noch in 350 Kilometern Entfernung zu sehen.

Selbst die Elbwiesen und der Große Garten boten keine Zuflucht mehr, nachdem sie gegen 1.30 Uhr in einem zweiten Angriff von 529 Bombern in leblose Kraterlandschaften verwandelt worden waren. Ein Pilot erinnerte sich: »Die heraufsteigende Hitze war bis in meine Kanzel zu spüren. Selbst in 6700 Metern Höhe konnten wir im gespenstischen Licht der Flammen Einzelheiten erkennen; zum erstenmal fühlte ich Mitleid mit der Bevölkerung dort unten.« Und ein Hitlerjunge notierte in sein Tagebuch: »Himmel und Erde brennen! Was ist das: Krieg? Das ist Mord!«

Überlebende berichteten von Tieffliegern, die Menschen mit ihren Bordwaffen vor sich her trieben. In den Kriegsberichten der Alliierten fand sich darüber kein Wort. Fest steht: Als die US-Air Force am nächsten Mittag mit 311 »Fliegenden Festungen« angriff, betrieb sie nur noch Leichenschändung. Dresden

Die Reste der Dresdner Innenstadt mit Hofkirche und Schloß.

war eine tote Stadt, ein riesiges Grab an der Elbe.

Überall lagen Leichen: verbrannte, zerrissene, geköpfte Leiber. Ein Dresd-

Die dritte Angriffswelle auf Dresden am Morgen des 14. Februar: Diesmal sind es Langstreckenbomber der US-Luftwaffe.

ner Schüler schrieb an seine Mutter: »Ich werde nie den Anblick der Überreste einer Mutter mit ihrem Kind vergessen. Sie waren zusammengeschrumpft und zu einem einzigen Stück verkohlt und steckten fest im Asphalt.« Die bis zur Unkenntlichkeit entstellten Leichen wurden auf gewaltigen Rosten aus Eisenbahnschienen verbrannt. Der Gestank verpestete tagelang die Luft. An vielen toten Kindern hingen die Fetzen ihrer Karnevalskostüme. Die Eheringe der Toten füllten sieben Wassereimer. Die Zahlen der Opfer schwanken zwischen 35000 und einer Viertelmillion.

Warum mußte Dresden sterben? Die amerikanischen Piloten versuchten immerhin ihre Ziele zu treffen, doch der britische Kommandeur Arthur Harris überzog einer der bedeutendsten Kulturstädte der Welt mit einem erbarmungslosen Flächenbombardement, das keinen Stein mehr auf dem anderen ließ. Harris war überzeugt, den kriegsentscheidenden »K.O.- Schlag gegen die Wirtschaft und den Kriegswillen des Feindes« zu führen. Zwar hatten die Terrorangriffe der Nazis auf britische Städte gezeigt, daß solche Attacken den Widerstandswillen nur noch stärken, aber Harris blieb dabei: »Ein diktatorisch regiertes Volk muß anfälliger sein als wir.«

Warum nahmen die Alliierten Dresden so kurz vor Kriegsende ins Visier? Die Stadt war militärisch und kriegswirtschaftlich kaum von Bedeutung. Um so verwunderlicher war, daß die Elbbrükken, die Bahnanlagen, der Flughafen Dresden-Klotzsche und auch die Kasernen mit ihren Materiallagern vom Bombenhagel nahezu verschont geblieben waren. Nach drei Tagen rollten auf einem Doppelgleis bereits wieder Züge von Dresden in alle Himmelsrichtungen, aber die für ihre Brunnen, Baudenkmäler und engen Gassen so berühmte Stadt lag in Schutt und Asche. Die Frauenkirche, der Zwinger, die Hofkirche hatten Bomben in einen qualmenden Trümmerberg verwandelt. Die Alliierten hatten eine Perle unter den deutschen Städten zermalmt.

Warum mußte Dresden sterben? Churchill, voller Mißtrauen gegenüber Stalin, beabsichtigte, den Sowjets die zerstörerischen Fähigkeiten der angloamerikanischen Langstreckenbomber zu demonstrieren. Der Terror gegen das wehrlose Dresden sollte Stalin warnen. Aber mit dem Angriff auf Dresden sollten auch alte Rechnungen beglichen werden. Hitler hatte einen erbarmungslosen Bombenkrieg gegen die Zivilbevölkerung auf der Insel geführt, was Churchill, dem die Bilder von den Verwüstungen deutscher V 1- und V 2-Raketenangriffe noch vor Augen standen, dazu veranlaßte, den Befehl zum Angriff auf Dresden zu geben. Dabei mußte auch ihm bekannt gewesen sein, wieviele Flüchtlinge sich in der Stadt aufhielten. Der britische Bomberpilot Dave David gab zu: »Man hat uns reinen Wein eingeschenkt. Es wurde uns gesagt, daß Dresden voller Flüchtlinge sei. – Was wir angerichtet haben, war ein Greuel.«

Churchill gab den Befehl, »Bomber-Harris« führte ihn mit blutigem Ehrgeiz aus. Erst als kritische Stimmen im In- und Ausland die Zerstörung der Kunst- und Kulturstadt anprangerten, versuchte der britische Premier, den Militärs die Schuld in die Schuhe zu schieben. Die aber zwangen ihn, zu seiner Order zu stehen. Harris wurde 1953 von Churchill für seine »Verdienste« geadelt. Heute erinnert in London ein Denkmal an den Mann, der Dresden in den Abgrund stieß und anrichtete, was Gerhart Hauptmann im Februar 1945 in seinem Tagebuch vermerkte: »Wer das Weinen verlernt hat, der lernt es wieder beim Untergang Dresdens.« Und Erich Kästner notierte sich, als er vom Ende Dresdens und vom Überleben seiner Eltern erfuhr: »Trauer, Zorn und Dankbarkeit stoßen im Herz zusammen. Das Dritte Reich bringt sich um. Doch die Leiche heißt Deutschland.« *Marcus Schnöbel*

Die einzige Möglichkeit nach dem Inferno, Seuchen zu verhindern: Tausende von Leichen werden verbrannt.

Entscheidung über Deutschlands Zukunft

Die Konferenz von Jalta

Churchill, Roosevelt und Stalin (v. l.) demonstrieren der Öffentlichkeit gegenüber Einigkeit. Doch hinter den Kulissen wird heftig um die Einflußzonen im künftigen Europa gestritten.

Im Konferenzsaal herrschte drangvolle Enge. Um den runden Tisch inmitten des 30 Meter langen Raumes reihten sich dicht an dicht zwölf harte Stühle und drei weiche Sessel. Lediglich das knisternde Kaminfeuer brachte einen Hauch Gemütlichkeit in den karg möblierten Raum im Liwadija-Palast zu Jalta. Zar Nikolaus II. hatte hier die Sommerfrische an der Krim genossen. Jetzt, im Februar des Jahres 1945, saßen im »Biarritz der Zaren« die Spitzenpolitiker dreier Nationen zusammen. Auf der Tagesordnung stand das Schicksal Europas. 90 Tage vor dem endgültigen Untergang des »Dritten Reiches« legten Churchill, Roosevelt und Stalin fest, was mit Deutschland und den Deutschen zu geschehen habe. Es war höchste Zeit, denn der Tag war absehbar, an dem die alliierten Truppen auf deutschem Boden aufeinander treffen würden. Die Rote Armee stand bereits an der Oder zwischen Frankfurt und Küstrin, und anglo-amerikanische Truppen setzten zum Sprung über den Rhein an. Sorgen bereitete Amerikas Präsident nur, daß die USA den Krieg im Pazifik ohne die Sowjetunion führen mußten. Moskau, so wünschte es das Weiße Haus, sollte Japan den Krieg erklären. Wie aber war Stalin zu diesem Schritt zu bewegen? Ein Treffen mußte arrangiert werden. Seit Herbst 1944 drängte Roosevelt daher auf eine Konferenz der »Großen Drei«.

Ein schwieriges Unterfangen, wie schon das nervenaufreibende Tauziehen um den Konferenzort bewies. Roosevelt und Churchill schlugen Athen, die Riviera, Zypern, Konstantinopel, Malta und Jerusalem vor. Doch Stalin lehnte jeden Vorschlag ab. Listig entschuldigte er sich, nach der Konferenz von Teheran hätte er unter so starken Ohrenschmerzen gelitten, daß ihm seine Ärzte von jedem Klimawechsel abrieten. Leider könne er daher höchstens bis zum Schwarzen Meer reisen, weiter auf keinen Fall. Das klang nach einer Ausrede, zumindest war es ein vorgeschobener Grund, denn eines war offensichtlich: Stalin selbst wollte Ort und Zeitpunkt der Konferenz bestimmen. Und eilig hatte er es dabei nicht. Die Zeit arbeitete für ihn. Täglich rückten seine Armeen näher an Berlin heran, während Briten und Amerikaner an der Westfront nur mühsam vorwärts kamen. Als dann Polen erobert war, schlug er das entlegene Jalta an der Ostküste der Krim vor. Widerwillig stimmten Roosevelt und Churchill zu. »Und wenn wir zehn Jahre gesucht hätten«, grummelte der britische Premier, »wir hätten keinen schlechteren Platz finden können.« Roosevelt und Churchill reisten gemeinsam an. Der Aufwand war enorm: 25 von Jägern eskortierte Transportflugzeuge brachten 700 britische und amerikanische Teilnehmer von der Insel Malta auf die Halbinsel Krim. Molotow, nicht Stalin, empfing die Delegationen am Flughafen, wo sie in drei Zelten ein opulentes Frühstück erwartete. Neben Wodka, Cognac, Sekt, Hirschbrust, Räucherlachs und Stör reichten Diener die ersten Kilo von insgesamt 16 Tonnen Kavier, die Stalin nach Jalta bringen ließ – kulinarischer Auftakt einer wegweisenden Konferenz.

Am Sonntag, den 4. Februar, saßen sich um 17.10 Uhr Ortszeit im Ballsaal des Liwadija-Palastes zum zweiten Mal in diesem Krieg die drei Spitzenpolitiker der Alliierten gegenüber: Der 70jährige Churchill, Premier eines vom Krieg geschwächten Landes, das aber immer noch weltweit Kolonien und Dominions besaß; der vom Tode gezeichnete 63jährige US-Präsident Roosevelt, der nur noch zwei Monate zu leben hatte; und ein Stalin, der mit 65 Jahren als unumschränkter Herrscher einer aufstrebenden Großmacht auf dem Weg zum Höhepunkt seiner Macht war. Acht lange und beschwerliche Konferenztage standen dem mächtigen Trio bevor, acht Tage, in denen sich die Gespräche vorrangig um drei große Komplexe drehen sollten: Die Zukunft Polens, die Teilung Deutschlands und die Gründung der Vereinten Nationen. Es gab weder Tagesordnungen noch offizielle Protokolle. Die Diskussion war langwierig, denn Simultanübersetzung war noch nicht gebräuchlich. Was aber gesprochen wurde, beeinflußte das Leben von Millionen.

»Das eindrucksvollste an ihm war seine unerhörte, diabolische Geschicklichkeit, einen größeren Meister in der Kunst der Taktik hat es in der Neuzeit noch nicht gegeben.«

George F. Kennan über Stalin

Bereits in Teheran hatten die »Großen Drei« beschlossen, Deutschland zu zerstückeln. Aber erst die Konferenz von Jalta stellte ihre Pläne auf einen soliden Grund. Demnach sollte Deutschland innerhalb der Grenzen von 1937 vorläufig in vier Besatzungszonen aufgeteilt und unter Militärverwaltung gestellt werden. Neben Großbritannien, der Sowjetunion und den USA erhielt nun auch Frankreich, das in Jalta nicht vertreten war, auf Kosten der Briten und Amerikaner eine eigene Zone sowie Sitz und Stimme im 1944 beschlossenen »Alliierten Kontrollrat für Deutschland«. Die Großen Drei bekräftigten ihre »unbeugsame Absicht«, den »deutschen Militarismus« zu zerschlagen, die Rüstungsindustrie zu beseitigen und den Nationalsozialismus auszumerzen. Stalin forderte von einem völlig entwaffneten Deutschland 20 Millarden Dollar Reparationen, die Hälfte davon für sein Land. Doch Churchill und Roosevelt vertagten dieses komplexe Problem ebenso wie die Frage, wo genau Polens Westgrenze verlaufen sollte. Offiziell verlegten sich die Alliierten auf die vage Formulierung, »daß Polen im Norden und Westen einen beträchtlichen territorialen Zuwachs erhalten muß.« Was dies konkret bedeutete, stand bereits fest, blieb vorerst aber geheim. Polen sollte für seine von den Sowjets okkupierten Gebiete mit Pommern, Ostpreußen und Schlesien entschädigt werden. Damit war die Oder-Neiße-Grenze, ein Wunschkind Stalins, und die Zwangsumsiedlung von sechs Millionen Deutschen so gut wie beschlossen, obwohl Churchill, ein »starkes, freies und unabhängiges Polen« vor Augen, skeptisch anmerkte: »Ich möchte die polnische Gans nicht so mästen, daß sie durch zuviel deutsches Futter Verstopfung bekommt.«

Auch Roosevelt hielt sich zurück. Stalin nämlich hatte in Polen bereits vollendete Tatsachen geschaffen. Das »Lubliner Komitee«, inzwischen in »Provisorische Regierung Polens« umbenannt, fungierte in Warschau als Marionettenregierung Moskaus. Und der Westen sicherte auf der Krim zu, das kommunistische Komitee als »Regierung der nationalen Einheit« völkerrechtlich anzuerkennen, wenn einige Exilpolen darin aufgenommen würden. Außerdem sollten nach Kriegsende so bald wie möglich freie Wahlen abgehalten werden. Das waren Forderungen, die Stalin geschickt umging, indem er ein kommunistisches Satellitenregime installierte. Der »Rote Zar« hatte es geschafft: Ostpolen, die Beute aus der gemeinsam mit Hitler vorgenommenen »vierten Teilung« Polens, blieb sowjetisch. Zwei Monate nach der Konferenz erklärte Stalin gegenüber Belgrader Genossen: »Dieser Krieg ist nicht wie in der Vergangenheit; wer immer ein Gebiet besetzt, erlegt ihm auch sein eigenes gesellschaftliches System auf. Es kann gar nicht anders sein.«

Ohnehin hatte der geschwächte Roosevelt anderes im Sinn als das ihm fremde und komplizierte polnische Problem. Er wollte als Gründer der Vereinten Nationen in die Geschichte eingehen, und dafür brauchte er Stalin. Der aber sträubte sich gegen Roosevelts Traumgebilde. Ein friedenssicherndes »Direktorium der drei Großmächte« wäre ihm weitaus lieber gewesen als diese, wie er meinte, groteske Weltorganisation, in der ein Land wie Albanien gleiches Stimmrecht haben sollte wie Rußland! Und man kam Stalin entgegen: Die Sowjetunion erhielt drei Stimmen in der UNO-Vollversammlung. Nach mühsamen Diskussionen fanden die Großen Drei doch noch wenigstens einen kleinen gemeinsamen Nenner.

In der letzten Plenarsitzung blieben Einwände gegen das Schlußkommunique aus. Die Staatschefs nahmen noch ihr Mittagsmahl ein, da betraten die Sekretäre den Saal und legten die endgültigen Fassungen vor. Die Drei räumten Teller und Gläser beiseite und unterzeichneten am Eßtisch ein Dokument, mit dem sich die zähe Legende verbindet, es habe die Teilung Europas in einen sowjetischen und einen amerikanischen Block besiegelt. Tatsächlich faßten Churchill, Roosevelt und Stalin auf der Krim keinen einzigen Beschluß. Es blieb bei Absichtsbekundungen.

Dennoch, mit diesem Ergebnis der Konferenz waren die Verhandlungspartner durchaus zufrieden: Stalin hatte seinen Einfluß in Europa ausgedehnt; Churchill wertete es als Erfolg, Frankreich wieder als Großmacht und Stabilitätsfaktor in Europa etabliert zu haben; und Rossevelt trat die Heimreise mit der Zusage Stalins an, nach dem Kriegsende in Europa an der Seite der USA gegen Japan zu kämpfen. Geradezu euphorisch stimmte den Präsidenten die bevorstehende Gründung der UNO. Mit ihr, so glaubte er, könne der Frieden dauerhaft gesichert werden. Doch Roosevelt gab sich Illusionen hin. Stalin sollte mit seiner düsteren Prognose recht behalten: »Einigkeit unter Verbündeten im Krieg zu bewahren ist nicht schwer. Die Schwierigkeiten kommen immer erst danach.« *Jörg Müllner*

Sterne über Iwo Jima

Der »längste Tag« im fernen Osten

Das Bild, das an einen der blutigsten Tage im Zweiten Weltkrieg erinnert, ist mehr als nur ein Foto – zumindest in den Vereinigten Staaten. Es ist ein Dokument des Sieges, das in »Gottes eigenem Land« zur patriotischen Ikone, zur Legende in Schwarzweiß wurde: Sechs GI's hissen auf dem höchsten Gipfel der Pazifikinsel Iwo Jima, dem Mount Suribachi, das Sternenbanner. Ein historischer Augenblick am Rande eines Vulkankraters, den der Kriegsfotograf Joe Rosenthal mit seiner Kamera festgehalten hat. Ein flüchtiger Moment in der Geschichte, der ihm über Nacht Ruhm, Geld und später sogar den Pulitzerpreis einbrachte. Doch den Soldaten auf dem Bild nutzte ihr Heldenstatus wenig: Drei fielen im Krieg; einer, der Indianer Ira Hayes, trank sich zu Tode. Es ist ein Foto mit tragischem Hintergrund.

Bevor Rosenthal das berühmte Bild schoß, hißten die wahren Helden, die den Berg erobert hatten, eine weitaus kleinere, etwas mickrigere Fahne, die für Legenden nicht taugte. Diese Soldaten feierte niemand. Die Optik obsiegte über die historische Wahrheit.

19. Februar 1945: Die Landung der US-Marine auf Iwo Jima beginnt.

Und die war im Pazifikkrieg von einer beispiellosen Grausamkeit. Japan verteidigte jede noch so kleine Insel sprichwörtlich bis zum letzten Mann. Mit einer Selbstmordtaktik, den »Banzai«-Angriffen, warfen sich des Kaisers Soldaten den amerikanischen Landungstruppen entgegen. Je weiter sie von den GI's in die Defensive gedrängt wurden, desto verbissener kämpften sie. Seit Winter 1944 hatten sich japanische Piloten freiwillig zu den »Kamikaze«-Einheiten gemeldet, um sich todesmutig mit ihren Maschinen auf amerikanische Schiffe und Stellungen zu stürzen. Diese tief im japanischen Bewußtsein verankerte Kampfbereitschaft entsprang der Tradition der Samurai-Kämpfer. In Gefangenschaft zu geraten, galt vielen als größte Schande. Lieber wählten sie den Freitod, als zu kapitulieren. Ein Verhalten, das in den Köpfen der amerikanischen Militärstrategen wahre Horrorvisionen weckte. Denn es war nicht ausgeschlossen, daß die US Army die kaiserliche Armee auf den japanischen Mutterinseln selbst zur Kapitulation zwingen mußte – und daß gegen eine Armee von Kamikaze-Kämpfern!

Das legendärste Kriegsfoto Amerikas: Nach der Eroberung der Pazifikinsel Iwo Jima rammen US-Soldaten die Fahne mit den »stars and stripes« in den Boden. Kriegsfotograf Joe Rosenthal erhält später für diese Aufnahme den Pulitzerpreis.

Am 24. November 1944 hatten amerikanische Langstreckenbomber, die »Fliegenden Festungen«, Tokio zum erstenmal bombardiert. Doch der Erfolg des waghalsigen Unternehmens blieb hinter den Erwartungen zurück, zumal auf dem Rückflug nach China die Bomber den japanischen Jägern fast schutzlos ausgeliefert waren. Japanische Verbände hatten ihren »Rachefeldzug« von der Insel Iwo Jima aus gestartet. Auf dem 1300 Kilometer südlich von Tokio gelegenen Eiland befanden sich drei Start- und Landebahnen, von denen große Gefahr für die amerikanischen Bomber ausging. Die Amerikaner entschlossen sich daher, Iwo Jima den Japanern zu entreißen. 17 Flugzeugträger mit 1170 Flugzeugen,

Japan fest im Blick: Admiral Nimitz, Oberbefehlshaber der US-Marine im Pazifik.

acht schnelle Schlachtschiffe, drei schwere und zwölf leichte Kreuzer, ein Schlachtkreuzer und 72 Zerstörer nahmen Kurs auf die Vulkaninsel. Geplant war, Iwo Jima »sturmreif« zu schießen und erst dann mit zwei Marinedivisionen zu landen, während eine dritte Division als Reserve auf den Schiffen zurückbleiben sollte. Die Operation »Detachment« – zu deutsch: Abtrennung – war angelaufen.

Der Oberkommandierende der japanischen Truppen, Generalleutnant Kuribayashi, mußte kein Prophet sein, um die Invasion der Amerikaner vorherzusagen. Seit Dezember bombardierte die US- Luftwaffe Iwo Jima Tag für Tag. Kuribayashi hatte die Zivilbevölkerung evakuieren lassen. Die Küste war nun mit gut getarnten Betonbunkern gesichert; die vulkanischen Höhlen der Insel wurden ausgebaut und durch ein unterirdisches Wegesystem miteinander verbunden. 22000 japanische Soldaten waren auf Iwo Jima stationiert. Die Amerikaner gingen von lediglich 14000 Mann aus. Die Insel glich einer waffenstarrenden Festung.

Am Morgen des 19. Februar brach der Sturm los. Minensucher und Kampfschwimmer näherten sich dem Strand von Iwo Jima, wo sie das unerbittliche Abwehrfeuer der japanischen Truppen erwartete. Zehn Kanonenboote wurden außer Gefecht gesetzt, eines sank sofort. Während amerikanische Flugzeuge die versteckten Stellungen unter Beschuß nahmen, gelang es der ersten Welle, mit kleineren Landungsfahrzeugen zu landen. Es war ein waghalsiges Himmelfahrtskommando, denn die steil ansteigende Küste und der tiefe vulkanische Sand erschwerten es den GI's, vorwärts zu kommen. Nirgends bot das Gelände die Möglichkeit, in Deckung zu gehen. Nahezu schutzlos waren die Marines dem Trommelfeuer der japanischen Stellungen auf dem Mount Suribachi und den felsigen Hügeln auf der anderen Seite ausgeliefert. Aber das schien erst der Anfang zu sein. Wo blieben die gefürchteten »Banzai«-Angriffe der Japaner?

Entgegen der üblichen japanischen Taktik rieb Kuribayashi seine Truppen nicht auf, sondern nutzte die strategische Blöße der Marines. Denn entgegen den Erwartungen der amerikanischen Militärs, waren die japanischen Stellungen selbst nach 72tägigem Bombardement nur geringfügig beschädigt worden. Jetzt durchpflügten die Geschoße der japanischen Granatwerfer und Artillerie den Strand. So hoch waren die Verluste der Amerikaner in den ersten Stunden, daß schon bald die Reserve, die 3. Marine- Infanteriedivison, an die Front befohlen wurde. Das Schlimmste mußte befürchtet werden: Die Landung drohte zu scheitern.

Den Landungstruppen fiel es zusehends schwerer, auf der Insel Fuß zu fassen. Leichen versperrten den Weg, in den wenigen Buchten, die halbwegs Schutz vor dem Granatfeuer der Japaner

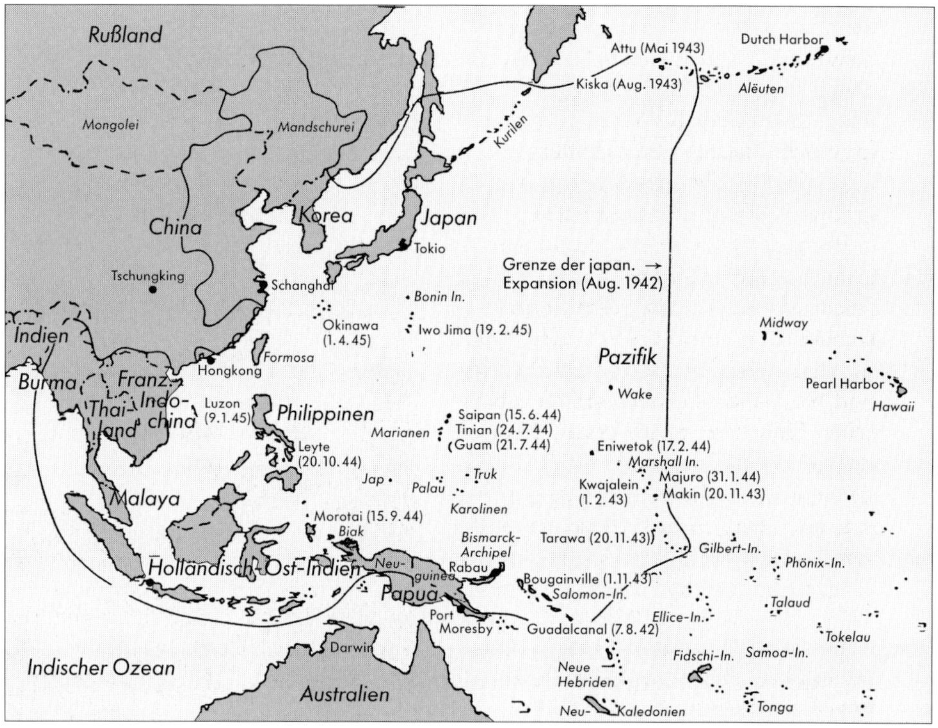

Die Rückeroberung der von den Japanern besetzten Inseln kostet rund 50000 US-Soldaten das Leben. Höhepunkt: der am 1. April 1945 beginnende Sturm auf Okinawa.

boten, versorgten Ärzte notdürftig die Verwundeten. Das Blutbad am Strand von Iwo Jima überstieg die Vorstellungskraft der Marines in den Landungsbooten bei weitem. Joe Rosenthal, der in einem der Boote saß, schildert: »Im Morgenlicht, durch all den Rauch des Kampfes, sahen wir die Insel unter schwerem Luft- und Seebeschuß. Ich ging mit fünfzehn Boys an Land, die meisten waren gerade neunzehn, zwanzig Jahre alt. Das waren Jungs, die hatten noch nicht einmal richtig gelebt. Sie kannten selbst die durchschnittlichen Sterbeziffern: drei oder vier von ihnen würden mit allergrößter Wahrscheinlichkeit fallen.«

Pausenlos flogen Trägerflugzeuge Angriffe auf die Stellungen der Verteidiger. Allein am ersten Tag der Operation »Detachement« warfen sie bei über sechshundert Einsätzen 274 Tonnen Bomben und 100 Napalmbomben auf die japanischen Einheiten. In den ersten 24 Stunden gelang die Landung von 30 000 Soldaten, doch der Widerstand der Japaner war noch lange nicht gebrochen. Sechs Kamikazeflieger stürzten sich auf den Flugzeugträger »Saratoga« und rissen riesige Löcher in den Rumpf. Ein zweiter Flugzeugträger, die »Bismarck Sea«, sank nach einem Kamikazeangriff mit 218 Mann Besatzung.

Auch an Land kämpften die Japaner mit verbissener Härte. Hinter jedem Stein oder Busch mußten die Marines eine Mine oder eine unterirdische Stellung vermuten. Um schneller voranzukommen, walzten sie mit Bulldozern und Bergepanzern die Kampfstände einfach platt. Die japanischen Soldaten, die nicht rechtzeitig fliehen konnten, wurden bei lebendigem Leib begraben, wenn es auch einigen Verschütteten glückte, sich in der Nacht wieder freizuschaufeln und den Marines in den Rücken zu fallen. Nach vier Tagen erbitterter Kämpfe hißten die Amerikaner schließlich die »stars and stripes« auf dem Mount Suribachi. Der strategisch wichtigste Ort auf der Insel lag damit in ihren Händen.

Der Kampf war entschieden. Am 15. März übermittelte Generalleutant Kuribayashi der japanischen Militärführung seine letzte Lagemeldung sowie drei selbstverfaßte Gedichte. Anschließend nahm er sich das Leben: Harakyri.

Inzwischen befand sich nahezu die gesamte Insel in der Hand der US-Truppen. Aber ganz sicher sein, daß auch tatsächlich alle Japaner die Waffen gestreckt hatten, konnten sich die GI's nicht. In der Tat erfüllte sich die dunkle Ahnung in einem Blutbad auf dem Flughafen. Bei einem Überfall massakrierten 200 Japaner Piloten und Pioniere in ihren Unterkünften. Von 22 000 japanischen Soldaten auf der Insel gingen nur 216 in Gefangenschaft, alle anderen waren gefallen. Auf amerikanischer Seite waren 6821 Tote zu beklagen, 17 272 Soldaten lagen verwundet in den Lazaretten. Bei keiner anderen Schlacht im Zweiten Weltkrieg war der Blutzoll der amerikanischen Streitkräfte so hoch wie bei den Kämpfen um Iwo Jima.

Doch das Ziel war erreicht: Am 4. März landete der erste US-Bomber auf der eben erst instandgesetzten Landebahn von Iwo Jima.

Nach dem Krieg blieb die unwirtliche Vulkaninsel unbewohnt. Nur einmal im Jahr suchen japanische Frauen in den Höhlen der Insel nach den Gebeinen ihrer Männer. Nach der Shinto-Religion müssen die sterblichen Überreste eines Menschen nach eigenem Ritual beerdigt werden. Nur so findet der Tote seine Ruhe.

Mike Nowak

Überlebenswichtig für die Truppe: der reibungslose Nachschub. Rund zwei Millionen Tonnen Kriegsmaterial werden herangeschafft.

US-Marines der 10. Armee auf Okinawa. Der japanische Widerstand bricht erst am 21. Juni endgültig zusammen. Die Bilanz: Rund 12 000 tote US-Soldaten, darunter der Oberbefehlshaber der 10. Armee, Generalleutnant Buckner.

Februar 1945

1 · Donnerstag

Bomber der US Air Force bombardieren Mannheim und Ludwigshafen. Tags darauf folgen schwere britische Luftangriffe.

2 · Freitag

Im Gefängnis Berlin-Plötzensee wird der ehemalige Leipziger Oberbürgermeister Carl Friedrich Goerdeler hingerichtet. Goerdeler war der einflußreichste Zivilist unter den Männern des 20. Juli (S. 207).

3 · Samstag

Bei einem Luftangriff werfen Bomber der US Air Force in einer knappen Stunde 2264 Tonnen Bomben auf Berlin. 22 000 Menschen sterben. Eines der Opfer ist der berüchtigte Präsident des Volksgerichtshofes Roland Freisler (S. 208).

4 · Sonntag

In Jalta auf der Schwarzmeerhalbinsel Krim beginnt die Konferenz der »Großen Drei«: Der britische Premier Winston Churchill, der sowjetische Staats- und Parteichef Josef Stalin und US-Präsident Franklin D. Roosevelt verhandeln über die Zukunft Mitteleuropas (S. 35).

5 · Montag

Der Präsident des polnischen Nationalrates, Boleslaw Bierut, kündigt in Warschau an, daß Schlesien und Ostpreußen polnischer Verwaltung unterstellt werden würden, sobald Deutschland kapituliert habe.

»Radio Paris« meldet, daß im Januar 471 Todesurteile wegen »Kollaboration mit der deutschen Besatzung« gefällt wurden.

6 · Dienstag

In London gibt die polnische Exilregierung bekannt, daß die Verbände der auf polnischem Gebiet operierenden »Heimatarmee« (Armia Krajowa) aufgelöst worden seien.

In Dresden feiert der Liebesfilm »Die Jahre Jahre vergehen« mit Heidemarie Hatheyer und Werner Fuetterer in den Hauptrollen Premiere.

7 · Mittwoch

US-amerikanische und kanadische Truppen überschreiten die deutsche Westgrenze. Im Osten überqueren Truppen der sowjetischen 1. Ukrainischen Front südwestlich von Breslau die Oder.

Roosevelt (im Auto) und Churchill (l.) nach der Ankunft in Jalta.

Im Konzentrationslager Flossenbürg in Franken wird der evangelische Theologe Dietrich Bonhoeffer hingerichtet. Bonhoeffer gehörte zur »Bekennenden Kirche«, der evangelischen Widerstandsorganisation gegen das NS-Regime (S. 206).

Die britische Mandatsverwaltung in Palästina versucht, den Einwanderungsdruck jüdischer Flüchtlinge aus Europa unter Kontrolle zu bekommen: Pro Tag wird nur noch 1500 Juden die Einreise erlaubt.

8 · Donnerstag

Westlich der niederländischen Stadt Nimwegen, zwischen Rhein und Maas, beginnen kanadische Truppen eine Offensive gegen die deutschen Stellungen.

In Schlesien greifen Truppen der sowjetischen 1. Ukrainischen Front die zur »Festung« erklärte Stadt Breslau an (S. 45).

9 · Freitag

Die Moskauer KP-Führung beauftragt Walter Ulbricht, als Leiter einer Kommission Konzepte für den politischen Aufbau Deutschlands nach Kriegsende zu entwerfen (S. 137).

Im Oberelsaß zieht sich die 19. Armee hinter das Ostufer des Rheins zurück.

10 · Freitag

Kurz nach Mitternacht versenkt ein sowjetisches U-Boot das als Verwundetentransporter eingesetzte Passagierschiff »General von Steuben«. Nur 600 der 4000 Flüchtlinge und Verwundeten an Bord des Schiffes werden aus der Ostsee gerettet.

In Budapest kapitulieren die letzten deutschen und ungarischen Truppen vor der Roten Armee. Die erbitterte Schlacht um die ungarische Hauptstadt kostet fast 20 000 Zivilisten das Leben.

11 · Sonntag

In Jalta endet die Konferenz der »Großen Drei«. Die Regierungschefs der Siegermächte einigen sich unter anderem darauf, Deutschland in vier Besatzungszonen aufzuteilen. Frankreich erhält als »Vierter im Bunde« eine eigene Zone (S. 35).

In Belgien wird der Sozialist Achille van Acker Ministerpräsident.

12 · Montag

Bomberverbände der US-Luftwaffe fliegen von den Marianen aus einen Angriff auf japanische Verteidigungsstellungen auf der Pazifikinsel Iwo Jima (S. 37).

Der Leiter der NSDAP-Parteikanzlei, Martin Bormann, ordnet an, daß auch Frauen und Mädchen zum Einsatz im »Volkssturm« herangezogen werden. Die NS-Führung spielt mit dem Gedanken, ein »Wehrmachtshelferinnen-Korps« aufzustellen.

Dresden nach dem verheerenden Inferno vom 13. Februar.

13 · Dienstag

Dresden erlebt die schwärzesten Stunden in seiner Geschichte: Britische Bomber legen die mit Flüchtlingen überfüllte Stadt in zwei Angriffswellen in Schutt und Asche (S. 33).

14 · Mittwoch

US-Bombergeschwader greifen erneut das bereits zerstörte Dresden an. Britische Bomberverbände fliegen Angriffe auf Chemnitz.

15 · Donnerstag

Reichsjustizminister Thierack ordnet in allen »feindbedrohten« Reichsbezirken Standgerichte an. Drastische Strafen, so das Kalkül, sollen die Kampfmoral in der Bevölkerung stärken (S. 47).

Die Schweiz und Liechtenstein sperren deutsche Vermögen, damit ihre Länder nicht als Zufluchtsorte ehemaliger Nazis mißbraucht werden.

16 · Freitag

US-Truppen landen auf der Südspitze der philippinischen Bataan-Halbinsel. Kurz danach springen 2065 Fallschirmjäger über der Manila-Bucht ab. Der Widerstand der japanischen Besatzer bricht tags darauf zusammen.

US-Bomberverbände greifen die Messerschmitt-Flugzeugwerke bei Regensburg an. Hier wurde das Strahlturbinenflugzeug Me 262 produziert.

17 · Samstag

In den USA befinden sich in 443 Lagern 305 000 deutsche, 50 000 italienische und 2800 Japanische Kriegsgefangene (S. 101).

In London endet eine achttägige Weltkonferenz der Gewerkschaften. Vertreter aus 45 Ländern rufen in einer Schlußerklärung die Regierungen der neutralen Staaten dazu auf, das Deutsche Reich wirtschaftlich nicht mehr zu unterstützen.

In Burma landen britische Truppen an der Küste von Arakan, südlich von Akyab.

18 · Sonntag

Marschall Alexander Wassiliewski übernimmt das Kommando der 3. Weißrussischen Front in Ostpreußen. Berlin wird ab sofort täglich angegriffen.

Der Chef der Provisorischen Regierung Frankreichs, Charles de Gaulle, lehnt es ab, sich mit US-Präsident Franklin D. Roosevelt zu treffen. Der US-Präsident wollte den französischen Regierungschef über die Ergebnisse der Jalta-Konferenz (S. 35) informieren.

19 · Montag

Nach schweren Luftangriffen und Bombardements landen amerikanische Marine-Soldaten auf der japanische Pazifikinsel Iwo Jima. In den Gefechten um die Insel kommen etwa 29 000 Menschen ums Leben (S. 37).

Heinrich Himmler, Reichsführer SS, versucht heimlich, den Westmächten ein Friedensangebot zu unterbreiten. Er nimmt Kontakt mit dem Präsidenten des Internationalen Roten Kreuzes, Graf Folke Bernadotte, auf.

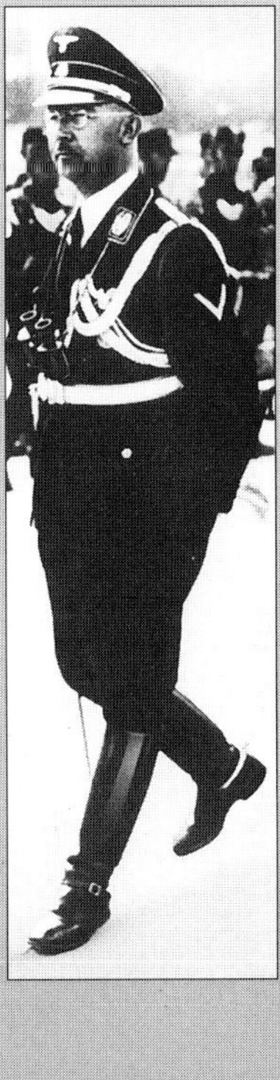

Heinrich Himmler (1900–1945), Reichsführer-SS, Chef der Deutschen Polizei, Reichsinnenminister – und Sohn eines katholischen Gymnasialdirektors.

20 · Dienstag

US-Bomberverbände werfen bei zwei schweren Angriffen 3800 Tonnen Bomben über Nürnberg ab.

Kaninchenfell wird zum »wichtigen Rüstungs-Rohstoff« deklariert: Für die reichsweite Sammelaktion »Volksopfer« soll die Bevölkerung jetzt auch Tierfelle spenden.

21 · Mittwoch

In Plömnitz in der Nähe des Konzentrationslagers Buchenwald entsteht ein Frauenlager.

Die britische Royal Air Force fliegt einen Angriff auf Duisburg.

22 · Donnerstag

Die Westmächte starten eine massive Luftoffensive gegen die Verkehrsverbindungen in Deutschland. Rund 3500 Bomber legen bei nahezu 9000 Angriffen gegen Verkehrsknotenpunkte, Brücken und Bahnhöfe 90 Prozent der Verkehrswege im Deutschen Reich lahm.

23 · Freitag

Das US-Kriegsministerium meldet: Die Alliierten haben seit ihrer Landung in Nordafrika im November 1942 rund 1,1 Millionen deutsche Soldaten gefangengenommen.

Unter dem Oberbefehl von Feldmarschall Bernard Law Montgomery beginnt die britisch-kanadische 21. Heeresgruppe eine Großoffensive an der deutschen Westfront.

In den Berliner Kinos läuft der Liebesfilm »Eines Tages« mit Magda Schneider an.

24 · Samstag

Sowjetische Truppen durchbrechen die deutschen Linien in Hinterpommern und stoßen weiter nach Westen vor.

Hitler sagt: »Was die Heimat erduldet ist entsetzlich, was die Front zu leisten hat, übermenschlich.«

25 · Sonntag

Bomber der US Air Force greifen München, Ulm und Aschaffenburg an.

26 · Montag

Die US Air Force bombardiert Berlin. Der deutschen Luftabwehr gelingt es, 13 alliierte Bomber und zwei Jagdflugzeuge abzuschießen.

US-amerikanische Truppen erreichen Bitburg in der Eifel.

Die sowjetische Artillerie nimmt die Innenstadt von Breslau unter Beschuß (S. 45).

27 · Dienstag

Die Schweiz beziffert die Zahl der in der Eidegenossenschaft lebenden Flüchtlinge auf 100 000.

Die 6000 Insassen des Konzentrationslagers Groß-Rosen in Schlesien werden nach Mauthausen gebracht. Nur 1200 überleben den Transport.

In den unbesetzten Reichsgebieten werden die Lebensmittelrationen noch einmal drastisch gekürzt.

28 · Mittwoch

US-Präsident Franklin D. Roosevelt erklärt in Washington vor der Presse, daß Japan und Deutschland nicht vor Ablauf von 50 Jahren Mitglieder der Vereinten Nationen werden könnten.

Goebbels erklärt: »Wir wollen lieber sterben als kapitulieren.«

Diese Hand
führt das Reich
Deutsche Jugend folge ihr
in den Reihen der H.J.!

Kinder als Kanonenfutter

Die HJ am Ende des Krieges

»Wir sind geboren, um für Deutschland zu sterben.«

Wandspruch in einem Heim der Hitlerjugend

Die Furie des Krieges wütete weiter, Europa blutete aus allen Wunden, die Agonie des Deutschen Reichs dauerte an. Doch Hitler wollte nicht aufgeben; im Kinderheer der Hitlerjugend sah er seine allerletzte Kampfreserve.

Oft waren diese Jungen keine sechzehn Jahre alt und nicht wenige von ihnen fanden an dem tödlichen »Geländespiel« des Krieges auch noch Freude. Ihr Rattenfänger, Propagandaminister Joseph Goebbels, stilisierte das sinnlose Blutvergießen zu einem pathetischen Heldenepos: »Die Fahne ist mehr als der Tod« – unter dieser Losung wurden noch in den letzten Kriegsmonaten Tausende von Halbwüchsigen regelrecht verheizt. Ob beim Versuch der SS-Panzerdivision »Hitlerjugend«, im Sommer 1944 die alliierte Landung an der normannischen Küste zu verhindern, ob bei der Errichtung des »Ostwalls«, ob in den »Alarm-Bataillonen«, die im Februar 1945 den Oderbruch gegen die Rote Armee verteidigen sollten, ob im Kampf der »Festungsstädte« oder bei der Verteidigung der zerbombten Reichshauptstadt Berlin – das Regime opferte bereitwillig unzählige Hitlerjungen auf dem Altar des Krieges. »Wir sind geboren, um für Deutschland zu sterben« – dieser Wandspruch aus den Versammlungsheimen der HJ fand in diesen Tagen seine grausame Entsprechung in der Realität der Front. Und die alliierte Presse beschwor die Schlagkraft der »Baby-Divisionen«, deren Kampfmoral bis zuletzt ungebrochen blieb.

»Eure Kinder bekommen wir«, hatte Hitler 1933 den Deutschen angekündigt. Auf welch blutige und menschenverachtende Weise er recht behalten sollte, ahnte kaum jemand.

Der Kinderkrieg hatte für das NS-Regime neben militärischen auch propagandistische Gründe: Wenn selbst die Kleinsten für die nationale Sache stritten, konnten Erwachsene die Hoffnung doch nicht aufgeben! Daher setzte die Staatsspitze noch drei Monate vor der Kapitulation eine »Heldenehrung« in Szene, die suggerieren sollte, daß die ganze Nation bis zum »Endsieg« weiterkämpfen werde.

Am 9. März überreichte der »Generalbevollmächtigte für den totalen Kriegseinsatz«, Hitlers Propagandaposaune Goebbels, einer kleinen Schar von Hitlerjungen im niederschlesischen Lauban das Eiserne Kreuz. Einige der Belobigten durften als Belohnung für ihren Kriegseinsatz kurz darauf nach Berlin kommen, wo sie am 19. März – als Höhepunkt einer weitgehend bombenfreien Urlaubswoche – mit dem »größten Feldherrn aller Zeiten« zusammentrafen. Nach Diktion des *Völkischen Beobachters* war »mit diesen zwanzig Jungen symbolisch die deutsche Jugend angetreten, die zur Zeit als treuester Helfer unserer Soldaten und des Volkssturms auf deutschem Boden mutig und unerschrocken in höchstem Einsatz steht«.

Im Garten der Reichskanzlei gab ein schon sichtlich verfallener Hitler den dekorierten Jugendlichen die Hand, hörte sich Einsatzberichte an, tätschelte ihre Wangen und steckte ihnen mit müder Stimme ein paar Worte der Anerkennung zu. Dann verließ der Kriegsherr mit Hund und Gefolge wieder den Hof – und damit für alle Zeiten das Forum der Öffentlichkeit.

Hart und illusionslos: Die Gesichter von Kindern, die einst den Krieg nur »gespielt« haben.

»Das war eigentlich der Wunsch jedes Hitlerjungen, wenigstens einmal bei irgendeinem Aufmarsch oder öffentlichen Auftritt den Führer sehen zu können«, erinnert sich der damals sechzehnjährige Wilhelm Hübner. »Und dann ihm sogar persönlich gegenüberzustehen und die Hand zu geben, das war einfach das Höchste, was es damals überhaupt gab.«

Diese Kindersoldaten waren ganz nach dem Geschmack der braunen Propaganda. Ihre Idole waren die Helden der Kriege, ihre Ideale aus nationalem Holz geschnitzt. Du bist nichts, dein Volk ist alles – so sah die Welt in den Köpfen vieler Hitlerjungen aus.

Doch im Angesicht der Niederlage planten die Propagandisten des »totalen Krieges« schon über die Kapitulation hinaus. Am 1. April – dies war kein billiger Aprilscherz, sondern blutiger Ernst – verkündete ein Rundfunkappell die Existenz einer »spontanen Untergrundbewegung« namens »Werwolf«. Tatsächlich war diese »aus nationalsozialistischem Geist geborene Organisation« schon im Herbst 1944 konzipiert worden, um Terroranschläge hinter den feindlichen Linien durchzuführen. Unter dem Kommando von SS-Obergruppenführer Prützmann, des »Reichswerwolfs«, sollten vor allem Kinder und Jugendliche einen gnadenlosen Kleinkrieg im Rücken des Feindes führen. Die Staatsführung verlangte von den Halbwüchsigen auf Flugblättern, »auf ihrem Platz zu stehen in der Abwehrfront. Es gilt den Feind zu schlagen, wo man ihn trifft.« Sabotageakte gegen die Alliierten waren genauso vorgesehen wie der Kampf gegen deutsche »Verräter«. Der »Werwolf« wollte einschüchtern, Freund wie Feind. »Durch Vollziehung der Todesstrafe erzieherisch wirken« – so umschrieb eine SS-Order den Hauptzweck der Organisation. »Der Werwolf ist da«, hieß es damals auf reichsweit geklebten Plakaten, »wer sich ergibt, wird erschossen!« Die einzelnen Guerillagruppen, die von Schloß Hülchrath bei Düsseldorf aus zentral gelenkt werden sollten, standen unter dem Kommando altgedienter und teilweise speziell ausgebildeter Wehrmachts- oder SS-Angehöriger, die ein leichtes Spiel mit ihren untergebenen Kombattanten hatten: Für viele idealistische Heranwachsende war es nach Jahren brauner Kampfpropaganda selbstverständlich, hier den letzten Einsatz für ihren »Führer« zu bestehen.

Aus dem Werfen von Holzhandgranaten (oben) wurde blutiger Ernst; mit allen Konsequenzen: Ein Hitlerjunge – vom US-Militärgericht in Braunschweig wegen Spionage zum Tode verurteilt – auf dem Weg zur Hinrichtungsstätte, »damit das deutsche Volk weiß, daß wir alle notwendige Gewalt anwenden werden, damit die Plage der Nazi-Ideologie vom Angesicht dieser Erde verschwindet«, so der Vorsitzende Richter.

Militärisch relevant war der »Werwolf« zu keinem Zeitpunkt. Trotzdem bewirkte allein die Legende einer solchen Untergrundarmee, daß die Alliierten auch noch nach der deutschen Kapitulation verstärkten Argwohn gegen die Zivilbevölkerung hegten. In der späteren SBZ wurde der »Werwolf« gar zum Hebel gegen unliebsame politische Freigeister instrumentalisiert.

Der spektakulärste Fall einer »Werwolf«-Attacke war die Ermordung von Franz Oppenhoff, des von den Amerikanern eingesetzten Aachener Stadtoberhauptes. »Der neue Oberbürgermeister ist zu erschießen. Er hat eine reichsfeindliche Haltung bewiesen.« Nach diesem Mordbefehl vom Januar aus Himmlers Hauptquartier lief am 25. März das Kommandounternehmen »Karneval« an: Vier »Freiheitskämpfer« erschossen den »ehrvergessenen Söldling der Amerikaner«, wie der *Völkische Beobachter* Ende des Monats genüßlich berichtete. Überhaupt war der »Geist der deutschen Jugend« der braunen Parteipostille im letzten Kriegsjahr immer wieder ein Loblied wert: Unter dem Titel »Unnachgiebig bis zum Äußersten« wußte das Blatt am 21. Februar die verstockte Uneinsichtigkeit eines BdM-Mädchens in epischer Breite zu rühmen: Selbst in »ununterbrochenen Verhören« der Amerikaner betete die Siebzehnjährige nur brav die Propagandaparolen vom »Endsieg« herunter – Hitlers Meinungsmacher standen »fassungslos vor dem prachtvollen Geist« dieses verblendeten Backfischs.

Zu Jahresbeginn hatte »Reichsjugendführer« Axmann noch hymnisch gelobt, daß die »Fronthelfer der Hitlerjugend zum Inbegriff der nationalsozialistischen Kriegsjugend« geworden seien – kein halbes Jahr später parierte der damals gerade achtzehnjährige Wolfgang Borchert diese hohlen Phrasen mit seinen eigenen schrecklichen Kriegserfahrungen: »Wir sind eine Generation ohne Glück, ohne Heimat und ohne Abschied. Unsere Sonne ist schmal, unsere Liebe grausam, und unsere Jugend ist ohne Jugend.« Innerlich tief getroffen drückte der junge Dichter damit aus, was für viele Kindersoldaten seines Alters galt, denen die menschenverachtende Staatsführung nie wirklich die Möglichkeit gelassen hatte, eine unbeschwerte Jugendzeit zu verleben: »Wir sind«, resümierte Borchert nach Kriegsende, »die Generation ohne Bindung, ohne Vergangenheit, ohne Anerkennung«. *Klaus-Konstantin Sondermann*

»Bis zum letzten Mann«

Der Verteidigungskampf der »Festungsstädte«

Neidvoll blickte das gesamte Reich auf den »Luftschutzkeller Deutschlands«. Breslau hatte bis ins letzte Kriegsjahr hinein noch keinen einzigen Luftangriff miterleben müssen. Lediglich die Einquartierung von Behörden und Unternehmen aus »Luftnotgebieten« sowie die gesteigerte Zuwanderung Evakuierter aus dem Osten erinnerten an die sich nähernde Front. So wurde Breslau allmählich zur Millionenstadt. Trotzdem verlief der Alltag normal: Die Versorgung mit Wasser, Strom und Gas funktionierte wie in Friedenszeiten, das Telefonnetz war intakt, die Straßenbahnen fuhren, und die Märkte gaben her, was die Lebensmittelkarten versprachen.

Bange Ahnungen überkamen jedoch den Bürgern der Stadt, als der schlesische Gauleiter Karl Hanke am 21. Januar 1945 Breslau zur »Festung« erklärte: Zur Bindung feindlicher Truppen solle die Stadt um jeden Preis gehalten werden. Diese verhängnisvolle Entscheidung war der erste Schritt zur vollständigen Zerstörung der Stadt: Weniger alliierter Feindbeschuß, als fanatischer Verteidigungswahn zerstörten die schlesische Perle im kommenden Vierteljahr bis auf die Grundmauern. Urlauber, Dienstreisende, Kranke und Verwundete rekrutierte man vom Bahnsteig weg, Frontsoldaten und Verwaltungsbeamte wurden zu Kampfformationen zusammengeschlossen, alle Übrigen kamen zum Volkssturm.

Gleichzeitig setzten großangelegte Evakuierungsmaßnahmen ein. »Daß wir Frauen und Kinder in Sicherheit bringen«, gab sich Gauleiter Hanke besorgt, »ist nicht gleichbedeutend mit der Aufgabe unserer Gemeinden. Im Gegenteil: Weil wir nicht mehr mit der direkten Sorge um unsere Frauen und Kinder belastet sind, werden wir unsere Heimat um so entschlossener verteidigen.« Das zynische Kalkül Hankes: Statt des sicheren Bombentods wurden Flüchtlingstrecks bei zwanzig Minusgraden in den fast sicheren Kältetod geschickt. Gefrorene Leichname säumten die Fluchtwege nach Westen und Süden.

»Mit ungebrochener Kraft«: Propaganda für den Endsieg im Angesicht der Niederlage.

Mitte Februar schloß sich der Belagerungsring um die Stadt mit ihren 200 000 verbliebenen Verteidigern. Erste Granaten schlugen in der bisher unzerstörten Stadt ein. Von Süden kommend kämpften Rotarmisten verbissen um jede Straße, jedes Haus, jedes Stockwerk. Riesige Brände malten blutrote Reflexe an die Wolken. Der Flugplatz Gandau im Westen der Stadt wurde ein Hauptziel russischer Angriffe, mit dem Verlust des Flugfeldes war jeder Kontakt zur Außenwelt abgeschnitten. Daher ließ Gauleiter Hanke ab März ganze Stadtviertel sprengen, um ein neues Rollfeld in der belagerten Festung zu bauen. Der Wahn von der Verteidigung kannte keine Tabus mehr: Kirchen wurden zu kleinen Festungsanlagen umgebaut, Friedhöfe zur Schaffung eines »besseren Schußfeldes« eingeebnet, Grabsteine niedergerissen und als Barrikadenmaterial genutzt. »Um der Verwüstung Einhalt zu gebieten«, notierte Pfarrer Peikert von der katholischen

Mauritius-Gemeinde in sein Tagebuch, »wäre es zu wünschen, daß die Russen Breslau eroberten. Denn je länger die Belagerung, desto größer das Zerstörungswerk der eigenen Truppen.«

Die Bevölkerung erlebte die Agonie der schlesischen Hauptstadt sehr unterschiedlich. Offizielle Stellungnahmen konnten dieser menschlichen Tragödie noch kämpferische Seiten abgewinnen. »Gegründet auf die verbissene Abwehrkraft und den bewährten Kampfesmut der Festung, kraftvoll unterstützt vom Vaterland, in der tiefen Überzeugung, daß wir am Ende doch siegen werden,« verlautete aus Kreisen der militärischen Führung der Stadt, »halten wir die Festung bis zur Wende.« Doch nicht alle teilten diese Zuversicht, Resignation machte sich breit: Pfarrer Peikert berichtete von 100 bis 120 Selbstmorden pro Tag. Andere suchten ihr Heil in verzweifelten Aktionen gegen das Regime. Ende März verübten Widerstandskämpfer zwei Sprengstoffattentate auf Ortsbüros der NSDAP.

General Niehoff, bis zur Kapitulation am 6. Mai Festungskommandant von Breslau.

Der prahlerischen Kriegspropaganda zum Trotz verflüchtigte sich die »eiserne Disziplin« zusehens: In die noch intakten Kirchen kamen täglich Soldaten zum stillen Gebet, niemand hinderte sie mehr daran. Ungestört dudelten »Feindsender« im Opernhauskeller, deutschsprachige BBC-Nachrichten hallten durch die Gänge – nur wenige Wochen zuvor wären dafür alle Beteiligten standrechtlich erschossen worden.

Anfang April begann der letzte Akt im Drama um die Oderstadt. An den Osterfeiertagen erlebte Breslau die volle Härte des »totalen Kriegs«: Was von der Stadt noch übrig war, zerbombte die Rote Armee mit unvorstellbarer Härte. Breslau verwandelte sich in ein flammendes Inferno. Doch die Festungskommandantur wollte nicht aufgeben, sie hoffte – allerdings vergeblich – auf Hilfe von außen. »Unsere auf Hitler gegründete Zuversicht wird umso größer, je länger wir uns behaupten«, lobhudelte die fanatische Führung an »Führers Geburtstag«, dem 20. April.

Mit einer mehrtägigen Feuerpause gaben die Sowjets der Stadt die letzte Chance zur freiwilligen Aufgabe. Doch die deutschen Verteidiger stellten sich stur und ließen diese Möglichkeit verstreichen, wenigstens noch einige Menschenleben zu retten. Der letzte Akt eines sinnlosen Mordens begann. Nach tagelangen Kämpfen wurde es schließlich gespenstisch still in der Stadt. Kein Schuß fiel mehr an diesem 6. Mai 1945. Die »Festung Breslau« war zwei Tage vor der deutschen Gesamtkapitulation gefallen. Gauleiter Hanke, der sich bisher als besonders scharfmacherischer »Verteidiger« hervorgetan hatte, offenbarte seine Vorstellung von »Todesmut«: Schon Tage vor dem Ende der schlesischen »Festung« hatte er sich klammheimlich aus dem Staub gemacht und seine Kampfgenossen im Stich gelassen.

»Schändlich ist, die Verteidigung der Stadt aufzugeben, in der man geboren wurde«, so eine der Durchhalteparolen

21. Januar: Breslau wird von Gauleiter Hanke zur Festung erklärt.

Männer von Breslau!

Unsere Gauhauptstadt Breslau ist zur Festung erklärt worden. Die Evakuierung der Stadt von Frauen und Kindern läuft und wird in Kürze abgeschlossen sein. Ich habe den Gauamtsleiter für Volkswohlfahrt mit der Durchführung dieser Aktion beauftragt. Für die Betreuung der Frauen und Kinder wird geschehen, was möglich ist.

Unsere Aufgabe als Männer ist es, alles zu tun, was die Unterstützung der kämpfenden Truppe erfordert.

Ich rufe die Männer Breslaus auf, sich in die Verteidigungsfront unserer Festung Breslau einzureihen! Die Festung wird bis zum Äußersten verteidigt.

Wer die Waffe nicht führen kann, hat in den Versorgungsbetrieben, im Nachschub, bei der Aufrechterhaltung der Ordnung mit allen Kräften zu helfen. Niederschlesische Volkssturmmänner, die an der Grenze unseres Gaues bolschewistische Panzer mit Erfolg bereits bekämpften, haben bewiesen, daß sie unsere Heimat bis zum Letzten zu verteidigen bereit sind. Wir werden ihnen nicht nachstehen.

Breslau, den 21. Januar 1945.

Hanke

Sowjetische Soldaten sind bis in das Stadtgebiet von Breslau vorgedrungen.

aus dem Ende Januar 1945 in Berlin und La Rochelle an der Atlantikküste uraufgeführten Monumentalfilm »Kolberg«. »Es gibt die Pflicht zur Verteidigung und zum Sterben. Das Größte wird immer unter Schmerzen geboren.« Wie in diesem braunen Propagandastreifen, der das siegreiche Standhalten der Pommern gegen die französische Belagerung in den napoleonischen Kriegen glorifiziert, sollte sich die Ostseestadt nun gegen die sowjetischen Truppen bewähren. Hitler persönlich wollte, so verlautete aus dem »Führerhauptquartier«, die Neuauflage des tapferen Durchhaltens »bis zum bitteren Ende«. Zu diesem Zweck schickte er Anfang März Oberst Fritz Fullriede in die pommersche Hafenstadt.

Doch Fullriede sah im Abwehrkampf der Stadt nur solange einen Sinn, bis die in Kolberg eingeschlossenen Bürger, Flüchtlinge und Soldaten über die Ostsee evakuiert worden waren. »Sie verteidigen nicht diese Stadt Kolberg«, erklärte er daher seinen Soldaten, »sondern die Bevölkerung und alle in der Stadt lebenden Menschen. *Dies* ist Ihre Aufgabe!« Nach knapp drei Wochen verbissenster Angriffe durch die Rote Armee, unterstützt durch polnische Soldaten, fiel die »Festung« Kolberg. Doch diese Zeit hatte ausgereicht, um die Evakuierung zu vollenden. »Dem Feind fiel eine völlig niedergebrannte, verwüstete Stadt in die Hand. Der Dom ist ausgebrannt, schwerbeschädigte Ruinen, sämtliche Brücken sind gesprengt«, meldete Kommandant Fullriede nach dem 18. März an das Oberkommando der Wehrmacht. »Doch zugleich war das der Preis, um den es gelang, dem Reich 75 000 Menschen zu erhalten.« Die Bereitschaft, eine »Festung« nur solange zu halten, wie es die Verantwortung für das Überleben ihrer Einwohner gebietet – das war eine rühmliche Ausnahme im »totalen Krieg« des Jahres 1945.

»Das Gebot der Stunde: Kämpfen und Sterben!«

Völkischer Beobachter, 28. März 1945

Denn in der Regel siegte militärischer Fanatismus. Das unverantwortliche Verzögern bei der Übergabe ihrer Festungsstädte begründeten die »Verantwortlichen« mit der immer gleichlautenden Phrase, damit würden die Rückzugswege für die Truppen und für Flüchtlingstrecks gesichert sowie der Ansturm feindlicher Truppen auf das Reich gemildert. Doch in Wahrheit lag es an persönlicher Selbstüberschätzung, an ideologischer Verbohrtheit und Kadavergehorsam, daß in den letzten Wochen des »totalen Krieges« noch so viele Menschen in den »Festungen« gestorben sind.

Trauriges Paradebeispiel hierfür ist Königsberg, die östlichste »Festung« des Reichs. Hier residierte der fanatische Gauleiter von Ostpreußen, Erich Koch. Als Festungskommandant wurde ihm General Otto Lasch zur Seite gestellt. In den letzten Tagen des Januars 1945 schloß sich der Belagerungsring um die alte Königsstadt Preußens. Angst grassierte in der Stadt, der »Mundfunk« kolportierte die unglaublichsten Gerüchte über sowjetische Greueltaten an Deutschen im benachbarten Samland. Unter dem Dauerfeuer der russischen Artillerie igelte sich die Stadt ein. Hinter hastig aufgebauten Panzersperren, eilig ausgehobenen Gräben und Einmannbunkern sowie befestigten Kreuzungen hausten mehr als 100 000 Zivilisten sowie etwa 15 000 ausländische Zwangsarbeiter.

Zur Verteidigung fehlte es an allem: an schweren Waffen und an leichter Artillerie, an Munition und Mannschaften. Patrouillen durchkämmten ausgebrannte Häuser, halbverschüttete Keller und überfüllte Bunker auf der Suche nach untergetauchten Deserteuren. Auf der Straße wurde – mangels Flugabwehr – jeder Schritt zum Überlebenskampf. »Eine besonders nervenbelastende Gefahr waren russische Kampfflugzeuge, die dicht über den Häusern flogen und Jagd auf alles machten, was sich bewegte«, erinnerte sich ein Königsberger nach dem Krieg. »Bevor man die Straße betritt, sucht man eine dreißig bis fünfzig Meter entfernte Deckungsmöglichkeit. Dann horcht man, ob Flugzeuge zu hören sind. Ist alles ruhig, läuft man so schnell wie möglich. Erreicht man die Deckung, kann man sich wieder Zeit lassen.«

Unter Aufbietung aller verfügbaren Kräfte, gelang es den Verteidigern Mitte Februar, den Belagerungsring noch einmal zu durchbrechen. Durch einen schmalen Korridor drängten Tausende von Zivilisten hin zur Rettung und Evakuierung verheißenden Ostsee. Doch im Hafen von Pillau kam der Exodus zum Erliegen, es gab zu wenige Schiffe: Ein hastig eingerichtetes Zwischenlager bot chaotische Zustände, Seuchen brachen aus, ein explosives Gemisch von Wut, Panik und Resignation lag in der Luft, viele Verzweifelte machten sich wieder auf den Rückweg in die Stadt. Doch die »Festung« war zur Falle geworden.

Die sowjetischen Belagerer sahen das ganz anders. »Soldat! Vor dir liegt eine preußische Stadt, das Wespennest der faschistischen Plünderer«, erklärte die Militärpropaganda den Rotarmisten in einem Tagesbefehl des 17. Februar. »Hinter seinen Festungsmauern haben sich diejenigen versteckt, die die russischen Men-

Verordnung des Reichsministers der Justiz über die Errichtung von Standgerichten

vom 15. 2. 1945

I. In feindbedrohten Reichsverteidigungsbezirken werden Standgerichte gebildet.

II.1. Das Standgericht besteht aus einem Strafrichter als Vorsitzer sowie einem politischen Leiter der NSDAP und einem Offizier der Wehrmacht, der Waffen-SS oder der Polizei als Beisitzern.

2. Der Reichsverteidigungskommissar ernennt die Mitglieder des Gerichts und bestimmt einen Staatsanwalt.

Exekutionskommandos als blutige Ergänzung der fanatischen Durchhalteparolen.

III. Die Standgerichte sind für alle Straftaten zuständig, durch die die deutsche Kampfkraft oder Kampfentschlossenheit gefährdet sind.

IV.1. Das Urteil des Standgerichts lautet auf Todesstrafe, Freisprechung oder Überweisung an die ordentliche Gerichtsbarkeit. Es bedarf der Bestätigung durch den Reichsverteidigungskommissar, der Ort, Zeit und Art der Vollstreckung bestimmt.

2. Ist der Reichsverteidigungskommissar nicht erreichbar und sofortige Vollstreckung unumgänglich, so übt der Anklagevertreter diese Befugnis aus.

schen, die sich nicht unterwerfen wollten, gehenkt und verbrannt haben. Bestrafe die Hitler'schen Bestien, räche dich für alle!«

Quälend zog sich der Todeskampf für die Stadt am Pregel bis in den Frühling hinein. Doch jetzt waren es nicht mehr Sturm und Eis, die die Menschen zermürbten, im Gegenteil. »Wenn ich morgens im Keller aufwachte«, erinnert sich ein Königsberger, »galt mein erster Gedanke dem Wetter. Strahlend blauer Himmel bedeutete, daß Kampfflieger auf der Lauer sein würden.« Trotzdem hielten die Verteidiger die Königsberger Trümmerlandschaft. »Inzwischen war es April geworden, und die Stadt wurde weiter befestigt, Panzersperren und Bunker wurden an fast allen Kreuzungen aufgestellt. Am Nordbahnhof war es am schlimmsten, an diesem Verkehrsknotenpunkt gab es nur eine Passierstelle. Ausgerechnet da sah ich aufgehängte junge Soldaten, die das einzig Vernünftige hatten tun wollen: diesen sinnlosen Krieg zu beenden.« Selbst Festungskommandant Lasch verlor allmählich die Zuversicht. »Der Kampf schien sinnlos geworden zu sein«, erinnerte er sich später dieser Tage. »Königsberg bot überall ein Bild des Schreckens.«

General Lasch, Kommandant von Königsberg. Zur Vermeidung weiterer Opfer leitet er am 9. April die Kapitulation ein, die er kurz nach Mitternacht unterzeichnet. Er wird von Hitler in Abwesenheit zum Tode verurteilt.

Die Propagandisten in Berlin hatten dagegen jeden Bezug zur Realität verloren. »Es bereitet Freude und schafft eine zuversichtliche Stimmung, die Verteidigung von Königsberg zu erleben. Ihre Gelassenheit und Ruhe strahlen Sicherheit aus«, so der *Völkische Beobachter* Anfang April in einem Bericht über die Situation der Stadt. »Immer gefährlicher wurde das Leben, jeder Tag wurde zum Alptraum«, weiß dagegen ein Bewohner der »Festung« zu berichten. »Wie unsere Nerven das ausgehalten haben, weiß ich nicht, zumal der Ernährungs- und Gesundheitszustand immer schlechter wurde.«

Am 6. April schließlich erlebte die Stadt das Crescendo des Terrors. »Das brutale Trommelfeuer war die Hölle«, so ein Überlebender. Aus allen Rohren feuerte die sowjetische Belagerungsarmee auf die Eingeschlossenen »mit einer Wucht«, so der fronterprobte Kommandant Lasch, »wie ich sie trotz reichlicher Erfahrung noch nicht erlebt hatte.« Doch noch immer kapitulierte Königsberg nicht, Hitler selbst verbot ausdrücklich die Aufgabe der Stadt. Weitere Tage und Nächte sinnloser Opfer vergingen, verzweifelte Frauen rissen den Soldaten die Gewehre aus der Hand – dann erst hatte General Lasch »die unumstößliche Gewißheit, daß ich mit meinen Soldaten und der gesamten Zivilbevölkerung von der höheren Führung aufgegeben worden war.« Ausschlaggebend für seinen Entschluß, am 9. April 1945 zu kapitulieren, »war die Erkenntnis, daß ich bei weiterer Kampfführung nur noch Tausende meiner Soldaten und Zivilisten würde opfern müssen. Eine solche Verantwortung konnte ich vor Gott und meinem Gewissen nicht mehr tragen. So entschloß ich mich, den Kampf einzustellen und dem Grauen ein Ende zu machen.« Hitler tobte, ließ ihn anderntags zum Tode verurteilen und seine Familie in Sippenhaft nehmen. Gauleiter Erich Koch hatte sich schon Tage vorher aus der heiß umkämpften Stadt abgesetzt. Doch in Telegrammen an Hitler täuschte er weiterhin sein unbeugsames Verharren im Kessel von Königsberg vor.

»Am Tage sahen wir die sterbende Stadt«, beschrieb ein deutscher Major den Todestag der »Festung«, »eingehüllt in einen Mantel von Rauch und Feuer, in den sich immer wieder die Feuerbahnen der schweren Werfergeschosse hineinfraßen. Um 17 Uhr erstarb langsam das Feuer. Von einigen Stellen kleckerten noch ein paar MG. Im Abenddunkel wölbten sich die von vielen Bränden unheimlich rot angeleuchteten schwarzen Rauchwolken über der toten Stadt. Die «Festung Königsberg» war untergegangen.« *Klaus-Konstantin Sondermann*

Das Schild täuscht darüber hinweg, daß ein Teil der deutschen Soldaten demoralisiert ist; ein Regiment der 367. Infanteriedivision läuft sogar zu den Sowjets über.

Leichen auf den Straßen einer zerstörten Stadt: Königsberg nach der Kapitulation.

Erbeutung der Beute

Der Kunstraub beider Kriegsparteien

Wie so oft in den vergangenen Jahren, saß Hitler auch an seinem letzten Geburtstag bis in die Morgenstunden vor dem Modell für das »Führermuseum«. Seit Februar 1945 war die Neuschöpfung der Stadt Linz fertiggestellt und stand nun im Keller der Berliner Reichskanzlei, nicht weit von Hitlers Hauptquartier im Führerbunker. Gelegentlich führte der Feldherr nach Lagebesprechungen, während ringsum die Reichshauptstadt unter sowjetischem Feuer lag, seinen Generalstab vor dieses Modell, um über die Zukunft seines »Führermuseums« zu phantasieren. Nur zum geringeren Teil mit gekauftem, hauptsächlich mit geraubtem Kunstgut aus ganz Europa sollte das Museum bestückt werden.

Ausgesuchte Kunstsachverständige hatten schon in allen von der Wehrmacht besetzten Ländern fleißig »gesammelt«. Als die Fronten näherrückten, die Städte unter den Bombenteppichen der Alliierten nicht mehr sicher genug erschienen, lagerten die Deutschen diese Kunstschätze in abgelegenen aber sicheren Depots. Das bedeutendste dieser Zwischenlager war das »Depot Dora«, eine ehemalige Salzmine im steiermärkischen Bad Aussee. Bis zuletzt trieben Hitlers »Kunstsammler« sein absurdes Lieblingsprojekt voran. Von der Nachwelt erwartete der Diktator sogar die Fortführung seiner Pläne: »Daß dieses Vermächtnis vollzogen wird«, heißt es in seinem privaten Testament, »wäre mein herzlichster Wunsch.«

Der letzte Transport erreichte das »Depot Dora« nur wenige Stunden vor den ersten amerikanischen Panzerspitzen. Doch der Steiermärker Gauleiter war wild entschlossen, den ganzen Stollen in die Luft zu jagen. »Wenn wir diesen Krieg verlieren«, hatte August Eigruber bereits im August 1944 gedroht, »dann werfe ich selbst Handgranaten in die belegten Räume. Den Bolschewisten lasse ich die Kunstschätze nicht in die Hände fallen.« Der »Kunstliebhaber« Eigruber hatte am 10. April acht Kisten mit Sprengstoff im Stollensystem aufstellen lassen. »Vorsicht! Marmor – nicht stürzen«, stand auf den getarnten Bombenbehältern.

Hitler bei einer seiner Lieblingsbeschäftigungen, dem Betrachten der Modellbauten für die österreichische Stadt Linz mitsamt dem »Führermuseum«. Hitler präsentierte sich gern als größten Bauherrn aller Zeiten.

Doch der Sprengstoff war von kunstsinnigen Untergebenen heimlich wieder herausgeschafft worden. Dennoch detonierten am Morgen des 5. Mai mehr als siebzig Sprengsätze im Stollensystem und verschütteten die Eingänge. Eine Gruppe mehrerer Kunstsachverständiger, Offiziere und Gestapobeamte unter der Leitung von Ernst Kaltenbrunner, dem berüchtigten Chef des Reichssicherheitshauptamtes, war dem fanatischen Gauleiter zuvorgekommen – der Schatz im Berg war versiegelt und dem Zerstörungswahn Eigrubers entzogen. So fielen am 7. Mai den Amerikanern die Kunstschätze unversehrt in die Hände. Doch auch unter den neuen Herren lauerten bereits Diebe auf lohnende Beute. Am 15. Mai befahl US-Captain Posey die Freilegung der verschütteten Zugänge. Ins Innere der Stollen eingedrungen, konnten die GI's kaum fassen, welch eine Pracht hier gelagert wurde. Die Zahl der Kunstgegenstände ging in die Zehntausende. Die amerikanischen

Schatzsucher fanden den Genter Altar der Brüder van Eyck, Michelangelos Madonna aus Brügge auf einer Matraze gelagert, den berühmten Hohenfurther Altar sowie Vermeers Gemälde ›Der Maler in seinem Atelier‹, das noch unlängst den Einband einer Broschüre geschmückt hatte, die von Hitlers Leibfotografen Heinrich Hoffmann zum Geburtstag des »Führers« am 20. April für die Wehrmacht herausgegeben worden war. Weiterhin fanden sich Schmuck und Porzellan, Regale voller barocker französischer Möbel, Gemälde, Stiche, Altäre und Münzsammlungen. 230 Lastzüge transportierten unter strengster Bewachung das Kulturgut aus dem Bergwerk zum amerikanischen »Art Collecting Point« im Münchner »Führerbau«. Kunstsammelplätze in München, Marburg, Wiesbaden und Frankfurt sollten »unsere Zivilisation bewahren«, wie der alliierte Oberbefehlshaber Eisenhower im Mai 1944 gefordert hatte.

Zwei Offiziere der Kunstschutzorganisation MFA&A bereiten den Abtransport des Domschatzes von Gnesen in die Frankfurter Sammelstelle vor.

Am Tag der deutschen Kapitulation kontrollierten die Amerikaner etwa 80 Prozent der ausgelagerten Meisterwerke. Die Westalliierten richteten eine Kunstschutzorganisation namens »Monuments, Fine Arts & Archives« ein, kurz MFA & A genannt. Kunsthistoriker in Uniform sollten die geraubten Schätze inventarisieren und schnellstens den ursprünglichen Besitzern zurückerstatten. Fast eine Million Kunstgegenstände wurden aus den Besatzungszonen zusammengetragen, die meisten fanden sich in Westdeutschland; denn als der deutschen Führung im Frühjahr 1945 eine alliierte Karte mit der geplanten Zoneneinteilung in die Hände gefallen war, hatte Hitler am 6. März angeordnet, die wertvollsten Stücke in den Westen zu schaffen. Offenbar schätzte der Diktator Amerikaner und Briten als die verläßlicheren Hüter seines zusammengerafften Schatzes ein.

Doch auch unter den kunstbeflissenen GI's waren einige, die den Verlokkungen der Schatzsuche nicht widerstehen konnten. Wie sonst wäre zu erklären, daß in späteren Jahren bei einem US-Offizier eine Sammlung von über 22000 Zinnsoldaten gefunden wurde, die er als ganz persönliche Kriegsbeute mit nach Hause genommen hatte; oder daß sich ein Provinzmuseum in Ohio jahrelang mit der makabren Ausstellung von Hitlers Tafelsilber schmückte – 300 Teile, jedes mit eingraviertem Reichsadler und Hakenkreuz?

Doch auch von Staats wegen wurde Kunst entwendet. »Das oberste Hauptquartier ordnet sofortige Vorbereitungen für kurzfristige Verbringung einer Auswahl von mindestens 200 deutschen Kunstwerken allerersten Ranges in die Vereinigten Staaten an.« So lautete ein amerikanischer Sonderauftrag vom November 1945. Die Kunstschutzoffiziere der MFA & A empörten sich über den unverantwortlichen Umgang mit nationalem Kulturgut. Im »Wiesbadener Manifest« protestieren sie gegen den staatlichen Kunstraub, der nicht besser sei, als das Raffen der braunen Kunstdiebe zuvor, die sich nun vor alliierten Gerichten verantworten müßten. Die MFA & A-Leute hatten erkannt, daß sie »bei Ausführung der erhaltenen Befehle vor klaren Blicken nicht weniger schuldig dastehen als diejenigen, deren Verurteilung wir vorgeben zu billigen.«

Die Alliierten beraubten sich auch gegenseitig. Bevor die Gebiete, die zunächst von amerikanischen und britischen Truppen besetzt worden waren, Ende Juni vertragsgemäß den Sowjets übergeben wurden, waren bereits Gold- und Devisenreserven des Reichs sowie 29 schwere Lastwagen mit Kunstwerken aus der thüringischen Saline Merkers gen Westen geschafft worden. Doch auch die Sowjets bedienten sich reichlich an den von Hitler gehorteten Meisterwerken – das legendäre Bernsteinzimmer wurde ebenso in die UdSSR transportiert wie das Grüne Gewölbe des Dresdner Zwingers oder der berühmte Pergamonaltar. Außerdem wanderten Tausende Gemälde, Stiche sowie ganze Bibliotheken, Münz-, Waffen- und Skulpturensammlungen in Richtung Osten. Im Gegensatz zu den Westalliierten hatten die Sowjets keine Kunstkommissionen bestallt, die Auswahl abzutransportierender Kunstschätze oblag allein dem eher zufälligen Sachverstand einzelner Truppenkommandeure.

Nur den Briten ist kein Kunstraub vorzuwerfen, die »fine art boys« der britischen MFA & A-Einheit, die in Celle stationiert waren, legten ihre Funde aus dem Depot Grasleben bereitwillig offen. Dort hatten sie fast alle Archive Ostdeutschlands, das Reichsschall- und das Reichsfilmarchiv sowie Auslagerungsgut aus Berliner Museen und den Welfenschatz geborgen. Die Briten nutzten ihre Siegerrolle nicht aus, um Pretiosen aus Deutschland im großen Stil abzuziehen – im Gegensatz zu ihren Bündnispartnern, den Amerikanern und Russen. »Wir sind nicht besser und nicht schlechter als die Deutschen«, schrieb der US-Kunstoffizier Walter Farmer 1945 in einem Brief an seine Frau. »Tatsache ist, daß wir viel von ihnen gelernt haben – an Unehrenhaftigkeit.«

Klaus-Konstantin Sondermann

Die Brücke von Remagen

Die Alliierten am Rhein

Kommandant Burrows vom dritten Korps der 1. US-Armee wollte kaum seinen Augen trauen. Am Vormittag des 7. März 1945 stand er auf einer Anhöhe der Eifel und blickte ins Rheintal hinunter. Immer wieder spähte er durch sein Fernglas: Bei Stromkilometer 632 spannte sich tatsächlich eine unzerstörte Brücke über den Fluß. Scharen deutscher Wehrmachtssoldaten und Sanitäter mit Verwundeten, schweres wie leichtes Kriegsgerät, Herden konfiszierten Viehs der umliegenden Höfe sowie Karren voller demontierter Industriegüter strömten über die Ludendorff-Brücke zum Ostufer.

Der sofort verständigte US-Brigadegeneral Hodges befahl, das linksrheinische Städtchen Remagen einzunehmen und so schnell wie möglich zur Brücke vorzustoßen. Drei Kompanien stürmten los, unterstützt vom Trommelfeuer amerikanischer Pershing-Panzer. Gegen 15 Uhr hatten sich die GI's bis ans Rheinufer vorgekämpft. Natürlich blieb das amerikanische Unternehmen auf der östlichen Flußseite nicht unbemerkt. Als Wehrmachtshauptmann Friesenhahn die ersten Amerikaner am westlichen Brückenkopf sah, gab er Befehl, die Westauffahrt in die Luft zu jagen. So sollte Zeit für die Brückensprengung gewonnen werden; die noch auf der Brücke zurückflutenden Deutschen konnten somit auf die Westerwälder Rheinseite gelangen.

Als sich der Staub der Detonation gelegt hatte, beobachteten US-Pioniere hektisch hin- und herrennende Deutsche, die letzte Sprengvorbereitungen trafen - Zündkabel und Sprengsätze hingen gut sichtbar an den Stahlträgern. Dann gab Brückenkommandant Major Scheller den Sprengbefehl. Der erste Versuch mißlang, die Zündkabel waren von einem amerikanischen Geschoß getroffen worden. »Ein Treffer«, jubelte später ein US-Reporter, »wie er unter Millionen von Schüssen nur einmal vorkommt.« Erst beim zweiten Versuch hörte die deutsche Verteidigungszentrale im Eisenbahntunnel unter dem Felsmassiv der Erpeler Lei das dumpfe Grollen der Detonation. Unterfeldwebel Faust hatte das Himmelfahrtskommando unternommen, unter scharfem Infantriefeuer der Amerikaner über siebzig Meter weit auf die Brücke zu laufen, um dort sechs Zentner Donarit, einen

»Brad, wir haben eine Brücke.«
»Eine Brücke? Sie meinen, Sie haben eine unzerstörte Brücke über den Rhein?«
»Ja.«
»Guter Gott, Hodges, dann ist der Laden offen. Schaffen Sie ihr Zeug rüber.«
Funkdialog zwischen US-General O. Bradley, 12. Armeegruppe, und General Hodges, 1. US-Armee

Am 7. März fällt der 1. US-Armee unter General Hodges die Ludendorff-Brücke bei Remagen unversehrt in die Hände. Damit ist die Rheinfront erstmals überschritten, die Alliierten stehen kurz vor dem für die deutsche Kriegswirtschaft so wichtigen Ruhrgebiet.

gewerblichen Sprengstoff, manuell zu zünden. Doch auch diese Schnellsprengung versagte – Menge und Art des Sprengstoffs hatten nicht ausgereicht, den Brückenkoloß zu zerstören: Die Stahlkonstruktion hob sich zwar leicht, doch sank sie dann wieder in ihre Halterungen zurück.

Den Amerikanern war klar, daß alsbald ein erneuter deutscher Sprengversuch gestartet würde. Jetzt mußte blitzschnell gehandelt werden. Unter dem Kommando des deutschstämmigen Leutnant Timmermann stürmten die ersten GI's die Rheinbrücke, hinter sich das Dauerfeuer ihrer Panzer, die auf die rußgeschwärzten Brückentürme der Ostseite und den Befehlsbunker im Eisenbahntunnel feuerten. Den Angreifern folgten US-Pioniere auf dem Fuß, um die sechzig Sprengladungen unschädlich zu machen. Sergeant Drabik erreichte als erster US-Soldat das Ostufer des Rheins. Später berichtete er, daß er dieses Verdienst dem Zufall verdankte, eigentlich hatte er bloß seinem Zugführer folgen wollen und war losgerannt. Erst später bemerkte Drabik, daß er seinen Vorgesetzten im Eifer des Gefechts längst überholt hatte. Ihm folgte eine Abteilung von 120 US-Soldaten, die den östlichen Brückenkopf, den deutschen Befehlsstand im Tunnel und die Höhen der Erpeler Lei besetzten.

Brückenkommandant Scheller war unterdessen die Flucht gelungen, sein ranghöchster Stellvertreter, Hauptmann Bratge, ließ, als er die stürmenden GI's sah, das Feuer einstellen, denn weiterer Widerstand wäre sinnlos gewesen. Um 17.30 Uhr fand die militärische Blitzaktion mit der Gefangennahme von Bratge und dessen Soldaten ihr vorläufiges Ende. Nun mußte der östliche Brückenkopf vor Gegenangriffen der Deutschen gesichert werden. Noch in derselben Nacht setzten die ersten acht schweren

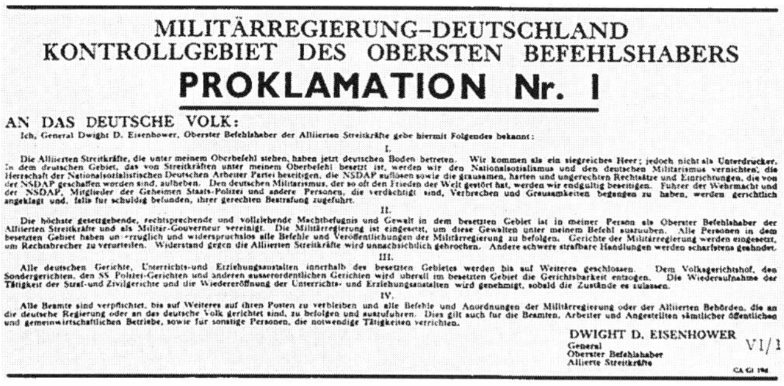

MILITÄRREGIERUNG–DEUTSCHLAND
KONTROLLGEBIET DES OBERSTEN BEFEHLSHABERS
PROKLAMATION Nr. I

AN DAS DEUTSCHE VOLK:

Ich, General Dwight D. Eisenhower, Oberster Befehlshaber der Alliierten Streitkräfte gebe hiermit Folgendes bekannt:

I.

Die Alliierten Streitkräfte, die unter meinem Oberbefehl stehen, haben jetzt deutschen Boden betreten. Wir kommen als ein siegreiches Heer; jedoch nicht als Unterdrucker. In dem deutschen Gebiet, das von Streitkräften unter meinem Oberbefehl besetzt ist, werden wir den Nationalsozialismus und den deutschen Militarismus vernichten, die Herrschaft der Nationalsozialistischen Deutschen Arbeiter Partei beseitigen, die NSDAP auflösen sowie die grausamen, harten und ungerechten Rechtsätze und Einrichtungen, die von der NSDAP geschaffen worden sind, aufheben. Den deutschen Militarismus, der so oft den Frieden der Welt gestört hat, werden wir endgultig beseitigen. Führer der Wehrmacht und der NSDAP, Mitglieder der Geheimen Staats-Polizei und andere Personen, die verdächtigt sind, Verbrechen und Grausamkeiten begangen zu haben, werden gerichtlich angeklagt und, falls fur schuldig befunden, ihrer gerechten Bestrafung zugefuhrt.

II.

Die höchste gesetzgebende, rechtsprechende und vollziehende Machtbefugnis und Gewalt in dem besetzten Gebiet ist in meiner Person als Oberster Befehlshaber der Alliierten Streitkräfte und als Militär-Gouverneur vereinigt. Die Militärregierung ist eingesetzt, um diese Gewalten unter meinem Befehl auszuuben. Alle Personen in dem besetzten Gebiet haben unverzuglich und widerspruchslos alle Befehle und Veröffentlichungen der Militärregierung zu befolgen. Gerichte der Militärregierung werden eingesetzt, um Rechtsbrecher zu verurteilen. Widerstand gegen die Alliierten Streitkräfte wird unnachsichtlich gebrochen. Andere schwere strafbare Handlungen werden schärfstens geahndet.

III.

Alle deutschen Gerichte, Unterrichts-und Erziehungsanstalten innerhalb des besetzten Gebietes werden bis auf Weiteres geschlossen. Dem Volksgerichtshof, den Sondergerichten, den SS Polizei-Gerichten und anderen ausserordentlichen Gerichten wird uberall im besetzten Gebiet die Gerichtsbarkeit entzogen. Die Wiederaufnahme der Tätigkeit der Straf-und Zivilgerichte und die Wiedereröffnung der Unterrichts- und Erziehungsanstalten wird genehmigt, sobald die Zustände es zulassen.

IV.

Alle Beamte sind verpflichtet, bis auf Weiteres auf ihren Posten zu verbleiben und alle Befehle und Anordnungen der Militärregierung oder der Alliierten Behörden, die an die deutsche Regierung oder an das deutsche Volk gerichtet sind, zu befolgen und auszufuhren. Dies gilt auch fur die Beamten, Arbeiter und Angestellten sämtlicher öffentlichen und gemeinwirtschaftlichen Betriebe, sowie fur sonstige Personen, die notwendige Tätigkeiten verrichten.

DWIGHT D. EISENHOWER
General
Oberster Befehlshaber
Alliierte Streitkräfte

VI/1

CA GI 196

»Als Eroberer, doch nicht als Unterdrücker« (so der englische Text der Proklamation Nr. 1) rücken die alliierten Streitkräfte nach den Worten Eisenhowers in Deutschland ein.

Sherman-Panzer über, gefolgt von leichten Panzerjägern; am folgenden Tag standen bereits 8000 GI's am Ostufer des Rheins.

Als US-General Eisenhower, Oberkommandierender der alliierten Streitkräfte, in seinem Hauptquartier in Reims von dem militärischen Coup hörte, reagierte er ohne Verzug. »Werfen Sie alles was Sie haben, fünf Divisionen sofort und alles, was sonst noch nötig ist, hinüber, um den Brückenkopf zu sichern«, befahl er General Bradley am Telefon. So lagen schon eine Woche später über 25 000 US-Soldaten aus dem Kölner Kampfgebiet auf dem östlichen Rheinufer. Die amerikanische Befehlszentrale konnte das »Wunder von Remagen«, wie es bald hieß, gar nicht sofort begreifen. »Als Bradley mir sagte, wir hätten eine dauerhafte Brücke über den Rhein, konnte ich kaum meinen Ohren trauen«, erinnerte sich Eisenhower später.

Seit Anfang September 1944 hatte der alliierte Sturm auf die Rheinbrücken zwischen Basel und Emmerich begonnen: die Briten im Norden, Kanadier und US-Soldaten im westdeutschen Mittelabschnitt, die Franzosen am Oberrhein. Bis zum Februar 1945 stellten die Alliierten eine »Rheinflotte« von knapp 2800 Wasserfahrzeugen aller Art am westlichen Ufer zusammen. Britische und amerikanische Marinesoldaten waren für das Übersetzen der Boote und die Sturmausbildung der Artillerie vorgesehen. »Was zum Teufel treibt ihr Kerls hier bei uns«, fragte ein Unteroffizier beim Anblick landsmännischer Matrosen, »so weit weg vom Meer?« – »Wir werden euch Landratten über den Rhein bringen«, war die lapidare Antwort.

Angesichts der alliierten Übermacht warf Hitler im März 1945 alles in die Waagschale. »Der Kampf um die Existenz unseres Volkes zwingt auch innerhalb des Reichsgebietes zur Ausnutzung aller Mittel, die die Kampfkraft unseres Feindes schwächen und sein weiteres Vordringen behindern«, verkündete der geschlagene Feldherr in seinem berüchtigten »Nerobefehl«. Die Rheinbrücken rechtzeitig zu sprengen war Teil dieser Verteidigungsstrategie. Er ging sogar noch einen Schritt weiter: Nach seiner Ansicht sei »unter Zusammenkratzen von allem, was es in Deutschland gibt, eine Front aufzubauen, meinetwegen von Weibern«, bemerkte Hitler bei einer Lagebesprechung am 2. März und widersprach damit seinen eigenen ideologischen Dogmen. »Auch die muß man sofort nehmen. Die sind tapferer. Wenn wir sie in die zweite Linie hineinnehmen, laufen die Männer zum mindesten nicht davon. Hier über den Rhein kann ja keiner überlaufen. Das ist das Wunderbare.«

Bei Brückensprengungen riskierten die zuständigen Wehrmachtskommandanten ihren Kopf, denn die Zerstörung durfte weder zu früh, noch zu spät erfolgen. General Schlemm brachte angesichts dieser Order noch Galgenhumor auf: Der Befehlshaber der 1. deutschen Fallschirmjägerarmee sah zu diesem Zeitpunkt, wie er später bei amerikanischen Verhören eingestand, seine »Hoffnung auf ein langes Leben schnell dahinschwinden« – der General hatte nicht weniger als neun Brücken im nördlichen Abschnitt der Rheinfront unter seinem Kommando. Wegen Hitlers Strategie »verbrannter Erde« und gesprengter Brücken sahen die Alliierten verlustreichen Kämpfen an der Rheinfront entgegen. Die amerikanische Flußüberquerung, die dann bei Remagen am 7. März wider Erwarten reibungslos erfolgte, nannte Eisenhower später »einen meiner glücklichsten Augenblicke im Kriege«. »Sie ist ihr Gewicht in Gold wert«, jubelte spontan sein Generalstabschef Leutnant Smith.

Bei Hitler hingegen führte die Einnahme der intakten Brücke zu Wutausbrüchen, sein Chefpropagandist Goebbels nannte die Eroberung »eine tolle Schweinerei«. Ein Standgericht der Wehrmacht verurteilte eine Woche später die fünf Verantwortlichen der mißlungenen Brückenverteidigung zum Tode. Alle Urteile wurden sofort vollstreckt, nur Hauptmann Bratge entging als Kriegsgefangener der Amerikaner der Exekution. Der Oberbefehlshaber West, Generalfeldmarschall Gerd von Rundstedt, mußte gehen; auf dessen Posten kam der Befehlshaber der Italienfront, Generalfeldmarschall Albert Kesselring.

Was der deutschen Luftwaffe nicht gelang: Zehn Tage nach ihrer Eroberung, am 17. März, bricht die Brücke von Remagen zusammen.

Doch zunächst wollte die deutsche Militärführung die Brücke von Remagen zurückerobern und warf jetzt alles in die Schlacht: Hunderte von Deutschen fielen dabei vergebens. Weder der 600-mm-Granatenangriff des »Mörsers Karl«, noch zwölf eigentlich für London bestimmte V2-Raketen konnten die Stahlbrücke zerstören. Brandneue ME-262 Düsenjäger nahmen den Eisensteg ebenso erfolglos ins Visier wie die 367 Kampfflugzeuge, die binnen einer Woche zu seiner Bombardierung aufgestiegen waren. Die größte amerikanische Flakstellung des gesamten Kriegs holte über einhundert von ihnen vom Himmel. Nicht einmal die sechs deutschen Froschmänner der Kriegsmarine, die am 17. März das Brückenfundament mit Plastiksprengstoff zum Einsturz bringen sollten, konnten unentdeckt bis zur Brücke vordringen. Doch ihr Kampfauftrag hatte sich zwischenzeitlich von selbst erledigt: Am Nachmittag des 17. März brach die Ludendorff-Brücke, wohl wegen der permanenten Bombenerschütterungen, in sich zusammen. Allerdings sicherten drei inzwischen über den Strom gebaute Pontonbrücken die Nachschubwege der Alliierten.

Alle Gegenwehr der Deutschen war vergeblich gewesen: Das Ruhrgebiet als wirtschaftliches und rüstungstechnisches Herz der deutschen Kriegsmaschinerie war nun ungeschützt dem Zugriff der Alliierten ausgeliefert.

Aber auch ohne den amerikanischen Coup an der Brücke von Remagen war der Krieg schon längst entschieden. Doch Tausenden von deutschen und alliierten Soldaten blieb der sichere Tod erspart, den eine aufwendige Rheininvasion auf bei- den Seiten gekostet hätte. »Eine offene Wunde«, wie US-General Bradley den alliierten Brückenkopf bei Remagen nannte, klaffte vor dem deutschen Kernland. Die »Wacht am Rhein« hatte endgültig versagt.

Klaus-Konstantin Sondermann

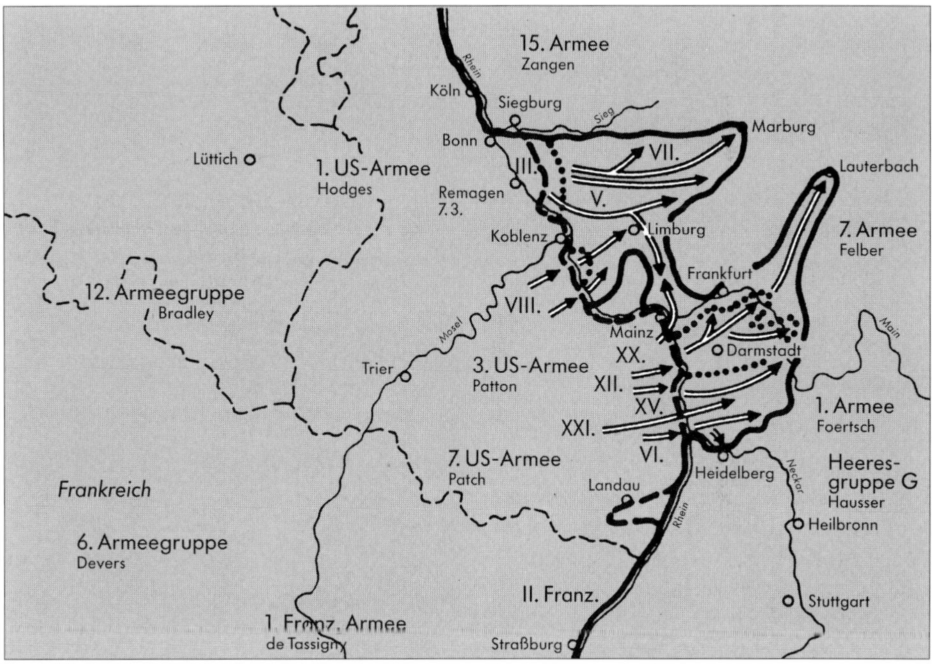

Der Vormarsch der Amerikaner über den Rhein Richtung Osten bis zum 28. März. In zwei großen Stoßrichtungen dringen die 1., 3. und 7. US-Armee vor, am 26. März nehmen sie von Süden kommend Frankfurt ein. Die römischen Ziffern beziehen sich auf die Armeekorps.

März 1945

1 · Donnerstag

In Schlesien erobern Einheiten der Wehrmacht bei einem Gegenangriff die Städte Striegau und Lauban zurück.

2 · Freitag

400 amerikanische Kampfflugzeuge bombardieren erneut Dresden. Die Stadt ist nach dem schweren Angriff vom 13. Februar bereits völlig zerstört (S. 33).

3 · Samstag

In Kairo konstituieren Vertreter Ägyptens, Saudi-Arabiens, Jordaniens, Iraks und Libanons eine Liga der arabischen Staaten.

Finnland, seit 1941 Verbündeter des Deutschen Reichs, erklärt diesem rückwirkend zum 15. September 1944 den Krieg.

4 · Sonntag

Amerikanische Flieger bombardieren versehentlich Zürich. Bei dem Angriff kommen fünf Zivilisten ums Leben. Die US Air Force stellt die Piloten vor ein Kriegsgericht.

Ausbildung für den »Volkssturm«.

5 · Montag

Im Deutschen Reich wird der gesamte männliche Jahrgang 1929 in die Wehrmacht eingezogen. Nach einer notdürftigen Ausbildung werden die Jugendlichen an die Front geschickt.

6 · Dienstag

Britische Zeitungen berichten von Massenverhaftungen im von der Roten Armee besetzten Polen. Mehr als 4000 Anhänger der polnischen Exilregierung und Angehörige der »Heimatarmee« sind seit dem Beginn der »Befreiung« Polens von den sowjetischen Behörden inhaftiert worden.

Einheiten der 1. US-Armee marschieren in Köln ein.

Straßenkampf in Köln.

7 · Mittwoch

Bei Remagen erobern US-Einheiten eine unzerstörte Eisenbahnbrücke über den Rhein. Die Amerikaner feiern den Erfolg als »Wunder von Remagen« mit einem Gottesdienst. Damit ist der Weg der Alliierten ins wirtschaftlich wichtige Ruhrgebiet offen (S. 51).

Die »Wunderwaffe« V 2

8 · Donnerstag

Die Zeitungen im Deutschen Reich kündigen eine neue Verordnung an, wonach Familien von »Drückebergern«, die an der Front nicht »bis zum Äußersten gekämpft haben«, mit Sippenhaft belegt werden können.

In Bern nimmt Obergruppenführer Karl Wolff, der höchste SS-Offizier in Italien, geheime Gespräche mit den Alliierten über eine deutsche Teilkapitulation südlich der Alpen auf.

Auf dem Marktplatz von Smithfield bei London schlägt eine deutsche V2-Rakete ein. 110 Menschen kommen bei dem Angriff ums Leben.

Nr. 327, Freitag, 9. März 1945

NACHRICHTEN FÜR DIE TRUPPE

Eisenhower geht über den Rhein

Starke USA-Kräfte fassen auf dem rechten Ufer Fuss

9 · Freitag

Ein schwerer amerikanischer Bombenangriff auf Wohngebiete in Tokio fordert nach offiziellen Angaben mehr als 83 000 Menschenleben. Ein Viertel aller Häuser der japanischen Hauptstadt werden zerstört.

11 · Sonntag

Hitler besucht von Berlin aus Frontstellungen am westlichen Oderufer. Es ist das letzte Mal, daß er die Reichshauptstadt verläßt.

Im Ruhrgebiet droht der Ausbruch von Epidemien, weil ein Großteil der Kanalisation zerstört ist. Die Bevölkerung wird aufgerufen, öffentliche Latrinen zu benutzen.

12 · Montag

Die fünfzehnjährige Anne Frank stirbt im Konzentrationslager Bergen-Belsen an den Folgen der Deportation. Ihr nach dem Krieg veröffentlichtes Tagebuch wird als Anklage gegen den NS-Terror weltberühmt.

Anne Frank (1929–1945).

13 · Dienstag

Ein Gericht in München verhängt wegen des Handels mit gefälschten Lebensmittelkarten die Todesstrafe. Zuvor hatten alliierte Flugzeuge Tausende der falschen Bezugsscheine abgeworfen, um das deutsche Rationierungssystem zu stören.

14 · Mittwoch

In Stockholm versuchen Emissäre des Reichsaußenministers von Ribbentrop, mit den Westmächten Gespräche über einen Separatfrieden aufzunehmen. Die Verhandlungen bleiben jedoch erfolglos.

Bei einem Angriff auf einen Eisenbahnknotenpunkt nahe Bielefeld setzt die britische Luftwaffe erstmals die schwerste konventionelle Bombe des Krieges ein, die 10 Tonnen schwere »Grand Slam«.

15 · Donnerstag

Mit der Zerstörung eines geheimen metallurgischen Forschungslabors bei Berlin durch US-Bomber kommt die deutsche Atombombenentwicklung zum Stillstand.

16 · Freitag

In Ungarn beginnt die Rote Armee mit einer Großoffensive. Entgegen einem Befehl Hitlers ziehen sich die deutschen Truppen nach Österreich zurück. Der am Rückzug beteiligten SS-Einheit »Leibstandarte Adolf Hitler« befiehlt der Diktator, die Ärmelstreifen abzulegen.

Der deutsche Dichter Börries von Münchhausen begeht Selbstmord. Münchhausen, Vorreiter einer »neuen deutschen Balladendichtung«, hatte den Nationalsozialismus zunächst begrüßt, sich dann aber desillusioniert vom NS-Staat abgewandt.

17 · Samstag

Die britische Nachrichtenagentur Reuter meldet, daß in Frankreich mehr als 60 000 Personen wegen des Verdachts der Kollaboration mit den Deutschen vor Gericht stehen.

Bei Remagen stürzt die von US-Truppen eingenommene Ludendorff-Brücke zusammen (S. 51).

18 · Sonntag

Die Einwohner von Berlin erleben den schwersten Luftangriff des Krieges auf die Reichshauptstadt. 1200 US-Kampfflugzeuge werfen mehr als 4000 Tonnen Bomben ab.

Opfer des Luftangriffs auf Berlin.

Nach 14tägiger Belagerung fällt in Pommern die Stadt Kolberg. Zuvor ist es deutschen Marineeinheiten gelungen, mehr als 85 000 Menschen aus der Stadt über die Ostsee zu evakuieren (S. 45).

Flüchtlinge im Hafen von Kolberg.

19 · Montag

Hitler befiehlt, sämtliche Industrie- und Versorgungsanlagen im Reichsgebiet beim Heranrücken der Alliierten zu zerstören. Zahlreiche Kommandeure widersetzen sich diesem »Nero-Befehl«.

20 · Dienstag

In Bukarest beschließt die rumänische Regierung eine grundlegende Agrarreform. Danach soll Grundbesitz über 50 ha unter »Kleinbauern und Landlosen« aufgeteilt werden. Ausgenommen sind die Ländereien der Kirche.

21 · Mittwoch

Im von den Alliierten besetzten Aachen wird der Freie Deutsche Gewerkschaftsbund gegründet.

22 · Donnerstag

An der Ostfront scheitert ein Versuch der deutschen 9. Armee, die sowjetischen Oder-Brückenköpfe bei Küstrin zu zerschlagen.

23 · Freitag

Während der Rheinüberquerung britischer Einheiten bei Wesel kommen erstmals Spezialscheinwerfer zum Einsatz, die den Gegner blenden sollen.

24 · Samstag

Die kaiserliche Regierung in Tokio ordnet die Bildung eines japanischen »Volkssturms« an. Mit dem »totalen Einsatz« aller Japaner soll eine amerikanische Invasion abgewehrt werden.

Der Ausbau von Verteidigungsanlagen rund um Berlin droht sich wegen des Mangels an Material und Gerät zu verzögern. Die Bevölkerung der Reichshauptstadt wird daher aufgerufen, Spaten, Schaufeln und Spitzhacken bereitzustellen.

25 · Sonntag

In Aachen erschießt ein »Werwolf«-Kommando fanatischer Nationalsozialisten den von der US-Besatzungsmacht eingesetzten Bürgermeister Franz Oppenhoff (S. 44).

26 · Montag

Auf der Pazifikinsel Iwo Jima kapitulieren die letzten japanischen Truppen. Die Schlacht um das strategisch wichtige Atoll hat 6000 amerikanischen und mindestens 20 000 japanischen Soldaten das Leben gekostet (S. 37).

27 · Dienstag

Argentinien erklärt Deutschland und Japan den Krieg.

28 · Mittwoch

General Dwight D. Eisenhower, der Oberkommandierende der alliierten Armeen im Westen, teilt Stalin telegrafisch mit, daß die britischen und amerikanischen Truppen die Rote Armee an der Elbe erwarten würden (S. 69).

29 · Donnerstag

In der englischen Grafschaft Kent schlägt die letzte deutsche Flugbombe vom Typ V 1 ein. Insgesamt hat die Wehrmacht mehr als 1000 V 1-Bomben auf Großbritannien abgefeuert.

30 · Freitag

Sowjetische Truppen marschieren in Danzig ein.

31 · Samstag

Der Oberbefehlshaber der alliierten Streitkräfte im Westen, General Eisenhower, befiehlt den britischen und amerikanischen Truppen, ihren Vormarsch auf Berlin zu stoppen. Er läßt damit vereinbarungsgemäß der Roten Armee den Vortritt bei der Eroberung der Reichshauptstadt (S. 71).

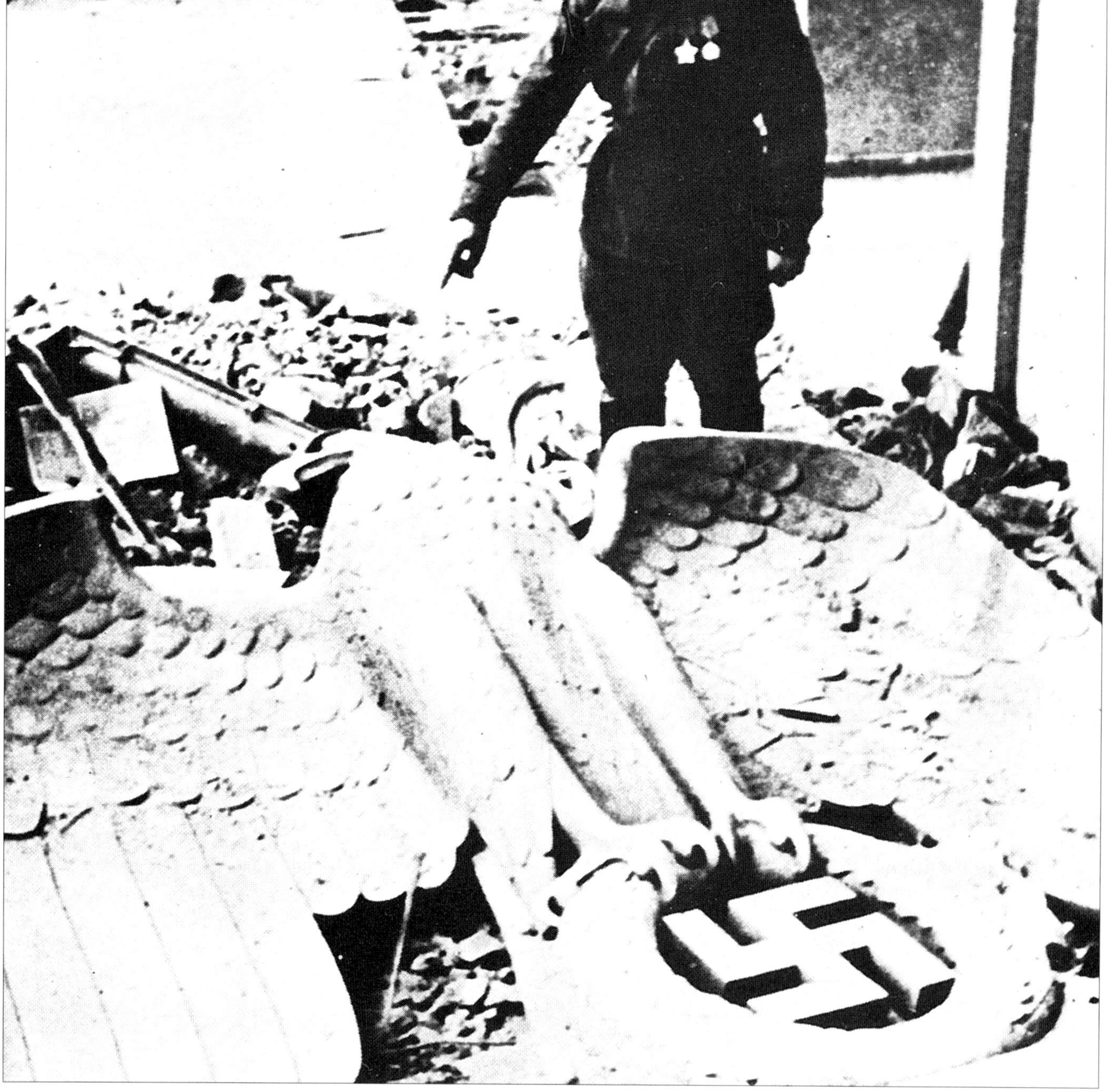

Der Tod des Tyrannen

Die letzten Tage in der Reichskanzlei

Eva Braun war nervös wie selten zuvor. Volltreffer russischer Granaten ließen den Bunker unter der Reichskanzlei erzittern, als Gauamtsleiter Walter Wagner feierliche Worte sprach, die Hitlers Freundin jahrelang ersehnt hatte: »Nunmehr frage ich Sie, Fräulein Eva Braun, ob Sie gewillt sind, die Ehe mit meinem Führer Adolf Hitler einzugehen.« Die 33jährige zögerte mit ihrem Jawort keine Sekunde. Ein Traum erfüllte sich für die Blondine im schwarzen Kleid aus Seidentaft. Am 29. April 1945, kurz nach Mitternacht, schloß Hitler mit ihr den Bund fürs Leben. Ein Leben kürzer als ein Tag. »Ich selbst und meine Gattin«, war Hitlers letzter Wille, »wählen, um der Schande des Absetzens oder der Kapitulation zu entgehen, den Tod.«

Reichskanzlei, der letzte Akt: Im »Führerbunker«, 16 Meter unter Tage, machte das Gerücht von Hitlers Hochzeit bereits seit Tagen die Runde. Zweifel aber waren durchaus angebracht. Zeit seiner politischen Karriere hatte sich Hitler krampfhaft bemüht, als mythischer »Führer« ohne menschliche Züge zu erscheinen. Eine Heirat kam nie in Frage. Erst als die Flucht in den Selbstmord beschlossen war, rang sich der Tyrann dazu durch, »jenes Mädchen zur Frau zu nehmen, das nach langen Jahren treuer Freundschaft aus freiem Willen in die schon fast belagerte Stadt hereinkam, um ihr Schicksal mit dem meinen zu teilen«. Für Jahre der Erniedrigung erhielt Eva Braun doch noch den erhofften Lohn – den Trauring.

Zu Füßen eines sowjetischen Soldaten der Reichsadler: Der Kampf um die Reichshauptstadt ist beendet.

Neun Tage zuvor, an seinem 56. Geburtstag, wären Hitler solche Gedanken nicht in den Sinn gekommen. Damals sah er sich noch als übermenschlicher »Führer«. Damals wagte er tatsächlich noch zu hoffen, obwohl schon lange auch das Letzte verloren war.

29. April: 40 Stunden vor ihrem gemeinsamen Selbstmord heiraten Adolf Hitler und Eva Braun im Führerbunker unter der Reichskanzlei.

Eigentlich hatte Hitler vor, sich an seinem Geburtstag nach Süden in die Alpenfestung Berchtesgaden abzusetzen. Doch am Tag des geplanten Ausbruchs aus dem umzingelten Berlin zögerte er. Die Berater drängten auf Abreise, Hitler aber hatte den Glauben an die wundersame Wende noch nicht aufgegeben. Horoskope, der Tod des US-Präsidenten Roosevelt und das vielbeschworene »Wunder des Hauses Brandenburg«, die Vision von der Rettung in letzter Sekunde, verliehen ihm neue Kräfte, sein blutiges Lebenswerk fortzuführen. Mit dem Überfall auf Polen hatte Hitler am 1. September 1939 den Krieg entfacht. Jetzt blies er ein letztes Mal in die Glut, verheizte noch einmal Tausende Menschenleben im aussichtslosen »Endkampf« um Berlin. Am 21. April befahl er, in einem Großangriff die letzten Reserven gegen die sowjetischen Armeen zu werfen. SS-Obergruppenführer Steiner sollte die wahnwitzige Idee vom »Befreiungsschlag« umsetzen. »Der Russe«, tönte der Phantast am Kartentisch, »erleidet die blutigste Niederlage seiner Geschichte vor den Toren der Stadt Berlin.« Nichts dergleichen geschah.

Das vergebliche Warten, daß einmal ein Wunder geschehen werde, zehrte an Hitlers Nerven, bis er in der Lagebesprechung am 22. April die Fassung verlor und seiner Wut freien Lauf ließ. Mit Zornesröte im Gesicht, die Hände zu Fäusten geballt, feuerte der enttäuschte Kriegstreiber, dem Tränen der Wut und Verzweiflung über die Wangen flossen, eine Schimpfkanonade auf seine Generale ab. Feige, treulos, unfähig seien sie.

Nun sei das Ende gekommen; ihm bleibe nichts als der Tod. »Ich lebe und sterbe mit Berlin.« Damit war entschieden: Hitler selbst wollte die Schlacht um die Hauptstadt führen und sich im letzten Augenblick das Leben nehmen. Zwar wiederholte er während der Konferenz begeistert immer wieder das Bild vom heroischen Tod »auf den Stufen der Reichskanzlei«, doch im engeren Kreis klang der Mann, der sich »Wolf« nannte,

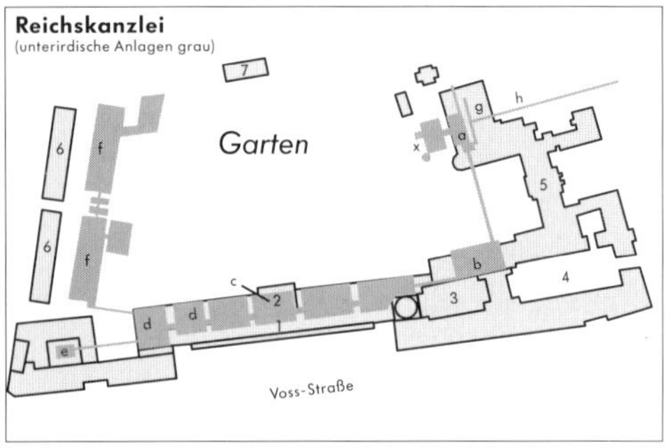

1 Marmorgalerie
2 Hitlers Arbeitszimmer
3 Mosaikzimmer
4 Ehrenhof
5 Alte Reichskanzlei
6 Wachmannschaft
7 Gewächshaus
x Verbrennungsstelle der Leichen Hitlers und Eva Brauns

a Führerbunker
b Adjutant und Stab
c Krankenstation
d Wachräume, Kantine
e Pkw, Schützenpanzer
f Garagen
g zum Außenministerium
h zum Propagandaministerium

zahm und zahnlos. Kämpfen kam ihm nicht in den Sinn, denn dabei könnte er ja Rotarmisten lebend in die Hände fallen. Außerdem: Warum kämpfen? »Da ist nicht mehr viel zu kämpfen.«

Vollgepumpt mit Psychopharmaka, schwankten Hitlers Stimmungen von Extrem zu Extrem. Tobsuchtsanfälle wechselten sich mit Phasen tiefster Niedergeschlagenheit ab, die sogleich in euphorische Momente voller Siegesgewißheit umschlugen. Nach vergleichsweise klaren Augenblicken tauchte Hitler ab in die Tiefen zwanghafter Visionen. Was außerhalb des Bunkers vor sich ging, hatte sich längst seiner Wahrnehmung entzogen. Der Mann, der die Massen einst fanatisiert hatte, lebte entrückt in einer Katakombe tief im Berliner Boden. Er schlief höchstens zwei bis drei Stunden, verbrachte Tage und Nächte in Besprechungen. Hitler war am Ende, und das wußte er selbst am besten. Als Ausweg sah er einzig den Selbstmord, und an den erlösenden Gedanken vom Tod gewöhnte er sich schnell. Mit einem Mal schien er mit sich im reinen. Er wirkte mitunter sogar ausgeglichen. Ein Schuß Gleichmut lockerte die Züge seines von Drogen und Streß zerfressenen Gesichts. »Es ist sowieso alles egal«, be-

Die Reichskanzlei in Trümmern: Vom Symbol der Herrschaft Hitlers zum Menetekel seines Untergangs. »Von hier aus wollte Hitler die Welt erobern; viele haben es schon versucht. Keinem ist es gelungen.« Winston Churchill

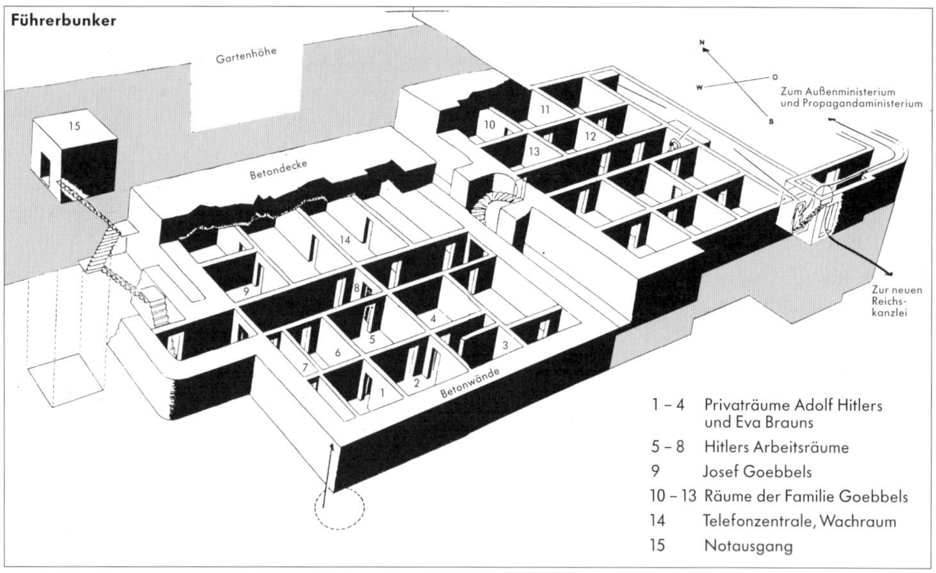

Die Unwirklichkeit dieser zubetonierten Räumlichkeiten des Führerbunkers entsprach dem Realitätsverlust des »Größten Feldherrn aller Zeiten«. »Hitler im Bunker – das ist der wahre Hitler.« Claus Graf Schenk von Stauffenberg

merkte er zynisch. Überall witterte er Verrat, Lüge, und Eva Braun bestärkte seinen Glauben mit grotesker Fürsorge. »Armer, armer Adolf«, lamentierte sie, »alle haben dich verlassen, alle haben dich verraten.« Hitler war nur noch ein Schatten seiner selbst: zitternd, aufgedunsen, erschöpft – und bereit, dem Grauen seiner Existenz ein Ende zu setzten.

In dieser Verfassung empfing er am Abend des 26. April den Kommandeur der Luftflotte 6, Generaloberst Ritter von Greim. Hitler, berichtete Hanna Reitsch später einem US-Offizier, kam sogleich zur Sache:

»Wissen Sie warum ich Sie gerufen habe?«

Greim verneinte.

»Weil Hermann Göring sowohl mich wie auch sein Vaterland betrogen und allein gelassen hat.«

Ein verbitterter Hitler klagte über Görings »verräterisches« Telegramm, in dem er die Machtübernahme angekündigt hatte, wenn Hitler nicht bis 22 Uhr ein Lebenszeichen von sich gebe. Mit hängendem Kopf stand der erste Mann im Reich vor seinem Offizier. Er begann erneut zu toben, doch was er brüllte, klang nicht kämpferisch. Es hörte sich eher an wie das selbstmitleidige Klagen eines gebrochenen Mannes: »Ein Ultimatum! Ein ungehobeltes Ultimatum! Nun bleibt mir nichts mehr. Keine Treue mehr, keine Ehre mehr, keine Enttäuschung, die ich nicht erlebt habe - und nun auch noch das. Alles Schlechte ist mir widerfahren.« Mit schwacher Stimme ernannte Hitler Generaloberst Greim zum Nachfolger Görings. Der durfte sich nun »Oberbefehlshaber« einer nicht mehr existierenden Luftwaffe nennen.

Erstmals belegte die Rote Armee in dieser Nacht die Reichskanzlei mit heftigem Sperrfeuer. Direkt über dem Bunker krachten donnernd Gebäude zusammen. Granaten trafen ihr Ziel mit erschreckender Genauigkeit. Der Bunker, der einst Sicherheit verheißen hatte, war zur Falle geworden. Die Front verlief nun direkt vor dem Eingang. Draußen verteidigten Kinder, Greise und erschöpfte Soldaten, was vom »Großdeutschen Reich« geblieben war: ein paar Straßenzüge im ausgebluteten Herz der Hauptstadt. Drinnen im Bunker wartete Hitler ungeduldig auf Berichte über die 12. Armee des Generalleutnant Wenck, die Berlin »befreien« sollte. Zwei Tage lang sinnierte und schwadronierte der Feldherr ohne Truppen über Taktiken für den heiß ersehnten Angriff. Schweißgebadet, eine durchschwitzte Karte schwenkend, brüllte er Befehle und dirigierte Divisionen, die nur noch auf dem Kartentisch existierten. Wencks Truppen waren schon vor Tagen aufgerieben worden, während der klägliche Rest seiner Eroberungsarmeen Richtung Westen floh.

»Seien Sie froh daß Sie ihn nicht gesehen haben, der Hitler an den Sie einmal geglaubt haben, der existiert schon lange nicht mehr.«

Goebbels

In diese Untergangsstimmung platzte in der Nacht zum 29. April eine weitere Hiobsbotschaft. Die Meldung der Nachrichtenagentur Reuter umfaßte nur wenige Zeilen, der Inhalt jedoch traf den »Führer« schwerer als jede andere Nachricht der vergangenen Tage. Himmler, stand da zu lesen, verhandle mit dem schwedischen Grafen Bernadotte über Frieden. Verrat! Ausgerechnet vom »treuen Heinrich«!

Daß ihn der korrupte Göring im Stich lassen könnte, damit hatte Hitler gerechnet. Aber Himmler? »Er tobte wie ein Verrückter«, erinnerte sich Hanna Reitsch. Wieder erschütterte einer seiner Anfälle den Bunker. Doch dieses Mal währte der Wutausbruch nur kurz. Seine Kraftreserven waren auf ein Minimum zusammengeschrumpft. Himmlers »Verrat« löschte seinen Lebenswillen endgültig. Nun ging er daran, das Finale im Bunker zu inszenieren. Das Drehbuch des Todes sah vor: Hochzeit, Testament, Selbstmord...

Nach der Trauung zog sich Hitler mit seiner Sekretärin Traudl Junge zurück

Lebensdaten Adolf Hitlers

1889 Hitler wird als Sohn eines österreichischen Zollbeamten in Braunau am Inn geboren.
1919 Mitglied der Deutschen Arbeiterpartei (DAP).
1920 Im Hofbräuhaus in München stellt Hitler als Propagandaleiter der DAP das 25-Punkte-Programm vor. Darin heißt es unter Punkt 4, die Staatsbürgerschaft gelte nur für »Volksgenossen«, Juden werden explizit ausgeschlossen. Im März nennt sich die DAP in NSDAP um.
1921 Übernahme des Parteivorsitzes mit diktatorischen Vollmachten.
1923 Putschversuch in München, fünf Jahre Festungshaft. In »Mein Kampf« beschreibt er die Grundsätze seiner rassistischen Weltanschauung.
1924 Vorzeitige Haftentlassung.
1925 Neugründung der NSDAP.
1926 Hitler gründet die Schutzstaffel (SS) als persönliche Leibgarde.
1932 Ernennung zum Regierungsrat in Braunschweig, dadurch deutscher Staatsbürger. Bei den Reichstagswahlen im Mai wird die NSDAP mit 37,4 % stärkste Fraktion. Hitler unterliegt Hindenburg bei der Wahl zum Reichspräsidenten.
1933 Hitler wird Reichskanzler. Beginn der Gleichschaltung durch Notverordnungen. Selbstausschaltung des Parlaments durch »Ermächtigungsgesetz«. Auf dem Berliner Opernplatz werden 10 000 Zentner Bücher verbrannt.
1934 Nach Hindenburgs Tod »Führer und Reichskanzler«.
1938 Anschluß Österreichs.
1939 Deutsch-sowjetischer Nichtangriffspakt. Einmarsch in Polen, Beginn des 2. Weltkrieges.
1940 Frankreichfeldzug.
1941 Überfall auf die Sowjetunion.
1943 Untergang der 6. Armee in Stalingrad.
1944 Landung der Alliierten in der Normandie.
1945 Hitler zieht sich im Januar in den »Führerbunker« zurück. Am 30. April begehen er und seine frisch angetraute Ehefrau gemeinschaftlichen Selbstmord. Zum Nachfolger hat er zuvor Karl Dönitz benannt, seit 1943 Oberbefehlshaber der deutschen Kriegsmarine.

und begann zu diktierten: »Mein politisches Testament«. Ohne Pause und ohne Korrekturen legte Hitler ein letztes Zeugnis davon ab, in welcher Welt des Wahns er lebte. Frau Junge stenografierte Worte voller Haß und Beschuldigungen.

Frontzeitung der Festung Breslau
Schlesische Tageszeitung
AMTLICHES BLATT DER NSDAP. UND SÄMTLICHER BEHÖRDEN
16. Jahrgang / Nr. 118 — Festung Breslau, Mittwoch, den 2. Mai 1945
Heldentod des Führers
Großadmiral Dönitz als Nachfolger eingesetzt

Mit abgegriffenen Phrasen versuchte der Diktator seine bestialischen Taten zu rechtfertigen und schrieb die Schuld am Krieg dem »internationalen Judentum« zu. Von Hitler nichts Neues – und schon gar keine Reue.

Im zweiten Teil des Testaments schloß er die »Verräter« Göring und Himmler aus der Partei aus und bestimmte überraschenderweise Großadmiral Karl Dönitz zum Erben seiner Ämter. Goebbels sollte Reichskanzler, »Sekretär« Bormann Parteiminister werden. Am 29. April, gegen 4 Uhr, unterzeichnete Hitler das Schriftstück. Kurz darauf erreichte ihn die Nachricht von Mussolinis Tod. Partisanen hatten den »Duce« zusammen mit seiner Geliebten Clara Petacci erschossen und in Mailand aufgehängt. Hitler war schockiert, denn so konnte es auch ihm ergehen. Dies zu verhindern, war sein letztes Ziel. Hitler bereitete den gemeinsamen Tod mit Eva vor. Die Wirkung des Gifts ließ er an seiner Schäferhündin »Blondi« erproben. Das Tier starb sofort.

Die Rote Armee stand bereits am Potsdamer Platz, der Tiergarten war besetzt. Stalins Truppen fehlten nur noch Meter bis zum Bunker, der »Zitadelle«, wo sich Hitler von den letzten Getreuen verabschiedete und sich dann in seine Privaträume zurückzog.

Am 30. April gegen 15.30 Uhr krachte im Bunker ein einzelner Schuß, der im lärmenden Trommelfeuer russischer Artillerie kaum zu hören war. In seinem Privatraum saß Hitler zusammengesackt auf dem mit Blut befleckten Sofa. Rechts neben ihm lag Eva Hitler. Beide waren tot. Am Boden lagen zwei Pistolen, die Blumenvase auf dem Tisch war umgekippt. Der Diktator hatte sich mit einer 7,65-mm-Walther-Pistole in den Mund geschossen, nachdem er seine Giftkapsel zerbissen hatte. Eva Hitler war durch Blausäure gestorben. Stummer Zeuge war Friedrich der Große, der von einem Bild über dem Schreibtisch auf den Sterberaum blickte.

SS-Männer wickelten den leblosen Körper in eine feldgraue Decke. Nur die schwarzen Schuhe waren zu sehen, als Kammerdiener Heinz Linge und ein Wachsoldat die Leiche die vier engen Bunkertreppen nach oben in den Garten der Reichskanzlei trugen. Chauffeur Kempka folgte ihnen, auf den Armen Eva Hitler. Im Garten, nur wenige Schritte vom Bunkereingang entfernt, betteten sie die Leichen in eine Bodenmulde. »Ich legte den Körper von Frau Hitler neben den des Führers«, schilderte Kempka die Szene. Dann goß Adjudant Günsche die ersten von 180 Litern Benzin über die beiden. Ein lodernder Stoffetzen entfachte das Feuer, das Hitler selbst befohlen hatte. Denn Stalin sollte ihn nicht als »totes Ungeheuer« im Moskauer Zoo zur Schau stellen können.

Von der Vorhalle des Bunkers aus beobachteten Bormann, Goebbels, Linge, Kempka und die Wache schweigend, wie der Körper des Mannes, der millionenfaches Leid über die Welt gebracht hatte und dem sie im blinden Gehorsam bis zu seinem feigen Ende gefolgt waren, in Flammen aufging. Rings um den Bunker detonierten russische Granaten. Erdfontänen spritzten hoch. Der Boden vibrierte wie bei einem Erdbeben, als die Totengräber Hitlers den rechten Arm zum Gruß hoben und ihrem »Führer« ein letztes Mal die Ehre erwiesen. Noch bevor das Feuer erloschen war, kehrten sie in die Tiefen des Bunkers zurück.

Erst am 1. Mai gab der Großdeutsche Rundfunk seine Version der Ereignisse bekannt. Adolf Hitler sei »in seinem Befehlsstand in der Reichskanzlei, bis zum letzten Atemzug kämpfend, für Deutschland gefallen«. Es war die letzte Lüge des Regimes. *Jörg Müllner*

Rochus Misch
Telefonist im Führerbunker:

»An dem 30. April war ich vom Mittagessen gekommen und hatte mich noch kurz im Maschinenraum unterhalten. Plötzlich rief einer: »Ich glaube, es ist soweit!« Linge und Günsche rannten in Hitlers Zimmer. Ich bin gleich zurückgelaufen, in Richtung Reichskanzlei. Ich wollte unserem Kommandochef Schädler melden, daß der Chef sich erschossen hat. Auf halbem Weg bin ich aber doch wieder umgekehrt. Ich sah, wie Hitler in eine Decke eingewickelt auf dem Boden lag. Eva Braun habe ich auch gesehen: Sie lag auf der Couch. Plötzlich waren überall Leute und ein großes Durcheinander. Sie trugen Hitler und Eva Braun dann nach oben, raus aus dem Bunker. »Sie bleiben hier, Sie machen hier weiter«, sagte Goebbels später zu mir. Ich sagte natürlich: 'Jawohl, Herr Minister.' Es blieb mir ja auch gar nichts anderes übrig. Später habe ich Goebbels immer wieder gebeten, mich gehen zu lassen. Ich hatte Angst und wollte weg. Mir wäre es am liebsten gewesen, der hätte sich auch gleich umgebracht.«

Martin Bormanns Tagebucheintragung zum Tode Adolf und Eva Hitlers. Statt eines Kreuzes benutzte er das Zeichen der Rune.

Uwe Bahnsen, James P. O'Donnell

Die Katakombe

»Ich hatte Hitler bis dahin noch nicht aus unmittelbarer Nähe erlebt. Der in sich zusammengesunkene Mann, der hier vor mir stand, hatte so gut wie nichts mehr mit dem einstigen Idol der Massen gemein, war nicht einmal mehr ein Schatten jenes dämonischen Volkstribunen, der viele Millionen förmlich hypnotisiert, sie unter seinen messianischen Willen gezwungen hatte, auch mich ... Zwar trug er noch die seit dem ersten Tag des Krieges bekannte Uniform, den grauen Rock mit dem Eisernen Kreuz auf der

Adolf Hitler zu Beginn und am Ende seiner »Karriere«. Links ein Bild aus den zwanziger Jahren, rechts eines der letzten Bilder des Diktators.

linken Brustseite, die schwarze Hose. Aber der Mensch, der in diesem nun ungepflegten und fleckigen Gewand steckte, hatte sich vollkommen in sich selbst zurückgezogen. Ich stand noch immer in militärischer Haltung auf der Treppenstufe vor ihm, sah seinen gebeugten Rücken, die krummen Schulterblätter, die zu zucken schienen und plötzlich zu zittern begannen. Er sah aus, als ob er seinen Kopf zwischen die Schulterblätter gezogen hatte – wie eine Schildkröte. Hitler wirkte auf mich wie ein sterbender Atlas, der unter der Last des Planeten zuammengebrochen war ... Er vermochte kaum noch die zwei Schritte zu gehen, um uns die Hand zu geben.

Er sah zunächst Haase, dann mich direkt an, aber sein Blick war starr und leer. Die sehr blassen, blaugrauen Augen wirkten trübe, das Weiße war blutunterlaufen. Ich konnte in diesem nun seltsam flachen, bewegungslosen Antlitz keinen Ausdruck entdecken. Die großen dunklen Säcke unter den Augen verrieten jenen Mangel an Schlaf, an dem alle im Bunker litten. Von der Nase zu den Mundwinkeln zogen sich tiefe Falten; die Lippen waren krampfhaft zusammengepreßt. Sein kalter, flatternder Händedruck wirkte wie der eines zu Tode Gehetzten, eines Sterbenden; es war wirklich nur noch eine reflexartige Bewegung. Er murmelte ein paar flüchtige Dankesworte. Ich suchte nach einer passenden Antwort; irgend etwas erwiderte ich, wahrscheinlich ›Danke, mein Führer‹.
Dann trat Hitler auf dieselbe Stufe, auf der auch ich stand, um sich den beiden Frauen zuzuwenden. Ich sehe ihn noch heute vor mir, zentimeternah, obwohl die Begegnung insgesamt nur vier, fünf Minuten dauerte ... Es war ein erschütternder Anblick. Das verwüstete Gesicht war gelbgrau wie eine Mondlandschaft. Als Arzt empfand ich Mitleid mit diesem menschlichen Wrack, dem kein Sterblicher mehr helfen konnte. Mit 56 Jahren war Hitler zu einem gelähmten Greis geworden, freilich ohne die Würde des weißen Haars.

Die jüngere der beiden Schwestern, die mit den BDM-Mädchen aus Steglitz in der Reichskanzlei Schutz gesucht hatte, war von dieser Begegnung so aufgewühlt, daß sie weinend, in einer Mischung aus Pathos und Hysterie, ausrief: ‚Mein Führer, bewahren Sie Ihren Glauben an den Endsieg! Führen Sie uns, und wir werden Ihnen folgen!'
Dieser Ausbruch war eine Reaktion auf die Nervenbelastung, der auch die Operationsschwestern in den vergangenen Tagen und Nächten ausgesetzt waren – standen sie doch ständig in einem Durcheinander von stöhnenden Verwundeten, eben Gestorbenen, von amputierten Armen, Beinen, Eingeweiden, die wie Müll in Abfalleimer gestopft wurden und ebenso wie die Toten nur in den spärlichen Feuerpausen nach oben gebracht werden konnten ...

Haase faßte die Schwester am Arm, um sie zu beruhigen, während ihre Worte von der Decke und den Wänden hallend zurückgeworfen wurden. Nun war es totenstill. Dumpf erwiderte Hitler: ›Man soll sich seinem Schicksal nicht feige entziehen wollen.‹ Diese Worte galten nicht einem einzelnen; Hitler wollte nur das Fazit ziehen. Es klang, als ob er in die Ewigkeit hinein oder in den Abgrund hinunter sprach, vor dem er stand. Dann drehte er sich langsam um, gab Haase einen Wink, ihm zu folgen, und schweigend gingen beide langsam durch die von einer Ordonnanz geöffnete Tür in die Privaträume des Führers.«

Aus: Uwe Bahnsen/James P. O'Donnell, Die Katakombe. Das Ende in der Reichskanzlei, 1975.

Eberhard Jäckel

Nähe und Ferne der Hitlerzeit

Die Frage, was denn die Zeitgenossen wußten
oder hätten wissen können,
ist falsch gestellt.
Nicht darum geht es, was sie wußten,
sondern darum, was sie wissen wollten.

Die Hitlerzeit kommt uns näher, je ferner sie rückt. Das ist eine Beobachtung, die wie ein Widerspruch erscheint und sich in Wahrheit doch vielfach belegen läßt. Das Interesse nimmt nicht ab, sondern zu. Die Zahl der Bücher, Filme, Diskussionen und Ausstellungen steigt von Jahr zu Jahr. Was man je nach Einstellung warnend oder abschätzig die Hitler-Wellen genannt hat, bezeichnet in Wirklichkeit eine ständig sich verstärkende Vergegenwärtigung. Eine ganze Generation ist nachgewachsen, die die Hitlerzeit nicht mehr erlebt hat, und doch treibt keine Epoche unserer Geschichte sie mehr um als diese...

War 1945 noch die Annahme verbreitet und vielleicht sogar erlaubt, mit der Beseitigung der Schäden werde auch die Gegenwart jener zwölf Jahre auf die Seite geschafft werden können, so erwies sich danach mehr und mehr, daß sie um so gegenwärtiger wurde, je mehr der zeitliche Abstand zunahm. Was damals Wiederaufbau genannt wurde, konnte und sollte niemals die Wiederherstellung des früheren Zustands sein. Er hätte ohnehin nur Fassaden errichten können, hinter denen fast nichts so gewesen wäre wie früher. In Wahrheit wurde schon insofern ein Neuaufbau angestrebt, als wir unsere Städte ja nicht wie die Polen historisch getreu rekonstruierten, sondern im Gegenteil viele erhaltene Reste freiwillig und bewußt einebneten. Neues Leben sollte aus den Ruinen erwachsen und tat es auch. Wer jedoch glaubte oder hoffte, das neue Leben werde das alte verdrängen, sah sich getäuscht.

Was damals Bewältigung der Vergangenheit genannt wurde, war weithin Verdrängung. Man versuchte, die Last der Geschichte abzuschütteln, Besseres an die Stelle des Schlechten zu setzen, um das Schlechte nicht mehr sehen zu müssen. Der Versuch aber, so emsig er zumal in den fünfziger Jahren betrieben wurde, scheiterte. Je mehr die westdeutsche Gesellschaft verdrängte, um so bedrängender wurde ihr das, was sie verdrängen wollte. Wir versuchten, uns von der Hitlerzeit zu entfernen, und gerade dabei kam sie uns immer näher. Mit jedem Jahr drang sie mehr in das öffentliche Bewußtsein ein. Die Hitlerzeit rückte nicht ferner. Was wir auch taten, sie kam uns näher.

Die Nürnberger Prozesse enthüllten den Deutschen erstmals, welche Verbrechen in ihrem Namen begangen worden waren. Man mochte sich jedoch damit beruhigen, daß die ausländischen Ankläger übertrieben und daß dies einäugige Justiz von Siegern war, die sich auch mancherlei hatten zuschulden kommen lassen. War nicht die Heimatvertreibung von zwölf Millionen Deutschen, begleitet zumal von schrecklichen Ausschreitungen, auch ein ungeheuerliches Verbrechen? Die Bundesregierung ließ eine vielbändige Dokumentation darüber erstellen. So notwendig, so nüchtern, so anständig wie sie war, es folgte ihr eine Dokumentation deutscher Kriegsschäden, über erlittene, wohlgemerkt, nicht über angerichtete, und so steckte in dieser Betriebsamkeit doch wohl auch ein wenig Flucht vor der eigenen Verantwortung.

War nicht ferner der Widerstand gegen Hitler ein immerhin mildernder Umstand? So tapfer und ehrenwert er gewesen war, die Feiern zum 20. Juli gerieten zunehmend zum großen Alibi. Man war doch nicht nur für, sondern auch gegen das Regime gewesen. Man hatte nicht nur verfolgt, man war auch verfolgt worden. Verfolgung und Wi-

In diesen Posen sah sich der selbsternannte »Führer« gern: Beim Abschreiten »seiner« Soldaten und im andächtig lauschenden Kreis seiner ihm kaum widersprechenden Generäle.

derstand lautete die Formel, hinter der die Deutschen Schutz vor ihrer Vergangenheit suchten. Doch der Schutz war brüchig. Hinter den etwa 200 Toten des 20. Juli erschienen die elftausend kriegsgerichtlich oder standrechtlich hingerichteten deutschen Soldaten (in der amerikanischen Armee ist während des Zweiten Weltkrieges ein einziges Todesurteil vollstreckt worden), hinter ihnen die über drei Millionen in deutscher Gefangenschaft umgekommenen sowjetischen Soldaten, hinter ihnen die Polen, die Juden und alle die anderen.

Von vornherein scheiterte jeder Fluchtversuch vor dem Verbrechen an den Juden. Ihnen war ganz und gar willkürlich Unrecht geschehen. Die Bundesregierung fand sich zur Wiedergutmachung bereit. Adenauer und Ben Gurion reichten sich die Hand. Milliarden flossen in den Staat Israel. Entschädigungsgesetze wurden erlassen. Aber wieder zeigte sich, daß damit die Vergangenheit nicht ferner-, sondern näherrückte. Sechs Millionen war eine abstrakte Ziffer gewesen. Anders war der einzelne Fall, der nun in die deutschen Gerichtssäle und von dort in die Berichterstattung der Zeitungen drang. Erst damit wurde das Unrecht anschaulich. Es ging nicht mehr um Zahlen, sondern um Menschen, um einzelne Menschen in ihrer Not und Angst und Verfolgung. Doch sie hatten überlebt. Die Toten drangen noch immer weniger ins Bewußtsein.

Am wenigsten ist bis heute die Art der Tötung ins öffentliche Bewußtsein gedrungen. Gewiß sprach Theodor Heuss schon 1952 im Konzentrationslager Bergen-Belsen von der »Pedanterie des Mordens als schier automatischem Vorgang«. Gewiß kniete Willy Brandt 1970 vor dem Denkmal im Warschauer Getto nieder. Aber es blieb doch wahr, was Arthur Koestler schon 1953 geschrieben hatte: Die volle Wahrheit ist in das Bewußtsein der Nation nicht eingedrungen und wird vermutlich niemals eindringen, weil sie einfach zu furchtbar ist, als daß man ihr offen ins Antlitz blicken könnte ...

Nur zweimal drang das Unheil in das Bewußtsein einer breiteren Öffentlichkeit. Das Tagebuch jenes Frankfurter Mädchens, das aus seiner Heimat erst vertrieben und dann zurückgeholt wurde, um in Bergen-Belsen zu sterben, erzielte 1955 binnen eines Jahres eine Auflage von fast hunderttausend Exemplaren und rührte die Deutschen tief. Doch »Das Tagebuch der Anne Frank« hatte eine bezeichnende und weithin unbekannte Vorgeschichte. Es war schon 1950 im Heidelberger Verlag Lambert Schneider erschienen und, in der Zeit der verdrängenden Bewältigung, fünf Jahre lang fast unbeachtet geblieben. Aber die Verdrängung war vergeblich gewesen. Was man von sich hatte fernhalten wollen, kam schließlich doch nahe.

Noch näher rückte die Vergangenheit, als im Januar 1979 der amerikanische Fernsehfilm »Holocaust« in der Bundesrepublik gesendet wurde. Wieder wurde gepflegte Unwissenheit erschüttert, und die Erschütterung war groß. Wie groß aber die Unwissenheit selbst bei denen war, die es gewiß besser hätten wissen wollen, enthüllte jener unbeachtet gebliebene Übersetzungsfehler, der bei der Synchronisierung unterlief und aus dem Vernichtungslager Belzec das Konzentrationslager Belsen gemacht hatte.

Eine Kleinigkeit, wird man sagen und fragen: War nicht Belsen so schlimm wie Belzec? Vielleicht, und doch steht eben Belzec für die noch immer nicht ins Bewußtsein gedrungene Einzigartigkeit des Verbrechens. Wer Belzec und Belsen nicht unterscheiden kann, macht mehr als einen Übersetzungsfehler. Es gab in jener Zeit, seit 1933, Konzentrationslager, in denen Menschen konzentriert, gequält, gefoltert, geschunden und getötet wurden, und es gab daneben seit 1942 Vernichtungslager, »Killing Centers«, wie Hilberg sie nennt, für Menschen gemachte Schlachthöfe, die aus nichts anderem bestanden als einem Bahnhof, der Gaskammer und einem Krematorium. Niemand außer dem Personal und einigen sogenannten »Arbeitsjuden« verweilte dort länger als ein paar Stunden. Man kam an, wurde selektioniert, entkleidet und getötet.

Die Welt kennt die Namen dieser Lager. Es waren vier, und die Namen lauten Belzec, Chelmno, Sobibor und Treblinka, dazu Auschwitz und Majdanek, die zugleich Konzentrations- und Vernichtungslager waren. Nie zuvor in der Geschichte hat es derartige Schlachthäuser für Menschen gegeben. Ihre Namen sind mit unserer Geschichte, mit unserem Namen so verbunden wie Königgrätz oder Stalingrad, wie Versailles oder Weimar. Wir werden sie lernen müssen, und wir werden sie lernen.

Diese sechs Lager lagen allesamt auf erobertem polnischen Gebiet. Das ermöglicht die abgefeimte Kampagne der leider vielgelesenen *National-Zeitung*, es habe auf deutschem Gebiet keine Gaskammern gegeben, was nicht einmal ganz, aber doch größtenteils wahr ist. Und daher die unanständige Genugtuung jener Schreiber, wenn einer diesen Tatbestand bestätigt. Aber die Teilwahrheit ist nichts als Flucht vor der vollen Wahrheit. Sie ist nur noch ein Rückzugsgefecht. Die Wahrheit wird auch denen noch nahekommen, die sie von sich fernhalten.

Die Kenntnis der Wahrheit wird im übrigen nicht geschenkt, sie wird erworben. Man weiß nur, was man wissen will. Dieser alte Grundsatz gilt auch für die vielerörterte Frage, was denn die Zeitgenossen wußten oder hätten wissen können. Die Frage ist falsch gestellt. Nicht darum geht es, was die Menschen wußten, sondern darum, was sie wissen wollten. Was ich nicht weiß, sagt treffend der Volksmund, macht mich nicht heiß. Das ist in einfacher Wendung dasselbe wie jener Grundsatz der Erkenntnistheorie, die Wahrheit werde nicht geschenkt, sondern erworben. Er gilt für die Gegenwart wie für die Vergangenheit, für die Nähe wie für die Ferne. Auch geschichtliche Kenntnis wird niemandem geschenkt, sie wird erworben.

Nun wird vernünftigerweise niemand erwarten, daß die

Deutschen allesamt Historiker werden müssen. Sie müssen nicht alle im einzelnen wissen, was geschehen ist, und für unsere Demokratie scheint es mir sogar, wie ich gelegentlich gesagt habe, wichtiger, daß zumal die jungen Leute das Grundgesetz besser kennen als die Untaten der Hitlerzeit. Nur, wer von unserer Geschichte überhaupt redet (und das tun ja die meisten von uns), der muß wenigstens in den Grundzügen wissen, was war, er darf es nicht verkennen oder gar verleugnen, und er muß wissen, daß er wissen wollen muß, und dann wird es ihn vielleicht sogar frei machen.

Vernünftigerweise erwartet auch niemand, daß die Deutschen auf alle Zeit gramgebeugt und schuldbewußt im Büßerhemd umherlaufen. Sie und zumal die Jüngeren unter ihnen dürfen und sollen aufrecht gehen. Ich für meinen Teil halte wenig von dem bei uns verbreiteten Philosemitismus aus schlechtem Gewissen, weil er doch in, zugegeben, etwas besserer Gestalt ein ebensolches Kollektivurteil wie der Antisemitismus ist. Wir sollen die Juden als Juden ebensowenig lieben wie hassen. Wir sollen sie als Menschen ansehen, die liebenswerten unter ihnen lieben, die verächtlichen verachten und, wenn wir es denn mit unserem Glauben vereinbaren können, die hassenswerten sogar hassen. Als ich vor Jahren mit jüdischen Freunden bei einem Kollegen eingeladen war, sagte er hinterher zu mir: Warum haben Sie mir nicht gesagt, daß sie Juden sind! Dann wäre ich doch viel netter zu ihnen gewesen. Indiskreterweise habe ich diese Äußerung meinen Freunden mitgeteilt, und wir verständigten uns auf das, was wir den nur graduellen Unterschied von Anti- und Philosemitismus nannten.

Frei und unverklemmt, das will ich sagen, dürfen wir also sein, aber nur dann, wenn wir nicht unwissend sind. Unfrei sind wir, solange wir der Wahrheit aus dem Wege gehen, und wir werden frei und dürfen es sein, wenn wir ihr offen ins Antlitz blicken, und das wiederum, ich sage es noch einmal, setzt voraus, daß wir uns um die Wahrheit bemühen.

Wie aber nähern wir uns jener Zeit, die sich nicht entfernen will? Wie gewinnen wir Zugang zu ihr? Vielleicht sollten wir in der Nähe anfangen...

Stadtgeschichte spiegelt die Ferne in der Nähe, die Haupt- und Staatsaktionen auf dem eigenen Markt, und insofern Geschichte von Menschen gemacht wird, kommt Geschichte auch aus den Städten und Dörfern. Jedenfalls wird sie dort erlebt, genossen oder erlitten. Sie wird sich dort nicht immer erklären, aber besser greifen lassen ... Stadtgeschichte sollte nach meinem Verständnis nicht von der Stadtverwaltung geschrieben werden. Stadtverwaltungen sollen verwalten und nicht Geschichte schreiben. Das ist nicht ihre Aufgabe, und wenn sie es trotzdem tun, geraten sie in Gefahr, dem Bürger vorzuschreiben, was er von der Geschichte seiner Stadt zu wissen und zu halten hat. Amtliche Geschichtsschreibung ist obrigkeitliche Geschichtsschreibung und birgt immer die Gefahr einer Einschränkung der Meinungsfreiheit. Auch ein Gemeinderat kann, schon wegen seiner vielfältigen Zusammensetzung, nicht Geschichte schreiben. Er kann beschließen, was sein soll. Er kann nicht beschließen, was war und wie es dargestellt werden soll. Geschichte ist nicht mehrheitsfähig.
Dies heißt aber andererseits auch, daß die Bürger die Stadtgeschichte pflegen müssen. Sie sollen sie nicht von der Stadtverwaltung erwarten, um sie dann kritisieren zu können. Sie sollen sie selbst in die Hand nehmen. Die Stadtverwaltung mag die Stadtgeschichte fördern und unterstützen. Schreiben müssen sie die Bürger. Mit anderen Worten: Stadtgeschichte muß frei sein, und sie ist es. Das Grundgesetz ist auch in dieser Hinsicht ein großes Angebot. Nur muß der Bürger auch Gebrauch davon machen. Wir haben viel Fortschritt gemacht im Gebrauch der Freiheit. Unsere Bürger ergreifen vielfach die Initiative, gegen Untertunnelungen und Straßenbau, für mehr Bäume und bessere Luft. Auch Stadtgeschichte ist kein Vorrecht der Obrigkeit. Sie ist frei und wartet auf die Initiative der Bürger. Es wäre gut, wenn sie von der Freiheit zur Stadtgeschichte, nicht zuletzt über die Hitlerzeit, vielfältigen Gebrauch machten.
Denn Vielfalt ist das Unterpfand der Freiheit. Eine Chronik ist besser als gar keine, aber zwei sind besser als eine. Eine Stadtgeschichte ist gut, aber zwei oder drei und vier sind besser. Wir haben ja auch nicht nur eine württembergische oder deutsche Geschichte, sondern viele, und doch erscheinen immer neue. Auch Stadtgeschichte ist ein weites Feld, auf dem tausend Blumen blühen können und sollen.

Geschichte ist die nie endende Vergegenwärtigung des Vergangenen. Das gilt von jeder Epoche, in besonderem Maße aber von der Hitlerzeit. Wenn ich oben erklärte, daß sie uns um so näher käme, je weiter sie in die Vergangenheit rückte, dann meinte ich damit auch, daß wir sie uns vergegenwärtigen müssen, um uns von ihrem Bann zu lösen. Verdrängung führt früher oder später zu Bedrängung. Die Hitlerzeit ist nicht zuletzt deswegen von so bedrängender Nähe, weil wir sie in die Ferne abdrängen wollten. Sie entfernt sich nur dann, wenn wir uns ihr nähern. 1982

Aus: Eberhard Jäckel, Umgang mit der Vergangenheit. Beiträge zur Geschichte, 1989.

Wachwechsel im Weißen Haus

Truman beerbt Roosevelt

Am 12. April erschütterte die USA eine Nachricht, die alle militärischen Erfolge für einen kurzen Augenblick in den Hintergrund drängte. Es war der Tag, an dem die 9. US-Armee in Deutschland die Elbe überquerte und im Pazifik mit der Eroberung Okinawas die entscheidende Phase im Kampf gegen Japan begann. Doch die Erfolge der GI's an den Fronten in Europa und Asien nahm an jenem Donnerstag in Amerika kaum jemand wahr. Franklin D. Roosevelt, der 32. Präsident der Vereinigten Staaten von Amerika, erlag am 12. April 1945 den Folgen eines Gehirnschlags. Ein Präsident der Superlative, eine Schlüsselfigur des 20. Jahrhunderts war tot. Der Schock saß tief. Trauer lähmte die Nation.

Verlustliste, Heer und Marine
Washington, 13. April 1945. Es folgen die letzten Verluste unserer Streitkräfte und die nächsten Verwandten der Gefallenen:
Tote des Heeres und der Marine
ROOSEVELT, Franklin D., Oberbefehlshaber. Ehefrau Mrs. Anna Eleanor Roosevelt, Weißes Haus.

»F.D.R« hatte die letzten Tage in seinem Winterdomizil in Warm Springs, Georgia, verbracht. Es war ein warmer Frühlingstag, und die wilden Veilchen blühten, als Roosevelt gegen Mittag der Malerin Elisabeth Shoumatoff Modell saß. Während sie hinter der Staffelei letzte Hand an das Porträt in Öl anlegte, arbeitete der Präsident an seiner Rede für die Gründungskonferenz der Vereinten Nationen am 25. April in San Francisco. Gerade hatte er sich eine Zigarette angezündet, als die Malerin bemerkte, wie sich der 63jährige an die Schläfe griff. Seiner Cousine Daisy Suckley hauchte er mit kraftloser Stimme ins Ohr: »Ich habe furchtbare Kopfschmerzen.« Dann verlor Franklin D. Roosevelt das Bewußtsein.

Die Ereignisse überschlugen sich. Daisy Suckley rief aufgeregt einen Arzt herbei. Elisabeth Shoumatoff stürzte aus dem Haus, um Hilfe zu holen. Und auch Roosevelts heimliche Geliebte Lucy Rutherfurd war in Eile – allerdings aus einem anderen Grund. Unter keinen Umständen durfte die Präsidentengattin Eleanor Roosevelt von ihrer Anwesenheit erfahren. Als endlich ein Arzt eintraf, saß Roosevelt zusammengesunken in seinem Sessel. Der Atem setzte aus und kam rasselnd wieder. Sein Hals war starr, der Blutdruck enorm hoch, das linke Auge unnatürlich geweitet. Später stellte sich heraus, daß eine Arterie im Hirn des Präsidenten geplatzt war. Ein Spezialist, der an Roosevelts Totenbett gerufen wurde, berichtete: »Der Präsident lag im Sterben, als ich ankam. Er war von kaltem Schweiß bedeckt, aschgrau und atmete mühsam. Nach fünf Minuten gab er kein Lebenszeichen mehr von sich. Es war 15.35 Uhr.«

Eleanor Roosevelt erfuhr vom Tod ihres Mannes in Washington, wo sie an diesem Tag einen Vortrag hielt. Die amerikanische Presse zitierte die erste Reaktion der First Lady: »Meine Trauer für das amerikanische Volk und für die Welt ist größer als meine persönliche Trauer.«

Erschütterung in den USA nach dem Tod Präsident Roosevelts.

Schöne Worte nicht ohne einen doppeldeutigen Unterton, nur gesagt hat sie die Präsidentengattin nie. Sie entstammten der Phantasie eines Pressesprechers.

Mit dem Tod ihres 32. Präsidenten verloren die Amerikaner einen der großen Visionäre dieses Jahrhunderts. Innenpolitisch wollte er mit seiner »New Deal«-Politik die Gesellschaft der Vereinigten Staaten reformieren. In der Weltwirtschaftskrise sollte mit staatlichen Eingriffen die Konjunktur belebt und soziale Sicherheit für alle geschaffen werden. Eine freilich heißumkämpfte Politik, die bis zum Kriegseintritt der USA keine Besserung der inneren Probleme brachte. Erst als die Rüstung auf Hochtouren lief, kam der langersehnte Aufschwung.

Harry S. Truman, der neue Präsident der Vereinigten Staaten, leistet den Amtseid auf die Verfassung. Rechts Bundesrichter Harlan Fisk, in der Mitte Trumans Ehefrau.

In der Außenpolitik setzte der Präsident gegen große Widerstände im Kongreß eine aktive Rolle Amerikas in der Weltpolitik durch. Nach der Machtergreifung Hitlers befürchteten viele, amerikanische Soldaten würden erneut in einem fernen Krieg ihr Leben lassen müssen. Doch Roosevelt erkannte, daß ein neutrales Amerika niemandem mehr nutzte als den Diktatoren. Schon bevor der deutsche Tyrann halb Europa erobert hatte, standen die USA de facto im Krieg mit dem Deutschen Reich. Als Adolf Hitler schließlich selbst der größten Wirtschaftsmacht der Welt den Krieg erklärte, war es nur noch eine Frage der Zeit, bis sein »Drittes Reich« in Trümmern lag.

Mit Stalin suchte Roosevelt stets den Ausgleich und bemühte sich, die Sowjetunion in sein Konzept eines weltweiten Sicherheitssystems einzubinden. Noch kurz vor seinem Tod schien der entscheidende Schritt auf dem Weg zur Verwirklichung seines Traums, der »Vereinten Nationen«, gelungen zu sein: Der Kreml stimmte dem Konzept der UNO zu. Roosevelt, schon von Krankheit gezeichnet, frohlockte, der Weltfrieden sei jetzt wohl für »sagen wir: 50 Jahre« gesichert. Doch die Vereinten Nationen, die vor allem sein Werk waren, erfüllten die in sie gesetzten Hoffnungen nur zum Teil. Zu sehr litten sie unter der Blockadepolitik im Zeichen des Kalten Krieges, denn Stalin hatte – als geschickter Taktiker, der er war – das Vetorecht der im Sicherheitsrat vertretenen Großmächte durchgesetzt.

Aus der Antrittsrede Trumans am 16.4.

Damit es keine Möglichkeiten für Mißverständnisse gibt, können sowohl Deutschland wie Japan sicher sein, daß Amerika über jeden Schatten eines Zweifels hinaus den Kampf für die Freiheit fortsetzen wird, bis auch nicht die geringste Spur eines Widerstandes übriggeblieben ist. Wir wissen ... um die Tatsache, daß noch ... schwere Kämpfe bevorstehen. Aber Amerika, das einen so hohen Preis zu bezahlen hat, um den vollständigen Sieg sicherzustellen, wird niemals an irgendeinem Plan teilnehmen, der einen Teilsieg bezweckt. Eine Beilegung des Konfliktes, die lediglich eine weitere zeitweise Ruhepause bringt, würde mit Bestimmtheit die Sicherheit der gesamten Welt aufs Spiel setzen. Wir wollen mit den Friedensbrechern nicht über Friedensbedingungen rechten. Unsere Forderung war und bleibt bedingungslose Übergabe.

Roosevelts Tod rückte einen Mann ins Licht der Weltöffentlichkeit, der selbst in den USA ein weitgehend unbeschriebenes Blatt war: Harry S. Truman, der »Senator aus Missouri«. Er war nur deshalb Vizepräsident geworden, weil die verschiedenen Flügel der demokratischen Partei sich auf keinen ihrer prominenten Politiker hatten einigen können. In seiner ersten Pressekonferenz als Präsident sagte er lakonisch: »Wenn Sie überhaupt beten, dann beten Sie für mich.« Nicht nur Truman selbst zweifelte wohl daran, ob er in den entscheidenden Monaten, in denen die Siegermächte die politischen Weichen für die Welt nach dem Krieg stellen würden, der richtige Mann an der Spitze der Weltmacht Nummer Eins sein würde.

Doch der ehemalige Krawattenverkäufer begegnete Spöttern und Zweiflern mit Entschlossenheit. Daß dabei die visionäre Weitsicht und das diplomatische Feingefühl seines großen Vorgängers auf der Strecke blieben, kümmerte ihn nicht. Der rasche Bruch der leidlich guten Zusammenarbeit mit dem Kreml widersprach genauso dem politischen Vermächtnis Roosevelts wie der Abwurf der zweiten Atombombe auf Nagasaki, der – nur drei Tage nach dem ersten nuklearen Massentod in Hiroshima – der japanischen Regierung keine Zeit für eine Reaktion auf die erste Bombe einräumte. Bei allem politischen Porzellan aber, daß Truman zu Beginn seiner Amtszeit zerschlug, stellte er doch entscheidende Weichen für die Nachkriegszeit: Die Geburtsstunde der Vereinten Nationen gehört wie auch die Entscheidung für einen stabilen deutschen Weststaat zu den nachhaltigen Ergebnissen der Politik des 33. US-Präsidenten.

Holger Hillesheim

Klaus Harpprecht

Der fremde Freund

Als sein fremder Partner in der Geschichte, der Diktator in Berlin, mit dem Bruch des Münchner Abkommens und dem Einmarsch in Prag seinen Willen zum Krieg demonstrierte, begann die Administration in Washington behutsam mit dem Aufbau der Rüstungsmaschine. Der Präsident, auf sein soziales Experiment konzentriert, hatte zuvor in der Außenpolitik kaum Profil gesucht. Der Tradition des Landes gemäß beugte er sich dem Wunsch, die Neutralität gesetzlich zu sichern. Die Tyrannen in Deutschland und Italien waren seiner Abneigung gewiß. Er verurteilte sie härter als andere demokratische Zeitgenossen, da er selber unter dem Druck der Not die Autorität der Rechtsstaatlichkeit und der demokratischen Konventionen bis an die Grenzen des Zulässigen erprobt hatte. Er mußte sich ohne die massiven Machtmittel behaupten, mit denen die Kraftmeier in den braunen und schwarzen Uniformen ihre Probleme, wenigstens für den Augenblick, aus der Welt zu schaffen schienen. Er beobachtete ihre Unternehmungen voller Mißtrauen. Er spürte, daß sie die Welt einer Krise zutrieben, von der die Vereinigten Staaten schließlich mitbetroffen sein würden.

Erlebte den Sieg über Hitler nicht mehr: Franklin D. Roosevelt, seit 1933 Präsident der USA.

Er wartete lange, bis er die eigenen Skrupel übersprang. Sein Zögern mochte auch schlau sein. Es war gewiß realistisch. Das Land war, nach den desillusionierenden Erfahrungen Wilsons in Versailles, so rasch nicht wieder bereit, sich in neue Welthändel zu verstricken. Der Isolationismus entsprach ebenso seiner Natur wie der demokratische Missionsdrang. Es war überdies völlig von seinen immensen Wirtschafts- und Sozialproblemen okkupiert. Europäische Konflikte schrumpften, aus dem Abstand von dreitausend Meilen betrachtet, rasch zusammen. Die Gefahren und auch die Leiden verloren in der Entfernung ihre bedrohliche Unmittelbarkeit.

Am Spanischen Bürgerkrieg hatte sich die verletzliche Phantasie einer intellektuellen Elite Amerikas entzündet. Ihr Idol, der Präsident, aber sah dem Sterben der Republik eher gelassen zu. Er erkannte das Regime Francos ohne Zeitverlust an. Seine Sympathien für Großbritannien waren vererbt. Frankreich hatte er während seiner Inspektionsreisen im Ersten Weltkrieg zu respektieren gelernt – wenigstens bis zu den närrischen Auseinandersetzungen mit de Gaulle. Er verehrte die transatlantische Schwesternation mit der üblichen Naivität des gebildeten Sohnes eines zivilisierten amerikanischen Hauses. An Deutschland knüpfte er vor allem Erinnerungen an die Erholungsreisen der Eltern nach Bad Nauheim.

Seine Kenntnis der Welt war breit, doch sie konnte kaum intim genannt werden. Es fehlte ihr die Tiefe. Roosevelt verfügte auch nicht über den strategischen Instinkt, mit dem Hitler seine Generale und sein Volk behexte. In militärischen Kategorien dachte er ungern, trotz seiner Begeisterung für See und Flotte. Glaubte er im Ernst, moralische Appelle seien genug, dem ruchlosen Phantasten in Berlin und seinen depressiven Neigungen zu Mord und Selbstmord in den Arm fallen zu können? Amerika hätte vielleicht über die Macht verfügt, die Schwäche seiner kontinentalen Verbündeten rechtzeitig auszugleichen und so die Katastrophe zu verhindern. Aber sollten die Vereinigten Staaten mehr riskieren als Frankreich und England, die von Hitler gelähmt waren? Der Isolationismus, durch den anhaltenden Katzenjammer nach dem ersten europäischen Engagement bestärkt, blokkierte zunächst jeden Gedanken an eine Intervention. Der Präsident wollte überdies freie Hand für sein Reformwerk behalten.

Er verstand zum anderen nicht, daß der deutsche Diktator Neutralität für eine Konstitutionsschwäche und eine degenerierte Erkrankung des Willens hielt. Hitler war davon überzeugt, daß Amerika – dessen Reserven er abzuschätzen vermochte – seine Kräfte erst zusammenraffen würde, wenn er in Europa »aufgeräumt« hätte: unangreifbar auf dem alten Kontinent und jeder Herausforderung in anderen Winkeln der Welt gewachsen.

Aber auch Roosevelts Vorstellungskraft reichte nicht aus, die Welt mit den Ellen der anderen zu messen. Der amerikanische Großbürger war nicht in der Lage, die Mentalität eines entwurzelten und von Ressentiments zerfressenen deutsch-österreichischen Kleinbürgers zu durchschauen. Auch seine Fahrlässigkeit im Umgang mit dem roten Zaren, den er mit der Burschikosität eines Harvard-Elegants und Regattenseglers »Onkel Joe« zu nennen pflegte, erklärte sich am Ende aus seiner Unfähigkeit, über die soziale Dimension der eigenen Herkunft hinauszudenken. Er war vermutlich zu der Annahme geneigt, daß sich in Stalin ein Gentleman verberge. Das war ein Irrtum. Es wollte ihm nicht in den Kopf, daß Russen nicht wie Amerikaner sind. War denn nicht jeder aufgeklärte Mensch dazu bestimmt, amerikanisch zu fühlen, zu denken und zu handeln, sofern er sich nicht wie der deutsche Diktator und sein Anhang allen Geboten der Vernunft und der Menschlichkeit entzog?

Franklin Roosevelts imperiale Verantwortung, die er im Krieg schließlich ganz selbstverständlich wie den Mantel des Vetters Theodore über die Schultern nahm, war von ei-

Eine der wichtigsten Entscheidungen während seiner langen Amtszeit: Roosevelt unterzeichnet am 11. Dezember 1941 die Kriegserklärung an das Deutsche Reich.

ner höheren Unschuld. Sie vereinigte sich aufs natürlichste mit dem antikolonialistischen Pathos, das aus dem revolutionären Erbe Amerikas stammte. Während General Marshall das gewaltige Kriegsinstrument zur Rettung Großbritanniens organisierte, wollte sich der Präsident die Auflösung des Empire versprechen lassen. Die leidende Mutternation auf der bedrohten Insel war ihm dieses Zugeständnis schuldig. Daß die Entlassung der Völker des Weltreiches in eine souveräne Existenz den Interessen Amerikas an einem neuen Weltgleichgewicht entgegenkommen würde, ergab sich gewissermaßen aus der Gerechtigkeit des moralischen Auftrags.

Das Konzept der Vereinten Nationen schien eine Art Garantie für die mentale Amerikanisierung der Völker zu bieten - Produkt jener universalen Aufklärung, in der man das Ziel des Amerikanismus erkennen darf. In dem System der harmonischen Koexistenz zwischen den Großen, denen die erleuchtete Führung der Völker anvertraut war, und den vielen Kleinen, von denen man Wohlverhalten erwartete, war für die Bösewichter kein Platz. Darum durfte der Georgier, dem der alte und kranke Roosevelt dann schließlich doch mit wachsendem Mißtrauen auf die Finger schaute, kein ganz schlechter Kerl sein. Den Widerstand der Japaner würde die Atombombe brechen, die auf Roosevelts klare Weisung konstruiert wurde, trotz der Bedenken und Skrupel der Professoren. Den finsteren Verschwörer, der sich inzwischen in der Höhle seines Bunkers unter der Reichskanzlei verschanzt hatte, würde ohnedies bald der Teufel holen.

Haßte er Hitler? Vielleicht. Roosevelt nahm ihn eher aus sehr weiter Ferne, als ein fremdes Wesen, als den ganz anderen, den Gegenmenschen wahr. Der deutsche Diktator aber spürte insgeheim die Überlegenheit des Amerikaners, der kein Herrenmensch, sondern ein Herr war, und sie alarmierte seine unerschöpflichen Reserven an inferioren Emotionen. Roosevelt war der Feind, wie Elias Canetti präzis erkannte, mehr noch als Winston Churchill, dessen exzentrische Humanität und ziviler Heroismus Hitler vor allem verwirrten.

Der Präsident starb 19 Tage, bevor sich der Großmörder die Kugel durch den Kopf schoß. Der Tod des Widersachers war Hitlers letzter, aberwitziger Triumph. Die Illusion währte nicht lange. Roosevelts Tod brachte nicht die Wende. Das Wunder blieb aus. Die Verknüpfung der Geschicke hatte sich gelöst.

Hitler hinterließ nichts als Trümmer und Verzweiflung, Elend und Schuld. Roosevelt hinterließ ein Imperium. Er prägte das Bild der »charismatischen« Präsidentschaft, an dem jeder der Nachfolger gemessen wurde, oft zu seinem Unglück...

Der große Mann ließ den folgenden Generationen die Hoffnung zurück, aus der seine Präsidentschaft ihre Dynamik schöpfte. In Clifford Odets' Drama vom Verfall einer bürgerlichen Familie, das den Titel »Verlorenes Paradies« trägt, schrieb Franklin Roosevelt gleichsam den Schlußmonolog mit: »Die Vergangenheit war ein Traum. Doch... überall erheben sich jetzt Menschen aus ihrem Schlaf... Menschen fangen an, die bittere schwarze Summe ihres Lebens zu verstehen. Sie werden ein Ozean des Verständnisses. Ich sage dir, die ganze Welt ist dazu da, von den Menschen in Besitz genommen zu werden. Herzensqual und Angst sind nicht das Erbe der Menschheit. Die Welt ist schön. Es gibt keine Bäume, deren Früchte verboten sind. Die Menschen werden bei ihrer Arbeit singen. Die Menschen werden lieben. Es ist der Morgen der Welt – und keiner kämpft allein... Laßt Luft herein. Macht das Fenster auf.«

Das waren Worte, in denen sich der Geist der Epoche pathetisch verklärte. Das war, im Zeitalter Franklin Roosevelts, der Glaube Amerikas. Er kehrte mit der Präsidentschaft John F. Kennedys wieder, nüchterner, intelligenter, gespannter. Er ist mit Kennedys gewaltsamen Tod ein anderes Mal zerbrochen. Vielleicht erfährt er eine nächste Renaissance. Dieser Geist ist so alt, wie es die Vereinigten Staaten sind.

Aus: Klaus Harpprecht, Der fremde Freund. Amerika: Eine innere Geschichte, 1982.

Händedruck der Sieger

Das Treffen von Torgau

»Ich spürte einfach die Verlockung, mit den Russen zusammenzutreffen, und ich wollte es auf einen Versuch ankommen lassen« – obwohl es den Befehl gab, unter keinen Umständen bis zur Elbe vorzurücken. Leutnant Bill Robertson von der 69. Division der 1. US Armee hatte sich in den Kopf gesetzt, so bald wie möglich den sowjetischen Waffenbrüdern zu begegnen und ihnen die Hände zu reichen. Endlich würde dieser schreckliche Krieg für ihn und seine Kameraden vorüber sein.

Die Befehlshaber der beiden Großmächte hatten vereinbart, daß die US-Armee nicht bis zur Elbe vorrückt und daß eine Pufferzone gebildet wird, damit es nicht versehentlich zu Feuergefechten zwischen GI's und Rotarmisten kommt. Doch der Vormarsch der US-Truppen wurde auch aus einem anderen Grund gestoppt. 'Große Politik' war mit im Spiel. Längst standen die Grenzlinien der künftigen Besatzungszonen fest. Um die Russen nicht vor den Kopf zu stoßen, trat General Eisenhower auf die Bremse. Schon am 20. April waren seine Truppen in Magdeburg und Leipzig eingerückt. Bei Lauenburg hatten die Briten die Elbe überschritten und weite Teile von West-Mecklenburg besetzt. Der britische Oberbefehlshaber, Feldmarschall Montgomery, wäre gern weitermarschiert, Richtung Berlin, doch Eisenhowers »No« war unwiderruflich. Der General beorderte sogar US-Einheiten wieder zurück. Die Sowjets wollten selbst die Reichshauptsstadt erobern – das Zentrum des »Hitler-Faschismus«, sie beanspruchten Berlin als ihre Siegesbeute. Gleichzeitig drangen sie bis zur Elbe vor. Denn sie markierte auch die Grenze der alliierten Einflußzonen, dort wollten sich die Generale beider Armeen zu einem offiziell verabredeten Zeitpunkt die Hände reichen – zum Ruhme der Anti-Hitler-Koalition. Doch es sollte anders kommen.

Nachdem die Bataillone der 69. US Division auf der Höhe von Torgau Stellung bezogen hatten, machten sich drei US-Patrouillen auf den Weg, um in Erfahrung bringen, wie es um die Lage der Flüchtlinge in der Gegend bestellt war. Tausende Deutsche aus den Ostgebieten flohen vor der heranrückenden Roten Armee. Eine der Patrouillen wurde von Bill Robertson angeführt.

Von flüchtenden deutschen Soldaten erfuhren die GI's, daß die Rote Armee mit der Eroberung Torgaus begonnen hatte. Die Patrouille setzte ihre Fahrt dennoch fort – befehlswidrig. Immer lauter wurden die Kampfgeräusche, dann verstummten die Waffen – plötzlich lag

Ein historischer Händedruck: Der Handschlag zwischen amerikanischen und russischen Soldaten an der Elbe markiert den symbolischen Höhepunkt des gemeinsamen Kampfes gegen Hitler.

sie vor ihnen, die Brücke von Torgau, beschädigt, aber noch begehbar.

»Wir waren sehr aufgeregt und wollten auf uns aufmerksam machen, aber so, daß uns die Sowjets nicht für Deutsche hielten.« Bill Robertson war zum Rendezvous mit den Russen fest entschlossen. Der Turm von Schloß Hartenfels (am Westufer der Elbe auf Höhe der Brücke) bot sich als Aussichtsposten an. Von dort aus wollte der US-Leutnant Zeichen geben. Ein Laken wurde mit roter und blauer Farbe bemalt: »stars and stripes« auf weißem Untergrund. Die Sowjets antworteten erst einmal mit MG-Feuer und Kanonen. Die GI's mußten sich etwas anderes einfallen lassen. Ein aus deutscher Gefangenschaft befreiter sowjetischer Soldat schrie über den Fluß »Amerikanski«, »Amerikanski« – und er fand Gehör. Auf der anderen Seite tastete sich nun ein junger Leutnant der Sowjetarmee zur Mitte der Brücke vor. Sein Name: Alexander Silwaschko. Und dann dauerte es nur noch wenige Minuten, bis es zu dem historischen Moment kam, zum Händedruck der Sieger über den Trümmern der Brücke von Torgau, am 25. April 1945. »Es war ein Gefühl der Befreiung, endlich war die Zeit für den Frieden reif«, erinnert sich Leutnant a. D. Silwaschko.

Während sich die einfachen Soldaten beider Seiten verbrüdern, schütteln sich die Kommandeure etwas steif die Hände. Generalmajor Reinhardt (l.) und Generalmajor Russakow.

Für jenen schicksalhaften Augenblick steht ein Bild, das um die Welt ging, das Foto von dem »Händedruck«. Ausdrucksvoll wie kein anderes symbolisiert es das Ende des Zweiten Weltkriegs in Europa, aber es ist auch Sinnbild für die Teilung Deutschlands durch die Siegermächte. Das berühmte Fote zeigt übrigens nicht den ersten Händedruck von Torgau; es entstand einen Tag später – nachgestellt.

Die echten Helden feierten das Ereignis noch am gleichen Tag – mit Wodka, Sekt und Schnaps in Hülle und Fülle. »Viel geredet haben wir nicht, dafür umso mehr gesungen. Bill Robertson lud Alexander Silwaschko und andere sowjetische Offiziere ein, ihn zu seiner Einheit zu begleiten. Dort ging das Feiern weiter – doch diesmal ohne Leutnant Robertson. Nachdem er Silwaschko und seine Begleiter der Obhut höherer Dienstgrade anvertraut hatte, bekam er den geballten Zorn seiner Vorgesetzten zu spüren und wurde unter Arrest gestellt. US-General Reinhardt war verärgert über die eigenwillige Expedition der Patrouille. Sie hätte den Radius von fünf Meilen nicht überschreiten dürfen. Auch andere Gruppen hatten sich nicht an seine Weisung gehalten; ihnen allesamt drohte nun eine Ladung vor das Kriegsgericht.

Aber Robertson hatte Glück. Vom Korps-Kommandeur General Hoggis wird berichtet, er habe euphorisch auf die Nachricht aus Torgau reagiert. Und als der Oberkommandierende Dwight D. Eisenhower davon erfuhr, gab es kein Halten mehr: »Laßt sie sofort raus!« – Und so wendete sich das Blatt. »Plötzlich wurde die Tür geöffnet«, erinnert sich Robertson, »Scharen von Presseleuten standen schon bereit, um mich auszufragen«.

Es war der Weltöffentlichkeit nicht zuzumuten, daß die Helden von Torgau hinter Gittern saßen. Die Begegnung zwischen Robertsons Patrouille und Silwaschkos Vorposten wurde von den Oberbefehlshabern der Alliierten offiziell zum 'ersten Zusammentreffen' erklärt. Die US-Truppenzeitung *Stars and Stripes* posaunte die frohe Nachricht mit der Schlagzeile »Yanks meet Reds« (Yankees treffen auf die Roten) in die Welt hinaus. Aber es war gar nicht das erste Treffen gewesen. Schon Stunden vor Bill Robertson hatte Leutnant Albert Kotzebue (ein Urenkel des deutschen Dramatikers aus dem 19. Jahrhundert) am Westufer der Elbe in der Nähe des Städtchens Strehla eine Begegnung mit sowjetischen Soldaten gehabt. Mit einem Boot setzte die US- Patrouille über den Fluß, kehrte aber erst am kommenden Tag wieder zurück. Die Nacht verbrachten die US-Boys bei den Sowjets. Das brachte sie um ihren Ruhm.

Die ganze Welt sprach nun von Torgau. Am 26. April fand dort auf den Elbwiesen die offizielle Feier statt. Es herrschte Harmonie zwischen »Yanks and reds«, als sei die Allianz durch nichts zu erschüttern. Hinzu kam, daß am Tag des ersten Elbe-Treffens in San Francisco zum erstenmal die Vereinten Nationen tagten. Eine neue Weltordnung ohne Krieg zu schaffen, lautete der Auftrag der frisch gegründeten Völkergemeinschaft.

War vom aufkommenden Kalten Krieg noch nichts zu spüren? »Damals jedenfalls hatten wir noch keine düsteren Vorahnungen«, meint Bill Robertson, »die Sowjets waren unsere Waffenbrüder; gemeinsam hatten wir gegen Hitlerdeutschland gekämpft und Europa befreit. Nun war Frieden in Sicht; wir wollten alle so schnell wie möglich nach Hause, das ging den Sowjets ebenso wie uns«. *Stefan Brauburger*

Bis zum bitteren Ende

Die Sowjets in der Reichshauptstadt

»Das wird ein Frühling ohne Ende...« – der neueste Schlager im März 1945 war in Berlin so beliebt wie nirgends sonst in Deutschland. In den Trümmern der Reichshauptstadt herrschte gespenstische Normalität. Kinos, Theater und sogar der Park des Tiergartens waren täglich überfüllt. Briefträger stellten die Post zu, U- und S-Bahnen verkehrten regelmäßig, und die Berliner Philharmoniker gaben Abend für Abend Konzerte. In den eleganten Bars und feinen Restaurants der Stadt wurden rauschende Feste gefeiert. Nach mehr als fünf Jahren Krieg reagierten die Menschen der Metropole, die Hitler zur »Welthauptstadt Germania« ausbauen wollte, mit abgestumpfter Gleichgültigkeit auf die täglichen Bilder des Schreckens: auf die verkohlten Bombenopfer, die in der noch unzerstörten Sporthalle aufgebahrt wurden; auf die jämmerlichen Flüchtlingstrecks, die in Berlin trotz ausdrücklichen Verbots Zuflucht suchten; auf die Verwundetentransporte, die in den Bahnhöfen Halt machten.

Wer die Augen vor der Wirklichkeit nicht verschloß, wußte, daß der Untergang Deutschlands unmittelbar bevorstand. Seit Anfang Februar stand die Rote Armee nur noch 70 Kilometer von der Hauptstadt entfernt. Jeder Tag konnte der letzte sein, stündlich konnte ein Bombenangriff den Tod bringen. Doch viele Berliner begegneten dem ungewissen Schicksal mit Galgenhumor – und feierten getreu dem zynischen Motto: »Genießt den Krieg, der Frieden wird fürchterlich!« Der Alkohol floß in Strömen; auf dem Schwarzmarkt florierte der Handel mit Delikatessen und erlesenen Weinen. Tausende Frauen und Mädchen boten an den Straßenecken ihre Liebesdienste feil. Der »Sicherheitsdienst« der SS registrierte besorgt das rapide Anwachsen »unmoralischen Verhaltens deutscher Frauen«. Auch mit dem Strafgesetzbuch nahmen es viele nicht mehr so genau: Der wachsenden Zahl von Diebstählen und Betrugsdelikten wurde die Polizei nicht mehr Herr.

Der Kampf um Berlin in seiner letzten Phase. Iljuschin-Maschinen unterstützen sowjetische Bodentruppen.

Das Regime antwortete auf den Verfall von Disziplin und Moral mit brutaler Härte. Als aufgebrachte Bürger in Köpenick nach einer Kürzung der Brotration die Bäckerläden stürmten, befahl Goebbels hartes Durchgreifen gegen die Rädelsführer. »Die beiden zum Tode Verurteilten lasse ich noch in der Nacht enthaupten«, trug er zufrieden in sein Tagebuch ein. Seine Propaganda beschwor unablässig die Wende des Krieges. »Wunderwaffen« sollten den »Endsieg« herbeiführen. Zwar tauchten an den Ruinen jetzt immer häufiger Losungen von Hitler-Gegnern auf, doch allzuviele Deutsche, nicht nur in Berlin, schenkten Goebbels' perfiden Parolen mehr Glauben. »Unsere Mauern brachen, unsere Herzen nicht« – das zynische Motto auf Spruchbändern und Plakaten kündigte an, daß Berlin tatsächlich bis zuletzt erbittert verteidigt werden würde.

Am 16. April endete das bange Warten auf die letzte Offensive der Roten Armee. Aus dem Oderbrückenkopf bei Küstrin stürmten die Heeresgruppen der Marschälle Schukow und Konjew auf die Reichshauptstadt zu. Die entkräftete Wehrmacht leistete noch einmal erbitterten Widerstand. Allein während der Schlacht um die Seelower Höhen westlich von Küstrin fielen in wenigen Tagen mehr als 20000 sowjetische und

Der Panzerbär
Lesen und weitergeben!
27. April 1945
KAMPFBLATT FÜR DIE VERTEIDIGER GROSS-BERLINS
Bollwerk gegen den Bolschewismus
Berlin: Massengrab für Sowjetpanzer
Rundfunkansprache von Staatssekretär Dr. Naumann
Berlin kämpft für das Reich und Europa

mindestens ebenso viele deutsche Soldaten. Doch am 21. April, einen Tag nach »Führers Geburtstag«, wurden die ersten russischen Panzer an der Stadtgrenze von Berlin gemeldet. An diesem Tag wurde ein neues Sirenensignal eingeführt – »Feindalarm«. Die Stadt lag nun in Reichweite der sowjetischen Artillerie. Schon am 10. Februar hatte Horst Lange in sein Tagebuch notiert: »Jetzt stirbt die Stadt und ist nicht mehr zu retten. Gespräch des Pförtners mit einer weinenden Frau: 'Sei doch froh, sa' ick dir, daß er ins Massengrab gekommen ist. Da is er wenstens nich alleene.'«.

Hastig ließ der »Kampfkommandant« von Berlin, General Hellmut Reymann, Barrikaden errichten, Panzergräben ausheben und neue »Volkssturm«- Einheiten aufstellen. Die Ost-West- Achse vor dem Brandenburger Tor, die spätere Straße des 17. Juni, wurde zur Landebahn ausgebaut. Ob sie dem Einfliegen von Verstärkungen oder nur der Flucht von »Goldfasanen«, den NS-Parteifunktionären, dienen sollte, wußte Reymann nicht. Insgesamt standen ihm nur knapp 90000 schlecht ausgerüstete Verteidiger zur Verfügung – viel zu wenig gegen die sowjetische Übermacht. Reymann in seinen Erinnerungen: »Ich war mir klar darüber, daß an eine längere erfolgreiche Verteidigung Berlins nicht zu denken war.« Dennoch waren er und die meisten Offiziere entschlossen, »bis zur letzten Patrone« – so ein Tagesbefehl des Kampfkommandanten – um die Stadt zu kämpfen.

In pervertiertem »soldatischen Gehorsam« folgte die Wehrmacht noch immer dem Wahn des »Führers«, der jedoch in seiner absurden Scheinwelt Deutschland längst aufgegeben hatte. Das deutsche Volk habe sich »als das schwächere erwiesen«, vertraute Hitler seiner engsten Umgebung im Führerbunker unter der Reichskanzlei an, »dem stärkeren Ostvolk« gehöre »nun ausschließlich die Zukunft«. Dennoch hoffte er bis zuletzt auf eine Wende, beschwor die Rettung durch die »Armee Wenck«, die in Wahrheit nur eine aus zersprengten Truppenteilen zusammengewürfelte Geisterarmee war.

Am Abend des 21. April verließ eine lange Kolonne mit schweren Limousinen und Lastwagen die Stadt in Richtung Westen. Hermann Göring zog es vor, mitsamt seinem Hofstaat das Schlachtfeld Berlin zu verlassen. Mit ihm flohen Hunderte von hohen NS-Funktionären vor der Rache der Russen. Hitler selbst weigerte sich, die Reichshauptstadt zu verlassen. Hanna Reitsch, die berühmte Sportfliegerin und glühende Verehrerin des »Führers«, wartete mit einem startbereiten Jagdflugzeug vergebens auf den Entschluß Hitlers, doch noch aus Berlin zu fliehen. Seinen Abgang wollte er dort inszenieren, wo er 1933 begonnen hatte, sein »Tausendjähriges Reich« zu errichten.

Tempelhof und Köpenick fielen am 23. April in russische Hände. 48 Stunden später, als sich bei Torgau an der Elbe russische Soldaten und GI's die Hände reichten, war die »Festung« Berlin eingeschlossen. Doch trotz ihrer vielfachen Überlegenheit kamen die sowjetischen Truppen auf ihrem Weg in Richtung Stadtzentrum nur langsam voran. Eine klare Frontlinie gab es nicht mehr, oft verlief sie quer durch einzelne Straßenzüge, manchmal sogar zwischen den Stockwerken eines Hauses. Um sich zu orientieren, welche Stadtteile noch in deutscher Hand waren, nutzten die Offiziere im Stab des Stadtkommandanten

Der letzte Kampfkommandant von Berlin, General Helmuth Weidling, verläßt am 2. Mai seinen Befehlsbunker.

»Bollwerk gegen den Bolschewismus«. Mitglieder des Volkssturm errichten in den Straßen Berlins Panzersperren gegen die Rote Armee.

das noch intakte Telefonnetz und riefen einfach in den umkämpften Vierteln an – »Gnädige Frau, waren die Russen schon bei ihnen?«

Angestachelt von NS-Hetzschriften wie *Der Panzerbär*, waren es vor allem minderjährige Hitlerjungen, die fanatischen Widerstand leisteten. Ausgerüstet nur mit Panzerfäusten und Maschinenpistolen warfen sie sich den sowjetischen Panzern entgegen. Ein damals 18jähriger Soldat erinnert sich: »An der U-Bahn-Station Reichssportfeld stand ein vernichtetes Geschütz mit getöteter Bedienungsmannschaft. Vor dem Friedhof hoben ein paar Landser und Zivilisten Gräber aus und sammelten die Toten ein. Meist waren es Hitlerjungen, die in Massen herumlagen.«

Doch auch wer sich entschloß, nicht länger mitzumachen, schwebte in tödlicher Gefahr. Ein Hitlerjunge: »An einem Straßenpfahl standen zwei SA-Männer in Uniform, an dem ein gefesselter deutscher Soldat hing. Das Gesicht war blau. Die Augen starrten tief aus ihren Höhlen. Um seinen Hals hing ein weißes Schild aus Pappe: 'Ich war zu feige, für Frau und Kind zu kämpfen.' Ich fühlte ein Würgen im Hals.« Dem absurden Wahn vom Durchhalten fielen auch zahlreiche Zivilisten zum Opfer. Goebbels hatte befohlen, Häuser, aus denen die weiße Fahne gehißt wurde, wie »Krankheitsbazillen auszumerzen«. Mehr als zwei Millionen Menschen hausten noch in dem von alliierten Bomberströmen und sowjetischer Artillerie zertrümmerten Ruinenfeld. Die letzten Kriegstage wurden für sie zum Alptraum. Die Versorgung mit Wasser, Strom und Nahrung war zusammengebrochen. Hitlers Zerstörungsbefehle richteten sich jetzt gegen die eigene Bevölkerung. Das SS-Kommando, das auf seinem Rückzug ein großes Lebensmittellager in Neukölln sprengte, war kein Einzelfall.

In Bunkern und U-Bahn-Schächten bangten die Berliner um ihr Leben. Ein junges Mädchen, das in einem S-Bahn-Tunnel unter dem Anhalter Bahnhof überlebte: »Frauen saßen mit aufgetriebenen Leibern da und krümmten sich vor Schmerzen. Kleine Kinder starben an Scharlach, alte Menschen vergifteten sich. Als ich eine Toilettentür gewaltsam aufriß, prallte ich vor einem furchtbaren Anblick zurück: Ein Ehepaar hatte sich dort erhängt.« Auf den Straßen spielten sich inmitten detonierender Granaten Tragödien ab. Die hungrigen Menschen stritten um Fleischstücke, die sie aus den Kadavern verendeter Pferde rissen. Ein ehemaliger Hitlerjunge erinnert sich an die Begegnung mit einer Frau, die nur mit einem Bademantel bekleidet apathisch umherirrte: »In Ihren Augen stand der Wahnsinn. Sie hatte eine Kaffeemühle in der Hand, die sie unaufhörlich drehte. Ihr Mund bewegte sich, doch man hörte keinen Schrei.«

Erst am 30. April neigte sich der mörderische Kampf um Berlin seinem Ende zu. Als die sowjetischen Angriffsspitzen schon unmittelbar vor der Reichskanzlei standen, entzog sich Hitler seiner Verantwortung und beging Selbstmord. Wenige Stunden zuvor hatten Rotarmisten den Reichstag erobert und auf seiner ausgebrannten Kuppel die Rote Fahne gehißt. Die Sowjetfahne auf dem Reichstag wurde zum bekanntesten Symbol des Sieges über Deutschland.

Den Schlußstrich unter die Schlacht von Berlin setzte die Kapitulation des letzten Kampfkommandanten, General Weidling, am 2. Mai. Für die Berliner aber war die Apokalypse noch nicht zu Ende. Im Rausch des Sieges übten die Rotarmisten, die Hitlers Verbrechen in der Sowjetunion mit eigenen Augen gesehen hatten, grausame Rache an der Zivilbevölkerung. Plündernd und mordend zog eine enthemmte Soldateska durch die Straßen. Vor allem die Frauen litten oft grausam. »Wir waren Kriegsbeute, Trophäen für die Sieger«, erinnert sich eine Berlinerin. Doch neben ungeheurem Leid brachten sie auch die lang ersehnte Befreiung. Hans Rosenthal, später beliebter Entertainer im deutschen Fernsehen, hatte sich zwei Jahre lang in einer Lichtenberger Laubenkolonie versteckt. Für ihn war der Einmarsch der sowjetischen Truppen das Ende der ständigen Angst vor Deportation und Gaskammer: »In der letzten Aprilwoche hörte ich außer dem Geschützdonner ein für mich neuartiges Geräusch: ein Rasseln, das die Erde beben ließ – Panzerketten. Das war nicht gerade Gesang in meinen Ohren. Aber es war der Klang der Freiheit.«

Christian Deick

Dieses Bild geht um die Welt: Die sowjetische Fahne über dem Reichstag, mit dessen Selbstentmachtung das »Dritte Reich« seinen Anfang nahm.

1 · Ostersonntag

Kamikaze-Flieger.

Die 10. US-Armee landet auf der Insel Ryukyu, die den japanischen Hauptinseln vorgelagert ist. Bei dem Landemanöver werden 26 US-Schiffe von japanischen Kamikaze-Fliegern zerstört.

Die Reste der Heeresgruppe B der deutschen Wehrmacht werden von US-Truppen im »Ruhrkessel« eingeschlossen. Über 300 000 Soldaten stecken zwischen Rhein, Ruhr und Sieg fest.

2 · Ostermontag

Die Besatzungsmitglieder des 1939 vor Uruguay gesunkenen deutschen Panzerschiffes »Graf Spee« werden fünf Jahre nach ihrer Internierung in Argentinien zu Kriegsgefangenen erklärt.

Der Aufruf von Goebbels und Bormann, der die Deutschen zum Heckenschützenkrieg (»Werwolf«) gegen die alliierten Truppen mobilisieren soll, findet nur noch geringen Widerhall in der Bevölkerung.

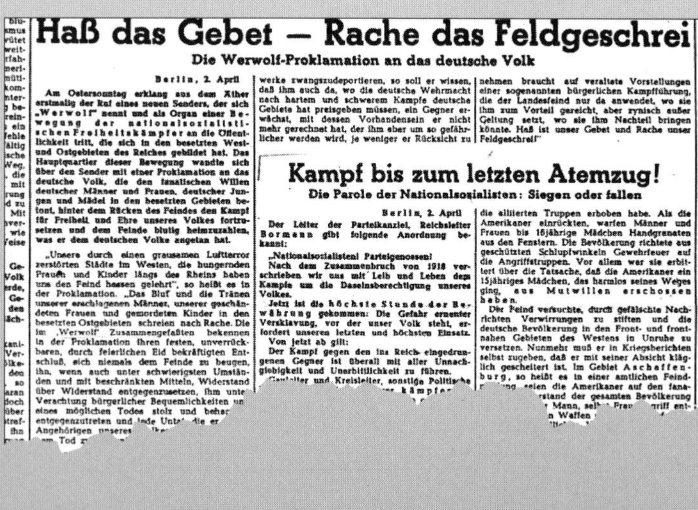

Haß das Gebet — Rache das Feldgeschrei

Die Werwolf-Proklamation an das deutsche Volk

Berlin, 2. April

Am Ostersonntag erklang aus dem Äther erstmalig der Ruf eines neuen Senders, der sich „Werwolf" nennt und als Organ einer Bewegung der nationalsozialistischen Freiheitskämpfer an die Öffentlichkeit tritt, die sich in den besetzten West- und Ostgebieten des Reiches gebildet hat. Das Hauptquartier dieser Bewegung wandte sich über den Sender mit einer Proklamation an das deutsche Volk, die den fanatischen Willen deutscher Männer und Frauen, deutscher Jungen und Mädel in den besetzten Gebieten betont, hinter dem Rücken des Feindes den Kampf für Freiheit und Ehre unseres Volkes fortzusetzen und dem Feinde blutig heimzuzahlen, was er dem deutschen Volke angetan hat.

„Unsere durch einen grausamen Luftterror zerstörten Städte im Westen, die hungernden Frauen und Kinder längs des Rheins haben uns den Feind hassen gelehrt", so heißt es in der Proklamation. „Das Blut und die Tränen unserer erschlagenen Männer, unserer geschändeten Frauen und gemordeten Kinder in den besetzten Ostgebieten schreien nach Rache. Die im ‚Werwolf' Zusammengefaßten bekennen in der Proklamation ihren festen, unverrückbaren, durch feierlichen Eid bekräftigten Entschluß, sich niemals dem Feinde zu beugen, ihn, wenn auch unter schwierigsten Umständen und mit beschränkten Mitteln, Widerstand über Widerstand entgegenzusetzen, ihm unte[r] Verachtung bürgerlicher Bequemlichkeiten un[d] eines möglichen Todes stolz und behar[rlich] entgegenzutreten und jede Unt[at] die er Angehörigen unseres [...] Tod [...]

werke zwangszudeportieren, so soll er wissen, daß ihm auch da, wo die deutsche Wehrmacht nach hartem und schwerem Kampfe deutsche Gebiete hat preisgeben müssen, ein Gegner erwächst, mit dessen Vorhandensein er nicht mehr gerechnet hat, der ihm aber um so gefährlicher werden wird, je weniger er Rücksicht zu nehmen braucht auf veraltete Vorstellungen einer sogenannten bürgerlichen Kampfführung, die der Landesfeind nur da anwendet, wo sie ihm zum Vorteil gereicht, aber zynisch außer Geltung setzt, wo sie ihm Nachteil bringen könnte. Haß ist unser Gebet und Rache unser Feldgeschrei!"

Kampf bis zum letzten Atemzug!

Die Parole der Nationalsozialisten: Siegen oder fallen

Berlin, 2. April

Der Leiter der Parteikanzlei, Reichsleiter Bormann gibt folgende Anordnung bekannt:

„Nationalsozialisten! Parteigenossen!

Nach dem Zusammenbruch von 1918 verschrieben wir uns mit Leib und Leben dem Kampfe um die Daseinsberechtigung unseres Volkes.

Jetzt ist die höchste Stunde der Bewährung gekommen: Die Gefahr erneuter Versklavung, vor der unser Volk steht, erfordert unseren letzten und höchsten Einsatz.

Von jetzt ab gilt:

Der Kampf gegen den ins Reich eingedrungenen Gegner ist überall mit aller Unnachgiebigkeit und Unerbittlichkeit zu führen.

Gauleiter und Kreisleiter, sonstige Politische [...] kämpfer [...]

die alliierten Truppen erhoben habe. Als die Amerikaner einrückten, warfen Männer und Frauen bis 15jährige Mädchen Handgranaten aus den Fenstern. Die Bevölkerung richtete aus geschützten Schlupfwinkeln Gewehrfeuer auf die Angriffstruppen. Vor allem war sie erbittert über die Tatsache, daß die Amerikaner ein 15jähriges Mädchen, das harmlos seines Weges ging, aus Mutwillen erschossen haben.

Der Feind versuchte, durch gefälschte Nachrichten Verwirrungen zu stiften und die deutsche Bevölkerung in den Front- und frontnahen Gebieten des Westens in Unruhe zu versetzen. Nunmehr muß er in Kriegsberichten selbst zugeben, daß er mit seiner Absicht kläglich gescheitert ist. Im Gebiet Aschaffenburg, so heißt es in einer amtlichen Feind[meldung], seien die Amerikaner auf den fana[tischen Wide]rstand der gesamten Bevölkerung [gestoßen ...] Mann, selbst Frau[en ...] griff ent[...] Waffen [...]

3 · Dienstag

SS-Führer Himmler gibt die Anweisung, alle Männer sofort zu liquidieren, an deren Häusern weiße Flaggen eine friedliche Aufgabe signalisieren.

In der »Festung« Breslau werden angesichts der heranrückenden Roten Armee noch 500 jüdische Bewohner der Stadt ermordet (S. 45).

4 · Mittwoch

Nach Angaben der sowjetischen Führung ist Ungarn »von deutschen Soldaten gesäubert.« Die Verbände der Wehrmacht haben sich nach Niederösterreich zurückgezogen.

Französische Einheiten besetzen Karlsruhe.

5 · Donnerstag

In der stark zerstörten belgischen Hafenstadt Antwerpen schlägt die letzte deutsche V2-Rakete des Zweiten Weltkrieges ein.

Tschechoslowakische Exilpolitiker gründen in der slowakischen Stadt Kosice eine unabhängige Regierung. Erster Chef des provisorischen Kabinetts wird der Sozialdemokrat Zdenek Fierlinger.

Die Sowjetunion kündigt ihren Nichtangriffspakt mit Japan zum 14. April auf.

6 · Freitag

Das japanische Schlachtschiff »Yamato«, mit 263 Meter Länge das größte Kriegsschiff der Welt, wird von der US-Luftwaffe durch elf Torpedo- und fünf Bombentreffer versenkt. 2498 japanische Marinesoldaten kommen bei dem Untergang ums Leben.

Sarajewo wird von den Streitkräften des serbokroatischen Partisanenführers Marschall Josip Broz Tito eingenommen.

7 · Samstag

»Radio Paris« meldet die strafrechtliche Verfolgung von 16 831 Franzosen wegen »Zusammenarbeit mit dem Feind«. 996 Personen sind den Angaben zufolge zum Tode verurteilt worden.

8 · Sonntag

Laut »United Press« in London sind insgesamt 8436 Menschen dem Einsatz deutscher V-Waffen zum Opfer gefallen.

9 · Montag

Die vollkommen zerstörte »Festung« Königsberg kapituliert vor der Roten Armee. Hitler läßt den Kommandanten der Stadt, General Otto Lasch, »wegen Feigheit« in Abwesenheit zum Tode verurteilen (S. 45).

Im KZ Dachau wird der Kunstschreiner Georg Elser hingerichtet, der 1939 im Münchner Bürgerbräukeller ein Attentat auf Hitler verübte. Gleichzeitig werden im KZ Flossenbürg die Hitler-Gegner Dietrich Bonhoeffer, Hans Oster, Wilhelm Canaris und im KZ Sachsenhausen Hans von Dohnany von Standgerichten zum Tode verurteilt und ermordet (S. 206).

10 · Dienstag

Von Norwegen aus wird der deutsche Fernaufklärer »Arado 234« getestet.

11 · Mittwoch

Amerikanische Truppen erreichen das Konzentrationslager Buchenwald bei Weimar, wo die Häftlinge bereits auf eigene Faust die Kontrolle über das Lager übernommen haben. Die Bewacher sind überwältigt worden oder geflohen.

In Moskau unterzeichnet Partisanenführer Josip Broz Tito einen Freundschafts- und Beistandspakt zwischen der UdSSR und Jugoslawien.

12 · Donnerstag

US-Präsident Franklin D. Roosevelt stirbt in Warm Springs (Georgia, USA) an einem Schlaganfall. Noch am gleichen Tag wird Harry S. Truman als Nachfolger vereidigt (S. 65).

13 · Freitag

Aus dem »Führerbau« in München werden 137 Gemälde nach Altensee evakuiert. 650 Kunstwerke bleiben in den Kellergewölben des Gebäudes zurück. Sie gehen später bei Plünderungen verloren (S. 49).

Die 4. sowjetische Gardearmee unter General Sachwatajew erobert Wien.

14 · Samstag

Großherzogin Charlotte von Luxemburg kehrt aus dem Exil in ihr Land zurück.

15 · Sonntag

Der Stadtkern Potsdams wird durch einen Luftangriff der Royal Airforce zerstört.

Britische Truppen befreien das KZ Bergen-Belsen bei Lüneburg. Im Lager finden die Soldaten die Leichen von über 13 000 Gefangenen.

Hitler erläßt für die Ostfront den Befehl, jeden, der zum Rückzug auffordert, sofort festzunehmen und »nötigenfalls augenblicklich umzulegen«.

16 · Montag

Die Rote Armee beginnt den Großangriff auf Berlin (S. 71).

In Hannover beginnt der SPD-Politiker Kurt Schumacher mit dem organisatorischen Wiederaufbau seiner Partei.

Kurt Schumacher (1895–1952) als Redner.

17 · Dienstag

Von einem Torpedo getroffen, versinkt das Passagierschiff »Goya« vor Rixhöft in der Ostsee. Nur 165 der über 5300 Flüchtlinge und Verwundeten überleben die Katastrophe (S. 19).

Im »Ruhrkessel« wird die Heeresgruppe B zerschlagen. 300 000 deutsche Soldaten gehen in amerikanische Kriegsgefangenschaft.

18 · Mittwoch

Einheiten der US-Armee erobern Magdeburg und Leipzig.

Auf politischen Druck der USA hin verbietet das Franco-Regime allen deutschen Flugzeugen die Landung in Spanien.

Eisenhower fordert die deutsche Handelsflotte auf, in ihre Heimathäfen zurückzukehren.

19 · Donnerstag

Während amerikanische Truppen in Leipzig einmarschieren, stoßen britische Verbände bis zur Elbe vor.

20 · Freitag

Um den Vormarsch der Alliierten aufzuhalten, sprengt die deutsche Wehrmacht in den Niederlanden mehrere Deiche: Eine Flutwelle überschwemmt mehr als 400 Quadratkilometer Land.

Anläßlich seines 56. Geburtstages empfängt Hitler im Garten der Reichskanzlei dekorierte Hitlerjungen. Es ist sein letzter öffentlicher Auftritt.

Hitler mit »seiner« Jugend.

21 · Samstag

Reichsführer SS Heinrich Himmler entläßt nach Verhandlungen mit Vertretern des Jüdischen Weltkongresses 1000 jüdische Frauen aus dem KZ Ravensbrück. Zur gleichen Zeit werden 35 000 Häftlinge aus dem KZ Sachsenhausen in Richtung Mecklenburg »evakuiert«; auf dem Weg kommen mehr als 10 000 Menschen ums Leben.

22 · Sonntag

Im Alter von 78 Jahren stirbt Käthe Kollwitz in Moritzburg bei Dresden. Die Grafikerin, Malerin und Bildhauerin erlangte durch ihre Mahnwerke gegen den Krieg weltweiten Ruhm (S. 204).

23 · Montag

Wegen »Verrats« enthebt Hitler Reichsmarschall Göring aller Ämter. Göring hatte telegrafisch bei Hitler nachgefragt, ob er von Berchtesgaden aus die »Gesamtführung des Reiches« übernehmen solle.

24 · Dienstag

Als eine der letzten Zeitungen stellt die *Deutsche Allgemeine Zeitung* ihr Erscheinen ein.

In Mailand unternimmt die Resistenza einen erfolgreichen Aufstand gegen die deutschen Besatzer.

25 · Mittwoch

Heinrich Himmlers Versuch, ohne Wissen Hitlers mit den westlichen Alliierten einen Waffenstillstand auszuhandeln, schlägt fehl. Die Siegermächte bestehen auf einer bedingungslosen Kapitulation.

Zum ersten Mal reichen sich sowjetische und amerikanische Soldaten bei Torgau an der Elbe die Hand (S. 69).

28 · Samstag

Der italienische Faschistenführer Benito Mussolini wird auf der Flucht von Partisanen aufgegriffen und hingerichtet. Seine Leiche wird auf der Mailänder Piazzale Loretto zur Schau gestellt (S. 209).

29 · Sonntag

Im Bunker der Berliner Reichskanzlei heiratet Hitler Eva Braun. Kurz zuvor hat er in einem Testament verfügt, Göring und Himmler aus der NSDAP auszuschließen. General Dönitz soll nach dem letzten »politischen« Willen des Diktators das Amt des Reichspräsidenten übernehmen (S. 57).

In Italien kapitulieren die deutschen Streitkräfte.

GI's und Rotarmisten Arm in Arm in Torgau.

In San Francisco (Kalifornien, USA) versammeln sich Delegationen aus 50 Ländern zur Gründungsversammlung der Vereinten Nationen (S. 97).

26 · Donnerstag

Die sowjetischen Truppen haben Berlin vollständig eingeschlossen (S. 71).

27 · Freitag

Nach dem Hungertod von 1500 Menschen in den Niederlanden wirft die Luftwaffe der USA Lebensmittelpakete über dem Land ab.

In Berlin läßt Hitler Schächte der U-Bahn fluten, um den Vormarsch der Roten Armee zu behindern. Tausende Menschen sterben in den Fluten.

Der HSV gewinnt am Rothenbaum das Fußballspiel gegen Altona 93 mit 4 : 1. Südlich von Hamburg-Harburg verläuft zur gleichen Zeit die Hauptkampflinie.

30 · Montag

Um 15.30 Uhr begehen Adolf Hitler und seine Ehefrau Eva im Führerbunker in Berlin Selbstmord. Ihre Leichen werden im Garten der Reichskanzlei verbrannt. Zur gleichen Zeit stürmt die Rote Armee den Reichstag (S. 57).

Die »Gruppe Ulbricht« kehrt aus dem Moskauer Exil zurück und übernimmt Verwaltungsaufgaben im sowjetischen Besatzungsgebiet (S. 137).

Der letzte Akt

Das Ringen um die Kapitulation

Der Frieden begann mit Verspätung. Seit 16 Minuten war der 9. Mai 1945 schon angebrochen, als endlich die Unterschriften unter der Urkunde standen, die den Schlußstrich unter die größte Katastrophe der Weltgeschichte setzten. Mit der Unterzeichnung der »bedingungslosen Kapitulation« im ehemaligen Kasino einer Pionierkaserne in Berlin-Karlshorst endete in Europa ein Krieg, der über 50 Millionen Menschenleben ausgelöscht und Leid verursacht hatte, das nicht zu beziffern ist. Der Frieden wurde besiegelt, nachdem er offiziell schon seit über einer Viertelstunde in Kraft war. Protokollarisches Vorgeplänkel und diplomatische Querelen hatten den letzt Akt des Krieges immer weiter hinausgezögert.

»Und dennoch, die Stunde ist groß – nicht nur für die Siegerwelt, auch für Deutschland –, die Stunde, wo der Drache zur Strecke gebracht wird, das wüste und krankhafte Ungeheuer, Nationalsozialismus genannt, verröchelt und Deutschland von dem Fluch wenigstens befreit, das Land Hitlers zu heißen.«

Thomas Mann

Ein Soldat vor den Trümmern des Reichstages: Das Ende eines tausendjährigen Reiches und eines Krieges, der weltweit die Menschen in unvorstellbare Leiden stürzte und rund 55 Millionen von ihnen das Leben kostete.

Schon zwei Tage zuvor war seine Uraufführung an anderem Ort in veränderter Besetzung über die Bühne gegangen. Am 6. Mai war Generaloberst Alfred Jodl von Großadmiral Dönitz, Hitlers Nachlaßverwalter, in das westliche Hauptquartier der Alliierten in Reims entsandt worden, um eine Teilkapitulation auszuhandeln: Während die Wehrmacht den Westmächten Waffenruhe anbot, sollten deutsche Truppen an der Ostfront noch solange wie möglich kämpfen, um Hunderttausende von Soldaten und Zivilisten die Flucht vor der Roten Armee zu ermöglichen. Viele Deutsche wähnten sich schon – nun im Bündnis mit dem Westen – von neuem im Kampf gegen den »Bolschewismus«.

Vorspiel in Reims: Generaloberst Jodl unterzeichnet am 7. Mai im Hauptquartier von General Eisenhower die bedingungslose Kapitulation der deutschen Wehrmacht. Rechts Admiral von Friedeburg, links der sowjetische Vertreter, General Susloparow.

Doch mit seinem Ansinnen biß der deutsche Abgesandte in Reims auf Granit. »Ich werde den Durchgang weiterer deutscher Flüchtlinge durch unsere Linien unter Gewaltanwendung verhindern, wenn Sie nicht augenblicklich mit ihrer Vorspiegelungs- und Verzögerungstaktik aufhören«, ließ ihm General Eisenhower, der alliierte Oberbefehlshaber in Europa, kategorisch bestellen und beharrte ultimativ auf bedingungsloser Kapitulation. »Ich sehe keinen anderen Ausweg als Chaos oder Unterzeichnung,« meldete Jodl zerknirscht an das Oberkommando der Wehrmacht in Flensburg, woraufhin Dönitz ihm die Vollmacht erteilte.

Das Kartenzimmer einer ehemaligen Schule in Reims war die glanzlose Kulisse für ein historisches Ereignis: Am Morgen des 7. Mai, um 2 Uhr 41, billigte

Anatolij Mednikow

Sowjetischer Rundfunkkorrespondent in Karlshorst

»Alle Augen richteten sich auf die offene Tür, die auf den Gang führte. Da ertönte von Ferne ein Geräusch, ein merkwürdiges rhythmisches Klopfen. Es hörte sich an, als ob jemand mit dem Hammer Nägel einschlüge. Das war so unerwartet, daß alle sich umschauten und suchten, woher es wohl käme. Es verging eine Weile, bis allen klar wurde: Es waren die deutschen Generäle, die sich im rhythmischen Stechschritt auf dem Parkettfußboden dem Saal näherten. Dann tauchten sie in der Tür auf: Allen voran Keitel in seiner hellgrauen Ausgeh-Uniform, mit allen Orden daran und mit einem Eisernen Kreuz an der Brust – ein wohlbeleibter General mit rundem roten Gesicht und auffallend stolzer Körperhaltung, hochmütig auf preußische Weise. Nachdem er den Saal betreten hatte, schob er seine Hand mit dem Marschallstab nach vorne – eine falsche und theatralische Geste. Nach dem Beginn der Sitzung bat Schukow seinen Dolmetscher – und dabei richtete er seinen Blick weder auf Keitel noch auf seine Begleiter –, die deutschen Bevollmächtigten zu fragen, ob sie sich mit dem Wortlaut der Urkunde vertraut gemacht hätten. Hunderte von Augenpaaren beobachteten Keitel. Laut, damit seine Stimme die Mikrofone am Tisch des Vorsitzenden erreichen konnte, antwortete er kurz 'Jawohl'. Danach ließ der Vorsitzende die zweite Frage übersetzen: 'Sind die Vertreter des Oberkommandos der Wehrmacht einverstanden, die Urkunde über eine totale und bedingungslose Kapitulation zu unterzeichnen?' Als hätte er die Frage in Schukows Miene gelesen, ließ Keitel, ohne seinen Dolmetscher abzuwarten, noch einmal ein lautes 'Jawohl' vernehmen. Zweimal sagte Keitel: 'Jawohl'. Nur zwei Worte, nichts weiter! ... Mit diesen Worten hatte Keitel vor der ganzen Welt nichts weniger als den vollständigen Zusammenbruch der Wehrmacht und der deutschen Gesellschaftsordnung kundgetan.«

Generaloberst Jodl mit seiner Unterschrift die Einstellung sämtlicher Feindseligkeiten an allen Fronten. Stichtag der Waffenruhe: 8. Mai, um 23.01 Uhr. Vor zehn hohen Offizieren der vier Siegermächte und 17 ausgewählten internationalen Korrespondenten streckte die Wehrmacht die Waffen.

Ausgelassene Sieger auf den Trümmern der Reichskanzlei.

Eine unspektakuläre Amtshandlung hatte den Krieg beendet – so schien es zumindest. Doch plötzlich erhielten die Journalisten die Weisung, ihre sensationelle Meldung noch eineinhalb Tage zurückzuhalten. Die Tinte unter der Urkunde war noch nicht trocken, da traf in Reims ein Schreiben aus Moskau ein, das die vollzogene Zeremonie erst einmal hinfällig machte. Die Sowjets hatten nämlich inzwischen festgestellt, daß das unterzeichnete Dokument nicht mit der Fassung übereinstimmte, welche die Beauftragten der Regierungen in Washington, London und Moskau zuvor gebilligt hatten. Offensichtlich hatte General Bedell Smith in der Aufregung den falschen Entwurf aus dem Panzerschrank genommen.

Hinter dem formaljuristischen Einwand verbarg sich machtpolitisches Kalkül: So einfach ließ Stalin sich seinen Triumph nicht nehmen. Er betrachtete die Kapitulation von Reims nur als Vorspiel und bestand auf einer Wiederholung in Berlin – in seinem Machtbereich. Mit der Neuaufführung vor der Kulisse der zerstörten Reichshauptstadt wollte der Diktator der Welt demonstrieren, wer die Hauptlast des Krieges getragen hatte: das sowjetische Volk. Eisenhower - bemüht, jeden Verdacht eines Sonderfriedens mit den Deutschen zu zerstreuen – willigte ein. So sollte das Nachspiel in Berlin als Symbol des Kriegsendes in die Geschichte eingehen, die historische Bedeutung verblieb jedoch dem unspektakulären ersten Akt in Reims.

Denn ungeschehen war die nächtliche Zeremonie nun nicht mehr zu machen. Ausgerechnet die deutsche Regierung durchbrach am 7. Mai die verordnete Funkstille: »Deutsche Männer und Frauen!« meldete sich Außenminister Graf Schwerin von Krosigk im Flensburger Sender, »Das Oberkommando der Wehrmacht hat auf Geheiß des Großadmirals Dönitz die bedingungslose Kapitulation aller Truppen erklärt.« Daraufhin fühlten sich auch die Agenturen nicht mehr an die Nachrichtensperre gebunden und gaben das freudige Ereignis kund. In London und New York strömten die Menschen erwartungsfroh auf die Straße – aber noch blieben sie ohne amtliche Bestätigung. »Was soll das für einen Sinn haben,« beschwerte sich Churchill bei Eisenhower, »daß ich und der Präsident [Truman] die einzigen Leute auf der Welt zu sein scheinen, die nicht wissen, was vorgeht?« Eine öffentliche Erklärung der Staatschefs ließ sich nicht mehr länger umgehen, ob Stalin das paßte oder nicht. Am 8. Mai verkündeten Churchill und Truman im Rundfunk zeitgleich das Schweigen der Waffen - während Radio Moskau die Kinderstunde übertrug. Als in den Städten des Westens schon Fahnen wehten, Sirenen heulten und Menschenmassen den »Victory Day« ausgelassen feierten, verbrachte die sowjetische Bevölkerung noch einen ganzen Tag ahnungslos im Kriegsalltag.

In Berlin machte sich unterdessen hektische Betriebsamkeit breit. Räumfahrzeuge der Roten Armee schoben inmitten schwelender Trümmer den Schutt von den Anfahrtsstraßen. In zerstörten Gebäuden suchten Soldaten nach Requisiten für den Abend: Tische, Stühle, Teppiche, Vorhänge, Bestecke, Gläser, Blumen: Alles wurde aus dem Fundus des »Dritten Reichs« zusammengetragen. Als Decke für den langen Unterzeichnungstisch mußte grau-grüner Uniformstoff herhalten. In aller Eile schneiderten uniformierte Frauen an die tausend Fahnen. Die Ruinen erhielten ein Festtagsgewand.

Doch auf die Besucher wirkte die zerstörte Reichshauptstadt wie ein Abbild der totalen Niederlage. Schon die Rollbahn des Flugplatzes Tempelhof, auf der die deutsche Delegation am 8. Mai kurz nach dreizehn Uhr in einer amerikanischen Transportmaschine landete, war von Bombentrichtern zerpflügt. Brükken lagen zerborsten in den Kanälen, ausgebrannte Skelette einstiger Häuser ragten aus den Wüsten voller Schutt und Staub. Der junge Stabsoffizier Karl Böhm-Tettelbach, Angehöriger der deutschen Delegation, fühlte sich in eine »Totenstadt« versetzt: »Einzelne Häuser brannten noch, und die Straße war von Trümmern übersät. Verwesungsgeruch lag in der Luft. Wir sahen zerschossene Panzer und lange Schlangen von Menschen, die an Wasserquellen anstanden. Wir wurden das Gefühl nicht los, daß sich hier Entsetzliches abgespielt hatte. Es war eine Stadt des Elends und des Grauens.« Über Ausmaß und Ursache des zurückliegenden Infernos nachzusinnen, dazu verblieb den deutschen Offizieren an diesem Tag noch ausreichend Zeit. Zwölf Stunden mußten sie im ersten Stock einer Villa nahe der Karlshorster Pionierschule ausharren. »Als der Nachmittag anbrach und noch immer nichts passiert war«, erinnert sich Böhm-Tettelbach, »begannen wir mit nachdenklichen Gesprächen, was mit uns geschehen würde. Wir fürchteten die Rache der Sieger, da dieser Krieg so entsetzlich war und soviel Elend über die Menschheit gebracht hatte. Einhellig waren wir der Meinung, daß keiner von uns Flensburg wiedersehen würde. Wir alle glaubten, daß wir nach der Unterzeichnung als Gefangene betrachtet würden, unsere Orden, Ehrenzeichen und Waffen abgeben müßten und einen Schauprozeß erleben sollten.«

Doch die Siegermächte beschäftigten einstweilen andere Fragen. Das Tauziehen hinter den Kulissen bot einen Vorgeschmack auf künftiges Ost-West-Gerangel. Als drei sowjetische Ehrenkompanien unter General Sokolowski am Morgen um zehn Uhr zur Begrüßung Eisenhowers an der Landebahn von Tempelhof aufmarschierten, erlebten sie eine herbe Überraschung. Statt des alliierten Oberbefehlshabers entstieg US-General Deane der amerikanischen Maschine und eröffnete den enttäuschten Sowjets, daß Eisenhower sich entschuldigen lasse. An seiner Stelle würde in einer Stunde sein Stellvertreter, der britische Luftmarschall Sir Arthur Tedder, in Berlin eintreffen.

Eisenhower selbst hätte die Reise wohl ohne weiteres auf sich genommen, aber seine Berater waren dagegen: Sie fürchteten um das alliierte Ansehen, denn der sowjetische Gastgeber in Berlin, Marschall Schukow, stand als Befehlshaber nur einer Heeresgruppe im Rang weit unter seinem Gast aus Reims. Außerdem wollten die Amerikaner diesmal gern ihren britischen Verbündeten den Vortritt lassen. Die USA waren durch General Spaatz, den Befehlshaber der strategischen Luftwaffe, vertreten.

Noch ein weiterer Überraschungsgast stürzte die Gastgeber in Verlegenheit: Die Ankunft des französischen Generals de Lattre de Tassigny kam für die So-

Howard K. Smith

Amerikanischer Rundfunkkorrespondent in Karlshorst

»Wir warteten gespannt darauf, daß das Ereignis losging. Die Atmosphäre im Saal erinnerte an die Stimmung vor einem amerikanischen Basketballspiel, wenn alle den Beginn des Spiels erwarten – ein Spiel, das wir schon gewonnen hatten! Die beiden Generäle, die Keitel begleiteten, wirkten niedergeschlagen, Keitel selbst keineswegs. Er erschien wie ein Sieger. Er ging aufrecht und steif, grüßte mit seinem Stab und senkte ihn wieder – die perfekte Karikatur eines preußischen Offiziers. Ehrlich gesagt, hatte ich nie eine hohe Meinung von Keitel. Offiziell war er zwar die Nummer Eins der deutschen Wehrmacht, aber in Wirklichkeit spielte er keine große Rolle. Er führte einfach aus, was Hitler ihm auftrug. So hielt sich mein Respekt in Grenzen. Schukow dagegen hat mich sehr beeindruckt. Er sah aus wie die in Stein gemeißelte Figur eines Kriegerdenkmals. Von dem Augenblick an, als er eintrat, führte er das Kommando. Hinter einer Absperrung spielte eine russische Militärkappelle. Schukow mußte nur kurz aufblicken, und augenblicklich hörten sie auf zu spielen. Er hatte die Sache voll im Griff und war ein perfekter Gastgeber für die Alliierten. Für mich war es ein wunderbarer Augenblick, als die Urkunde schließlich unterzeichnet war. Hitler hatte einen Ameisenstaat geschaffen, mit Arbeitsameisen und Soldatenameisen, in dem alle Macht von der Führung ausging. Zu Beginn des Krieges hatte ich noch befürchtet, wir würden unterliegen und war völlig verzweifelt. Daher erschien mir nun der Akt von Karlshorst wie ein persönlicher Triumph, ein Sieg der Demokratie. Wir sahen einen Krieg zu Ende gehen, so wie Kriege enden sollten: Amerika hatte nun die Möglichkeit, aus seinen schlimmsten Feinden, Deutschland und Japan, Freunde zu machen, demokratische und erfolgreiche Freunde. Dieser Gedanke erfüllte mich mit Hoffnung und Enthusiasmus.«

Die Kapitulationsurkunde von Karlshorst

1. Wir, die hier Unterzeichneten, die wir im Auftrage des Oberkommandos der Deutschen Wehrmacht handeln, übergeben hiermit bedingungslos dem Obersten Befehlshaber der Alliierten Expeditionsstreitkräfte und gleichzeitig dem Oberkommando der Roten Armee alle gegenwärtig unter deutschem Befehl stehenden Streitkräfte zu Lande, zu Wasser und in der Luft.
2. Das Oberkommando der Deutschen Wehrmacht wird unverzüglich allen deutschen Land-, See- und Luftstreitkräften und allen unter deutschem Befehl stehenden Streitkräften den Befehl geben, die Kampfhandlungen um 23.01 Uhr mitteleuropäischer Zeit am 8. Mai 1945 einzustellen, in den Stellungen zu verbleiben, die sie in diesem Zeitpunkt innehaben, und sich vollständig zu entwaffnen, indem sie ihre Waffen und Ausrüstung den örtlichen alliierten Befehlshabern oder den von den Vertretern der Obersten alliierten Militärführungen bestimmten Offizieren übergeben. Kein Schiff, Seefahrzeug oder Flugzeug irgendeiner Art darf zerstört werden, noch dürfen Schiffsrümpfe, maschinelle Einrichtungen oder Geräte, Maschinen irgendwelcher Art, Waffen, Apparaturen und alle technischen Mittel zur Fortsetzung des Krieges im allgemeinen beschädigt werden.
3. Das Oberkommando der Deutschen Wehrmacht wird unverzüglich den zuständigen Befehlshabern alle von dem Obersten Befehlshaber der Alliierten Expeditionsstreitkräfte und dem Oberkommando der Roten Armee erlassenen zusätzlichen Befehle weitergeben und deren Durchführung sicherstellen.
4. Diese Kapitulationserklärung stellt kein Präjudiz für an ihre Stelle tretende allgemeine Kapitulationsbestimmungen dar, die durch die Vereinten Nationen oder in deren Namen festgesetzt werden und Deutschland und die Deutsche Wehrmacht als Ganzes betreffen werden.
5. Im Falle, daß das Oberkommando der Deutschen Wehrmacht oder irgendwelche unter seinem Befehl stehenden Streitkräfte es versäumen sollten, sich gemäß den Bestimmungen dieser Kapitulationserklärung zu verhalten, werden der Oberste Befehlshaber der Alliierten Expeditionsstreitkräfte und das Oberkommando der Roten Armee alle diejenigen Straf- und anderen Maßnahmen ergreifen, die sie als zweckmäßig erachten.
6. Diese Erklärung ist in englischer, russischer und deutscher Sprache aufgesetzt. Allein maßgebend sind die englische und russische Fassung.

Unterzeichnet zu Berlin, am 8. Mai 1945.

gez. v. Friedeburg gez. Keitel gez. Stumpff
Für das Oberkommando der Deutschen Wehrmacht

In Gegenwart von:
Für den Obersten Befehlhaber
der Alliierten Expeditionsstreitkräfte
gez. A. W. Tedder

Für das Oberkommando der Roten Armee
gez. G. Schukow

René Bondoux

Französischer Begleitoffizier von General de Lattre de Tassigny

»Für mich persönlich war es nicht das erste Mal, daß ich nach Berlin kam, denn ich hatte schon 1936 als Fechter an den Olympischen Spielen teilgenommen. Es hat mich sehr bewegt, als ich vom Flugzeug aus das zerstörte Olympiastadion sah: Berlin war eine Mondlandschaft, eine Landschaft der Zerstörung und des totalen Zusammenbruchs ... Man konnte Hunderte von Menschen sehen, die mit Eimern und Krügen an den Wasserstellen anstanden, ein schrecklicher Anblick. In Karlshorst gab es zunächst lange Diskussionen. De Lattre wollte auf jeden Fall erreichen, daß Frankreich mitunterzeichnet. Dabei hatte er zwei Verbündete: Marschall Tedder und Marschall Schukow, die begriffen hatten, daß Frankreichs Situation sich doch ein wenig von der anderer Staaten unterschied. Aber dann sagte General Spaatz: 'Wenn Frankreich unterzeichnet, dann wollen die Vereinigten Staaten auch unterzeichnen.' Und das war problematisch, weil die Vereinigten Staaten ja schon durch Eisenhowers Stellvertreter, Marschall Tedder, vertreten waren. Diese Diskussion hat sich den ganzen Tag hingezogen. Ich denke, daß Marschall Schukow die ganze Angelegenheit schleifen ließ, weil er wußte, daß gegen Abend Herr Wyschinsky aus Moskau eintraf und der war immerhin beigeordneter Außenminister der UdSSR, ein Mann, dem Stalin großes Vertrauen schenkte. Die eigentliche Zeremonie ging eigentlich sehr rasch vor sich. Es war mehr als feierlich, eher wie der letzte Akt in einem Drama von Shakespeare. Warum waren wir denn da? Wegen dieses schrecklichen Dramas, das Europa fünf Jahre lang in Blut getränkt hatte, mit seinen Millionen von Toten. Und daß wir nun dabei waren, dem Ganzen ein Ende zu setzen, zudem auf so eine schlichte Art und Weise, ohne große Worte, mit nichts weiter als einer Unterschrift am Fuß eines Vertrages, das hat mich doch tief beeindruckt.«

wjets so unerwartet, daß weder die Trikolore am Fahnenmast wehte noch die Marseillaise im Repertoire der Militärkapelle zu finden war. Um wenigstens für den Abend gewappnet zu sein, mußten russische Näherinnen aus einer alten Hakenkreuzfahne, einem Bettlaken und einer Drillichhose eilends eine französische Fahne zusammenschneidern. Doch das Werk ihrer Mühen hatte zum Schluß leider einen kleinen Schönheitsfehler: »Das ist eine schöne Fahne«, kommentierte der französische Gast bei der Begutachtung sarkastisch, »die schönste holländische Fahne, die ich je gesehen habe!«

Während dieses Problem mit einer vertikalen Neufassung relativ schnell zu beheben war, geriet das Tauziehen auf diplomatischem Parkett zu einer langwierigen Angelegenheit. Fünf Stunden ließ Schukow verstreichen, ehe er Tedders Delegation empfing. Und auch dann wich der Sowjetmarschall konkreten Zusagen aus und spielte unverkennbar auf Zeit – aus gutem Grund: Aus Moskau war Andreij Wyschinsky als Abgesandter Stalins auf dem Weg nach Berlin. In der Tat fegte der berüchtigte Inszenator der Moskauer Schauprozesse nach seiner Ankunft alle Vereinbarungen erst einmal vom Tisch: Während er den Franzosen eine Unterschrift auf der Urkunde zugestand, um vor aller Welt das Wiedererstehen ihres Landes zu bekunden, lehnte er sie für die Amerikaner rundheraus ab; schließlich seien diese durch Eisenhowers Vize hinreichend vertreten. Als US-General Spaatz sich heftig dagegen verwahrte und gleiches Recht wie die Franzosen verlangte, Schukow dagegen gleich beiden Staaten das Teilnahmerecht absprach, warf sich de Lattre in die Brust: »Wenn ich nach Frankreich zurückkehre, ohne meinen Auftrag erfüllt zu haben, dann verdiene ich es nicht besser, als aufgehängt zu werden.« Nach zwei Stunden wogender

Debatte fand sich endlich eine einvernehmliche Lösung: Amerikaner und Franzose mußten – als »Zeugen« - ihre Unterschrift auf den Urkunden tiefer plazieren als Schukow und Tedder.

Dann stellte sich heraus, daß die verschiedenen Übersetzungen der Kapitulationsurkunde in einigen Formulierungen voneinander abwichen. Also wurde in heillosem Sprachgewirr um Worte gefeilscht; Sekretärinnen mußte jede Fassung auf russisch, englisch und deutsch in die Maschine tippen. Dabei störten sich die Russen am legeren Benehmen der amerikanischen Delegierten, die zur Abkühlung der Debatte mehrere Kästen Bier mitgebracht hatten. So jedenfalls berichtet es Schukows Militärdolmetscher Anatolij Dnjeprow. Zu guter Letzt versagte auch noch der Strom, worauf russische Kerzen den Raum in flackerndes Zwielicht hüllten.

Die Zeremonie von Reims wird auf Wunsch der Sowjets in der Nacht zum 9. Mai wiederholt. Generalfeldmarschall Keitel (M.), Admiral von Friedeburg (r.) und General Stumpff vor Unterzeichnung der Kapitulationsurkunde in Berlin-Karlshorst.

Umso heller erstrahlte der Kapitulationssaal, als gegen Mitternacht der Weg zur feierlichen Unterzeichnung endlich frei war. »Bei unserem Eintritt sah ich zuerst einmal gar nichts«, erinnert sich Konrad Stangl, der den deutschen Luftwaffengeneral Stumpff nach Karlshorst begleitete. »Der gesamte Raum war rauchgeschwängert vom Dampf der Blitzlichter, und wir standen mitten im grellen Scheinwerferlicht. Man hatte den Eindruck, daß die gesamten Wochenschauen der alliierten Welt auf uns gerichtet waren. Unter den Reportern gab es ziemlich viel Bewegung, ein Stuhl fiel um, es herrschte ein heilloses Durcheinander. Erst als sich Dunst, Rauch und Zigarettenqualm allmählich verzogen und der Lärm verebbte, erkannte ich an der Stirnseite des Saales Marschall Schukow, der offensichtlich den Vorsitz führte, und zu beiden Seiten die anderen Oberbefehlshaber. Die Atmosphäre, mit der sie uns empfingen, war kühl, geschäftsmäßig, bar jeder Feierlichkeit, an der Grenze zur Unhöflichkeit.«

Besonderes Augenmerk galt natürlich dem Leiter der deutschen Delegation, Wilhelm Keitel, der dem »größten Feldherrn aller Zeiten« (Keitel über Hitler) bis zuletzt willfährig zu Diensten gewesen war. René Bondoux, damals Begleitoffizier von General de Lattre, schildert seinen persönlichen Eindruck: »Ohne Zweifel hatte Marschall Keitel seine Haltung bewahrt, die man als eine Haltung von großer Würde bezeichnen kann. Doch er war sehr starr, sehr streng. Daß er seine große Uniform mit den roten Aufschlägen trug, verstärkte den Eindruck noch. Als er in den Kapitulationssaal eintrat, grüßte er mit seinem erhobenen Marschallstab. Das verlieh ihm dann natürlich die Statur eines arroganten und hochmütigen Mannes.«

Wie vorher vereinbart, zollten die Abgesandten der Sieger Keitels militärischem Gruß nicht die geringste Beachtung. So erstarrte die schmissige Geste zur steifen Gebärde und fügte sich nur allzu trefflich in das Feindbild der Sieger: ein unbelehrbarer preußischer Kommißkopf.

Kenneth Keith

Britischer Begleitoffizier von General Strong

»Um das zunächst einmal klarzustellen: Es gab keine britische Delegation in Karlshorst. Der britische Marschall Tedder unterzeichnete im Auftrag von General Eisenhower, dem Oberbefehlshaber der Alliierten im Westen. Meine Aufgabe war es, die deutsche Delegation nach Karlshorst zu bringen. Während der Fahrt war unser Verhältnis eher förmlich und höflich. Auch wenn sie unsere Feinde waren, eines verband uns mit den Deutschen, was wir mit den Russen nicht gemeinsam hatten: Wir konnten uns mit ihnen unterhalten. Sie verhielten sich korrekt, und ich hoffe, wir taten das ebenso. Früher hatte ich einige Zeit in Deutschland verbracht. Ich mochte die Deutschen und empfand niemals große Abneigung gegen sie. Die Menschen, gegen die wir kämpften, taten auch nur ihre Pflicht. Der eigentliche Akt der Unterzeichnung ging ziemlich schnell, förmlich und in würdiger Form vor sich. Ich denke, alle im Saal waren in erster Linie erleichtert, daß dieser letzte Akt das Ende des Kriegs besiegelte. Wir hatten lange Jahre des Kampfes hinter uns, waren reichlich ausgelaugt...Die meisten meiner Kameraden und ich dachten in diesem Augenblick: Gott sei Dank dafür! Wir empfanden große Erleichterung, aber keine besonderen Emotionen. Wir hatten auch nicht die geringste Vorstellung, was nun als nächstes kommen würde. Sicher freute ich mich darauf, wieder in meinen Zivilberuf zurückkehren zu können. Aber man darf auch nicht übersehen, daß der Krieg mit Japan noch andauerte. Und es war keineswegs ausgeschlossen, daß man uns noch in den Fernen Osten entsenden würde. Daher waren wir auch sehr bemüht, uns das Wohlwollen der Sowjets weiter zu bewahren. Beim Krieg in Asien waren wir auf die Unterstützung der Sowjetunion angewiesen. Das war sicher auch der Grund, warum die Alliierten die Russen an diesem Tag mit Samthandschuhen behandelten.«

Als der Feldmarschall zur Bekanntgabe der Kapitulation eine Gnadenfrist von 24 Stunden erbat, wurde er von Schukow schroff zurechtgewiesen. Dies sei keine Verhandlung, sondern eine Befehlsausgabe. Der sowjetische Rundfunkkorrespondent Anatolij Mednikow nahm während der Unterzeichnung das Wechselspiel von Sieger und Besiegtem genau ins Visier: »Als Keitel ein Dokument nach dem anderen unterschrieb, nahm er hin und wieder das Monokel vom Auge und suchte Schukows Blick. Er tat das ruhig und ohne seine Würde zu verlieren, keineswegs herausfordernd. Er suchte den Blick Schukows, konnte ihn aber nicht finden, denn der sowjetische Marschall wollte ihn nicht anschauen.« Die Deutschen waren nur noch Statisten bei einem formellen Akt der Unterwerfung.

Aus dem Tagesbefehl General Eisenhowers zum Sieg:

Es ist mir eine besondere Ehre, Euch im Namen aller am Kriege teilnehmenden Nationen für Euere tapfere Pflichterfüllung zu danken ... Durch Euere Leistungen auf See, in der Luft, auf dem Lande und auf dem Gebiet des Nachschubs sind 5 Millionen Soldaten des Feindes für immer aus dem Krieg ausgeschaltet. Dabei habt Ihr außerordentlich schwierige soldatische Aufgaben zu lösen gehabt, deren Lösung viele Zweifler für unmöglich hielten ...
Wir wollen uns nicht an dem fruchtlosen Streit beteiligen, der sicher einmal ausbrechen wird, welches Land und welche Truppenteile den europäischen Krieg gewonnen haben. Jeder Mann, jede Frau, aus jeder Nation, die hier vertreten ist, hat seinen Fähigkeiten entsprechend mitgeholfen, und die Bemühungen jedes einzelnen haben zum Ergebnis beigetragen. Daran wollen wir denken – und in Ehrfurcht verneigen wir uns vor den Gräbern der Gefallenen, und wir denken voller Achtung an die Angehörigen der Kameraden, die diesen Tag nicht mehr erleben durften.

Offiziell ergab sich mit der Kapitulation zwar nur die Wehrmacht und nicht der Staat. Aber tatsächlich erlosch mit der Unterschrift unter die Dokumente auch das Deutsche Reich. Und die drei deutschen Oberbefehlshaber unterschrieben ihren eigenen Abtritt gleich mit dazu. Der Oberbefehlshaber der Wehrmacht, Wilhelm Keitel, als Delegierter noch immun, wurde von den Alliierten vom Moment der Kapitulation an als Kriegsverbrecher behandelt und im Nürnberger Prozeß zum Tode verurteilt; Marinegeneral von Friedeburg zog nach der Verhaftung der Regierung Dönitz mit der Einnahme einer Giftkapsel selbst die Konsequenz. Und Luftwaffengeneral Stumpff, der seinen Namenszug ohnehin nur in Vertretung des verhinderten Luftwaffenchefs Ritter von Greim unter die Urkunde gesetzt hatte, wurde später von einem britischen Militärgericht freigesprochen.

Sein Begleitoffizier Konrad Stangl mußte seine militärische Laufbahn mit zwei Jahren Kriegsgefangenenlager bezahlen. Dennoch empfand er in erster Linie Erleichterung, als die Niederlage mit der Unterschrift besiegelt war: »Wer wie ich als Stabsoffizier jahrelang die Aufgabe hatte, die ganzen schlimmen Folgen des Krieges zu analysieren und mehrmals täglich vorzutragen, der konnte es nur – fast möchte ich sagen – als eine Art Erlösung und Befreiung empfinden, daß dieses sinnlose Sterben nun zumindest formal ein Ende gefunden hatte. Sicher war innerlich auch ein Gefühl der Bitterkeit vorhanden über die vielen Opfer, die sich nun als vergeblich erwiesen. Aber vor allem bei den jüngeren Offizieren herrschte doch das Bewußtsein vor, daß hier ein Regime, das sich als verbrecherisch zu erkennen gab, durch diesen formalen Akt hinweggefegt wurde.«

Nach dem Abgang der deutschen Delegation löste sich im Saal der Bann. René Bondoux erlebte den Augenblick des Triumphes mit gemischten Gefühlen: »Die sowjetischen, amerikanischen und britischen Offiziere brachen in Jubel aus. Freudenschreie und Hurrarufe tönten durch den Saal. Es war wie am Ende eines Fußballspiels, wenn die Fans Siegesgesänge anstimmen, weil ihre Mannschaft gewonnen hat. Wir Franzosen waren in dem Moment sehr bewegt. Ich weiß nicht, ob wir von dem allgemeinen Freudentaumel angesteckt wurden. Zuviele Erinnerungen an die Erniedrigung des Jahres 1940 und die schreckliche Zeit der Leiden standen dazwischen.«

Für die alliierten Teilnehmer der Zeremonie begann die Nachkriegszeit mit einem ausgelassenen Siegesbankett. Russische Gastfreundschaft ließ den Ärger des Tages vergessen. Bis zum frühen Morgen beherrschten Wodka, Champagner und Gesang das West-Ost-Verhältnis. Selbst Seitenhiebe vermochten die hochprozentige Brüderschaft nicht zu erschüttern, wie der amerikanische Rundfunkkorrespondent Howard Smith registrierte: »General Spaatz stand auf – er war wie alle ein wenig betrunken – und sagte: 'Ich möchte einen Toast ausrufen, auf die Demokratie und die Herrschaft des Volkes!' Er dachte, er würde Schukow damit treffen. Doch Schukow erhob sich, breitete seine Arme aus und rief: 'Ja, das ist wunderbar. Wir Demokraten müssen alle zusammenhalten!'« Die feuchtfröhliche Gemeinsamkeit sollte bald schon nüchterner Katerstimmung weichen.

Aus der Botschaft Stalins an Präsident Truman:

Ich danke Ihnen herzlich für die freundschaftlichen Glückwünsche anläßlich der bedingungslosen Kapitulation Hitlerdeutschlands. Die Völker der Sowjetunion schätzen den Anteil des befreundeten amerikanischen Volkes an diesem Befreiungskrieg sehr hoch ein. Der gemeinsame Kampf der sowjetischen, amerikanischen und britischen Armeen gegen die deutschen Aggressoren, der mit deren voller Vernichtung und Niederlage endete, wird als Beispiel der Kampfgemeinschaft unserer Völker in die Geschichte eingehen ...

Peter Hartl

Konfetti für die Boys

Die Welt feiert das Ende des Krieges

»Die Japaner haben unsere Bedingungen voll akzeptiert. Das wird uns gerade aus dem Weißen Haus in Washington berichtet. Dies, meine Damen und Herren, ist das Ende des Zweiten Weltkrieges!« Das war sicherlich die schönste und folgenreichste Nachricht, die Radioreporter Bob Jorb je über den Äther geschickt hat. An diesem 14. August 1945 löste sie einen geradezu exstatischen Freudentaumel bei den Amerikanern aus. Zwischen Boston und Los Angeles strömten Hunderttausende auf die Straßen und ließen ihrer Freude über das lang herbeigesehnte Ende dieses verlustreichen Krieges freien Lauf.

»An diesem Tag war ich in der Radio City Hall in New York«, erinnert sich ein Matrose, »als plötzlich Leute an die Türen hämmerten. Da brachen die Veranstalter die Show ab und erklärten, der Krieg sei zu Ende, die Japaner hätten kapituliert. Und ich war verdammt froh, nicht mehr in den Krieg zu müssen!« Millionen Mütter wußten jetzt, daß sie nicht mehr um das Leben ihrer Söhne bangen mußten. Die »Boys« würden wieder nach Hause kommen.

Der ungeheure Druck, der jahrelang auf den Menschen gelastet hatte, machte einem überschäumenden Glücksgefühl Platz. Sie waren alle Sieger – wenn auch nur für einen Tag.

Wildfremde Menschen fielen einander in die Arme. Keine Frau war davor gefeit, von einem fröhlichen Soldaten unversehens »abgeschmatzt« zu werden. Der New Yorker Times Square wandelte sich in einen gigantischen Volksfestplatz, bis spät in die Nacht wurde getanzt, gesungen und gelacht. Der Champagner floß in Strömen, und in der Hitze der Siegesfeier fand sich so manches Pärchen zusammen; keine Statistik erhellt, wie viele Kinder in diesen berauschten Stunden gezeugt wurden.

Während die Nation den Sieg feierte, waren die Kapitulationsverhandlungen mit Japan allerdings noch gar nicht abgeschlossen. Erst knapp drei Wochen später, am 2. September, unterzeichneten Außenminister Shigumetsu und Generalstabschef Umezu auf dem US-Schlachtschiff »Missouri« in der Bucht von Tokio die bedingungslose Kapitulation Japans.

Die Stunde des Siegers: General Eisenhower am 18. Juni auf seiner Triumphfahrt durch New York.

Wenngleich der Jubel etwas gedämpfter blieb, war der pazifische »Victory Day« auch in Europa ein Grund zum Feiern gewesen. Der leidgeprüfte Kontinent durfte endlich aufatmen, die Zeit des millionenfachen Sterbens war vorbei. Auch die Besiegten in den Trümmern ihrer zerstörten Städte und das riesige Heer der Kriegsgefangenen konnten wieder Hoffnung schöpfen. In Großbritannien waren die Menschen fast so ausgelassen, wie sie bereits am 8. Mai gewesen waren. Doch schon am anderen Morgen mahnte die *Times* zur Vernunft: »Angesichts der ungeheuren Probleme, vor denen die Völker heute stehen, ist kein Raum für unverantwortlichen Jubel und keine Aussicht auf Rast. Mit der Explosion der Atombombe in Hiroshima ist die Welt in ein Zeitalter neuer und ungebändigter Kräfte getreten. Die Niederringung Deutschlands und Japans ist in einem grimmigen Sinne der 'letzte Sieg'. Der Ausbruch eines neuen Krieges wäre gleichbedeutend mit der Auslöschung der Zivilisation.« Die Atombomben hatten den »schnellen« Frieden ermöglicht. Der Preis dafür waren über 200000 Tote in Hiroshima und Nagasaki, die Japan in die Kapitulation zwangen.

Hundert Tage vor Japan hatte der Aggressor Deutschland die Waffen gestreckt. Am 7. Mai hatte Generaloberst Alfred Jodl in Reims die bedingungslose Kapitulation der Deutschen Wehrmacht unterzeichnet. Alle Feindseligkeiten wurden eingestellt. Deutschland war besiegt, der Zweite Weltkrieg in Europa beendet.

Der 8. Mai, der »Victory in Europe Day«, stand ganz unter dem Eindruck dieses historischen Moments. Amerika erlebte zum ersten Mal den unbändigen Ausbruch der Freude, der am 14. August noch eine Steigerung erfahren sollte. In Frankreich geriet das Fest des Friedens zum größten Triumph für General de Gaulle, der sich nach den schmählichen Kriegsjahren nun glanzvoll in das Quartett der Sieger einreihen konnte. Auch in Rotterdam, Kopenhagen, Rom und Wellington in Neuseeland sangen und tanzten Tausende auf den Straßen.

Ein viertel Jahr später: Siegestaumel in San Francisco nach der Kapitulation Japans.

In London versammelten sich allein 200000 Menschen vor dem Buckingham Palace. Die königliche Familie fuhr unter den Hochrufen der Menge vor. Auch Premier Winston Churchill zeigte sich auf dem Balkon des Palastes: »Dies ist euer Sieg«, rief er der jubelnden Menge zu, »es ist der Sieg der Freiheit in allen Ländern. In unserer Geschichte haben wir niemals einen großartigeren Tag erlebt als diesen!« Auf dem Weg ins Unterhaus blieb der Premier regelrecht in der Masse stecken. Die unendliche Erleichterung darüber, daß es mit dem Elend des Krieges ein Ende hatte, daß das Leben wieder Einzug hielt, gipfelte am »V-Day« in überschwenglicher Euphorie: Sogar Patienten aus Krankenhäusern wurden auf die Straße getragen.

> **»Die bedingungslose Kapitulation unserer Feinde war das Signal für den größten Freudenausbruch in der Geschichte der Menschheit«**
>
> **Winston Churchill**

Winston Churchill sah in der Stunde des Triumphes keineswegs den Beginn einer Epoche des globalen Friedens, der Kalte Krieg warf bereits seine Schatten voraus: »Sorgen um die großen Fragezeichen der Zukunft bedrückten mein Herz, während die Briten sich nach all ihrem bitteren Leiden dem wohlverdienten Jubel hingaben.« Doch in seiner Rundfunkansprache am 8. Mai schickte er an den künftigen Widersacher in Moskau, den »roten Zaren«, noch eine dankbare Grußbotschaft: »Wir werden unseren heroischen russischen Kameraden einen besonderen Tribut zollen, deren Leistungen im Felde einen der großartigsten Beiträge zum allgemeinen Sieg ausgemacht haben.« Die sowjetische Bevölkerung erfuhr erst in den Morgenstunden des 10. Mai von der Neuigkeit. Stalin hatte erst das Ergebnis der auf seinen Wunsch in Berlin wiederholten Kapitulationsunterzeichnung in der Nacht zum 9. Mai abgewartet. Er glaubte nicht, daß die Deutschen im Osten so schnell ihren Widerstand aufgeben würden.

Die Sowjetunion feierte den Sieg im »Großen Vaterländischen Krieg« gegen Hitler-Deutschland nicht weniger enthusiastisch als ihre westlichen Waffenbrüder. Auf dem Roten Platz fand die offizielle Siegesparade, die inszenierte Jubelfeier, statt. Lange Reihen von Rotarmisten drückten die eroberten Nazi-Fahnen und -Standarten in den Staub. Die Insignien der faschistischen Macht wurden vor den Augen der Masse verbrannt. In seiner Siegesansprache erklärte Stalin: »Die Sowjetunion hat nicht die Absicht, Deutschland aus Rache zu zerstückeln.«

Doch abseits der verordneten Feiertagsstimmung brach sich spontane Lebensfreude Bahn. Vor der US-Botschaft versammelten sich Tausende von fahnenschwenkenden Moskauern. An diesem Tag mußten Behörden und Milizionäre zähneknirschend zusehen, wie Genossen dem Sternenbanner zujubelten.

Dieser allgegenwärtige Freudentaumel brachte nicht nur Winston Churchill ins Grübeln. Alfred Kantorowicz, Reporter in New York, notierte in der Nacht zum 9. Mai: »Es ist gut, allein zu sein. Das also liegt hinter uns ... Zwölf Jahre, die die Verbrechen von tausend Jahren angehäuft haben ... Ich höre von irgendwoher Beethovens 'Fünfte'. Die Hymne des Sieges? Es gibt keinen Sieg. Es gibt am Ende dieses Krieges nur Besiegte.« *Kristiana Ruhl*

Des Teufels Admiral

Die Regierung Dönitz

»Karl Dönitz hat den Kopf gesenkt. Tief in den Händen vergraben. Der Großadmiral sieht nicht mehr hin.« Sorgfältig notiert der amerikanische Psychiater G.M. Gilbert jede Regung des Hitler-Nachfolgers. Was den letzten Reichspräsidenten aus der Fassung bringt, ist ein Film über die Greuel in den Konzentrationslagern. Leichenberge lassen auch Dönitz nicht kalt. Zusammen mit Göring, Heß und anderen NS-Größen sitzt der 54jährige Karl Dönitz auf der Anklagebank in Nürnberg.

Ein halbes Jahr zuvor sah Großadmiral Dönitz noch keinen Anlaß, sich von den Untaten des Regimes abzusetzen. Nach Hitlers Selbstmord übernahm der Oberbefehlshaber der Wehrmacht und Führer-Nachfolger bereitwillig die Rolle des Totengräbers und Nachlaßverwalters des »Tausendjährigen Reiches«. Als Regierungssitz hatte er Flensburg gewählt. Auch nach der Kapitulation am 8. Mai residierte er dort, im roten Backsteinbau der Marineschule Mürwik, als Reichspräsident einer geschäftsführenden Regierung. Sie sollte gerade 23 Tage Bestand haben. Eine Regierung ohne Volk, dafür mit ungebrochener Kontinuität zum braunen Unrechtsstaat.

Während sich die alliierte Besatzungskommission darum bemühte, Millionen Deutsche in zerbombten und ausgebluteten Städten mit Butter und Brot zu versorgen, mimte Karl Dönitz Anfang Mai in Flensburg Regierungsalltag. Als Außenminister ernannte er Hitlers treuen Finanzchef Graf Lutz Schwerin von Krosigk. Albert Speer als Produktionsminister, Julius Dorpmüller als Verkehrsminister, Herbert Backe als Minister für Ernährung, Reichsarbeitsminister Franz Seldte und Reichsinnenminister Wilhelm Stuckart ergänzten die Kabinettsliste. Die Existenzberechtigung der Dönitz-Regierung stand für die Minister außer Frage. Außenminister Schwerin von Krosigk hatte mit Gründen der Staatsräson argumentiert.

Preußisch korrekt schickte der stets in makelloser Uniform auftretende Großadmiral den Generälen Eisenhower und Montgomery eine Kopie der vorläufigen Kabinettsliste. Die Alliierten straften den Vorschlag mit Nichtbeachtung. Noch interessierten sie sich nicht für das absurde Schauspiel, das in der Marineschule Mürwik gespielt wurde.

So sehr sich der Großadmiral Dönitz um die zügige Gesamtkapitulation und die Rettung Tausender von Ostflüchtlingen verdient gemacht hatte, so lächerlich hilflos wirkte sein Bemühen, dem Flensburger Kabinett staatsmännische Größe zu verleihen. Morgen für Morgen setzte sich Dönitz in seinen gepanzerten Mercedes – ein Geschenk des »Führers« – und ließ sich die 500 Meter von seiner Wohnung zum Regierungssitz in die Marineschule fahren. Punkt 10 Uhr eröffnete Außenminister Schwerin von Krosigk dort die tägliche Kabinettssitzung in einem früheren Schulzimmer. Albert Speer erinnert sich später: »Wir verfaßten Denkschriften ins Leere, versuchten unserer Unwichtigkeit durch eine Scheintätigkeit entgegenzuwirken. Wir waren auf dem besten Weg, uns lächerlich zu machen, oder vielmehr, wir waren es schon…«

Alle Verbindungen zur Außenwelt waren gekappt. Der Sender Flensburg, über den die Dönitz-Regierung noch zu Beginn verfügte, schwieg seit dem 8. Mai. Denkschriften zirkulierten von einem Klassenzimmer zum anderen. Die Alliierten erhielten Abschriften, Reaktionen blieben aus. Dafür waren die Minister

Bewacht auf einem Gefängnishof: Die drei wichtigsten Mitglieder der am 23. Mai in Flensburg-Mürwik von den Briten verhafteten Reichsregierung, Großadmiral Dönitz (M.), Albert Speer (l.) und Alfred Jodl.

Backe und Dorpmüller eines Tages spurlos verschwunden. Daß sie in Haft saßen, wurde der ohnmächtigen Regierung vorenthalten.

Karl Dönitz, in Offizierskreisen früher oft als kritikloser »Hitlerjunge Dönitz« belächelt, befahl am 11. Mai allen Soldaten, das goldene Ehrenzeichen der Partei abzulegen. Zumindest optisch sollte das Band zum Nationalsozialismus durchschnitten werden. Kein Gedanke mehr an frühere Äußerungen, etwa daß er lieber Erde fressen würde, als zuzulassen, daß sein Enkel in jüdischem Geist und Schmutz erzogen werden. Stattdessen tönte aus den Worten des Großadmirals ungebrochen der unselige Geist des preußischen Militarismus: »Wir stehen ohne Flecken an unserer Ehre als Soldaten da«, erklärte er am 11. Mai. Noch fünf Tage zuvor hatte er das Todesurteil für den Kapitänleutnant Asmus Jepsen unterzeichnet, der am 3. Mai seine Mannschaft nach Hause schickte, um sie vor einem sinnlosen Tod in den letzten Stunden des Krieges zu bewahren.

In der zweiten Maiwoche begann die ausländische Presse, sich für die deutsche Regierung zu interessieren. Der *New York Herald Tribune* sprach von einer grotesken Komödie und fragte, warum Dönitz noch nicht eingekerkert sei? Die Antwort gab Churchill im kleinen Kreis: »Wollen sie einen Stock haben, mit dem sie dieses besiegte Volk lenken können, oder wollen sie ihre Hände lieber in einen aufgescheuchten Ameisenhaufen stecken?«

Doch immerhin nahmen die Alliierten das Flensburger Regime nun zur Kenntnis. Am 12. Mai traf die »SHAEF Control Party of OKW«, die alliierte Überwachungskommission, in Flensburg ein. 14 Amerikaner, an der Spitze Generalmajor Lowell W. Rooks und elf Engländer unter Brigadegeneral Ford waren Vorboten des letzten Aktes: der Verhaftung der Regierung Dönitz.

Auch die Mitarbeiter der Dönitz-Regierung werden von britischen Soldaten abgeführt.

Deren oberster Repräsentant versuchte verzweifelt, mit Verhandlungen die Alliierten günstig zu stimmen. Er malte den bolschewistischen Teufel an die Wand und wollte damit einen Keil zwischen Sowjets und Westalliierte treiben. Doch Dönitz pokerte zu hoch. Die Amerikaner vermeinten, in den Reden des Admirals die alten Wochenschauparolen der Nazis wiederzuerkennen. Zu frisch waren ihnen die Bilder aus den befreiten Konzentrationslagern noch im Gedächtnis. Am 17. Mai traf die russische Kontrollkommission unter General Truskow in Flensburg ein. Es war der Tag, an dem General Rooks Eisenhower die Verhaftung der Regierung empfahl.

Als Dönitz am 22. Mai zusammen mit den Generälen Jodl und von Friedeburg den Befehl erhielt, am nächsten Morgen vor der Kontrollkommission zu erscheinen, wußte der Großadmiral Bescheid. Er ließ die Koffer packen. »Heute starb das Dritte Reich«, beschrieb Drew Middleton in der *New York Times* lakonisch das Geschehen am folgenden Tag. Es war der 23. Mai, als die Alliierten das Flensburger Possenspiel beendeten. Wie jeden Morgen saß das Kabinett im Schulzimmer zusammen. Gerade wollte Außenminister Schwerin von Krosigk die Sitzung eröffnen, da flog die Tür auf: »Hände hoch, Hosen runter«, brüllten schwerbewaffnete englische Soldaten und stürmten in den Raum. Unterdessen ertönte vor der Marineschule das Rasseln von Panzerketten. Der Backsteinbau war umstellt. Als das Kabinett mit erhobenen Händen im Gänsemarsch aus dem Gebäude trat, ging ein Blitzlichtgewitter auf die Minister nieder. Eine Dreiviertel Stunde lang lichteten 70 Bildreporter den demütigenden Abgang der deutschen Regierung ab. Die Bilder gingen um die Welt: Das Dritte Reich hatte aufgehört zu existieren.

Sechs Monate später: Der zweite Prozeßtag in Nürnberg ist zu Ende. Die grauenvollen Bilder aus den deutschen Vernichtungslagern vor Augen, kehrt Hitlers Nachfolger Karl Dönitz in seine Zelle zurück. Seine Stimme überschlägt sich vor Zorn. »Was in Gottes Namen hatte ich mit diesen Dingen zu tun. Nur durch Zufall bin ich so hoch aufgestiegen. Mit der Partei hatte ich nie das Geringste zu tun.«

Die Alliierten waren davon keineswegs überzeugt. Am 1. Oktober 1946 verurteilen sie den Nachlaßverwalter des Dritten Reiches zu zehn Jahren Zuchthaus.

Georg Schwarte

Jagd auf Hitlers Paladine

Das Schicksal der NS-Führer

Joseph Goebbels mühte sich, die Fassung zu wahren, doch sein angespanntes Gesicht ließ ahnen, was in ihm vorging. Mit demonstrativer Gelassenheit griff der Propagandaminster im Bunker unter der Reichskanzlei nach seinem Mantel, setzte seinen Hut auf, zog sich Handschuhe an. Goebbels ließ sich Zeit, straffte sorgfältig das Leder. Er schwieg, und auch Magda Goebbels, seine Frau, die neben ihm stand, entfuhr im Angesicht des Todes kein Ton. Es gab nichts mehr zu sagen.

Stumm stieg das Paar ein letztes Mal die steilen, schwach beleuchteten Treppen hinauf zum Ausgang. Minuten vergingen, dann durchdrang der Hall mehrerer Pistolenschüsse die Stille in den Gängen des Bunkers. Am 1. Mai, am Tag nach Hitlers Selbstmord, zerbissen Joseph und Magda Goebbels die tödlichen Zyankalikapseln, die sie von Hitlers Leibarzt Theodor Morell erhalten hatten. Ob sie zusätzlich noch Schüsse abfeuerten oder sich von einem SS-Mann erschießen ließen, wird für immer ein Rätsel bleiben. Fest steht: Als sie starben, lagen ihre Kinder bereits seit zweieinhalb Stunden tot in ihren Betten. Das Gift hatte die ganze Familie getötet. Der Selbstmordplan war aufgegangen.

Zwölf Jahre lang hatte Hitlers Propagandist das Reich mit Lügen überzogen. Im letztmöglichen Moment entzog er sich der Verantwortung für seine Verbrechen. Die meisten seiner Gesinnungsgenossen, die Funktionäre, Bonzen, Paladine von SS, Gestapo und Partei, versuchten, ihre Haut zu retten, ihre grausamen Taten zu verdrängen, ein neues Leben zu beginnen. Sie nutzten das Chaos des Zusammenbruchs, um unerkannt unterzutauchen. Die alliierten Suchkommandos indes, angestachelt von schockierenden Leidensberichten überlebender KZ-Insassen, hatten ihre Fährte schon aufgenommen. Eine Million Schuldverdächtige umffaßte die Liste der Londoner Kommission für Kriegsverbrechen. Jeder Name stand für bestialische Taten und Verbrechen. Ihnen sollte der Prozeß gemacht werden. Am Ende des Krieges begann von Norwegen bis zu den Bayerischen Alpen, so Außenminister Anthony Eden im britischen Unterhaus, »die größte Menschenjagd der Geschichte«.

Eine der letzten Bilder von Goebbels, aufgenommen im schlesischen Lauban am 11. März. Knapp zwei Monate später entzog sich Hitlers Propagandist seiner Verantwortung durch Selbstmord.

Julius Streicher, Herausgeber der antisemitischen Hetzpostille *Der Stürmer* (Höchstauflage: rund 700000 Exemplare) war mit Ehefrau Adele nach Tirol geflohen. Bei Waidring ließ sich Frankens berüchtigter Gauleiter unter dem Namen Seiler als Maler nieder. Sein Aussehen hatte Streicher verändert: Ein struppiger grauer Bart überwucherte sein Gesicht; statt Uniform und Schaftstiefel, gegen die er sonst mit einer Reitpeitsche zu schlagen pflegte, trug er – ganz der »Künstler« – weite Hemden. Auf offener Veranda schuf der verkleidete Verbrecher gerade ein Landschaftsaquarell, als Henry Blitt, Major der 101. US-Fallschirmjägerdivision, auf den alten Mann aufmerksam wurde. Der Offizier, der ihn für einen Bauern hielt, bat ihn durstig um ein Glas Milch. Blitt, dessen Deutsch mit jiddischem Akzent gefärbt war, wechselte einige Worte mit dem vermeintlichen Künstler, bis er endlich erkannte: »Sie sehen aus wie Julius Streicher!« Streicher, wider Willen geschmeichelt, leugnete: »Ich bin Künstler und habe mich nie um Politik gekümmert!«

Doch es war zu spät. Der erbarmungslose »Judenfresser« Streicher war überführt – von einem Juden. In Nürnberg sollte er die Todesstrafe erhalten.

Dieses Urteil wurde auch über Martin Bormann gefällt – in Abwesenheit, denn der »Sekretär des Führers« war wie vom Erdboden verschluckt. Bis zuletzt hatte »Hitlers Schatten« in der »Katakombe«, dem Führerbunker unter der Reichskanzlei, ausgeharrt. Nach dem Tode seines Herrn tendierte sein Einfluß gegen Null, wie eine Marionette, der man die Schnüre gekappt hatte, irrte der Mann ohne Aufgabe und ohne Autorität durch den Bunker, der ihm nun wie eine tödliche Falle erschien. Aufgeteilt in zehn Gruppen, starteten die Überlebenden des Führerbunkers am 2. Mai einen Ausbruchsversuch. Der Exodus endete in einem Irrlauf durch die Ruinenfelder der Hauptstadt. Bormanns Gruppe wurde von einem Trupp sowjetischer Soldaten aufgegriffen. Die aber glaubten, Volkssturmmänner vor sich zu haben und berichteten lachend vom Tode Hitlers. Bormann zeigte Nerven und hastete weiter. Seine Spur verlor sich fortan im Straßenlabyrinth Berlins...

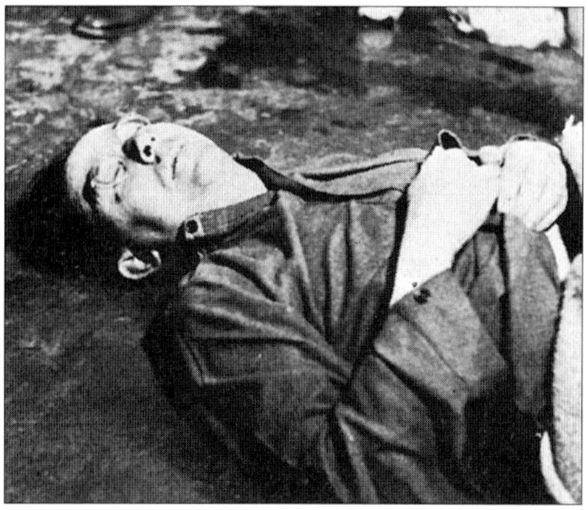

23. Mai: Heinrich Himmler, Reichsführer SS und Organisator der Massenvernichtung, hat sich in Lüneburg mit Zyankali vergiftet. Noch im April hatte er versucht, mit den Westmächten einen gegen den Osten gerichteten Separatfrieden zu schließen.

Einmal noch wurde der »Sekretär« gesichtet. HJ-Führer Artur Axmann und sein Adjudant Günter Weltzin, gleichfalls auf der Flucht, identifizierten nahe dem Lehrter S-Bahnhof zwei Leichen als die von Bormann und dem SS-Arzt Ludwig Stumpfegger. Verletzungen konnten sie nicht erkennen. Hatte Bormann also Gift genommen? Über ein Vierteljahrhundert, bis 1972, blieb der Tod des Hitler-Vertrauten ein schier unlösbares Rätsel. Erst der Fund eines Skeletts bei der Invalidenbrücke bereitete den Legenden und Spekulationen über Bormanns Existenz in Arabien oder Südamerika ein Ende. Die Knochen, stellten Gerichtsmediziner zweifelsfrei fest, waren die von Bormann. Auch der Zeitpunkt des Todes ließ sich zurückdatieren: 2. Mai, am frühen Morgen.

Zu dieser Zeit schien sich Heinrich Himmler, Reichsführer SS, Innenminister und Chef der deutschen Polizei, noch immer nicht mit dem Ende seiner Karriere abgefunden zu haben. Hitler hatte ihn per Testament aller Ämter enthoben und aus der Partei verstoßen, weil er mit dem Westen über Frieden verhandelt hatte. Doch in Flensburg, wo sich Himmler bei Hitlers Erben, Admiral Dönitz, als »Berater« wichtig zu machen versuchte, war des »Führers« letzter Wille lange Zeit nicht in allen Details bekannt. So verblieb dem Henker in schwarzer Uniform eine letzte Gnadenfrist. Verzweifelt bemühte er sich, einen Rest seines Einflusses von einst zu wahren und schlug sich selbst als Vizekanzler vor. Doch Dönitz ging lieber auf Distanz.

Ratlos wandte sich Himmler an den Außenminister der provisorischen Regierung, Graf Schwerin von Krosigk: »Was soll nur aus mir werden?« Die nüchterne Antwort: »Wie ich sehe, stehen Ihnen drei Wege offen. Der erste ist, sich den Schnurrbart abzurasieren, sich mit einer Perücke und mit einer dunklen Brille zu verkleiden und zu versuchen, vollständig zu verschwinden. Ich vermute, daß sie selbst dann bald entdeckt werden und Ihr Ende kaum sehr ruhmreich sein dürfte.« Sich selbst zu erschießen – den zweiten Weg –, dazu wollte ihm Krosigk als Christ nicht raten, er empfahl die dritte Variante: »Fahren Sie geradewegs zu Montgomerys Hauptquartier und sagen Sie: Ich bin Heinrich Himmler. Ich übernehme die volle Verantwortung für alles, was die SS getan hat.«

Himmler entschied sich für den ersten Weg. Ohne Schnurrbart, ohne SS-Abzeichen auf der Uniform, aber »getarnt« mit einer Augenklappe, versuchte er als »Feldwebel Heinrich Hizinger« den Alliierten zu entkommen. Auf der Jagd nach Himmler umstellten britische Soldaten am 19. Mai sogar die Marinekriegsschule Flensburg-Mürwik, doch statt Himmler ging ihnen Alfred Rosenberg, Reichsminister für die besetzten Ostgebiete und Chefideologe der NSDAP, ins Netz. Himmlers Flucht hingegen endete am 23. Mai an einer Brücke bei Bremervörde. Soldaten nahmen ihn als Verdächtigen fest. Noch aber wußten sie nicht, wer der Mann tatsächlich war. Im Vernehmungslager Nr. 31 drängte Himmler sofort darauf, den kommandierenden Offizier zu sprechen. Captain Selvester erinnerte sich später an einen schmächtigen, krank aussehenden Mann, begleitet von zwei großen Männern. »Ich spürte etwas Ungewöhnliches und befahl einem meiner Sergeanten, die beiden Männer unter strenge Bewachung zu nehmen. Sie wurden aus meinem Büro hinausgebracht, worauf der Schmächtige die schwarze Klappe abnahm, die er über dem linken Auge trug, und eine Brille aufsetzte. Seine Identität war sofort erkennbar, und er sagte mit sehr leiser Stimme: Heinrich Himmler.«

Der Gefangene wurde gründlich durchsucht. Prompt fanden die Soldaten zwei Messingkapseln. Die eine enthielt ein mit Gift gefülltes Glasröhrchen. Doch die zweite Kapsel war leer. Wo steckte das Giftröhrchen? Nur Mund oder After blieben als mögliche Verstecke. Ein Militärarzt untersuchte Himmler erneut. »Öffnen Sie den Mund!« befahl er. Tatsächlich: In einer Zahnlücke im rechten Unterkiefer steckte eine dunkle Kapsel. Himmler riß sich los. Dann biß er zu. Der Arzt stürzte sich auf ihn und versuchte, ihm die Kehle zuzudrücken, damit er nicht schlucken konnte. Aber es war zu spät. Das Gift hatte bereits seine tödliche Wirkung entfaltet. Der einst so gefürchtete Heinrich Himmler war tot.

Sie fielen den Alliierten lebend in die Hände (v. l.): Hermann Göring, Joachim v. Ribbentrop, Arthur Seyß-Inquart, Julius Streicher und Hans Frank.

Breits drei Wochen zuvor hatte ein anderer Gefangener, Hans Frank, der frühere Generalgouverneur des besetzen Polen, vergeblich versucht, sich mit einem Schnitt in die Pulsadern das Leben zu nehmen, um so der vermeintlichen Siegerrache oder der »Schande« der Gefangenschaft zu entgehen. Einzig Reichsmarschall Hermann Göring schien geradezu frohgelaunt in Gefangenschaft zu gehen. Der korrupte Morphinist erlebte das Kriegsende auf Jagdschloß Mauterndorf. Zwar hatte ihn Hitler als »Verräter« verstoßen, Göring jedoch betrachtete sich unbeeindruckt als legitimer Chef einer deutschen Regierung. Allen Ernstes hegte er den Plan, mit Eisenhower »von Mann zu Mann« über die aussichtslose Lage zu sprechen. Er wollte nicht wahrhaben, daß die Wünsche eines Hermann Göring zu dieser Zeit herzlich wenig interessierten.

Am 9. Mai ließ Göring sich in seinem kugelsicheren Mercedes zu einem mit der US-Army vereinbarten Treffpunkt chauffieren. Auf einer engen Alpenlandstraße gingen Göring und ein US-Offizer langsam aufeinander zu, stellten sich höflich vor – und gaben sich die Hand. Unerhört! An der Heimatfront brach ein Sturm der Entrüstung los. »Shakehands mit Mördern!« wüteten die Zeitungen in den USA und in Großbritannien, die außerdem enthüllten, wie Göring mit GI's scherzte, genußvoll Champagner schlürfte und beim Nachtisch zum Loblied auf den amerikanischen Kaffee anhob. Eisenhower befahl daraufhin, Göring fortan wie jeden beliebigen Kriegsgefangenen zu behandeln.

Dennoch führte Göring, anders als gewöhnliche Gefangene, ein Leben im Luxus. Als er sich am Tag der Kapitulation amerikanischen Journalisten stellte, wies er sie selbstgefällig an: »Bitte beeilen Sie sich, ich habe nämlich Hunger!« Zehn Tage später traf der Reichsmarschall im Gefangenenlager Mondorf an der Grenze zu Luxemburg ein – im Gepäck zwei Taschen voller Tabletten. US-Oberst B.C. Andrus hatte den Eindruck, ein übergewichtiger Arzneimittelvertreter stünde vor ihm. Das sollte sich jedoch schnell ändern. Die Sieger verordneten dem Drei-Zentner-Mann eine strenge Diät. Görings Pfunde schwanden. Tag für Tag verlor er vor den Augen anderer Nazi-Größen an Gewicht. Mondorf nämlich war die Sammelstelle für die Paladine des NS-Regimes, unter ihnen auch Hitlers Außenminister Joachim von Ribbentrop. Als Privatmann mit smartem Zweireiher hatte er in Hamburg einen Weinhändler überredet, ihn zu verstecken. Doch am 14. Juni stürmten britische Soldaten Ribbentrops Wohnung und verhafteten den noch schlafenden Ex-Minister. Der Sohn des Händlers hatte die Polizei über den Besuch des mysteriösen Mannes unterrichtet.

In Mondorf traf Ribbentrop viele alte Bekannte wieder: Robert Ley zum Beispiel, den häufig alkoholisierten Führer der Deutschen Arbeitsfront, der sich in den Alpen im blauen Schlafanzug und mit grünem Tirolerhut als »Dr. Ernst Distelmeyer« verbergen wollte. Auch Arthur Seyß-Inquart, zuletzt Reichskommissar für die besetzten Niederlande, gehörte zu den Gefangenen. Kanadische Soldaten hatten seine Flucht mit einem Schnellboot nach Holland jäh beendet. Rüstungsminister Albert Speer, der Chef des Oberkommandos der Wehrmacht, Wilhelm Keitel, Innenminister Wilhelm Frick und Wiens Gauleiter Baldur von Schirach, der sich selbst stellte, obwohl er sich als »Richard Falk« in die US-Army einschmuggeln konnte – sie alle zählten zu den »Forty-two big Nazis at Mondorf«, wie US-Zeitungen vermeldeten. Das Städtchen aber war für die NS-Prominenz nicht mehr als ein kurzer Zwischenaufenthalt auf der Fahrt zum Tribunal nach Nürnberg. Und von dort führte für die meisten kein Weg zurück.

Jörg Müllner

Mai 1945

1 · Dienstag

Propagandaminister Joseph Goebbels verübt im Bunker der Reichskanzlei mit Frau und Kindern Selbstmord (S. 57).

Einheiten der Roten Armee erobern das Stadtzentrum Berlins und stürmen die Reichskanzlei. Im Garten finden die Soldaten die verbrannten Leichen von Joseph und Magda Goebbels.

2 · Mittwoch

Die Schlacht um Berlin ist beendet: In der Reichshauptstadt kapitulieren um 15 Uhr die letzten deutschen Armeeeinheiten (S. 71).

Großadmiral Karl Dönitz bildet in Flensburg eine neue Regierung. Reichsaußenminister Ribbentrop und Reichsführer SS Himmler fehlen im Kabinett (S. 85).

Der Hafen Hamburgs im Mai 1945.

3 · Donnerstag

Nachdem Gauleiter Kaufmann Hamburg zur »offenen Stadt« erklärt hat, rücken britische Truppen ein.

Reichsminister Albert Speer widerruft in einer Rundfunkansprache Hitlers Zerstörungsbefehl.

4 · Freitag

Die deutschen Truppen in Nordwestdeutschland, Holland und Dänemark unter Generaladmiral von Friedeburg kapitulieren im Lüneburger Hauptquartier von Feldmarschall Montgomery.

5 · Samstag

Das Konzentrationslager Mauthausen wird von Einheiten der US-Armee befreit.

Der Gesandte der Schweizer Regierung in Deutschland wird abberufen.

6 · Sonntag

Das zur »Festung« erklärte Breslau kapituliert vor Truppen der Roten Armee (S. 45).

Die Alliierten verhaften eine Reihe von NS-Führungsoffizieren, darunter den Generalgouverneur von Polen, Hans Frank, und den Reichsprotektor von Böhmen und Mähren, Konstantin von Neurath (S. 87).

7 · Montag

In Reims unterzeichnet im Hauptquartier der Alliierten Streitkräfte in Europa Generaloberst Alfred Jodl die bedingungslose Kapitulation aller deutschen Streitkräfte (S. 77).

Die 12. Armee unter General Wenck überquert mit 100 000 Mann bei Travemünde die Elbe und ergibt sich US-amerikanischen Truppen.

8 · Dienstag

Die Gesamtkapitulation des Deutschen Reiches tritt um 23.01 Uhr offiziell in Kraft. Mit Ausnahme der Tschechoslowakei ruhen an allen Fronten die Waffen.

9 · Mittwoch

Im sowjetischen Hauptquartier in Berlin-Karlshorst unterzeichnet Generalfeldmarschall Keitel um 0.16 Uhr in Anwesenheit von Marschall Schukow, Luftmarschall Tedder und General de Lattre de Tassigny die bedingungslose Kapitulation der deutschen Wehrmacht. Stalin hatte darauf bestanden, daß die Unterzeichnung von Reims wiederholt wird (S. 77).

General Hilpert, letzter Oberbefehlshaber der Kurlandarmee.

10 · Donnerstag

Die Heeresgruppe Kurland kapituliert mit 208 000 Mann vor der Roten Armee.

Prag wird von sowjetischen Einheiten besetzt.

Das US-Kriegsministerium gibt bekannt: 3,1 Millionen US-Soldaten werden aus Europa abgezogen.

11 · Freitag

Die Alliierten übernehmen Helgoland, die Festung Dünkirchen und die deutschen Stützpunkte in der Ägäis.

Die tschechoslowakische Exilregierung kehrt aus London nach Prag zurück.

12 · Samstag

In Hamburg erläßt die britische Besatzungsmacht ein Ausgehverbot von 21 Uhr bis 6 Uhr.

Drei Regimenter der serbischen Staatswache, die für die Wehrmacht gekämpft hatten, ergeben sich in Kärnten den britischen Truppen. 20 Tage später werden sie von den Briten an den jugoslawischen Partisanenführer Tito ausgeliefert und in den Wäldern der Gottschee erschossen.

13 · Sonntag

Der Berliner Rundfunk strahlt als erster Sender in der sowjetischen Besatzungszone wieder ein Programm aus.

Auf Befehl General Eisenhowers wird Generalfeldmarschall Keitel als Kriegsgefangener festgenommen.

14 · Montag

Die Armee »Ostpreußen« unter General von Saucken streckt mit 150 000 Mann vor der sowjetischen 2. Weißrussischen Front die Waffen.

Kronprinz Olof von Norwegen kehrt aus seinem Londoner Exil nach Oslo zurück.

15 · Dienstag

Die 8. britische Armee in Kärnten übergibt den Großteil der kroatischen Armee an die Tito-Partisanen. Zwischen Bleiburg und Marburg an der Drau ermorden Partisanen 80 000 kroatische Soldaten sowie 30 000 Frauen und Kinder.

In Berlin werden neue Lebensmittelkarten ausgegeben. Es gibt fünf verschiedene Stufen: Schwerarbeiter erhalten pro Tag 600 Gramm Brot und 100 Gramm Fleisch, Kinder 300 Gramm Brot und 20 Gramm Fleisch.

16 · Mittwoch

In Nürnberg wird die Verdunkelungspflicht aufgehoben. Zwischen 21 Uhr und 6 Uhr gilt weiterhin Ausgangssperre.

Ende oder Anfang? Zivilisten hören die Nachricht von der Kapitulation.

17 · Donnerstag

Arthur Werner wird Oberbürgermeister von Berlin. Er gibt den neuen Magistrat der Stadt bekannt.

18 · Freitag

Die Münchner Polizei richtet Überfallkommandos ein, die gegen die Plünderungen von Einzelhandelsgeschäften vorgehen sollen. Damit die Polizeifahrzeuge nicht behindert werden, sperren die Behörden zahlreiche Straßen für den zivilen Verkehr.

19 · Samstag

In der Tschechoslowakei wird nach einem Dekret des Präsidenten Beneš das gesamte Eigentum der deutschen Minderheit beschlagnahmt.

In Nürnberg werden Straßen und Plätze, die NS-Bezeichnungen tragen, umbenannt.

20 · Pfingstsonntag

Im Berliner Ostsektor gehen ab sofort die Uhren anders: Auf sowjetischen Befehl wird die Moskauer Zeit eingeführt. Alle Uhren werden zwei Stunden vorgestellt.

Algerien erlebt »Rote Pfingsten«: Ein gegen Frankreich gerichteter Aufstand wird von französischen Truppen blutig niedergeschlagen.

21 · Pfingstmontag

Im Konzentrationslager Bergen-Belsen brennen britische Soldaten die letzte typhusverseuchte Baracke nieder. Von den rund 60 000 Überlebenden des Lagers waren in den ersten Wochen nach der Befreiung noch 13 000 Menschen gestorben.

Der deutsche Physiker Manfred Baron von Ardenne siedelt in die UdSSR über. Die sowjetische Führung hatte ihn wiederholt dazu aufgefordert (S. 125).

22 · Dienstag

General Eisenhower gibt bekannt, daß die US-Armee die ersten Kriegsgefangenen entlassen hat.

In Berchtesgaden zeigt eine Kunstausstellung eine Sammlung der von Reichsmarschall Göring in ganz Europa geraubten Kunstgegenstände. Zu sehen sind unter anderem Gemälde von Rembrandt, van Dyck und Goya (S. 49).

23 · Mittwoch

In Flensburg werden die Mitglieder der geschäftsführenden Reichsregierung um Admiral Dönitz von britischen Soldaten festgenommen (S. 85).

Der ehemalige Reichsführer SS, Heinrich Himmler, nimmt sich in britischer Gefangenschaft mit Zyankali das Leben (S. 87).

24 · Donnerstag

Dem französischen Arbeitsministerium werden 100 000 deutsche Kriegsgefangene zugeteilt. Die Gefangenen sollen im Kohlebergbau, beim Wiederaufbau der Städte und in der Landwirtschaft eingesetzt werden (S. 101).

Carl Scharnagl wird von der US-Militärregierung offiziell zum Oberbürgermeister von München ernannt.

25 · Freitag

Die 1938 gegründete »Stadt des KdF-Wagens« heißt ab sofort »Wolfsburg«.

In Berlin gründen Vertreter des Zentrums und der Deutschen Demokratischen Partei die Christlich Demokratische Union Deutschlands (CDUD).

Der tschechoslowakische Ministerpräsident kehrt nach Prag zurück. Die Slowakei wird an die Prager Regierung zurückgegeben.

26 · Samstag

Die britische Militärregierung verbietet den Kauf von Lebensmitteln direkt vom Bauern oder auf dem Schwarzmarkt.

Der britische Premier Churchill hat bis zu den Wahlen ein Übergangskabinett gebildet, nachdem die Minister der Labour Party zurückgetreten waren. Das neue Parlament soll am 5. Juni gewählt werden.

27 · Sonntag

General Eisenhower spricht sich gegen das »Hamstern« aus. Er fordert alle Landwirte dazu auf, keine geheimen Vorratslager anzulegen, sondern sämtliche Lebensmittel auf den Märkten anzubieten. Nur so sei eine gerechte Verteilung unter der Bevölkerung gewährleistet.

28 · Montag

In Bayern setzt die US-Militärverwaltung die erste Nachkriegsregierung ein. Ministerpräsident wird Fritz Schäffer. Der Sozialdemokrat Kurt Schumacher hatte das Amt abgelehnt.

Hans Habe (1911–1977), erster Chefredakteur der amerikanischen Neuen Zeitung.

Der Journalist Hans Habe wird von der US-Militärregierung mit der Gründung von Tageszeitungen beauftragt. In den folgenden Wochen erscheinen mehr als zehn neue Zeitungen (S. 159).

29 · Dienstag

Die früheren italienischen Minister Federzoni, Bottai und Rossoni werden zu lebenslänglichen Haftstrafen verurteilt. Sie wurden für schuldig befunden, die »Volksfreiheit« unterdrückt und »das Land zugrunde gerichtet« zu haben.

Insgesamt werden von den Japanern vor Okinawa 26 US-Schiffe versenkt.

An der Küste vor Okinawa greifen japanische Kamikaze-Flieger einen US-amerikanischen Kreuzer an und versenken ihn. 27 japanische Flugzeuge gehen verloren.

30 · Mittwoch

In Berlin beginnt ein »zentralgeleiteter Arbeitseinsatz« damit, die Trümmer wegzuräumen. In einem Aufruf heißt es: »Wer nicht arbeitet, der soll auch nicht essen« (S. 141).

Aus Brünn in Mähren werden 25 000 Deutsche ausgewiesen. Auf dem Marsch zur österreichischen Grenze kommen mehrere tausend Menschen ums Leben (S. 183).

31 · Donnerstag

In Damaskus greifen britische Truppen in die Kämpfe zwischen Frankreich und Syrien ein.

Die US-Militärregierung verfügt per Gesetz die Auflösung der NSDAP.

In London tritt die UN-Kommission für Kriegsverbrechen erstmals zusammen.

»Hauptsache überleben«

Der Alltag in den Trümmern

Der Weg führte durch eine apokalyptische Landschaft. Jegliche Art von Leben schien ausgelöscht zu sein. Totenstille lag über der eroberten Stadt – die Ruhe nach dem Sturm. »Es wird behauptet«, notierte der britische Kriegsreporter ungläubig, »es wohnten noch hunderttausend deutsche Zivilisten in diesem toten stumpfsinnigen Schutt, der einst Köln gewesen ist.« Aber war das möglich, nachdem in fünf Kriegsjahren 1,5 Millionen Tonnen Bomben die Domstadt verwüstet hatten?

> »Das sind die Städte, wo wir unser ›Heil‹
> Den Weltzerstörern einst entgegenröhrten.
> Und unsere Städte sind auch nur ein Teil
> Von all den Städten, welche wir zerstörten.«
>
> Bertolt Brecht

Was der Journalist nicht fassen konnte, erwies sich als wahr: In Kellern, tief unter den Trümmern, hausten Menschen wie Maulwürfe in dumpfer Finsternis. Fünfmal seit Tagesbeginn war der Reporter zu diesen »Katakomben-Menschen« hinabgestiegen, und wie ein Forscher, der eine neue Lebensform entdeckt, beobachtete er aufmerksam das Leben der Kölner: »Jedesmal hat es mich erschüttert und erschreckt, daß menschliche Wesen dem Tier so nahe kommen können und sich so wenig daraus machen.«

Wäscheleinen zwischen Trümmern und geschirrspülende Frauen am Hydranten: Man behilft sich so gut es geht im zerstörten Deutschland.

Leben im Chaos einer der am stärksten zerstörten Städte Deutschlands: Die Kölner, die trotz Bombenhagel geblieben waren, hatten sich mit ihrem tristen Dasein im Untergrund arrangiert. Nach 262 Fliegerangriffen besaßen viele nur noch die Kleider am Leib, viel wichtiger aber war: Die Waffen schwiegen – und sie hatten überlebt. 42000 Einwohner zählte die Stadt, in der einst 750000 lebten, nach dem Zusammenbruch noch. Sie vegetierten in Kellerlöchern, in Wellblechverschlägen, in Ruinen, die Fenster notdürftig mit Pappe geflickt, und manchen blieb nur ein Nachtlager unter freiem Himmel. Die Furcht vor Bomben und Bonzen saß ihnen nun nicht mehr im Nacken, doch dafür drückten sie nun andere Sorgen: Hunger, weder Wohnungen noch Arbeit, Not und Mangel in allen Belangen, prägten den widrigen Alltag in Trümmern. Man war erschöpft – zu Tode erschöpft. Der Deutsche, beobachtete der amerikanische Starreporter William L. Shirer in Berlin, »schleppt sich mühsam die Straßen entlang und schenkt den vorbeiflitzenden Fahrzeugen der Alliierten wenig Aufmerksamkeit. Manchmal wird er gar überfahren, und er unternimmt kaum Anstrengungen, dies zu vermeiden.«

Mehr als 400 Millionen Kubikmeter Schutt häufte sich in deutschen Städten. Der Gestank verwester Tierkadaver hing über den Trümmerfeldern. Bergungskommandos suchten nach verschütteten Leibern. Seuchen drohten. Es war Wirklichkeit geworden, was der Schriftsteller Carl Zuckmayer noch vor Kriegsbeginn in seiner Elegie von »Abschied und Wiederkehr« in Verse gefaßt hatte: »Ich werde durch erloschene Städte gehen/Darin kein Stein mehr auf dem anderen Stein/Und selbst wo noch die alten Steine stehen/Sind es nicht mehr die altvertrauten Gassen.«

In den staubigen Kraterlandschaften sollten Not und Entbehrungen die Menschen noch jahrelang in ihrem Alltag begleiten. Eines der drängendsten Probleme: Wohnungsmangel. Im gesamten Reichsgebiet waren durch 1,44 Millionen

»Das zerstörte Köln hat, was das unzerstörte nie gehabt hatte: Größe und Ernst. Das Schicksal war vollständig und kriegstechnisch vollkommen sinnlos.«
Heinrich Böll.

Bremen: Die meisten gotischen Häuser sind vernichtet. Von den etwa 9,5 Millionen Kubikmetern Trümmer werden bis 1951 3,1 Millionen Kubikmeter abgetragen.

Bomber- und 2,66 Millionen Kampfflugzeugeinsätze der Allierten 3,6 Millionen Wohneinheiten vollständig zerstört worden. Das sind etwa 20 Prozent des gesamten Wohnraums. Nach einer Untersuchung des Architekten W. Jackstein wurden von 300 deutschen Städten 45 total zerstört, 15 halbzerstört und fünf vereinzelt schwer getroffen. Zusammenrücken hieß also das Gebot der Stunde, zumal in Deutschland in den letzten anderthalb Jahren rund zehn Millionen Flüchtlinge unterzubringen waren. So drängten sich in Dortmund im Jahre eins nach Hitler in einer verbliebenen Wohnung im Schnitt 7,7 Menschen, doppelt soviele wie 1939.

Die Wohnverhältnisse waren so katastrophal wie die gesamte Lage des Landes. Da lebte eine Familie mit zwei Töchtern (zehn und zwölf) in zwei winzigen Zimmern mit durchnäßten Decken und Wänden, da verfügte eine fünfköpfige Familie nur über zwei Betten im Luft-

Nürnberg: Die »Stadt der Reichsparteitage« ist fast dem Erdboden gleichgemacht. Am 20. April marschierten amerikanische Truppen in die Trümmerlandschaft ein.

schutzkeller, da verkrümmte sich eine 28jährige Frau das Rückrat, weil sie statt auf einer Matratze auf einem Sack mit Hobelspänen schlafen mußte. Doch immerhin: Diese Menschen hatten wenigstens ein Dach über den Kopf und mußten zum Beispiel nicht, wie andere, stundenlang am Hauptbahnhof in langen Schlangen anstehen, um eine der begehrten Übernachtungskarten für einen Schlafwaggon zu ergattern.

Doch wem es gelungen war, eine Bleibe zu finden, hatte erst *eine* Schlacht im Kampf ums nackte Überleben gewonnen. Deutschland hungerte. »Menschen essen Gras und Rinde von den Bäumen«, beschrieb der Sowjet-Kommissar für Außenhandel, Anastas Mikojan, die katastrophale Lage in Berlin. Vom Hunger geschwächte Frauen brachen auf offener Straße zusammen. Viele hatten Untergewicht, denn die mit Lebensmittelkarten zugeteilten Kaloriensätze schmolzen dramatisch. In Konstanz waren es im Sommer 1945 nur noch 800 Kalorien am Tag – 750 weniger als von den Besatzungsmächten im August vorgeschrieben, und mancherorts sollte es noch schlimmer kommen. Korn und Getreide aus den fruchtbaren Ostgebieten blieben aus, und die Bauern im Westen produzierten zu wenig, da es ihnen an Düngemittel, Arbeitskräften, Viehfutter und Maschinen fehlte. Höfe und Felder waren vom Krieg verwüstet. Deutschland erntete 1945 mit 1,3 Millionen Tonnen Getreide nur mehr halb soviel wie 1939. Zwar halfen die Alliierten mit 600 000 Tonnen aus, dennoch lebte die Bevölkerung von der Hand in den Mund. Mancherorts fehlten Bäckern Briketts zum Brotbacken. »Ja, wenn Sie keine Briketts mitbringen,« beschied der Teufel einer jungen Frau auf einer Karikatur der Münchner Zeitschrift *Der Simpl* lakonisch, »dann kann ich sie in der Hölle nicht mehr aufnehmen!« Glücklich, wer darüber lachen konnte!

Die Misere, die im Winter drastische Ausmaße anzunehmen drohte, war auch Folge des verschwenderischen Umgangs mit kostbaren Vorräten während der Kriegszeit. Jetzt war in Deutschland Schmalhans Küchenmeister. Kochen geriet zum Spagat zwischen Wunsch und der elenden Realität der Ersatzprodukte. Sie feierten einen beispiellosen Triumphzug durch deutsche Küchen. Es gab Trockenmilch, Trockenei und statt richtigen Kaffee zum Frühstück dünnen »Muckefuck«. Noch dünner war das erste im Frieden gebraute Bier. Schnaps

Eine Behelfsküche zwischen Trümmern. Glücklich ist, wer wenigstens für die Kinder ein wenig Milch ergattern kann.

brannte man aus Rüben und Kartoffeln. Tabak gedieh in Blumentöpfen auf Fensterbrettern – Marke »Siedlerstolz« statt Lucky Strike. »Kippensammler« tummelten sich bevorzugt vor den Kasernen der Alliierten. Sieben Stummel ergaben eine neue Zigarette. Offen blieb: Woher die Streichhölzer nehmen?

Improvisieren hieß die oberste Lebensmaxime. Speiseöl ließ sich ja auch aus Bucheckern und den Samen der Tannenzapfen gewinnen, und Rizinusöl oder Lebertran eignete sich zum Backen und Braten ebenso wie herkömmliches Öl. Fleisch blieb vorerst unerreichbares Luxusgut. Hausfrauen streckten Frikadellen mit durchgedrehtem roten Rübensalat. Manche verwendeten für Bouletten sogar Schneckenfleisch, denn die verteilten Lebensmittel enthielten kaum Eiweiß, wenig Fett, dafür aber viele Kohlenhydrate. In der Not aßen Menschen Eichhörnchen, Dohlen, Raben. Hunde und Katzen waren im Sommer in Berlin von den Straßen verschwunden. Als »Dachhasen« endeten sie in den Töpfen der Hungernden. Gemüse? Ein frommer Wunsch. Vitamine? Erst recht. Mit Lebensmittelmarken allein war ein Auskommen nur schwer möglich. Immer derselbe Gedanke trieb die Menschen bei ihrer rastlosen Suche nach verschollenen Angehörigen, nach Arbeit und einer neuen Heimat: Sattwerden, Sattwerden, Sattwerden . . .

Die Mehrheit mußte sich mit Notspeisen wie »Wildgemüse« begnügen. In Berlin bot ein Botaniker eigens dafür Exkursionen an und konnte sich vor Interessenten kaum retten. 15000 Bürger ließen sich in die kulinarischen Geheimnisse von Löwenzahn, Wiesenknopf und Brennesseln einweihen. »Gekocht«, erinnert sich Konrad Adenauer, »wurde auf primitiv mit Ziegeln zusammengebauten Feuerstellen. Wasser wurde mit Eimern und Blechnäpfen an den wenigen Pumpen, die heil geblieben waren, geholt.«

Ging es aber darum, Süßes auf den Tisch zu zaubern, half auch das Gemüse am Wegesrand nicht weiter. Zucker, Mehl und Schlagsahne, die Stoffe, aus denen süße Träume sind, ließen sich nur schwer organisieren. Was tun? Einen Ausweg boten Eicheln, aus denen in mühsamer Prozedur Mehl gewonnen werden konnte. Enthülste und zerschnittene Eicheln weichte man dazu in kaltem Wasser ein, ließ sie trocknen und mahlte sie dreimal in der Kaffeemühle - fertig war das Mehl zum Backen von Eichel-Gugelhupf, Eichel-Lebkuchen oder Eichel-Brot. Geduld und List waren unabdingbar. So mußten in der Küche durchlöcherte Stahlhelme als Küchensieb herhalten, und so manche Hakenkreuzfahne fand als Küchenschürze eine neue Verwendung.

Zwei Münchner Frauen schildern ihren Alltag in Trümmern:

»Meine Familie litt Hunger, Hunger und nochmals Hunger. Solange der Krieg andauerte und ich mit dem Baby in Pestenacker evakuiert war, arbeitete ich wie eine Magd auf dem Bauernhof, bezahlte für eine winzige Kammer mit einem feuchten Bett (darin war auch noch das Pferdegeschirr aufgehängt) 150 Reichsmark. Das Baby schlief mit zwei Jahren noch im Kinderwagen. Dafür durfte ich die Lebensmittelmarke des Babys für meine alten, in München vegetierenden Eltern behalten. Erst nach dem Kriegsende, als wir Pakete von Verwandten aus den USA bekamen, konnten wir in einer uns bekannten Gärtnerei den Kaffee, Tee etc. gegen Gemüse und Kartoffeln tauschen. Wir hatten alle Untergewicht, und trotzdem hatte meine Mutter noch vor Kriegsende in München eingesetzten Kriegsgefangenen (teils Russen und Franzosen) heimlich Brotmarken zugesteckt. Sie sagten immer ganz leise, damit die Aufsicht sie nicht hörte: ›Frau, bitte Hunger‹ Viele hatten Mitleid mit ihnen, und wir aßen noch weniger.«

»Ich war aktive Leistungsschwimmerin im Damen-Schwimmverein München, und unsere Frau Kätze Jacobi sah uns alle recht mager und schwach im Volksbad umherpaddeln. Sie übte also mit uns wieder das Kunstschwimmen wie vor dem Krieg und stellte ein Programm zusammen, nahm Verbindung mit den US-Offizieren für Zivilfragen auf – und so traten wir erstmals als ›Isar-Nixen‹ in den Erholungszentren der US-Army am Rissersee, Eibsee, Kochelsee und in Bad Tölz als Kunstschwimmerinnen auf. Dafür bekamen wird dann nach dem Schwimmen einen reichlich gedeckten Tisch mit Sandwiches und Kaffee serviert. Bei den farbigen Soldaten am Kochelsee gab es dazu noch viel Schokolade, was Frau Jacobi dazu bewog, uns Madeln noch besser zu behüten . . .«

Neben Sahne, Mehl und Zucker geriet auch Seife in den Status eines Luxusartikels. Wie aber sollte Wäsche ohne Seife gewaschen werden? 1945 kursierten unter Hausfrauen eine Reihe von Tips für den erfolgreichen Kampf gegen Schmutz und Dreck. Dunkle Wollsachen und Strümpfe empfahl es sich, in einem schaumig geschlagenen Sud aus Efeublättern oder mit einer Lauge aus Ochsengalle und Wasser zu reinigen. Helle Wäsche wurde in diesen waschpulverlosen Zeiten in Holzaschenlauge eingeweicht – mit dem Ergebnis, daß Hemden zwar rein, aber gewiß nicht strahlend weiß wurden. Die Münchner Philharmoniker musizierten solange im aschgrauen Stoff, bis sich ein Musikfreund erbarmte und zehn Kilo Waschpulver spendierte.

Die Lage war trostlos, anfangs ohne Aussicht auf Besserung. Allmählich aber schärfte sich der Blick für Auswege, die das Leben nach dem Überleben sicherten und erträglicher gestalteten. An neue Kleider war beim grassierenden Stoffmangel nicht zu denken. So malten sich Frauen mit einem Stift eine Strumpfnaht auf die dunkel gefärbten Beine; alte Anzüge wurden aufgetrennt, Decken und Vorhänge zu Mänteln genäht.

Not zeigte nicht überall dasselbe Gesicht. In kleineren, unversehrten Städten, befand ein US-Geheimdienstoffizier Mitte April, gehe es den Deutschen im Gegensatz zu der Bevölkerung vieler Großstädte ziemlich gut. »Die meisten Deutschen, die man auf den Straßen sieht, sind anständig gekleidet, sehen ganz gesund aus, und viele tragen häufig eine Aktentasche bei sich und eilen geschäftig hin und her, als ob sie eine Vorstandssitzung aufsuchen wollten.« »Geschäftsleute« in Wehrmachtsmänteln, die im Dezember 1945 plötzlich vor einem neuerlichen großen Problem standen. Am 1. 12. nämlich verbot der Alliierte Kontrollrat per Befehl, militärische Kopfbedeckungen und Uniformen in ihrer ursprünglichen Farbe zu tragen. Wie sollte die Anordnung erfüllt werden? Färbemittel gab es zur Genüge, aber viele einstige Soldaten besaßen nur das, was sie am Leibe trugen. Was sollten sie anziehen, während ihre Kleider gefärbt wurden?

Kein Tag ging ins Land ohne ein neues derartiges Problem, das sich im Notstandsgebiet Deutschland schnell zur Katastrophe auswachsen konnte. Die Nerven der erschöpften Menschen lagen nach endlosen Nächten im Luftschutzkeller blank. »Die Flut von schlechten Nachrichten«, stellte der Regierungspräsident in Hildesheim fest, »hat manche unserer Mitbewohner zu hoffnungslosen Pessimisten gemacht. Gerade die Leute, welche zuvor die Schwierigkeiten nicht sehen wollten, haben den Kopf verloren. Immer wieder hört man von Selbstmorden, von Nervenzusammenbrüchen, von hoffnungsloser Verzweiflung.«

Das war die eine Seite, die andere bot ein optimistischeres Bild. Allen Entbehrungen zum Trotz, es wurde auch getanzt, gefeiert, gelacht . . . So beschwerlich sich das Leben in Trümmern darstellte, die Macht der Gewohnheit machte es erträglicher, zumal erste Anzeichen von einer besseren Zukunft kündeten.

Die Militärregierungen lockerten die Ausgangsbeschränkungen. Kinos, Cafes, Restaurants wagten einen Neuanfang. In München hatten im Oktober schon wieder über 800 Wirtshäuser, 540 Bäckereien und 120 Konditoreien geöffnet. Schon im Juli war das Telefonnetz mit 1200 Teilnehmern wieder im Betrieb. In Dortmund waren bereits 14 Tage nach der Besetzung fast alle Stadtteile mit Gas, Strom und Wasser versorgt. Autos fuhren mit Holzgas, die S-Bahn bimmelte wie in Vorkriegszeiten durch die Straßen, und seit Juni verkehrten wieder die ersten Züge der Reichsbahn unter dem Signet »Allied Forces« auf dem provisorisch geflickten Schienennetz. Ein Hauch von Normalität überkam das ausgeblutete Land, das einen sonnigen und trockenen Friedenssommer erlebte. Es war staubig in den Trümmern, und dieser Staub legte sich wie Mehltau auf die bizarren Ruinen. Nach dem schwärzesten Abschnitt in seiner Geschichte trug Deutschland ein Kleid in Grau.

Jörg Müllner

Am 26. März dringen Amerikaner vom Süden her in Frankfurt ein. Etwa Dreiviertel der Bausubstanz dieser einst reichen Mainmetropole sind zerstört.

Träume vom Frieden

Die Geburt der UNO

26. Juni: 51 Staaten unterzeichnen in San Francisco das Gründungsstatut der Vereinten Nationen, unter ihnen auch die damals noch eigenständige Ukrainische Sowjetrepublik (Bild).

Der Traum von Frieden und Gerechtigkeit ist so alt wie die Menschheit selbst. Doch im Jahre 1945, mit der Erfahrung zweier Weltkriege, schien es dringlicher denn je, diesen Traum Wirklichkeit werden zu lassen. So ruhten auf der »Charta der Vereinten Nationen«, die am 26. Juni in San Francisco von 50 Staaten unterzeichnet wurde, große Hoffnungen – zu große, wie sich schon bald zeigen sollte.

Der Mann, der diesen Schritt zu einer neuen Gemeinschaft der Völker wie kein anderer vorangetrieben hatte, war wenige Wochen vor der Verwirklichung seines Traumes gestorben. Franklin D. Roosevelt, der 32. Präsident der Vereinigten Staaten, erlebte nicht mehr mit, wie sein politisches Vermächtnis in die Tat umgesetzt wurde.

Roosevelts Engagement für eine neue Staatengemeinschaft begann schon lange vor dem Krieg. 1937 – der nach dem Ersten Weltkrieg entstandenen Völkerbund hatte zwei Jahre lang dem brutalen Eroberungskrieg Italiens in Abessinien tatenlos zugesehen – deutete der Präsident ein Ende des amerikanischen Isolationismus an. Die berühmte »Quarantäne-Rede« vom 5. Oktober 1937 wurde weltweit mit Erstaunen zur Kenntnis genommen: Die Vereinigten Staaten meldeten sich nach neun Jahren selbstgewählter Abstinenz als Weltmacht zurück. Roosevelt erklärte: »Wenn wir eine Welt haben wollen, in der wir frei arbeiten und in Freundschaft ohne Furcht leben können, dann müssen die friedliebenden Nationen eine gemeinsame Anstrengung unternehmen, um die Gesetze und Grundsätze aufrechtzuerhalten, auf denen allein der Frieden sicher ruhen kann. Unglücklicherweise scheint es wahr zu sein, daß sich eine Epidemie der Gesetzlosigkeit in der Welt ausbreitet. Wenn aber eine epidemische Krankheit sich auszubreiten beginnt, dann schließt sich die Gemeinschaft freiwillig zu einer Quarantäne der Patienten zusammen, um die Gesundheit der Gemeinschaft vor der Ausbreitung der Krankheit zu bewahren.«

Wie sehr der Präsident recht behalten sollte, zeigten die kommenden Jahre. Hitlers vielfacher Bruch des Völkerrechts bestärkte den Visionär im Weißen Haus: Gegen politische Verbrecher konnte nur der gemeinsame Widerstand aller freiheitsliebenden Nationen etwas ausrichten. Beweis genug dafür waren die Millionen Toten auf den Schlachtfeldern in Europa und Asien. Am 14. August 1941 verkündeten Roosevelt und Winston Churchill an Bord eines US-Kriegsschiffes in der Argentiabucht vor Neufundland die »Atlantik-Charta«. Sie sah unter anderem ein »weitgefaßtes und permanentes System allgemeiner Sicherheit« vor. Als wenig später 26 Staaten in die Allianz gegen Deutschland, Japan und Italien eintraten, diente die »Atlantik-Charta« als Grundlage. Die Keimzelle der späteren UNO war geboren.

Über die Konferenzen in Teheran und Moskau führte der Weg ins stille Dumbarton Oaks im US-Bundesstaat Washington, wo sich die Westmächte mit der Sowjetunion auf die Grundzüge der neuen Organisation einigten. Ihre Ziele sollten weit über die des gescheiterten und 1946 aufgelösten Völkerbundes hinausgehen, denn nicht nur Krieg, sondern jegliche Gewaltandrohung sollten fortan Angelegenheit der neuen Gemeinschaft sein. Widerwillig hatte Stalin im Februar auf der Konferenz von Jalta dem Konzept der UNO zugestimmt, doch wichtige Detailfragen, wie z. B. die Handhabe des Vetorechts, waren noch offen geblieben - und hätten beinahe den Beitritt der UdSSR verhindert. Stalin forderte, eine Gegenstimme müsse genügen, um ein Thema von der Tagesord-

Statut der Vereinten Nationen
vom 26. Juni 1945

Wir, die Völker der Vereinten Nationen, entschlossen, kommende Generationen von der Geißel des Krieges zu retten, die zweimal im Laufe unseres Lebens unsäglichen Kummer über die Menschheit gebracht hat, und den Glauben an die Grundrechte des Menschen, an die Würde und den Wert der Person, an die gleichen Rechte für Männer und Frauen und für große und kleine Nationen aufs neue zu bekräftigen, und Bedingungen zu schaffen, unter denen Gerechtigkeit und Achtung für Verpflichtungen gewährt werden können, die auf Verträgen und anderen Quellen des Völkerrechts beruhen, und sozialen Fortschritt und günstigere Lebenshaltung in größerer Freiheit zu fördern, und für diese Ziele Duldung zu üben und friedlich miteinander als gute Nachbarn zu leben, und unsere Kräfte zu vereinen, um internationalen Frieden und internationale Sicherheit aufrechtzuerhalten, und durch die Annahme von Grundsätzen und Einführung von Methoden unser Ziel zu sichern, daß Waffengewalt nicht angewendet werde – außer in gemeinsamem Interesse – und uns für die Förderung des wirtschaftlichen und sozialen Aufstiegs aller Völker eines internationalen Systems von Ämtern und Vorkehrungen zu bedienen, haben beschlossen, unsere Bemühungen, diese Ziele zu verwirklichen, zu vereinen. Unsere Regierungen haben daher durch Vertreter, die, in der Stadt San Francisco versammelt, ihre Vollmachten vorgewiesen haben, welche für gut und richtig befunden wurden, dem vorliegenden Pakt der Vereinten Nationen ihre Zustimmung gegeben und begründen hiermit eine internationale Organisation; diese soll bekannt sein unter dem Namen »Vereinte Nationen«.

nung der Vollversammlung zu streichen. Soweit wollten die Amerikaner nicht gehen. Das Plenum der UNO sollte nicht zu einem handlungsunfähigen Diskussionsforum werden. Doch noch bevor diese Frage geklärt werden konnte, starb Roosevelt. Sein Nachfolger, Harry S. Truman, schickte einen Sonderbotschafter nach Moskau. Harry Hopkins, Washingtons »Mann für alle Fälle«, bewegte mit diplomatischem Geschick und enormer Überredungsgabe den »Roten Zaren« zum Einlenken.

Die Konferenz in San Francisco hatte bereits begonnen, als die Sowjetunion endlich die amerikanischen Vorschläge billigte. Schon die Gründungskonferenz zeigte aber, wie mühsam die Zusammenarbeit werden sollte. 3500 Delegierte aus 50 Nationen sorgten für ein geradezu babylonisches Sprachengewirr. 120 Dolmetscher übersetzten rund um die Uhr in die offiziellen Konferenzsprachen Chinesisch, Englisch, Französisch, Russisch und Spanisch. 12 000 Änderungsvorschläge zu den Entwürfen von Dumbarton Oaks mußten bearbeitet werden. Um in diesem Chaos den Überblick zu behalten, setzte man Kommissionen und Unterausschüsse ein. Täglich wurden bis zu 20 000 Telefonate geführt. In nur einer Woche verbrauchte das Sekretariat 78 Tonnen Papier. An manchen Tagen wurden zwei Millionen Schreibmaschinenseiten produziert.

Das weltweite Interesse war enorm. 2500 akkreditierte Journalisten verleiteten so manchen Delegierten zu politischen Fensterreden. Der französische Außenminister Bidault kritisierte, daß »an die Stelle von Diplomaten Volkstribunen« getreten seien, an turbulenten Tagen fühle er sich »auf einen Rummelplatz versetzt«. Fast jede Delegation hatte eine eigene Vorstellung vom Aufbau der Vereinten Nationen, und so grenzte es an ein Wunder, daß die Verhandlungen dennoch nicht im Sande verliefen.

Bei der feierlichen Unterzeichnung der »Charta der Vereinten Nationen« hatten wohl viele die Vision einer Weltregierung vor Augen. Die Charta beginnt mit den Worten: »Wir, die Völker der Vereinten Nationen, entschlossen, kommende Generationen vor der Geißel des Krieges zu retten, die zweimal im Laufe unseres Lebens unsäglichen Kummer über die Menschheit gebracht hat..., haben beschlossen, unsere Bemühungen, diese Ziele zu verwirklichen, zu vereinen.«

Frieden – das war das erklärte Hauptziel der »United Nations«. Als schlagkräftiges Organ wurde ein Sicherheitsrat eingerichtet, dem seither die Sieger des Weltkrieges angehören: die Sowjetunion, die USA, Großbritannien, Frankreich und – als vermeintliche Großmacht der Zukunft – die Volksrepublik China. Beschlüsse der fünf ständigen Sicherheitsratsmitglieder müssen einstimmig gefaßt werden. Hier setzte sich Stalin durch: Im Sicherheitsrat hatte er nun mit dem Vetorecht den von ihm gewollten Hebel, Beschlüsse der Völkergemeinschaft zu blockieren. Dennoch versprachen sich die Delegierten der Gründungsversammlung gerade vom Sicherheitsrat tatkräftiges Handeln – eine Hoffnung, die im beginnenden Kalten Krieg schnell zur Illusion wurde.

Die neue Satzung trat am 24. Oktober 1945 in Kraft. Noch gut ein halbes Jahr lang existierten der alte Völkerbund und die Vereinten Nationen nebeneinander. Erst am 26. April 1946 beendete der Völkerbund in Genf sein Schattendasein und löste sich auf. Wiederum ein halbes Jahr später, im Oktober 1946, trat – sinnigerweise in Lake Success bei New York – die erste UN-Vollversammlung zusammen. Wie weit der Weg von den feierlich abgelegten Bekenntnissen hin zu gemeinsamen Taten sein würde, wurde schon bald klar. Der atomare Rüstungswettlauf und die Spaltung der Welt in zwei verfeindete Blöcke raubten schnell die Illusion, Roosevelts Traum von kollektiver Sicherheit könne schon bald Realität werden. *Holger Hillesheim*

Das vergessene Tal

Die »Republik« von Schwarzenberg

Der Krieg war aus, und niemand kam. Deutschland hatte am 8. Mai 1945 kapituliert; alliierte Soldaten marschierten in die entlegensten Winkel des geschlagenen Reiches. Nur ein Landkreis mitten im westlichen Erzgebirge blieb unbesetzt: Schwarzenberg. Zwanzig Kilometer westlich der verschlafenen Kleinstadt, die dem Landkreis ihren Namen lieh, hatten die Amerikaner auf ihrem Vormarsch halt gemacht. Im Osten standen sowjetische Panzerspitzen in Annaberg, 25 Kilometer entfernt. Dazwischen lagen 500 Quadratkilometer unbesetztes Deutschland, Niemandsland. Rund 200 000 Menschen im Landkreis Schwarzenberg blieb der Anblick der einmarschierenden »Befreier« zunächst vorenthalten. Ein Zufall? Ein Mißverständnis zwischen Russen und Amerikanern? Politische Ränke im Vorfeld des Kalten Krieges? Eine Arabeske der Weltgeschichte jedenfalls, deren Hintergründe bis heute nicht geklärt sind. Stefan Heym, als US-Offizier 1945 auf der Seite der Befreier und später populärer, aber widerspenstiger DDR-Schriftsteller, hat mit seinem Roman »Schwarzenberg« dieser Episode ein literarisches Denkmal gesetzt.

»Es muß doch irgendjemand kommen. Die können uns doch nicht vergessen haben.« Paul Korb war wie viele Einwohner Schwarzenbergs am 9. Mai 1945 ratlos. Ein Ausflug in die sowjetische Kommandatur in Annaberg verlief ergebnislos. Hauptmann Mologow erklärte den verdutzten Emissären aus Schwarzenberg: »Ich habe Befehl, bis Annaberg zu marschieren – und nicht weiter!« Korb und seine Freunde beschlossen zu handeln. In der »roten« Arbeitersiedlung Bermsgrün, wo Kommunisten und Sozialdemokraten während der Weimarer Republik zusammen mehr als 90 Prozent der Stimmen zu erzielen pflegten, gründeten sie ein »Antifaschistisches Aktionskomitee«. Obrigkeit und Verwaltung waren nach der Kapitulation zusammengebrochen, versprengte Wehrmachtssoldaten und ehemalige Zwangsarbeiter zogen plündernd durch den sächsischen Landkreis.

Das Aktionskomitee stellte eine bewaffnete »Arbeiterwehr« auf - Waffen gab es zuhauf im Schwarzwassertal, wo in einer ehemaligen Badewannenfabrik Panzerfäuste und Handgranaten für Hitlers Krieg hergestellt worden waren. Ein Lager der Hitlerjugend, das fanatische »Werwölfe« ausbilden sollte, wurde aufgelöst. Die Arbeiterwehr entwaffnete Landser, die wie Gesetzlose durch die unbesetzte Zone nach Westen zogen, und verhaftete mehr als zwei Dutzend NS-Funktionäre. Das hoch über Schwarzenberg gelegene Schloß, der Sage nach die Residenz des Drachentöters St. Georg, diente jetzt als Gefängnis

Die Kreisstadt Schwarzenberg mit der Kirche St. Georg (l.) und dem Schloß, das einst dem sächsischen Kurfürsten als Jagdschloß diente.

für mehr oder minder belastete Vertreter der alten Ordnung. Daß in diesen Tagen auch manch alte Rechnung beglichen wurde, war nach den Jahren der Unterdrückung wohl unvermeidlich.

Am 18. Mai, noch immer waren weder Besatzer aus dem Westen noch aus dem Osten aufgetaucht, bildeten die Mitglieder des Aktionsausschusses eine Regierung: den »Beratenden Ausschuß der Stadt Schwarzenberg«. Notgeld wurde in Umlauf gebracht, auf Briefmarken das Hitler-Porträt mit einem Bild der Stadt überstempelt, und die »Adolf-Hitler-Straße« hieß von nun an »Demmeringer Straße«. Doch daran, einen dauerhaften Miniaturstaat zu errichten, dachten die Kommunisten und Sozialdemokraten des Ausschusses nicht. »Dazu ist zu viel auf uns eingestürmt«, erinnert sich Paul Korb, damals Polizeichef der kleinen Republik, »wir wurden von den Tagesaufgaben erschlagen.« Für die politische Utopie, im Erzgebirge einen sozialistischen Staat zu gründen, war einfach keine Zeit – anderslautende Legenden gehen auf Versuche der DDR-Historie zurück, Schwarzenberg als ideologischen Vorreiter des später »real existierenden« Sozialismus auf deutschem Boden zu vereinnahmen.

Für die Schwarzenberger selbst war die unverhoffte »Freiheit« kein Segen. Die Kleinstadt blieb von der Außenwelt fast völlig isoliert. Nicht einmal zu den anderen Ortschaften im unbesetzten Erzgebirge bestanden verläßliche Kontakte. »In jedem Ort regierte ein anderer«, meint ein Bürger aus dem benachbarten Raschau. Vor allem die Versorgung der Bevölkerung mit Lebensmitteln stellte die Antifaschisten im Schwarzenberger Rathaus vor immer größere Probleme. Aus den Besatzungszonen der Amerikaner und Russen war keinerlei Hilfe zu erwarten – keine der beiden Siegermächte fühlte sich zuständig. Einzelne Versuche, mit illegalen Tauschgeschäften Mehl, Kartoffeln und Fleisch vor allem aus den Westzonen zu »organisieren«, waren nicht mehr als Tropfen auf den heißen Stein. Ein Mediziner aus Schwarzenberg berichtete am 27. Mai von »vor Schwindel taumelnden Menschen«, »ruhrartigen Durchfällen« und zunehmender Seuchengefahr. Weil es aussichtslos war, die Verpflegungslage nur über die Kanäle des Schwarzmarktes zu regeln, streckten die Mitglieder des Ausschusses ihre Fühler aus, um nun doch »befreit« zu werden.

Doch erst am 21. Juni erschien die neue Besatzungsmacht – ein Panje-Wagen und elf Soldaten in der Uniform der Roten Armee. Eine wilde Soldateska, wie sie Tausende Städte und Dörfer im Osten Deutschlands erlebt hatten, blieb dem Schwarzwassertal erspart. Eine Arbeiterin aus der Badewannenfabrik: »Wir, die jungen Mädchen, sind erst einmal alle stiften gegangen. Wir hatten ja Schlimmes gehört. Aber die, die hierher gekommen sind, benahmen sich diszipliniert.«

Wie das besatzungsfreie Niemandsland im Erzgebirge entstehen konnte, darüber gibt es bis heute zahlreiche, teilweise abenteuerliche Spekulationen – wie etwa der Hinweis auf die riesigen Uranvorkommen zwischen Schwarzenberg und Aue, die später tatsächlich den Grundstock der sowjetischen Nuklearrüstung bilden sollten. Für die Amerikaner war das jedoch im Sommer 1945 schon kein Thema mehr – Sachsen und Thüringen würden an die Sowjets fallen, das war seit Jalta klar. Stefan Heym, der über die Gepflogenheiten in der US-Armee gut Bescheid weiß, hat in seinem Roman eine simplere Lösung geliefert: Weil sich die Befehlshaber einer US-Panzerdivision nicht einigen konnten, ob sie sich nun östlich oder westlich von Schwarzenberg mit den Russen treffen sollten, warf ein US-Kartograph eine Münze, sie entschied für die Westgrenze. Diese Version hat einiges für sich. Zumindest waren gewisse Orientierungsprobleme der Amerikaner auf ihrem rasanten Vormarsch vom Rhein an die Elbe mangels ausreichendem Kartenmaterial an der Tagesordnung.

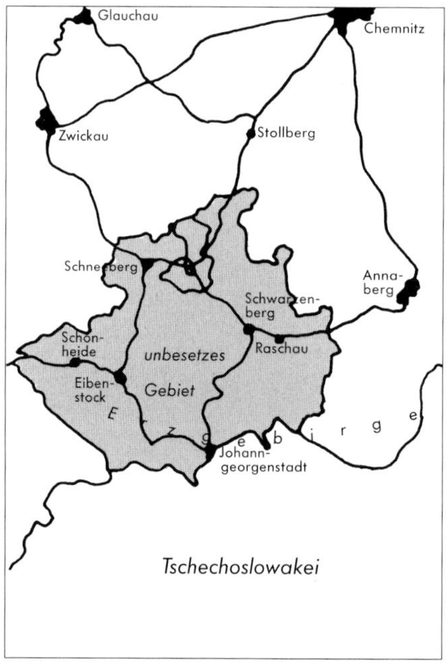

Erst am 21. Juni marschieren sowjetische Truppen in das Gebiet um Schwarzenberg am Rande des Erzgebirges ein.

Doch vieles spricht dafür, daß die »Republik Schwarzenberg« auch ein Resultat der hohen Politik war. Als US-General Bradley am 5. Mai bei Torgau mit Marschall Konjew die amerikanisch-sowjetische Demarkationslinie in Sachsen und Thüringen aushandelte, hat er ihm wohl verschwiegen, daß das alliierte Oberkommando schon jeden weiteren Vormarsch nach Osten untersagt hatte. Bradley vereinbarte also eine Linie östlich Schwarzenbergs, durfte aber laut Befehl gar nicht weiter vorrücken. Hintergrund dieses Vorstoßes am grünen Tisch waren Geheimgespräche zwischen den Amerikanern und der letzten intakten Großeinheit der Wehrmacht, Generalfeldmarschall Schörners Heeresgruppe Süd. Die noch mehr als eine Million Mann starke Heeresgruppe wollte geschlossen in amerikanische Gefangenschaft gehen. Schwarzenberg, der unbesetzte Puffer im Süden Sachsens, bot Teilen dieser letzten von Hitlers Armeen ideale Gelegenheit, sich nach Westen abzusetzten. Tatsächlich wurde ein Großteil der Heeresgruppe von GI's gefangengenommen.

Ob die Amerikaner lediglich humanitären Gesichtspunkten folgten, oder – wie manche DDR-Historiker unterstellten – den deutschen Großverband für einen eventuellen Krieg gegen den sowjetischen Alliierten auf ihrer Seite wissen wollten, wird mangels eindeutiger Dokumente ein Rätsel bleiben. Die »Republik Schwarzenberg« aber hat wohl allein durch ihre Existenz Zehntausenden deutscher Soldaten das Los russischer Gefangenschaft erspart.

Christian Deick

Der Marsch ins Lager

Millionen hinter Stacheldraht

Der Krieg ist aus, der Marsch in eine ungewisse Zukunft beginnt.

Am 17. April 1945 war für den Gefreiten Helmut Liebich der Krieg zu Ende. In Gotha lief der Flaksoldat amerikanischen GI's in die Arme. Sie steckten ihn in das improvisierte örtliche Kriegsgefangenenlager. Zelte gab es nicht, nur der übliche Stacheldraht umschloß die morastige Wiese – vorläufige Endstation nach oft langen Jahren an der Front. Die schmale Essensration mußten sich die ausgehungerten Landser am ersten Tag bitter verdienen. Tief vornübergebeugt, die Arme schützend vor dem Gesicht, rannten Helmut Liebich und seine Kameraden zwischen zwei Reihen johlender GI's hindurch, die mit Knüppeln auf sie einschlugen. Am Ende des demütigenden Spießrutenlaufes wartete ein US-Sergeant, der grinsend dünne Suppe verteilte. Der erste Tag der Gefangenschaft des Gefreiten Liebich bedeutete für ihn zwar das Ende des Krieges, die Rückkehr in die Normalität schien jedoch noch in weiter Ferne zu liegen.

Wie Liebich zogen im Frühjahr 1945 fast elf Millionen deutscher Soldaten, zerschunden, müde und ausgehungert, in Gefangenschaft – jeweils mehr als drei Millionen in britische, amerikanische und sowjetische Lager. Hundertausende von Wehrmachtsangehörigen taten alles, um von Soldaten der Westalliierten gefangengenommen zu werden. Mit letzter Kraft zogen kurz vor Kriegsende ganze Divisionen nach Westen, schreckliche Gerüchte sowie Goebbels' tiefsitzende Propaganda hatten die Angst vor den Russen zur landesweiten Hysterie gesteigert. So mußten Amerikaner und Briten bald sehr viel mehr Kriegsgefangene versorgen, als ihr sowjetischer Verbündeter. Zwar hatte das Hauptquartier General Eisenhowers einen detaillierten Plan für den Umgang mit den deutschen Gefangenen ausgearbeitet, doch die unvorhersehbar große Zahl machte aus der Weisung mit dem Decknamen »ECLIPSE« schnell Makulatur. Die Folge waren zum Teil unmenschliche Bedingungen in den rasch improvisierten Sammellagern.

Von April bis Juni 1945 pferchten die Amerikaner fast eine Million deutscher Soldaten in solchen Camps unter freiem Himmel am Rhein zusammen. Diese »Rheinwiesenlager«, wie sie die Gefangenen nannten, zogen sich von Düsseldorf rheinaufwärts bis Mannheim hin. Durchziehende amerikanische Pioniereinheiten richteten allein um Koblenz und Mainz 13 dieser Lager ein. Wieviele der entkräfteten deutschen Soldaten dort starben, ist bis heute ungewiß. Die Zahlen schwanken zwischen 8000 und 40000. In den heißen Sommermonaten mußten täglich Massengräber ausgehoben werden.

Hitlers Autobahnen, einst als kriegswichtige Nachschublinien konzipiert, dienen nun dem Abtransport deutscher Soldaten in die Gefangenenlager.

Auch im Rheinwiesenlager Heidesheim, wo der Gefreite Helmut Liebich mit rund 6000 Soldaten ums Überleben kämpfte, starben täglich Kameraden. Unterkünfte gab es nicht, erfahrene Frontsoldaten gruben sich mit den Händen Erdlöcher als Schutz vor Wind und Regen. Eines Nachts hörte Liebich, wie die Seitenwände der Erdhöhlen, vom Regen durchweicht, auf die schlafenden Männer herunterbrachen. Fast alle waren zu schwach, sich zu befreien. Liebich schrie und wühlte im Dreck, versuchte, die Verschütteten auszugraben. Doch mit bloßen Händen konnte er nicht mehr helfen. Er mußte erleben, wie Gefangene sich für ein Stück Brot zu Tode prügelten, Männer vor Hunger und Ungewißheit verrückt wurden: »Ich konnte kaum glauben, daß Menschen so grausam zueinander sein konnten.«

Geringe Ernteerträge im zerstörten Europa und ruinierte Transportwege machten die Alliierten zu Verwaltern des Mangels. Besonders schlimme Zustände herrschten im Lager Bad Kreuznach. »Die Ansicht ist weitverbreitet«, schrieb später ein amerikanischer Chronist lakonisch, »daß der Kommandant des Lagers Bad Kreuznach eine große Anzahl Deutscher absichtlich hat verhungern lassen.«

Nach den Bestimmungen der Genfer Konvention hatten Kriegsgefangene ein Recht auf 2000 bis 3000 Kalorien pro Tag, je nach Art der Arbeit, die sie leisteten. Doch besonders in den ersten Monaten nach der deutschen Kapitulation waren die Sieger kaum in der Lage, auch nur die Hälfte der geforderten Rationen zu verteilen. Die Lage war so alarmierend, daß amerikanische Befehlshaber berichteten: »Die Ernährungssituation ist vielleicht das ernsteste Problem der Besatzung.« Um die westliche Öffentlichkeit, die zunehmend auf die unwürdige Behandlung der Gegner von einst aufmerksam wurde, zu beruhigen, führten die amerikanischen und britischen Militärs neue Begriffe ein. Die deutschen Gefangenen wurden jetzt als »entwaffnete feindliche Kräfte« und als »gestelltes feindliches Personal« klassifiziert. Ein Bruch der Genfer Konvention, die ausdrücklich nur für reguläre »Prisoners of War« galt, lag nun nicht mehr vor. Die Lage der hungernden deutschen Soldaten verbesserte sich dadurch nicht. Das Internationale Rote Kreuz protestierte vergeblich. Seinen Vertretern wurde zu vielen Lagern der Zutritt verwehrt, Namenslisten existierten nicht.

Nur zögernd gestatteten die Siegermächte in Ost und West Briefkontakte mit den Angehörigen. Die zivile Postzustellung funktionierte ohnehin kaum,

Zwar gefangen, aber wenigstens nicht tot. Das mag die Bevölkerung denken, wenn sich Kolonnen deutscher Soldaten durch die Innenstädte bewegen – wie hier in München.

Eines der zahlreichen und berüchtigten »Rheinwiesenlager«.

und Papier war knapp. Millionen Frauen bangten noch Monate nach Kriegsende um Ehemänner, Väter und Söhne. Wer als Gefangener endlich schreiben durfte, litt auf andere Art: »Du, der du seit Jahren auf diesen Augenblick gewartet hast, sitzt mit einem kümmerlichen Bleistiftstümpchen vor dir – und weißt keine Worte. Wie sollst du in 25 Worten sagen, daß und wie du lebst – wie sollst du in 25 Worten fragen, wer daheim noch lebt, die Frau, die Kinder, die Mutter?« So mancher Gefangene konnte hinter dem Stacheldraht seines Lagers das Heimatdorf sehen und war für seine Familie doch unerreichbar. »Jahrelang habe ich an der Ostfront gekämpft, aber nie hatte ich größeres Heimweh als jetzt«, schrieb ein Soldat aus einem amerikanischen Kriegsgefangenenlager, keine 20 Kilometer von Frau und Kind entfernt.

Als im Sommer 1945 im Südwesten Deutschlands eine französische Besatzungszone eingerichtet wurde, übernahm die vierte Siegermacht Hunderttausende Gefangene von der US-Armee. Die französischen Militärs, denen die Erinnerung an die demütigende Besatzung noch gegenwärtig war, behandelte die ehemaligen Besatzer noch rigider als Briten und Amerikaner. Vertreter des Roten Kreuzes warnten, daß fast 200 000 deutsche Kriegsgefangene in französischen Lagern zu verhungern drohten. Angesichts des Elends in den Lagern verziehen viele französische Bauern schneller als ihre Regierung und versorgten die Deutschen über den Stacheldraht hinweg mit Brot und Wasser, spontane Gesten des Mitleids und der Hilfsbereitschaft.

Häufig stellten die Amerikaner anderen Alliierten die Gefangenen als Arbeitskräfte zur Verfügung. Zwar hatte die Operation »ECLIPSE«, die Mitte Mai anlief, die zügige Entlassung von Männern mit Erfahrung im Bergbau und Landwirtschaft vorgesehen. Der enorme Bedarf an Arbeitskräften für den Wiederaufbau machte jedoch bald aus den gefangenen Soldaten willkommene Zwangsarbeiter. Holland, Belgien und Luxemburg machten Ansprüche auf deutsche Arbeitskräfte geltend. 123 000 Mann wurden nach England transportiert, 14 000 nach Holland, 30 000 nach Belgien und 5000 nach Luxemburg. Über die Situation in Frankreich schrieb 1949 die Tageszeitung *Le Monde*: »Während der Jahre 1945 bis 1948 leisteten über eine Million deutsche Gefangene in Frankreich Hunderte Millionen von Arbeitstagen.«

Auch der Gefreite Helmut Liebich mußte arbeiten. An Ruhr erkrankt, schleppte er sich, mittlerweile nach Bingen-Büdesheim verlegt, durch den Lageralltag. Trotz Fieberphantasien mußte er Gefangene nach Geburtsorten einteilen, bis er – halb bewußtlos – in einem offenen Güterwagen ins Rheinwiesenlager Rheinberg verlegt wurde. Auf der Fahrt dorthin rollte der Zug auch durch niederländisches Staatsgebiet. Steine flogen, der holländische Haß auf die deutschen Besatzer saß tief. Aber auch vielen einfachen amerikanischen Soldaten galt jeder Wehrmachtsangehörige als noch immer gefährliches Nazi-Werkzeug. Als die ersten Bilder aus den befreiten Konzentrationslagern veröffentlicht wurden, wurde der Haß noch größer.

Dennoch lagen die Überlebenschancen im Westen weit höher als in den Lagern der Sowjetunion. Stalin fühlte sich der Genfer Konvention nicht verpflichtet, die Sowjetunion hatte sie 1929 nicht unterzeichnet. Die meisten der riesigen sowjetischen Lager lagen Tausende von Kilometern von der Front entfernt. In langen Marschkolonnen wälzten sich mehr als drei Millionen deutscher Gefangener in Richtung Osten. Viele überlebten diese Odyssee nicht. Auch die Eisenbahntransporte, meist wochenlang ohne Verpflegung in offenen Güterwagen unterwegs, kosteten Tausenden das Leben. Auf einem Transport vom südrussischen Javas ins Lager nach Karaganda starb fast die Hälfte der 3500 in Waggons gezwängten Soldaten. Doch auch die Zivilbevölkerung im Westen der Sowjetunion litt unter der katastrophalen Ernährungssituation. Die Wehrmacht hatte auf ihrem Rückzug Felder in Brand gesteckt und Tausende von Bauerndörfern zerstört.

Mehr als eine Million deutscher Gefangener in der Sowjetunion sahen die Heimat nicht wieder. Sie starben nach Jahren der Zwangsarbeit an Epidemien oder verhungerten. Jene, die überlebten, mußten oft noch Jahre hinter Stacheldraht leben. Erst Mitte 1956 wurden die letzten deutschen Soldaten entlassen.

Der Gefreite Helmut Liebich hatte mehr Glück. Ein britischer Militärarzt schickte ihn ins Lazarett nach Lintfort. Zum erstenmal seit Monaten lag er in einem richtigen Bett und durfte sich sattessen. Der 1.76 Meter große Mann wog nur noch 44 Kilo. Wochen später durfte er nach Hause. »Mit den Tommies kam die Ordnung. Sie haben mir das Leben gerettet.«

Georg Schwarte

Das Vorrecht der Sieger: Tausende deutscher Kriegsgefangener werden im Triumph durch Moskau geführt.

Juni 1945

1 · Freitag

Ehemalige Sozialdemokraten gründen in Erfurt den »Bund demokratischer Sozialisten«. Erster Vorsitzender des Linksbündnisses, das auch Kommunisten offensteht, wird der SPD-Politiker Hermann Brill.

In der amerikanischen und britischen Besatzungszone nimmt die Nachrichtenagentur »German News Service« (GNS), später »Deutsche Allgemeine Nachrichtenagentur« (DANA), ihre Arbeit auf.

2 · Samstag

Die deutschen Rundfunksender Radio Frankfurt und Radio Stuttgart beginnen in der US-Zone mit dem Sendebetrieb (S. 159).

Papst Pius XII. erinnert in Rom in einer Radioansprache an die Leiden der Völker und auch der katholischen Geistlichen in der NS-Zeit.

Papst Pius XII. (1876–1958).

3 · Sonntag

Hermann Brill (SPD) wird von der amerikanischen Besatzungsmacht zum ersten Ministerpräsidenten von Thüringen ernannt.

Zu einer friedlichen deutsch-russischen Begegnung kommt es in Berlin-Moabit beim Fußballspiel einer Elf der Roten Armee gegen eine Auswahl der Stadt.

4 · Montag

Der Schriftsteller Georg Kaiser, einer der meistinszenierten deutschen Dramatiker der zwanziger Jahre, stirbt in Ascona im Alter von 67 Jahren.

5 · Dienstag

In Berlin übernehmen die Oberbefehlshaber der vier Besatzungsmächte offiziell die Regierungsgewalt in Deutschland. Als oberstes Entscheidungsorgan für Deutschland fungiert künftig der Alliierte Kontrollrat. Weitere Vereinbarungen regeln die Organisationen der Besatzungszonen in Deutschland und der Sektoren in Berlin (S. 129).

Der ehemalige Reichsjugendführer Baldur von Schirach, der in Tirol untergetaucht ist, stellt sich freiwillig den Behörden.

6 · Mittwoch

In Bremen konstituiert sich der neugebildete Senat unter dem Regierenden Bürgermeister Erich Vagts.

7 · Donnerstag

Die britische Besatzungsmacht ernennt Arthur Sträter zum Regierungspräsidenten von Düsseldorf.

8 · Freitag

Kardinal Faulhaber, Erzbischof von München und Freising, ruft im Rahmen der sozialen Hilfsaktion »Diakon« die Bauern auf, für die hungernde Stadtbevölkerung Nahrungsmittel zu spenden.

Kardinal Faulhaber (1869–1952).

9 · Samstag

Der Oberfehlshaber der sowjetischen Besatzungstruppen gibt im Befehl Nr. 1 die Gründung der »Sowjetischen Militäradministration in Deutschland« (SMAD) bekannt. Der SMAD sind 664 Kommandanturen auf örtlicher Ebene untergeordnet. Verwaltungssitz ist Berlin.

Der Berliner Magistrat bringt die ersten Nachkriegsbriefmarken im Wert von fünf und acht Reichspfennigen heraus.

10 · Sonntag

Der Befehl Nr. 2 der SMAD ermöglicht die Neugründung »antifaschistischer« politischer Parteien und Gewerkschaften in der Sowjetzone. Das politische Leben unterliegt weiterhin einer strengen Kontrolle (S. 137).

11 · Montag

Auf Anordnung der französischen Besatzungsbehörde wird das Saarland in einen eigenständigen Regierungsbezirk umgewandelt, an dessen Spitze ein Regierungspräsident steht.

Einen Tag nach der Zulassung von Parteien in der Sowjetzone verliest Walter Ulbricht im kleinen Kreis den Gründungsaufruf der Kommunistischen Partei Deutschlands (KPD). Vor 80 Delegierten warnt Ulbricht davor, Deutschland »das Sowjetsystem aufzuzwingen«, da dieser Weg seinen »gegenwärtigen Entwicklungsbedingungen« nicht entspreche.

12 · Dienstag

Der Berliner SPD-Politiker Gustav Dahrendorf schlägt den »kommunistischen Freunden« die »organisatorische Einheit der Werktätigen, aller Antifaschisten in Stadt und Land« vor, kündigt aber zugleich die Neugründung der SPD an.

13 · Mittwoch

Als erste deutsche Parteizeitung nach dem Krieg erscheint in Berlin das KPD-Zentralorgan *Deutsche Volkszeitung.*

14 · Donnerstag

Der veröffentlichte Gründungsaufruf der KPD, zu dessen Unterzeichnern Walter Ulbricht, Wilhelm Pieck und Johannes R. Becher gehören, fordert unter anderem die »Enteignung des Großgrundbesitzes«.

In einer Hamburger Privatwohnung wird der ehemalige Reichsaußenminister Joachim von Ribbentrop von britischen Soldaten festgenommen (S. 87).

15 · Freitag

In Berlin ruft der »Vorbereitende Gewerkschaftsausschuß«, dem unter anderem sozialdemokratische, kommunistische und christdemokratische Politiker angehören, zur Gründung des Freien Deutschen Gewerkschaftsbundes (FDGB) auf.

Die französische Militärregierung bildet in ihrer Besatzungszone das neue Land Rheinland-Hessen-Nassau. Regierungspräsident in Koblenz wird Wilhelm Boden.

16 · Samstag

Auf Anordnung der US-Besatzungsbehörden sollen alle Staatsbediensteten aus der öffentlichen Verwaltung entlassen werden, die vor dem 30. Januar 1933 Mitglieder der NSDAP oder einer ihrer Gruppierungen waren.

Bei einem Motorradunfall kommt der sowjetische Stadtkommandant von Berlin, Generaloberst Bersarin, ums Leben.

17 · Sonntag

Nach der KPD konstituiert sich in Berlin auch die SPD. In ihrem Gründungsaufruf, der unter anderem von Otto Grotewohl, Max Fechner und Erich Gniffke unterzeichnet ist, fordert sie die Errichtung eines »antifaschistischen demokratischen Regimes«.

In Köln wird die Christliche Demokratische Volkspartei gegründet.

18 · Montag

In München nimmt die Post die regelmäßige Briefzustellung wieder auf.

Unter der Leitung des Malers Carl Hofer beginnt die Berliner Hochschule für Bildende Künste mit dem Lehrbetrieb.

19 · Dienstag

Hochrangige Vertreter von KPD und SPD vereinbaren die Einsetzung eines »Gemeinsamen Arbeitsausschusses«, der die künftige Zusammenarbeit beider Parteien koordinieren soll.

20 · Mittwoch

Die zur britischen Besatzungszone gehörigen Regierungsbezirke Aachen, Düsseldorf und Köln werden zum Verwaltungsbezirk Nordrhein zusammengefaßt. Der Regierungssitz wird von Bonn nach Düsseldorf verlegt.

21 · Donnerstag

Auf Anordnung des tschechoslowakischen Präsidenten Beneš wird der sudetendeutsche Grundbesitz enteignet und aufgeteilt.

Die US-Truppen ziehen sich aus Köln zurück. Die Domstadt gehört zur britischen Besatzungszone.

Im Landkreis Schwarzenberg – bislang von keinem der Alliierten besetzt – marschieren sowjetische Truppen ein (S. 99).

22 · Freitag

Nach Auskunft der britischen Militärregierung sind im Ruhrgebiet wieder 140 Kohlebergwerke in Betrieb. Die tägliche Kohleförderung betrage bereits 40 000 Tonnen.

In Bremerhaven trifft an Bord eines Frachtschiffes der erste amerikanische Lebensmitteltransport ein.

23 · Samstag

Der ehemalige Oberbefehlshaber der deutschen Kriegsmarine, Erich Raeder, wird in der Nähe von Berlin festgenommen.

Der jugoslawische Marschall Josip Tito meldet territoriale Ansprüche seines Landes auf Istrien und Kärnten an.

Josip Tito (1892–1980)

24 · Sonntag

Die US-Regierung gibt bekannt, daß sie die Beziehungen zur polnischen Exilregierung in London abbrechen werde. Gemäß der Beschlüsse von Jalta werde sie die provisorische Regierung in Warschau anerkennen.

25 · Montag

In München müssen auf Befehl der US-Militärbehörden alle Straßen und Plätze umbenannt werden, deren Namen auf Personen oder Motive des Dritten Reiches zurückgehen.

26 · Dienstag

In San Francisco unterzeichnen Delegierte aus 51 Staaten die »Charta der Vereinten Nationen«. Oberstes Ziel der neuen Weltorganisation ist laut Satzung die Sicherung des Friedens. Ständige Mitglieder im UNO-Sicherheitsrat sind die USA, die Sowjetunion, Großbritannien, China und Frankreich (S. 97).

Fährt wieder: Straßenbahn nach Berlin-Schöneweide.

In Berlin findet die Gründungsversammlung der Christlich Demokratischen Union (CDU) statt. Ziel der Partei ist ein »christlicher Sozialismus«. Die ersten Sprecher der CDU sind Andreas Hermes, Jakob Kaiser und Ernst Lemmer.

27 · Mittwoch

Die Berliner Stadtverwaltung richtet einen Suchdienst für vermißte deutsche Soldaten und Zivilpersonen ein.

28 · Donnerstag

Das US-Hauptquartier im Pazifik meldet den Zusammenbruch des japanischen Widerstands auf Luzon (Philippinen). Die Verluste werden auf amerikanischer Seite mit 4000 Toten und 11 000 Verwundeten, auf japanischer Seite mit 113 000 Toten angegeben.

29 · Freitag

Die Vertreter der Großmächte verständigen sich auf die Modalitäten des bevorstehenden Truppenwechsels in Berlin Anfang Juli.

In Berlin normalisiert sich der öffentliche Nahverkehr. 64 U-Bahnstationen, 22 Straßenbahn- und fünf Autobuslinien sind bereits wieder in Betrieb.

30 · Samstag

Die angloamerikanischen Truppen beginnen, entsprechend der Besatzungsvereinbarung, mit dem Abzug aus Thüringen, Sachsen, dem Freistaat Anhalt und dem westlichen Teil von Mecklenburg.

Die SMAD ernennt eine beratende Versammlung für das Land Sachsen mit folgender Mandatsverteilung:
SED 10 Sitze, CDU 10, Liberal-Demokratische Partei 10, Bauernvereinigung 5, FDGB 10, FDJ 3, Industrie- und Handelskammer 3.

Teilung der Beute

Die Konferenz von Potsdam

»Ist es wahrscheinlich, daß diese riesig angewachsene Macht auf ihrem Weg zum Weltreich innehalten wird? Es wird darauf hinauslaufen, daß die natürlich scheinende Grenze Rußlands von Danzig oder vielleicht Stettin bis nach Triest verläuft«. Es war kein geringerer als Karl Marx, der – in einer Ausgabe der *New York Tribune* von 1853 – prophezeite, was knapp ein Jahrhundert später Wirklichkeit wurde.

Die Stunde der Wahrheit schlug auf der Konferenz von Potsdam. Hier trafen

> »Dieser Krieg ist nicht wie in der Vergangenheit; wer immer ein Gebiet besetzt, erlegt ihm auch sein eigenes gesellschaftliches System auf...
> Es kann gar nicht anders sein.«
> Stalin im April 1945 zu Belgrader Genossen

sich im Juli 1945 die »Großen Drei«, die Regierungschefs der Siegermächte USA, Großbritannien und Sowjetunion, um über die Zukunft Deutschlands und Europas nach dem Zweiten Weltkrieg zu beraten. Doch nicht die US-Regierung, sondern Winston Churchill schien Karl Marx gelesen zu haben, als der Westen sich anschickte, ›gemeinsam‹ mit der Sowjetunion auf den Trümmern des alten Europa eine neue Ordnung zu errichten.

Truman (mit dem Rücken zur Kamera auf dem breiten Stuhl), Churchill (mit Zigarre) und Stalin (mit Zigarette): Die »Großen Drei« verhandeln in Potsdam über die Zukunft Deutschlands und Europas.

Schon wenige Tage nach der bedingungslosen Kapitulation des Hitler-Reiches hatte der britische Premier starke Bedenken angemeldet und nach Washington telegrafiert: »Ein eiserner Vorhang ist vor der Front der Russen niedergegangen. Was dahinter vorgeht, wissen wir nicht. Es gibt kaum Zweifel, daß die gesamten Gebiete östlich der Linie Lübeck-Triest-Korfu bald vollständig in ihren Händen sein werden«. Für diese Erkenntnis bedurfte es längst nicht mehr der Lektüre von Marx. Fast überall, wo die Rote Armee von den Deutschen besetzte Gebiete ›zurückeroberte‹, kam es zu Vertreibungen, politischen Verfolgungen und Annexionen. Kaum schwiegen die Waffen an den Fronten, zeichneten sich schon die Konturen eines neuen weltumspannenden Konfliktes ab: des Kalten Krieges.

Churchill kam sich wie ein einsamer Rufer in der Wüste vor. Wäre es nach ihm gegangen, hätten die USA den anfangs von ihren Armeen besetzten Teil der sowjetischen Besatzungszone als Faustpfand behalten. US-Präsident Truman träumte zwar nicht – wie sein Vorgänger – den Traum von der ›einen Welt‹, doch war auch er davon überzeugt, Moskau für eine Zusammenarbeit im Interesse des Weltfriedens gewinnen zu können.

Ein Friedensengel vor verschlossenen Türen. All zu optimistisch scheinen die Amerikaner am Vorabend der Potsdamer Konferenz nicht zu sein, was die Lösung der ungeklärten Probleme betrifft (u. a. die gemeinsame Besetzung Berlins und die Polenfrage).

Anfang Juli 1945 räumte die US-Armee die von ihr besetzten Teile Mecklenburgs, Sachsens und ganz Thüringen. Gleichzeitig zogen die Westmächte in die für sie vorgesehenen Sektoren in Berlin ein. Churchill aber ließ nicht locker und forderte die Einberufung einer Gipfelkonferenz, um endlich

Klarheit über die Haltung Moskaus zu gewinnen. Truman unterstützte Churchill. Stalin gab dem Drängen des Westens zwar nach, doch er stellte Bedingungen: Frankreich, das seinen Worten nach zum Siege nichts Entscheidendes beigetragen habe, solle von der Konferenz ausgeschlossen bleiben. In Jalta erst war die »Grande Nation« in den Rang einer Siegermacht gehoben worden.

Am Nachmittag des 17. Juli 1945 fuhren die drei Delegationen nacheinander vor dem Portal von Schloß Cäcilienhof vor. Auf dem üblichen Gruppenbild für Wochenschau und Presse trugen Stalin, Churchill und Truman Einmütigkeit zur Schau – doch der Moment täuschte darüber hinweg, mit welch unterschiedlichen Erwartungen und Zielen die drei Regierungschefs in die alte Residenzstadt gekommen waren. Dreizehn Tage lang – jeweils am späten Nachmittag – kam das Plenum zusammen.

Trotz des zunehmenden Mißtrauens unter den Alliierten war auf der Konferenz nicht mit Milde gegenüber den Deutschen zu rechnen: »Noch haßte und fürchtete der ganze Kontinent Deutschland mehr als Rußland«, notierte Robert Murphy, der politische Berater des amerikanischen Oberbefehlshabers, General Eisenhower. Auch wenn die Siegermächte – wie es später im »Potsdamer Protokoll« hieß – nicht

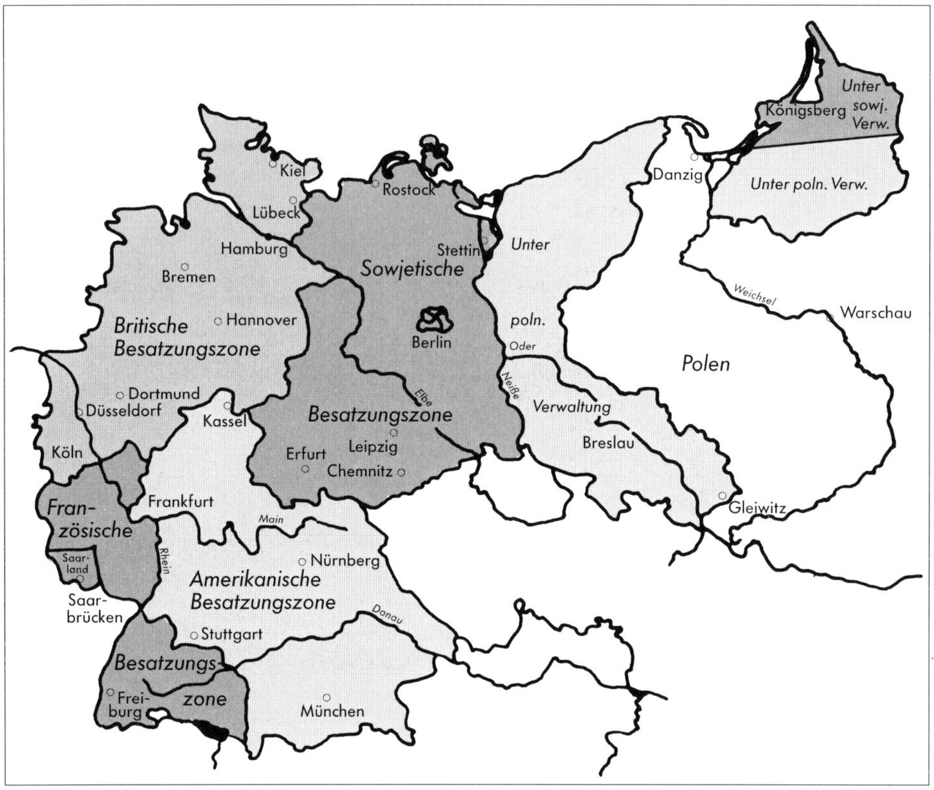

Am 2. August werden im Potsdamer Kommuniqué die Grenzen der Besatzungszonen und der ehemaligen Ostgebiete veröffentlicht. Bis zur »endgültigen Festlegung der Westgrenze Polens« gilt die sog. Oder-Neiße-Linie, Königsberg und seine umliegenden Gebiete kommen unter sowjetische Verwaltung.

beabsichtigten, das deutsche Volk zu vernichten oder zu versklaven: Deutschland sollte zu spüren bekommen, »daß es sich nicht der Verantwortung entziehen konnte und daß es für die furchtbaren Verbrechen« büßen mußte.

Es galt, Deutschland als Risiko für den Frieden ein für allemal auszuschalten. Über die Notwendigkeit, das geschlagene Reich völlig zu entwaffnen, sämtliche militärischen und nationalsozialistischen Einrichtungen abzubauen oder zu zerstören, alle Kriegsverbrecher vor Gericht zu stellen und eine Wiedergutmachung der von Deutschland verursachten Schäden anzustreben, waren die Sieger schon auf der Konferenz von Jalta übereingekommen.

Voraussetzung für die Durchsetzung ihrer Ziele aber war eine gemeinsame Herrschaft in und über Deutschland. Dafür hatten die »Großen Drei« die Schaffung von Besatzungszonen und Verwaltungsgebieten vereinbart. Berlin als »Zentrum des deutschen Militarismus und Faschismus« wurde von den Siegern gemeinsam besetzt, wobei jede Macht ihren eigenen Sektor erhielt. Der »Alliierte Kontrollrat« war die oberste Regierung in Deutschland für die Dauer der Besatzungszeit.

> »Wie konnten sie wegen des lächerlichen Kinderspiels um das vierzonale Berlin (ihre künftige Achillesverse zudem) die riesigen Gebiete von Sachsen und Thüringen hergeben?«
> Alexander Solschenizyn

Briten und Amerikaner hatten sich für die Beteiligung Frankreichs als Besatzungsmacht eingesetzt. Doch Stalin weigerte sich, dafür Teile seiner eigenen Besatzungszone herzugeben. So blieb den beiden Westmächten nichts anderes übrig, als den Franzosen einen Teil ihrer Zonen abzugeben – von der Potsdamer Konferenz blieb Paris dennoch ausgeschlossen.

In Schloß Cäcilienhof einigten sich die »Großen Drei« auf einen umfangreichen Katalog für die künftige Behandlung Deutschlands, die sogenannten vier großen »D«: Demilitarisierung, Denazifizierung, Demontagen und Demokratisierung. Doch je mehr es darum ging, konkrete Schritte zu beschließen, wichen die Sieger auf äußerst vage Formulierungen aus.

Wie aber war es um die deutsche Einheit bestellt? Daß die Sowjetunion sich nicht anschicke, »Deutschland zu zerstückeln«, hatte Stalin schon kurz nach Jalta beteuert. Auch die US-Regierung erklärte die Aufteilung Deutschlands in Besatzungszonen zum Provisorium. Churchill wollte ohnedies ein Deutschland, das stark genug war, Stalin zu trotzen. So wurde das Deutsche Reich von den Alliierten zwar getrennt besetzt, sollte aber – so war es zumindest geplant – in allen wesentlichen Fragen gemeinsam regiert werden. Der Kontrollrat hatte darüber einstimmig zu entscheiden und für ein »einheitliches Vorgehen« Sorge zu tragen. Außerdem gaben die Mächte in Potsdam zu Protokoll, daß das besiegte Land während der Besatzungszeit »als eine wirtschaftliche Einheit zu betrachten« sei. Das ließ die Deutschen hoffen.

Churchill, Truman und Stalin vor Schloß Cäcilienhof. Noch ist der britische Premier dabei, am 28. Juli wird er nach dem Sieg der Labour Party von Clement Attlee abgelöst.

Doch welches Deutschland war gemeint? De jure ging es nach wie vor um das Deutsche Reich in den Grenzen von 1937. Doch de facto hatte das Reich schon 1945 ein Viertel seines Territoriums, die Ostgebiete, verloren. Längst hatten die Sowjets vollendete Tatsachen geschaffen, fast alle Deutschen östlich von Oder und Neiße wurden Opfer der Vertreibung durch die Rote Armee und ihre polnischen Verbündeten. Polen selbst war und blieb Opfer des Krieges. Auf Geheiß Stalins wurde der komplette Staat um rund 200 Kilometer nach Westen verschoben. Amerikaner und Briten sahen dem millionenfachen Exodus nahezu tatenlos zu.

Für die Konferenz in Potsdam allerdings setzten sie sich zum Ziel, klarzustellen, daß die einseitige Grenzziehung für Deutschland keineswegs endgültig sei. Stalin versprach sich von der Konferenz genau das Gegenteil, nämlich daß die Westmächte auch de jure anerkennen, was de facto längst besiegelt war. Vier Tage lang dauerte der hitzige Scha-

Auszug aus einer Note der Polnischen Provisorischen Regierung vom 20. Juli an die drei Regierungschefs in Potsdam:
»Im Namen der Polnischen Provisorischen Regierung der Nationalen Einheit wenden wir uns an Eure Exzellenzen mit einem Problem, das von lebenswichtiger Bedeutung für die polnische Nation ist. Indem sie den einmütigen und unwandelbaren Willen der gesamten Nation ausspricht, ist die Polnische Provisorische Regierung der Nationalen Einheit überzeugt, daß nur die folgende Grenzlinie als eine gerechte Grenze erachtet werden kann:
Beginnend im Süden an der früheren Grenze zwischen der Tschechoslowakei und Deutschland, dann der Lausitzer Neiße folgend, entlang dem linken Ufer der Oder, schließlich zum Meer westlich der Stadt Swinemünde, dabei Stettin bei Polen lassend.
Die polnische Nation, die ungeheure Verluste im Krieg gegen Deutschland erlitten hat, würde eine andere Regelung des Problems der westlichen Grenze als nachteilig und ungerecht und gefahrvoll für die Zukunft der polnischen Nation und des Staates betrachten.«

Reaktion der Alliierten:
Stalin schlug vor, die polnische Forderung zu erfüllen. Churchill erwiderte, »dieses sei vollständig unannehmbar« und erklärte: »a) Grenzfragen können nur auf der Friedenskonferenz endgültig gelöst werden. b) Die Übernahme eines so großen Gebietes sei für die polnische Nation gar nicht vorteilhaft. c) Sie zerstöre das deutsche Wirtschaftsgefüge und belaste die die westlichen Zonen besetzt haltenden Mächte, insbesondere hinsichtlich der Lebensmittel- und Brennstoffversorgung, viel zu sehr. d) Das englische Volk hege ernsthafte moralische Bedenken gegen Bevölkerungsumsiedlungen im großen Ausmaß.«
Der amerikanische Außenminister Byrnes erläuterte die Zwangslage der Westmächte: »Wir hatten von Anfang an eingesehen, daß wir uns im Augenblick mit der polnischen Verwaltung dieses Teils der Sowjetzone abfinden mußten. Wir standen vor einer vollendeten Tatsache.«

cher um die Grenzfrage, um nichts anderes wurde so lange und so erbittert gestritten. Als die Westmächte auf die Vertreibung zu sprechen kamen, erwiderte Stalin zynisch, das sei alles »faschistische Propaganda«, die Deutschen würden ja gar nicht vertrieben, sie seien ja längst vor der Roten Armee geflohen.

Auf ihrem Höhepunkt wurde die Konferenz von Potsdam unterbrochen.

Idyllischer Rahmen der ersten alliierten Nachkriegskonferenz: Schloß Cäcilienhof, der ehemalige Wohnsitz des letzten preußischen Kronprinzen.

Churchill verlor die Wahlen zum britischen Unterhaus und wurde vom Kandidaten der Labour Party, Clement Attlee, abgelöst. Inzwischen kam es zwischen US-Außenminister Jimmy Byrnes und seinem sowjetischen Amtskollegen Molotow zu einem folgenschweren »Kuhhandel« über Deutschlands künftige Ostgrenze. Für einen britischen Einspruch war es zu spät. Die endgültige Festlegung der Oder-Neiße-Linie wurde zwar »bis zu der Friedenskonferenz zurückgestellt«, trotzdem sollte die deutsche Bevölkerung schon jetzt »in ordnungsgemäßer und humaner Weise« aus diesen Gebieten in den Westen übergesiedelt werden. Damit war der vollständigen Vertreibung der Deutschen Tür und Tor geöffnet. Der Vorbehalt war eine Farce, denn niemand in Potsdam konnte ernsthaft damit rechnen, daß die Umsiedlung durch einen Friedensvertrag jemals wieder rückgängig gemacht werden konnte.

Wenn es nach Potsdam überhaupt noch Anlaß zur Hoffnung auf ein geeintes Deutschland gab, dann nur im Hinblick auf das Territorium in den Grenzen der vier Besatzungszonen. Doch auch hier war die Spaltung längst absehbar. Die Geister schieden sich schon in der Frage der Reparationen.

Es stand außer Zweifel, daß die Sowjetunion von allen Siegermächten am schwersten unter den Zerstörungen des Krieges zu leiden hatte. Reparationsforderungen standen deshalb für Stalin ganz oben auf der Liste der Forderungen. Auch die Debatten um diesen Punkt verliefen in Potsdam äußerst hitzig. Längst schon war die UdSSR dabei, aus Deutschland alles abzutransportieren, was nicht niet- und nagelfest war.

Um die organisierte Plünderung auf deutschem Boden zu stoppen, bot Amerikas Präsident dem Kreml- Chef ein Reparationsabkommen an. Es lief darauf hinaus, daß Deutschland in ein westliches und ein östliches Reparationsgebiet geteilt wurde. Damit aber war der Grundsatz, die wirtschaftliche Einheit Deutschlands zu wahren, schon jetzt ad absurdum geführt.

Am Ende der Konferenz veröffentlichten die »Großen Drei« jenes staatsrechtlich und politisch merkwürdige Schriftstück, das als »Potsdamer Abkommen« in die Geschichte einging. Der offizielle Titel des Papiers lautete: »Protokoll der Verhandlungen der Berliner Konferenz«. Es war kein Vertrag, sondern nur eine mehr oder weniger verbindliche Aufzeichnung dessen, was man besprochen hatte. Viele wichtige Fragen blieben offen und sollten einem späteren »Rat der Außenminister« zur Ausarbeitung von konkreten Vorschlägen zugeleitet werden. In Wirklichkeit aber war es das Eingeständnis der Unfähigkeit zur Einigung, die auch Deutschland spalten sollte.

»Ich wußte, daß die Idee einer gemeinsamen Viermächtekontrolle, die man jetzt zur Grundlage für die Regierung Deutschlands gemacht hatte, abwegig und undurchführbar sei. Auch die unpräzise Ausdrucksweise, die Verwendung so dehnbarer Begriffe wie ›demokratisch‹, ›friedlich‹, ›gerecht‹ in einem Abkommen mit den Russen lief allem direkt zuwider, was 17 Jahre Rußlanderfahrung mich gelehrt hatten«, – der damalige US-Diplomat George F. Kennan wußte, wovon er sprach. Das Scheitern einer gemeinsamen Politik der Sieger in Deutschland war aus seiner Sicht schon damals vorprogrammiert.

Der Gegensatz der Mächte übertrug sich auf ihre Besatzungszonen. Vier Jahre nach Potsdam entstanden auf dem verbliebenen deutschen Territorium zwei Staaten, die in verfeindete Machtblöcke eingegliedert wurden. Die beiden Blöcke trennte bald ein »Eiserner Vorhang«, der mitten durch Deutschland verlief. Die Frage nach der Einheit der Deutschen war künftig verknüpft mit einem Weltkonflikt; und sie blieb es mehr als vierzig Jahre lang.

Stefan Brauburger

Die »Vier im Jeep«

Das besetzte Österreich

Am 13. April 1945 feuerten in Moskau 324 Kanonen jeweils 21 Schuß Salut. Gefeiert wurde die Eroberung Wiens durch die Rote Armee.
Sie hatte Ende März die österreichische Grenze überschritten und war innerhalb weniger Tage auf die Hauptstadt vorgerückt. Am 7. April begannen die Kämpfe um die alte Kaiserstadt. Mit ihrer Eroberung hatte die Sowjetunion ein weiteres symbolträchtiges Pfand in Händen – und noch war über die Besetzung und Aufteilung Österreichs nicht definitiv entschieden. So setzte ein Wettlauf der Armeen ein. Frankreich, Großbritannien, die USA und Titos jugoslawische Partisanenarmee suchten sich ihren Teil zu sichern. Die Rote Armee hielt indes von Mitte April bis Anfang Mai still. Man wollte unnötige Verluste vermeiden. Außerdem unterschied Moskau deutlich zwischen Deutschland und Österreich. Es war kein Zufall, daß die Außenminister der USA, Großbritanniens und der Sowjetunion, Hull, Eden und Molotow, am 31. Oktober 1943 in der Moskauer Deklaration zu Österreich folgendes erklärt hatten: »Die Regierungen Großbritanniens, der Sowjetunion und der USA kommen überein, daß Österreich, das erste freie Land, das der Hitlerschen Aggression zum Opfer gefallen ist, von der deutschen Herrschaft befreit werden muß. Sie betrachten den Anschluß, der Österreich am 15. März 1938 von Deutschland aufgezwungen worden ist, als null und nichtig... Sie erklären, daß sie wünschen, ein freies, unabhängiges Österreich wiederhergestellt zu sehen.« Damit hatte das Alpenland ganz offiziell den entscheidenden Schritt vom Kriegstreiber zum Kriegsopfer geschafft.

Im Aufruf an die österreichische Bevölkerung am 9. April griff Moskau diese Unterscheidung wieder auf: »Bei der vernichtenden Verfolgung der deutsch-faschistischen Streitkräfte ist die Rote Armee in Österreich eingedrungen und hat die Hauptstadt Österreichs, Wien, eingekreist. Zum Unterschied von den Deutschen widersetzte sich die österreichische Bevölkerung der von den Deutschen geforderten Evakuierung und erwartete an Ort und Stelle freudig die Rote Armee als Befreierin Österreichs vom Joche Hitlers. Die Sowjetunion beabsichtigt nicht, irgendeinen Teil des österreichischen Territoriums zu erwerben oder die soziale Struktur Österreichs zu verändern.«

Karl Renner (l.), 1918 Staatsgründer der 1. Österreichischen Republik, gelingt es, eine provisorische Regierung in Wien aufzubauen. Bis zu seinem Tod 1950 ist er der erste Bundespräsident Österreichs.

Tatsächlich haben verschiedene Widerstandsgruppen versucht, österreichische Gebiete schon vor dem Eintreffen der sowjetischen Soldaten zu befreien. In Wien war das die Gruppe »05«. Auch die Bevölkerung empfing die heranrükkenden russischen Truppen oft als Befreier. Genutzt hat es zunächst wenig. Nach der Einnahme Wiens kam es zu mehreren Wellen von Übergriffen, Plünderungen und Vergewaltigungen. Die Willkür der Besatzer veranlaßte den greisen Karl Renner, Sozialdemokrat, Mitbegründer der Ersten Republik und ehemaliger Staatskanzler, beim russischen General Scheltow um Schonung der Zivilbevölkerung zu bitten. Aus diesem humanitären Vorstoß, so wird kolportiert, sei die Zweite Republik entstanden. Am 27. April 1945 konstituierte sich die provisorische Staatsregierung unter dem Staatskanzler Karl Renner. Ihr gehörten Sozialisten, Christlich-Soziale und Kommunisten an.

In der Proklamation zur Unabhängigkeit Österreichs heißt es in Artikel 1: »Die Demokratische Republik Österreich ist wiederhergestellt und im Geiste der Verfassung von 1920 einzurichten.«

Anerkannt wurde diese Regierung zunächst nur von der Sowjetunion, nicht aber von den Westalliierten. Anfang Mai einigte man sich über die Verteilung der Besatzungszonen. Frankreich erhielt Vorarlberg und Tirol, Großbritannien Ost-Tirol, Kärnten und Steiermark, die USA Salzburg und Oberösterreich, die Sowjetunion das Burgenland und Niederösterreich. Wien wurde ebenfalls in vier Besatzungszonen aufgeteilt, wobei der I. Bezirk, der Stadtkern mit den meisten Regierungsgebäuden, von allen vier Mächten gemeinsam kontrolliert wurde – den »Vier im Jeep«.

Während sich die Österreicher daran machten, das öffentliche Leben wieder in Gang zu bringen, sich mit Problemen wie Zerstörung, Hungersnot und Flüchtlingselend beschäftigten, fiel auf der Konferenz von Potsdam eine für das Land weitreichende Entscheidung. Dort wurde Anfang August beschlossen, daß das gesamte deutsche Eigentum in der Alpenrepublik an die jeweilige Besatzungsmacht zu übergeben sei. Die Westalliierten hatten dabei offenbar nicht bedacht, daß seit 1938 fast alle wichtigen österreichischen Unternehmen in deutschen Besitz übergegangen waren. Während sie selbst daher die meisten Betriebe bald wieder den Österreichern zurückgaben, setzte die Sowjetunion den Beschluß konsequent um.

»Die Sowjetunion beabsichtigt nicht, irgendeinen Teil des österreichischen Territoriums zu erwerben.«

Aufruf Moskaus an die Bevölkerung

Besatzungszonen in Österreich

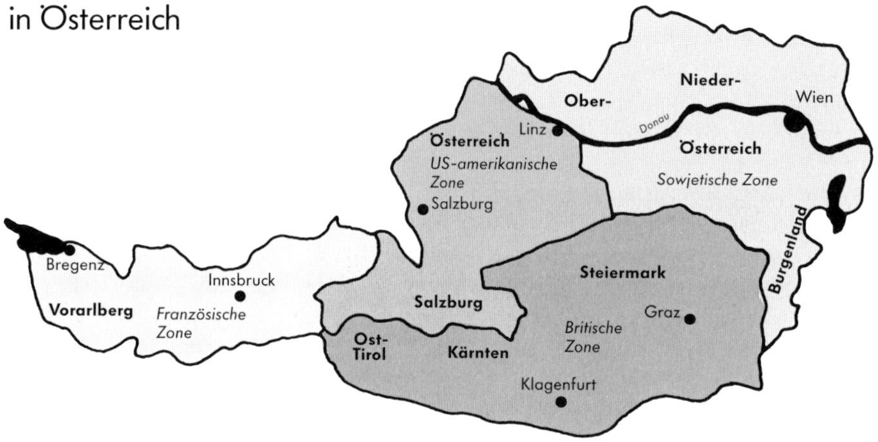

Auch Österreich wird in vier Besatzungszonen aufgeteilt, erlangt jedoch 1955 mit dem Staatsvertrag seine Unabhängigkeit.

Mehr als 400 Betriebe in ihrer Besatzungszone mit 63 000 Beschäftigten wurden zu einem sowjetisch kontrollierten, exterritorialen Wirtschaftskörper zusammengefaßt – genannt USIA: Ein weiterer Hebel, um einen kommunistischen Einfluß auf die Regierung zu behalten.

Die Regierung unter Karl Renner kämpfte unterdessen zäh um die Anerkennung durch die Westalliierten, da sonst die Teilung der Republik drohte. Auf der ersten gesamtösterreichischen Länderkonferenz im September wurden Nationalratswahlen für den 25. November beschlossen. Nachdem sich kurz zuvor der »Alliierte Rat« konstituiert hatte, war es Renner in den folgenden Wochen gelungen, die Westalliierten davon zu überzeugen, einen Staatskanzler, und keinen Strohmann vor sich zu haben. Noch während des ungewöhnlich harten Wahlkampfes wurde seine Regierung von allen Besatzungsmächten anerkannt.

An den Wahlen zum Nationalrat, dem österreichischen Parlament, beteiligten sich drei Parteien: die in »Österreichische Volkspartei« (ÖVP) umbenannten Christlich-Sozialen, die ehemaligen Sozialdemokraten, jetzt »Sozialistische Partei Österreichs« (SPÖ), und die »Kommunistische Partei Österreichs« (KPÖ). Die Sowjetunion hatte große Hoffnungen in eine starke KPÖ gesetzt und sie im Wahlkampf großzügig unterstützt. Die Wähler erteilten ihr aber eine klare Absage. Zu sehr galt die Partei als verlängerter Arm der sowjetischen Besatzungsmacht. Als die Stimmen am 25. November ausgezählt waren, hatte die ÖVP mit 85 Sitzen die absolute Mehrheit erreicht. Die SPÖ erhielt 76, die KPÖ nur 4 der insgesamt 165 Sitze. Man einigte sich schließlich auf eine Regierung aus allen drei Parteien, in der die ÖVP mit Leopold Figl den Bundeskanzler stellte. Karl Renner wurde mit den Stimmen aller Parteien am 20. Dezember zum ersten Bundespräsidenten gewählt.

Die Vier im Jeep – Symbol der Besatzungsherrschaft über Österreich – sollten noch zehn Jahre lang durch Wien fahren.

Holger Hillesheim

Symbol der alliierten Eintracht: Eine Patrouille mit je einem britischen, sowjetischen, französischen und US-amerikanischen Offizier.

Alle Räder stehen still

Beginn der Demontage

Demontage heißt »Abbau«. Und abgebaut wurde im Frühsommer in Deutschland alles, was noch niet- und nagelfest war. Davon gab es in den vier Besatzungszonen reichlich, denn entgegen der historischen Legende war die deutsche Wirtschaft bei Kriegsende weniger zerstört als gelähmt. Den Bombergeschwadern der Alliierten war es nicht gelungen, die deutsche Rüstungsmaschinerie auszuschalten. Dafür richteten ihre Bomben in den Städten verheerende Schäden an. Ein Blick in die Statistik offenbart das Mißverhältnis: Für eine Bombe, die über einem Industriebetrieb abgeworfen wurde, fielen sieben auf Wohngebiete, Brücken, Straßen oder Eisenbahnschienen.

Als die Sieger Bilanz zogen, zeigte sich, daß selbst auf dem Höhepunkt des Bombenkrieges 1944 nicht mehr als 6,5 Prozent der Werkzeugmaschinen beschädigt waren. So lohnten sich die Beutezüge durch deutsche Betriebe durchaus. Demontiert wurde hauptsächlich aus zwei Gründen: Zum einen sollten die Deutschen für die von ihnen verursachten Kriegsschäden Reparationen leisten, zum anderen sollte das Wirtschafts- und damit das Militärpotential entscheidend geschwächt werden. Dem amerikanischen Finanzminister Henry Morgenthau schwebte sogar vor, Deutschland in ein Agrarland ohne Industrie zu verwandeln. Nie wieder durfte Deutschland so stark werden, daß es auf den Gedanken kommen könnte, zum dritten Mal in der Geschichte einen Weltkrieg zu entfesseln. Zwar verschwand der Plan schon bald wieder in der Schublade, doch Morgenthaus Gedanken blieben nicht gänzlich ohne Einfluß auf die amerikanische Besatzungspolitik – zumindest in den ersten Monaten.

Auch in der französischen und britischen Zone demontierten die neuen Herren zunächst eifrig, was zu demontieren war. Doch weil die beiden vom Krieg gezeichneten Siegermächte es sich finanziell nicht leisten konnten, eine eigenständige Deutschlandpolitik zu betreiben, blieb ihre Besatzungspolitik von den USA abhängig. Und Washington stellte schon bald die Demontagen ein.

Derlei Gedanken kamen den Machthabern im Kreml nicht in den Sinn. Die Sowjetunion demontierte am rigorosesten, und dazu hatte sie auch allen Grund. Die UdSSR hatte die Hauptlast im Krieg gegen Hitler-Deutschland getragen. Im Gegensatz zu anderen Kriegsschauplätzen hatte Hitler von Anfang an im Osten einen Vernichtungsfeldzug geführt – mit der Folge, daß die Rote Armee, als sie sowjetische Gebiete zurückeroberte, oft nur verbrannte Erde vorfand. Stalin sah keinen Grund, die Besiegten zu schonen.

Exemplarisch für die erste Zeit in der Sowjetischen Besatzungszone (SBZ) steht Berlin, das Anfang Mai von der Roten Armee erobert worden war. Erst am 4. Juli übernahmen die Westmächte ihre Sektoren in der einstigen Reichshauptstadt. Stalins Truppen waren also zwei Monate Zeit geblieben, alle brauchbaren Geräte zu zerlegen, auf Züge zu verladen und Richtung Osten abzutransportieren. Als die Westalliierten in Berlin

Im Kieler Hafen wird ein riesiger, noch aus dem Kaiserreich stammender Schwimmkran, genannt der »Lange Heinrich«, von den Briten zur Demontage abtransportiert.

einrückten, fanden sie fast nur leergeräumte Fabrikhallen und Büros vor. Sogar Telefone, Schreibmaschinen und Registrierkassen waren verschwunden. Vor allem aber fehlten Maschinen und Materialien, die für die Aufräum- und Aufbauarbeiten dringend benötigt wurden. In ganz Westberlin gab es nur noch acht Bagger, aber keinen einzigen Turmdrehkran. »In sämtlichen Berliner Betrieben«, faßte das Statistische Landesamt

Berlin zusammen, »gab es ursprünglich 25000 Werkzeugmaschinen, davon in den Westsektoren 7100; erhalten sind in den West-Berliner Betrieben insgesamt 60 Maschinen. Auch die leichten Kräne in den Werkshallen wurden demontiert; die schweren Kräne blieben lediglich deshalb erhalten, weil die Zeit für den Abbau fehlte. Abtransportiert waren ferner fast alle Kleinwerkzeuge und Vorrichtungen (Stanzen, Schnitte), Laboreinrichtungen, fast alle Materialbestände (außer Gußeisen), sämtliche legierten Stähle und Buntmetalle sowie Blech.«

Der hilflose Zorn der betroffenen Arbeitskräfte macht sich in derartigen Transparenten Luft. Doch angesichts des Arbeitskräftemangels sind die Demontagearbeiten keine solche Katastrophe, wie sie subjektiv empfunden wird.

Die Maschinenfabrik Borsig zum Beispiel wurde vollständig demontiert, nahezu alle Vorräte und sämtliche technischen Zeichnungen verschwanden. Ähnlich verhielt es sich in den Zweigwerken von Opel, Daimler-Benz, Ford und der Auto-Union. In den Hallen von Siemens-Schuckert fehlten alle intakten Maschinen, nur reparaturbedürftige waren übrig geblieben. Bei Siemens & Halske war der Maschinenpark von einst 6000 Stück auf 138 zusammengeschmolzen. Nur zwei von ihnen funktionierten noch.

An Aufräumen oder einen wirtschaftlichen Neuanfang war unter diesen Umständen nicht zu denken. Ein Verantwortlicher erinnert sich: »Die erste Aufgabe war, von den Russen die Erlaubnis zur Arbeitsaufnahme zu erwirken und vor allem die Demontagen aufzuhalten. Es gelang, mit dem Stadtkommandanten von Berlin, dem Generalobersten Bersarin, Verbindung aufzunehmen und ihm klarzumachen, daß für die von ihm befohlene möglichst schnelle Ingangsetzung der Berliner Verkehrsmittel, Versorgungsbetriebe und Produktionsstätten die Mitwirkung der Siemenswerke unerläßlich sei, und daß deshalb ihr Betrieb nicht durch weitere Abbaumaßnahmen unmöglich gemacht werden dürfe. Die umfangreiche Denkschrift – in russischer Sprache verfaßt – wurde in kürzester Frist eingereicht. Aber sie half auch nichts; das Tempo beschleunigte sich vielmehr, zumal es hieß, die Russen würden demnächst die westlichen Stadtteile von Berlin zugunsten der drei anderen Alliierten räumen müssen.«

Schon im Mai begannen die Sowjets mit der Demontage. Vom Bahnhof Woldegk an der Strecke Neustrelitz – Pasewalk blieb nur der Wasserkran übrig. Aus dem amerikanischen Sektor Berlins wurden von den Sowjets bis Anfang Juli 85% aller unbeschädigten Fabrikeinrichtungen abtransportiert.

Schon bald gerieten alle Besatzungsmächte in das gleiche Dilemma. Einerseits demontierten sie Betriebe, andererseits mußten sie eine notleidende Bevölkerung von 80 Millionen Menschen versorgen. Sollte Deutschland auf lange Sicht nicht zum finanziellen Kostgänger der Alliierten werden, mußte die Wirtschaft wieder in Schwung gebracht werden. Weitsichtige Fachleute in den USA erkannten schnell, wie unerläßlich eine intakte deutsche Wirtschaft für ein wirtschaftlich und politisch stabiles Europa war. Doch im Jahre 1945 ließen sich Erkenntnisse wie diese noch nicht in praktische Politik umsetzen.

Auf der Konferenz von Potsdam einigten sich die Siegermächte darauf, Reparationen und Demontagen als ein Mittel zu nutzen, die deutsche Industriekapazität zu beschränken. In der Schlußerklärung vom 2. August heiß es allerdings auch, daß Deutschland als wirtschaftliche Einheit zu betrachten sei und die Reparationen eine ausreichende Grundlage belassen sollten, um dem deutschen Volk ein Leben ohne fremde Hilfe zu ermöglichen. Doch darüber, was eine »ausreichende Grundlage« darstellte, gab es unterschiedliche Ansichten: Während die Sowjetunion weiterhin Betrieb für Betrieb demontierte, suchten die USA Mittel und Wege, die Wirtschaft wieder anzukurbeln. Ein Positives aber hatten die Demontagen: Die alten, abgebauten Anlagen wurden durch neue, leistungsfähigere ersetzt, ohne die das »Wirtschaftswunder« so nicht denkbar gewesen wäre. *Holger Hillesheim*

Die »Rattenlinie«

Geistliche als Fluchthelfer

Name? Der Befragte zögert ein wenig, bevor er ordnungsgemäß antwortet: »Mengele, Josef«. Der amerikanische Soldat trägt den Namen in seine Liste ein, ein Name unter Zehntausenden in dem hoffnungslos überfüllten Internierungslager der US-Armee. Wochen später, Anfang September 1945, ist der Inhaftierte wieder auf freiem Fuß, die GI's bringen ihn freundlicherweise in die Nähe seiner Heimatstadt. Sie ahnen nicht, daß sie einen der schrecklichsten Mediziner des Dritten Reichs in die Freiheit entlassen. An der Rampe von Auschwitz war SS-Hauptsturmführer Mengele der Hauptlieferant für die Gaskammer, in der Ärztebaracke schickte er für menschenverachtende medizinische Versuche Zwillingskinder in den Tod.

In der Nähe von Hohenlimburg gerät kurz nach Kriegsende ein junger Mann mit einigen Begleitern in eine Straßensperre der Amerikaner. Auch er erweckt keinen besonderen Verdacht. Seinem Befrager, einem ehemaligen KZ-Häftling, versichert er glaubhaft, ein einfacher Wehrmachtssoldat auf dem Rückweg in die Heimat zu sein – einer von Millionen in diesen Tagen. Kurze Zeit später wird er aus der Internierungshaft entlassen: Klaus Barbie, vormals SS-Hauptsturmführer und Gestapochef, der berüchtigte »Schlächter von Lyon«, der seine Folteropfer mitunter bei lebendigem Leibe skalpieren oder amputieren ließ, kehrt unbehelligt zu Frau und Kind nach Trier zurück.

Zur selben Zeit wird im amerikanischen Kriegsgefangenen-Sammellager Cham ein SS-Untersturmführer eingeliefert, der sich Otto Peckmann nennt. Eine US-Patrouille hat ihn in den österreichischen Bergen bei Bad Ischl aufgegriffen. Bevor die Verhöroffiziere des Geheimdienstes CIC seiner wahren Identität auf die Spur kommen, gelingt ihm mit Hilfe von SS-Kameraden die Flucht aus dem Lager: Adolf Eichmann, Organisator und Buchhalter des millionenfachen Völkermords, setzt sich unbemerkt in die Lüneburger Heide ab, wo er Arbeit als Holzfäller findet.

Während die Siegermächte sich für den Kriegsverbrecherprozeß in Nürnberg rüsteten, gelang es zahllosen Schergen des Regimes, durch die Maschen des Fahndungsnetzes zu entkommen. Auf den Listen der Kriegsverbrecher waren ihre Namen zwar vermerkt, aber was bedeutete das schon im heillosen Durcheinander der Endkriegszeit? Acht Millionen Deutsche drängten sich im Juli 1945 in den Internierungslagern der Alliierten. Undenkbar, wegen jedem Einzelfall bei der zentralen Kriegsverbrecherregistratur in Paris nachzufragen. Viele SS-Offiziere hatten sich zudem noch rechtzeitig und mit staatlichem Segen falsche Papiere besorgt, andere schlüpften in eine unverfängliche Identität. Auf die tatkräftige Unterstützung ihrer Kameraden, Nachbarn und Familien konnten sie dabei zählen. Denn die Solidarität gehörte oft nicht so sehr den Opfern des Regimes als vielmehr seinen Handlangern, die sich nun nach weitverbreiteter Ansicht der »Rache der Sieger«

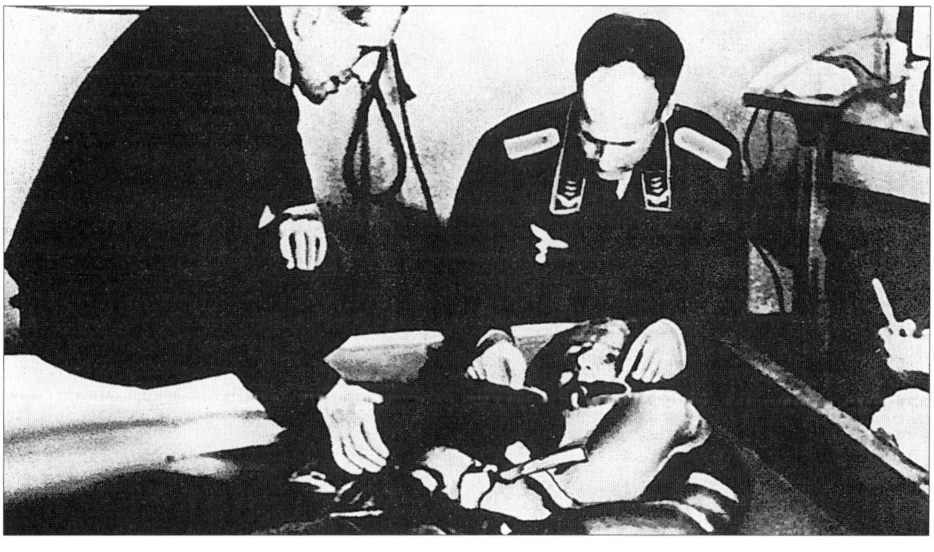

Wie Dr. Mengele standen viele Ärzte im Dienst des Unrechts. So wurden KZ-Häftlinge im Eiswasserbad zu Tode »experimentiert«.

ausgesetzt sahen – obwohl sie doch, nach Ansicht vieler, nichts weiter als ihre »Pflicht« getan hätten.

Aber nicht nur spontane Hilfsbereitschaft wurde den Vollstreckern des Unrechts zuteil. Auch auf die Unterstützung ihrer »alten Kameraden« konnten sie zählen. Die organisierte Fluchthilfe hatte bald schon einen Namen: ODESSA, die »Organisation der ehemaligen SS-Angehörigen«.

Als Kopf dieser Untergrundseilschaft galt der frühere SS-Standartenführer Otto Skorzeny. Hitlers Spezialist für Sabotage, Geheimoperationen und brutale Vergeltungsaktionen, von der NS-Propaganda 1943 als tollkühner Befreier Mussolinis gefeiert, hatte schon während der Internierungshaft in Dachau damit begonnen, Mitgefangene aus dem Lager zu schleusen. Nachdem er 1948 in Darmstadt selbst auf ungeklärte Weise seinen Bewachern entkommen konnte, widmete er sich um so gründlicher dem Hilfswerk für die alten Kameraden. Von Madrid aus, wo er sich unter dem Schutz des spanischen Diktators Franco niederließ, knüpfte er das Netzwerk für die internationale Fluchthilfe.

Die Evakuierungspläne reichten bis in die Kriegsjahre zurück. Schon im August 1944 hatte sich in Straßburg unter strenger Geheimhaltung ein illustrer Kreis von Führungskräften aus Staat, Partei, Wirtschaft und Wehrmacht versammelt, um eine Strategie zu entwerfen für den Tag X, den es offiziell gar nicht geben durfte: den Tag der deutschen Niederlage. »Die Partei«, heißt es in einem erhalten gebliebenen Protokoll der Geheimkonferenz, »sei bereit, den Industriellen hohe Beträge zu überweisen, die sie für den Aufbau von geheimen Nachkriegsorganisationen im Ausland verwenden sollen. Als Gegenleistung sollte die Industrie ihre finanziellen Reserven im Ausland zur Verfügung stellen, so daß ein starkes Deutsches Reich nach der Niederlage geschaffen werden könne.« Im Verborgenen überwintern – das war die Devise der Konspiranten. Beträchtliches Kapital wurde zu diesem Zweck ins Ausland transferiert – ein Fonds, aus dem die illegalen Auswanderer später tatsächlich schöpfen sollten. Und mit der Organisation des Vorhabens wurde ein ausgefuchster SS-Führer betraut, eben jener Standartenführer Otto Skorzeny.

Adolf Eichmann, der Vollstrecker der »Endlösung«, wird 1961 in Jerusalem zum Tode verurteilt.

Wer bei der Fluchthilfe später auf welche Weise die Hand im Spiel hatte, das läßt sich nur in Konturen erkennen. Fest steht, daß das Unternehmen prächtig funktionierte.

Alle Wege führten nach Italien. Hier ankerten die großen Passagierschiffe mit Kurs nach Übersee. Und hier residierten jene Helfer, deren Unterstützung den Exodus erst ermöglichte; an einem Ort zumal, der über jeden Verdacht erhaben schien – im Vatikan.

»Der Vatikan ist die größte Organisation, die an der illegalen Weiterleitung von Emigranten beteiligt ist«, meldete der amerikanische Sicherheitsbeamte Vincent La Vista, der im Auftrag des State Department den Flüchtlingstransfer 1947 in Augenschein nahm, nach Washington. »Der Vatikan begründet seine Beteiligung an dem illegalen Menschenhandel mit seinem Wunsch, nicht nur europäische, sondern auch lateinamerikanische Länder mit Menschen – unabhängig von ihrer politischen Einstellung – zu infiltrieren, wenn sie nur Antikommunisten sind und pro Katholische Kirche ...«
Die neue für den religiösen Glauben vermeintliche Hauptbedrohung aus dem Osten ließ die dunklen Schatten der Vergangenheit schnell verblassen. Wer sich nur glaubhaft als aufrechter Gegner des Kommunismus zu erkennen gab, durfte mit der barmherzigen Fürsorge einzelner Kirchenvertreter rechnen.

Als besonders hilfreich erwies sich der Direktor des Priesterkollegs »Santa Maria Dell'Anima«, Monsignore Alois Hudal, ein NS-Sympathisant der ersten Stunde. »Ich bin Priester und nicht Polizist«, rechtfertigte er später seine Dienste für Zehntausende von Emigranten, »es war meine Christenpflicht, jedem Flüchtling vor dem Kommunismus zu helfen.« Für die Schergen des NS-Regimes, die sich dank seiner Hilfe ihrer Bestrafung entzogen, war das Wirken des österreichischen Bischofs in Rom wahrlich ein Segen. Er verschaffte ihnen, was sie brauchten: Unterkunft, Visa, Billetts, Reisegeld, Arbeit – und das Wichtigste: einen provisorischen Paß des Internationalen Roten Kreuzes, der es ihnen erlaubte, ihre Vorgeschichte verborgen zu halten. Das nichtamtliche Dokument, das eigentlich aus humanitären Gründen Vertriebenen, Flüchtlingen und entlassenen Gefangenen die Rückkehr in ihre Heimat ermöglichen sollte, verhalf damals Tausenden illegaler Auswanderer zu einer neuen Identität. Wenn der Paßantrag den Segen kirchlicher Stellen hatte, verzichtete das Rote Kreuz in aller Regel auf eine gründliche Überprüfung.

Mit großer Beflissenheit organisierte auch der kroatische Priester Krunoslaw Draganovic in der Hafenstadt Genua die Evakuierung faschistischer Emigranten aus Europa. Beide Geistliche und manche gleichgesinnte Mitbrüder handelten nicht im Auftrag der Amtskirche – aber der Vatikan unternahm auch nichts, ihnen Einhalt zu gebieten.

Die »Rattenlinie«, wie der Fluchtweg über die Alpen im Geheimdienstjargon hieß, wurde zur stark frequentierten

Durchgangsschleuse für Auswanderer mit einer dunklen Vergangenheit – darunter einige, an deren Händen Blut klebte:

Adolf Eichmann, Organisator des Holocaust, gelangte 1950 mit Unterstützung von ODESSA über die »Rattenlinie« nach Rom, wo er von einem deutschen Pater falsche Papiere zur Überfahrt nach Buenos Aires erhielt.

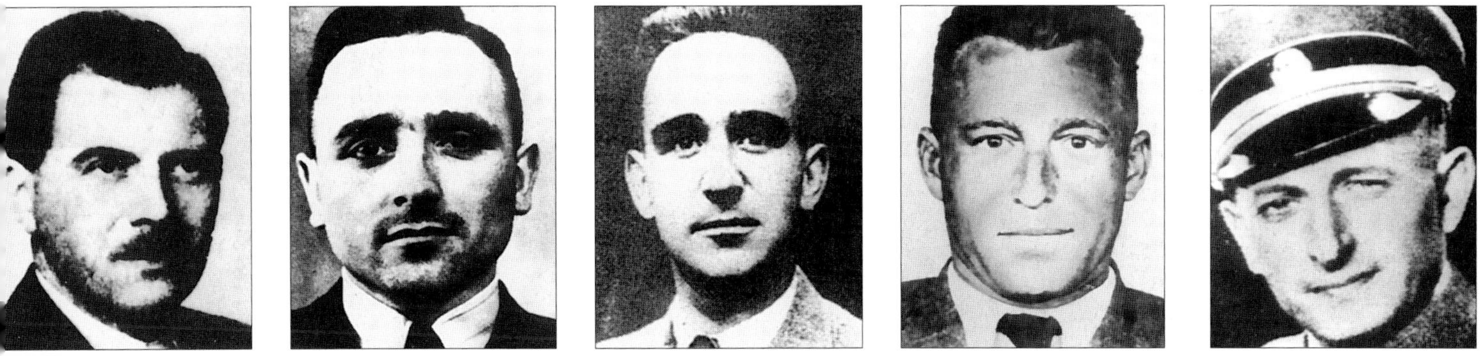

Hitlers »Paladine«, denen die Flucht gelingt (v. l.): Josef Mengele, KZ-Arzt von Auschwitz; Klaus Barbie, Gestapochef von Lyon; Josef Schwammberger, Gettokommandant in Przemysl; Franz Stangl, Kommandant der Vernichtungslager Treblinka und Sobibor, und Adolf Eichmann.

Sein engster Mitarbeiter *Alois Brunner* erreichte auf der Route über Italien sein Asyl in Syrien.

Franz Stangl, Kommandant der Vernichtungslager Treblinka und Sobibor, in denen annähernd eine Million Menschen den Tod fanden, und sein Stellvertreter *Gustav Wagner* entkamen gemeinsam nach Syrien und später Brasilien.

Walter Rauff, Erfinder der Vergasungswagen, die den Massenmord »perfektionierten«, setzte sich nach Chile ab.

Josef Schwammberger, Kommandant eines Gettos in Przemysl, der eigenhändig Hunderte von Menschen umgebracht hatte, tauchte in Argentinien unter.

Friedrich Warzok, Leiter des Konzentrationslagers Lemberg-Janowka, flüchtete über Rom nach Kairo.

Auch *Kurt Christmann,* Führer des Sonderkommandos 10a, und der Euthanasie-Arzt *Gerhard Bohne* fanden selbstlose Fluchthelfer im Vatikan.

Heinrich Müller, der berüchtigte Gestapochef, gelangte – einem CIA-Agenten zufolge – ebenfalls über die »Rattenlinie« nach Italien, danach verlor sich seine Spur.

1949 beschloß auch SS-Arzt *Josef Mengele,* der sich zuletzt in der Nähe seiner Heimatstadt Günzburg verborgen gehalten hatte, Deutschland den Rücken zu kehren. Den Brenner erreichte er mit dem Zug, ohne kontrolliert zu werden. Von dort über den Gebirgspaß führte ihn ein einheimischer Fluchthelfer nach Italien – der erste von insgesamt fünf Verbindungsleuten, die Mengele durch verschiedene Quartiere (»Rattenhäuser«) und das Dickicht der Behörden schleusten. Dennoch wäre seine Ausreise in Genua beinahe an einem unbestechlichen Beamten gescheitert, der den illegalen Emigranten zunächst sogar in eine Zelle sperrte. Doch als der für den Fall eigentlich zuständige Amtsinhaber aus dem Urlaub zurückkehrte, lief die Sache wieder wie »geschmiert«, und der frühere KZ-Arzt konnte Mitte Juli 1949 an Bord des Passagierschiffes »North King« in Richtung Buenos Aires in See stechen.

Knapp zwei Jahre später folgte Klaus Barbie, vormals Gestapochef von Lyon, auf derselben Route. In seinem Fall war ein reibungsloser Ablauf garantiert, denn das Fluchtunternehmen lag in den versierten Händen des US-Geheimdienstes CIC. So ergab sich die absurde Situation, daß ein jüdischer US-Agent, der einst vor Hitlers Rassenwahn aus Deutschland geflohen war, im Auftrag einer Weltmacht, die gegen diesen Terror zu Felde gezogen war, einem SS-Hauptsturmführer zur Flucht verhalf, der den Tod unzähliger holländischer und französischer Juden auf dem Gewissen hatte. Obwohl Barbie als Kriegsverbrecher auf der Fahndungsliste ganz oben rangierte, hatte das CIC nicht davor zurückgescheut, den wendigen Geheimdienstmann für seine Zwecke anzuheuern, um bayerische Kommunisten, ukrainische Emigranten und selbst den Geheimdienst des Bündnispartners Frankreich auszuspionieren. Als die französische Abwehr Wind von dem falschen Spiel bekam, wurde der Boden in Deutschland für Barbie dann doch zu heiß, und sein Auftraggeber sah nur einen Weg, den Problemfall zu entsorgen: die Rattenlinie. Über diesen ausgetretenen Pfad wurde Barbie von einem Agenten des CIC zum Amtssitz des kroatischen Priesters Draganovic nach Genua eskortiert. Der »gute Pater« besorgte für Barbie und seine Familie die notwendigen Papiere und eine Schiffspassage für die »Corrientes«, die gerade im Hafen ankerte. Am 22. März 1951 legte der Frachter in Richtung Südamerika ab. An Bord verließ eine der letzten »Ratten« ein längst gestrandetes Schiff.

Peter Hartl

»Es war meine Christenpflicht, jedem Flüchtling vor dem Kommunismus zu helfen.«

Monsignore Alois Hudal

1. Sonntag

Sowjetische Einheiten marschieren nach dem Abzug britischer und US-amerikanischer Truppen in mehreren mitteldeutschen Städten ein.

US-Präsident Truman ernennt James F. Byrnes zum Nachfolger des zurückgetretenen Außenministers Edward R. Stettinius.

2. Montag

In Berlin übernehmen US-Truppen den Flughafen Tempelhof.

Angesichts der US-amerikanischen Luftoffensive gegen Japan fordert der japanische Rundfunk die sechs Millionen Einwohner Tokios auf, die Stadt zu verlassen.

3. Dienstag

Amerikanische, britische und französische Truppen übernehmen die ihnen zugeteilten Sektoren in Berlin.

In der sowjetischen Zone beginnt der Aufbau der Landes- und Provinzialverwaltungen. Die neuen Präsidenten sind überwiegend Sozialdemokraten und Kommunisten.

Beim ersten Stapellauf nach dem Krieg wird in Hamburg ein 200-Tonnen-Schwimmkran zu Wasser gelassen.

4. Mittwoch

Österreich wird als Republik in den Grenzen von 1937 wiederhergestellt und in vier Besatzungszonen geteilt. Die Westmächte erkennen die von der Sowjetunion eingesetzte Provisorische Regierung unter Karl Renner offiziell an (S. 111).

In Bad Homburg eröffnet die US-amerikanische Militärregierung eine erste Bibliothek mit mehreren tausend Büchern und Zeitschriften. Sie soll der Umerziehung (Re-education) der Deutschen dienen.

5. Donnerstag

In Berlin konstituiert sich die Liberal-Demokratische Partei Deutschlands (LDPD) als vierte Partei in der sowjetischen Besatzungszone.

In Großbritannien finden die Unterhauswahlen statt. Mit dem Endergebnis ist erst zu rechnen, wenn aus den Kolonien die Stimmzettel der britischen Staatsbürger eingetroffen und ausgezählt sind.

Amerikanische Truppen beziehen ihren Sektor in der ehemaligen Reichshauptstadt.

6. Freitag

US-Finanzminister Henry Morgenthau erklärt in Washington seinen Rücktritt. Morgenthau hatte 1944 einen 14-Punkte-Plan ausgearbeitet, nach dem Deutschland in einen Agrarstaat ohne Industrie umgewandelt werden sollte.

7. Samstag

Die militärischen Vertreter der USA, Großbritanniens und der Sowjetunion beschließen, in Berlin eine Interalliierte Militärkommandantur einzurichten.

Die US-amerikanische Militärregierung übergibt die Verwaltung des Saarlandes an Frankreich.

8. Sonntag

In München findet das erste große Konzert seit Kriegsende statt. Im ausverkauften Prinzregenten-Theater spielen die Münchner Philharmoniker Werke von Mendelssohn Bartholdy, Mozart und Tschaikowsky.

Die Sowjetische Militäradministration in Deutschland (SMAD) richtet in ihrer Zone die Länder Mecklenburg, Brandenburg, Thüringen, Sachsen-Anhalt und Sachsen ein.

9. Montag

In London unterzeichnen die Delegationsleiter der Interalliierten Beratungskommission für europäische Fragen (EAC) ein Abkommen über die Aufteilung Österreichs in Besatzungszonen.

10. Dienstag

Die polnische Regierung kündigt in Warschau an, alle Deutschen aus den von Polen verwalteten preußischen Provinzen auszuweisen (S. 183).

11. Mittwoch

In Berlin kommen die Vertreter der USA, Großbritanniens, der Sowjetunion und Frankreichs zur ersten Sitzung der Interalliierten Militärkommandantur für Berlin zusammen.

In München wird eine Tauschzentrale eröffnet.

12. Donnerstag

Südwestdeutschland wird erneut aufgeteilt. Die Gebiete Nordwürttemberg und Nordbaden werden in die US-amerikanische Zone, Südwürttemberg-Hohenzollern und Südbaden in die französische Zone eingegliedert.

13. Freitag

Japan bittet die Sowjetunion, bei den Friedensverhandlungen mit den Alliierten zu vermitteln.

14. Samstag

In der sowjetischen Zone bilden KPD, SPD, CDU und die Liberal-Demokratische Partei Deutschlands LDPD eine »Einheitsfront der antifaschistisch-demokratischen Parteien« (S. 137).

Briten und Amerikaner lockern das Fraternisierungsverbot. Gespräche der Besatzungssoldaten mit Deutschen auf Straßen und in öffentlichen Lokalen sind von nun an gestattet. Hausbesuche bleiben jedoch verboten (S. 151).

Flüchtlingslager im Nachkriegsdeutschland.

Douglas MacArthur (1880–1964)

15 · Sonntag

General Douglas MacArthur wird zum Oberbefehlshaber der US-amerikanischen Streitkräfte im Pazifik ernannt.

16 · Montag

Churchill sagt bei einer Besichtigung der Reichskanzlei in Berlin: »Von hier aus wollte Hitler die Welt erobern; viele haben es schon versucht. Keinem ist es gelungen.«

In der Nähe von Los Alamos im US-Bundesstaat New Mexico detoniert auf einem Versuchsgelände erstmals eine Atombombe (S. 121).

Der »runde Tisch« von Potsdam.

17 · Dienstag

In Potsdam beginnt die erste Nachkriegskonferenz der »Großen Drei«. Bis zum 2. August verhandeln Truman, Churchill bzw. sein Nachfolger Clement Attlee und Stalin über das Nachkriegseuropa (S. 107).

In Spanien kündigt Diktator Francisco Franco Bahamonde die Wiederherstellung der Monarchie an.

18 · Mittwoch

Mehr als 2000 Flugzeuge der US Air Force fliegen einen Angriff auf Tokio.

Auf der Potsdamer Konferenz fordern die Alliierten das japanische Kaiserreich zur Kapitulation auf.

In Düsseldorf erscheint die *Rheinische Zeitung*.

19 · Donnerstag

Die dänische Regierung spricht sich dafür aus, Südschleswig und den Nord-Ostsee-Kanal zu internationalisieren.

In Frankfurt am Main wird als zentrale Behörde für die Reichsbahn die Oberbetriebsleitung »United States Zone« gebildet.

20 · Freitag

Der erste amtliche Fahrplan der Reichsbahn nach Kriegsende weist 25 Zugverbindungen auf.

Auf Anordnung der SMAD werden mehrere hundert Glocken, die im Harz den Krieg überstanden haben, in die Sowjetunion abtransportiert.

21 · Samstag

Die Vertreter der Alliierten unterzeichnen das Viermächte-Abkommen über die Besatzungszonen in Deutschland und die Verwaltung von Groß-Berlin (S. 107).

Der tschechoslowakische Handelsminister Hubert Ripka erklärt vor Journalisten: »Tschechen und Deutsche können unmöglich in einem gemeinsamen Staat zusammenleben.«

22 · Sonntag

Auf der Potsdamer Konferenz kommt es zu Meinungsverschiedenheiten zwischen Churchill und Stalin über das Schicksal der Deutschen in den Ostgebieten (S. 107).

23 · Montag

In der amerikanischen Besatzungszone endet eine Waffenrazzia, bei der etwa 80 000 Personen festgenommen worden sind.

24 · Dienstag

Am Rande der Potsdamer Konferenz unterrichtet US-Präsident Truman Stalin über seine Absicht, die Atombombe gegen Japan einzusetzen (S. 121).

Bei einem schweren Luftangriff auf die japanische Flotte zerstört die US Air Force drei Schlachtschiffe, zwei Flugzeugträger und vier Kreuzer.

25 · Mittwoch

Die SMAD ordnet an: Alle Privatpersonen, Betriebe und Anstalten haben binnen fünf Tagen sämtliche in ihrem Besitz befindlichen Devisen, Wertpapiere, Gold- und Silbermünzen abzuliefern.

Im Haus der Kammer der Kunstschaffenden in Berlin wird die erste Nachkriegsausstellung in Deutschland eröffnet. Gezeigt werden unter anderem Werke von Hofer, Beckmann und Pechstein, die im Dritten Reich als »entartet« galten (S. 158).

Clement Attlee (1883–1967).

26 · Donnerstag

Wachwechsel in Downing Street 10: Nach Bekanntgabe des Wahlergebnisses zum britischen Unterhaus löst der Vorsitzende der siegreichen Labour Party, Clement Attlee, den Konservativen Winston Churchill als Premierminister ab.

27 · Freitag

In der sowjetischen Zone werden elf Zentralverwaltungen unter anderem für die Bereiche Verkehr, Brennstoffe, Handel und Versorgung eingerichtet.

Japans Ministerpräsident Kantaro Suzuki erklärt in Tokio, Japan »ignoriere« die Forderung der Alliierten nach einer bedingungslosen Kapitulation.

28 · Samstag

Der neue Premierminister Clement Attlee übernimmt als Nachfolger Winston Churchills den Vorsitz der britischen Delegation auf der Potsdamer Konferenz.

In New York prallt ein Verkehrsflugzeug gegen das Empire State Building. Alle 28 Insassen der Maschine kommen bei dem Absturz ums Leben.

29 · Sonntag

Auf der Potsdamer Konferenz einigen sich US-Außenminister James Francis Byrnes und sein sowjetischer Amtskollege Wjatscheslaw Molotow in der Frage der deutschen Reparationsleistungen.

30 · Montag

Im Gebäude des ehemaligen Berliner Kammergerichts in Berlin-Schöneberg halten die Mitglieder des Alliierten Kontrollrats ihre erste Sitzung ab.

31 · Dienstag

In der nordböhmischen Stadt Aussig richten tschechische Nationalisten unter der sudetendeutschen Bevölkerung ein Massaker an. Mehr als 2000 Menschen werden ermordet.

Die sowjetische Besatzungsmacht ordnet in ihrer Zone die Gründung »antifaschistischer Jugendkomitees« an. Zugleich werden alle anderen Jugendorganisationen verboten (S. 137).

Die Bombe von Hiroshima

Atomkrieg gegen Japan

Ein gleißender Lichtstrahl durchsticht die Dunkelheit, ein flammender Blitz schießt zum Himmel und verwandelt sich in einen gelbroten Feuerball. Plötzlich ist die Nacht taghell erleuchtet, über die Wüste fegt eine Hitzewelle. Vor den Augen der renommiertesten Wissenschaftler der Welt war die erste Atombombe in der Geschichte explodiert. Am 16. Juli um 5.29 Uhr begann auf dem Testgelände in der Wüste bei Alamogordo im US-Bundesstaat New Mexico das Atomzeitalter.

»Und wenn ich hundert Jahre leben sollte, niemals werde ich diese paar Minuten gänzlich vergessen können«

Co-Pilot der »Enola Gay«, R. A. Lewis

Fasziniert beobachtete Julius Robert Oppenheimer, Physiker und wissenschaftlicher Leiter des geheimen Atomprojektes, wie der Feuerball die Wolkendecke durchdrang. Leise sprach er Verse aus dem heiligen Hindu- Epos vor sich hin: »Wenn der Glanz von tausend Sonnen am Himmel plötzlich bräche hervor, das wäre gleich dem Glanze des Allmächtigen. Ich bin der Tod, Zerstörer der Welten.«

Allmählich löste sich die Erstarrung der Männer. Sie schüttelten einander die Hände und klopften sich auf die Schultern. In einem Freudenschrei entlud sich die ungeheure Anspannung der vergangenen Jahre: »Es hat funktioniert, mein Gott, das verdammte Ding hat funktioniert!«

Zu der Gruppe amerikanischer und europäischer Wissenschaftler, die die Detonation der ersten Atombombe in der Wüste beobachtet hatten, gehörte auch Klaus Fuchs, ein junger deutscher Physiker. 1933 war er vor den Nationalsozialisten aus Deutschland geflohen und später als Assistent des deutschen Professors Peierls nach Amerika gekommen. Was keiner seiner Kollegen wußte: Fuchs stand seit 1941 als Spion in Diensten der Sowjetunion. Als die Testbombe bei Los Alamos explodierte, hatte Fuchs Moskau bereits detailliert über den Stand der atomaren Forschung in den USA informiert...

Nur die amerikanische Öffentlichkeit erfuhr nichts von dem geheimen Experiment in der Wüste. »Ein Munitionslager mit hochexplosivem Sprengstoff, darunter auch Gasgranaten«, hieß es offiziell, »ist in den frühen Morgenstunden im Sperrgebiet der Alamogordo Air Base explodiert.«

US-Präsident Truman war am Tag vor dem Test in Potsdam, dem Konferenzort der »Großen Drei«, eingetroffen, wo er in einer Villa, dem »Little White House«, im Vorort Babelsberg logierte. Ungeduldig wartete er auf Nachricht vom Atomversuch in der Wüste, denn Erfolg oder Mißerfolg würden die amerikanisch-britische Haltung bei den Gesprächen mit Stalin entscheidend beeinflussen. Außerdem: Mit der Atombombe könnte Japan unter Druck gesetzt und zur Kapitulation gezwungen werden.

Um 19.30 Uhr erreichte den amerikanischen Kriegsminister Henry Stimson in Berlin das ersehnte Telegramm mit dem Ergebnis des Bombentests: »Operation heute morgen durchgeführt. Dia-

»Unter diesen Umständen hat die Bekämpfung der Mittel keine Aussicht auf Erfolg. Nur die radikale Abschaffung der Kriege und der Kriegsgefahr kann helfen.«
Albert Einstein

Vor dem Start nach Hiroshima: Colonel Paul W. Tibbets winkt aus der Kanzel seiner B-29 »Enola Gay«.

gnose noch nicht vollständig, aber Erfolg scheint zufriedenstellend und übertrifft bereits Erwartungen.« Erleichtert notierte Truman in sein Tagebuch: »Es ist sicherlich ein Glück für die Welt, daß nicht Hitlers oder Stalins Meute diese Atombombe entdeckt hat. Sie scheint das schrecklichste Ding zu sein, das jemals entwickelt wurde, aber sie kann auch dem nützlichsten Zweck zugeführt werden.«

Jetzt, da die USA im Besitz der Bombe war, schlug Präsident Truman am Potsdamer Konferenztisch eine deutlich härtere Gangart an. Eine Woche später, am 24. Juli, spielte der amerikanische Präsident schließlich seine Trumpfkarte

Nur drei Meter lang: »Little Boy«, die Uranium-Bombe für Hiroshima.

aus: Er teilte Stalin mit, daß die Vereinigten Staaten über eine neue Waffe mit außergewöhnlicher Zerstörungskraft verfügten. Der aber zeigte sich kaum beeindruckt. Er wußte ja bereits alles über das »Geheimnis« der Amerikaner. »Ich freue mich«, merkte Stalin lapidar an, »das zu hören, und ich hoffe, Sie machen guten Gebrauch davon gegen die Japaner.«

Die »Wunderwaffe«, die Bombe, die den Krieg beenden und den Frieden garantieren sollte, hatte eine lange Vorgeschichte. Sie beginnt 1938 im Labor des Kaiser-Wilhelm-Instituts in Berlin. Hier entdeckte der spätere Nobelpreisträger Otto Hahn die Kernspaltung. Bei dem Versuch, Uran-Atome mit Neutronen zu beschießen, zerfiel der Urankern und setzte dabei enorme Energiemengen frei. Die Grundlage für die Nutzung von Atomenergie war geschaffen.

Die Welt stand zu dieser Zeit am Vorabend des Zweiten Weltkriegs. Hochrangige Wissenschaftler flohen vor den Nationalsozialisten ins amerikanische Exil, wo sie die Regierung in Washington drängten, die Atomforschung voranzutreiben. Im Oktober 1939 warnte der Physiker Albert Einstein den amerikanischen Präsidenten Franklin D. Roosevelt, die Nationalsozialisten arbeiteten möglicherweise bereits an der Atombombe. Man müsse den Deutschen unbedingt zuvorkommen, denn der Besitz nuklearer Waffen könne den Krieg entscheiden.

Hiroshima, 6. August 1945.

Roosevelt reagierte prompt. Zunächst wurden vorbereitende Forschungsarbeiten in Auftrag gegeben, und als 1942 der Fernostkrieg unausweichlich schien, fiel der Beschluß, die Bombe zu bauen. Unter dem Decknamen »manhattan project« stampften die USA ein gigantisches Forschungszentrum in der Wüste von Los Alamos im Bundesstaat New Mexico aus dem Boden. Die militärische Leitung des Projekts übernahm General Leslie Groves. Wissenschaftlicher Kopf des Unternehmens war der Physiker Oppenheimer, der als »Vater der Atombombe« in die Geschichte einging. Von 1942 bis 1945 arbeiteten 600000 Angestellte und Wissenschaftler fieberhaft an dem streng geheimen Projekt. Am 16. Juli 1945 – der Krieg in Europa war seit über zwei Monaten beendet – war es soweit: Die erste Atombombe detonierte planmäßig mit der geballten Kraft von 4000 Bomberladungen auf dem Testgelände. Der Atombombenangriff auf Japan war jetzt nur noch eine Frage der Zeit.

Unklar blieb nur noch, welche japanischen Städte als Ziel in Frage kamen. Die fünf größten Industriezentren Japans, Tokio, Nagoya, Osaka, Kobe und Yokohama, schieden aus, da sie nach amerikanischen Luftangriffen Trümmerwüsten glichen. Die Atombombe sollte über unversehrtem Gebiet abgeworfen werden, damit die Welt sah, wie verheerend die neue Waffe wirkte. Bereits Anfang Juli war der Befehl erteilt worden, vier Städte für den Angriff mit der Atombombe zu »reservieren«. Die Wahl fiel auf Kokura, Hiroshima, Niigati und die alte Kaiserstadt Kyoto. Das kulturelle Zentrum und Heiligtum der Japaner, Kyoto, wurde später allerdings wieder gestrichen. Dafür kam Nagasaki auf die »Abschußliste«.

Inzwischen war der amerikanische Kreuzer »Indianapolis« auf dem Weg zur Pazifikinsel Tinian. An Bord: die Bombe. Auf Tinian, dem Luftstützpunkt der Amerikaner, warteten bereits Wissenschaftler, die die »Wunderwaffe« zusammensetzen, sowie die Bomberpiloten, die sie ans Ziel befördern sollten. Nachdem die gefährliche Fracht abgeliefert war, nahm die »Indianapolis« Kurs auf ihr nächstes Einsatzgebiet. Am 29. Juli trafen mehrere japanische Torpedos den amerikanischen Kreuzer. Die meisten Besatzungsmitglieder verbrannten

»Fat Man«: die Plutonium-Bombe für das zweite Ziel, Nagasaki.

oder versanken mit den Schiffstrümmern. Andere wurden von Haien zerfetzt. Erst am 2. August, nach dreieinhalb Tagen, fischte man die Überlebenden aus dem Meer. 318 Seeleute überlebten die größte Katastrophe in der Geschichte der US-Marine, 883 kamen ums Leben.
Unterdessen setzten in Potsdam die Alliierten ihre Verhandlungen fort. Am 26. Juli forderten die USA, Großbritannien und China die japanische Regierung in der »Potsdamer Erklärung« ultimativ auf, mit allen Streitkräften sofort und bedingungslos zu kapitulieren. Japan stand damit, ohne es zu ahnen, vor einer schrecklichen Alternative. Von der Atombombe nämlich stand in dem Ultimatum kein Wort. Japan lehnte die Kapitulation ab.

Auf Tinian liefen derweil die Vorbereitungen für das Unternehmen »Centerboard«, den Abwurf der Atombombe über Hiroshima, auf Hochtouren. Ein Flugzeugbomber vom Typ B-29 war speziell für den Transport der nuklearen Fracht umgerüstet worden. Der Pilot, Oberst Paul Tibbets, taufte die Maschine auf den Mädchennamen seiner Mutter, »Enola Gay«. Die Bombe, von den Soldaten »Little Boy« genannt, maß drei Meter und wog mehr als vier Tonnen. Mit etwa zehn Kilo Uran 235 hatte sie

Nagasaki, 9. August 1945.

eine Sprengkraft von 13 Kilotonnen TNT. Die Bombenhülle war mit Unterschriften und provokanten Sprüchen bekritzelt. Einer lautete: »Grüße an den Kaiser von den Männern der ›Indianapolis‹.« Am 6. August um 2.30 Uhr startete die »Enola Gay« ihre Mission. Zwei Bomber, die Messungen sowie Film- und Fotoaufnahmen von der Explosion der Bombe machen sollten, begleiteten sie. Das »Primärziel« hieß Hiroshima.

Um 8.13 Uhr sah der 24jährige Bombenschütze Thomas Ferebee Hiroshima im Fadenkreuz. Keine Wolke trübte den Himmel. Optimale Bedingungen für den Abwurf. Im Zentrum der Stadt erkannte Ferebee die Aioi-Brücke über

Julius Robert Oppenheimer
»Vater der Atombombe«:
»Ich empfinde keine Reue, was den Bau der Bombe betrifft. Das war richtig. Was ihren Einsatz betrifft, verstehe ich, warum es geschah, und ich anerkenne, mit welcher Größe jene Männer ... ihre Entscheidung trafen. Aber ich glaube nicht, daß es richtig war.«

Leslie Groves
Leiter des Projekts:
»Diejenigen unter uns, die an jenem Morgen den Anbruch des Atomzeitalters miterlebten, wissen, daß der Mensch ... praktisch alles erreichen kann. War die Entwicklung der Atombombe durch die Vereinigten Staaten notwendig? Ja. Die Atombombe hat seit 1945 den Frieden erhalten.«

Samuel Allison
leitete den Countdown beim Test in Alamogordo:
»Ich war stolz, daß ich mitgeholfen hatte, den Krieg zu gewinnen. Ich machte mir keine Gedanken über die Tausende verbrannter Frauen und Kinder. Erst nachher. Heute bedrückt es mich, daß ich mitgeholfen habe, hunderttausend japanische Zivilisten zu verbrennen.«

den Fluß Ota. Nicht weit entfernt lag das Hauptquartier der Zweiten japanischen Armee. Die Mannschaft setzte sich Schutzbrillen auf und aktivierte das Zündsystem von »Little Boy«. Dann öffnete sich der Bombenschacht; die Atombombe glitt aus dem Bauch des Flugzeugs. Um 8.15 Uhr explodierte »Little Boy« 579 Meter über dem Hof des Shima-Krankenhauses nahe der Aioi-Brücke. Die Druckwelle war so gewaltig, daß sie noch in der Flugzeugkanzel deutlich zu spüren war. »Die Stadt«, beschrieb Oberst Paul Tibbets, »lag unter dieser furchtbaren Wolke verborgen..., die aufbrodelte, sich wie ein Pilz ausbreitete, schreckenerregend und unglaublich groß.« Minuten nach dem Abwurf funkte die »Enola Gay« zum Stützpunkt Tinian: »Resultate eindeutig – stop – in jeder Hinsicht erfolgreich – stop – Sichtbare Auswirkung größer als bei Alamogordo Test – stop – Verhältnisse im Flugzeug nach Abwurf normal.«

Auf dem in der Bucht von Tokio liegenden Schlachtschiff »Missouri« unterzeichnet Außenminister Shigumetsu am 2. September die Kapitulation Japans.

In der Stadt Hiroshima war absolut nichts mehr »normal«: Menschen, die sich bei der Explosion der Bombe im Umkreis von 800 Metern befanden, verglühten und lösten sich in Nichts auf. Ihre inneren Organe verdampften. Ein Unbekannter hinterließ seine Umrisse auf den Stufen einer Bank. Von einem anderen, der einen Handkarren gezogen hatte, blieb nur ein Schatten auf dem Asphalt. Die Hitze verbrannte Haut und Haare von Menschen, die sich im Umkreis von 3,5 Kilometern im Freien aufhielten. Hunderte von Menschen krochen geblendet, hautlos, vor Schmerz schreiend aus den Trümmern, unter denen Zehntausende begraben lagen. Ein Überlebender schilderte entsetzt: »Ich traf viele, wie viele weiß ich nicht, die von den Hüften aufwärts verbrannt waren. Die Haut hatte sich abgeschält, ihr Fleisch war naß und schwammig. Und sie hatten keine Gesichter! Ihre Augen, Nasen und Münder waren weggebrannt, und die Ohren schienen förmlich abgeschmolzen zu sein. Kaum konnte ich die Vorderseiten vom Rücken unterscheiden.« Bis Ende 1945 fielen dem atomaren Holocaust in Hiroshima mindestens 140 000 Menschen zum Opfer. Zehntausende leiden bis heute an den Folgen der radioaktiven Strahlung. »Wir können nicht vergessen«, bekannte Oppenheimer später, »daß diese Waffen, als sie tatsächlich benutzt wurden, uns das Unmenschliche, das Böse neuzeitlicher Kriegsführung auf besonders erschreckende Weise vor Augen führten. Jedenfalls haben die Physiker erfahren, was Sünde heißt, und diese Erfahrung ist unverlierbar.«

Truman befand sich gerade auf dem Heimweg aus Potsdam, als ihn beim Mittagessen an Bord des Panzerkreuzers »Augusta« die Nachricht vom »erfolgreichen Bombenabwurf« erreichte. Der Präsident legte sein Besteck beiseite, erhob sich und sprach mit feierlichem Tonfall: »Das ist der größte Tag in der Geschichte. Wir haben das Spiel gewonnen.« Doch die japanische Regierung war noch immer nicht bereit, die Waffen zu strecken.

Auf Tinian bereitete die USA den zweiten atomaren Schlag gegen Japan vor. Drei Tage nach dem Abwurf über Hiroshima, am 9. August, flog der Pilot des Bombers »Bock's Car«, Charles Sweeney, mit der Plutonium-Bombe »Fat Man« an Bord in Richtung Kokura. Industriesmog hing über der Stadt, so daß Sweeney nach Nagasaki abdrehte.

Winston Churchill

»Es wäre ein Fehler anzunehmen, daß das Schicksal Japans von der Atombombe entschieden wurde. Japans Niederlage war schon sicher, ehe die erste Bombe fiel, und war durch die überwältigende Seemacht seiner Feinde herbeigeführt worden... Japans Schiffahrt war bereits völlig vernichtet.«

Kurz nach 11 Uhr klinkte die Bombe aus. Um 11.02 Uhr detonierte »Fat Man« über der Stadt. Bis zum Ende des Jahres starben in Nagasaki 70 000 Menschen.

Am 9. August erklärte schließlich auch die Sowjetunion Japan den Krieg. Zum Frieden war die japanische Militärführung aber noch immer nicht bereit. Die Alliierten warfen aus B-29 Bombern Millionen von Flugblättern über japanischen Städten ab: Die Bevölkerung solle ihren Kaiser auffordern, den Krieg zu beenden. Endlich ergriff am 10. August Kaiser Hirohito die Initiative. Der Tenno akzeptierte vorbehaltlos die Bedingungen der »Potsdamer Erklärung«. Am 15. August sprach der Kaiser über Rundfunk zu seinen Untertanen: »Wenn wir weiterkämpfen, würde das nicht nur den völligen Zusammenbruch und die Vernichtung der japanischen Nation zur Folge haben, sondern auch die menschliche Zivilisation zerstören.« Am 2. September unterzeichnete der japanische Außenminister Shigumetsu an Bord der »Missouri« die Kapitulationsurkunde. Der Zweite Weltkrieg war beendet, doch die Saat für einen neuen, den Kalten Krieg, war bereits ausgebracht. Mit der Atombombe hielten sich in den kommenden Jahrzehnten beide Machtblöcke in Schach.

Maya Dähne

Wettlauf um das Wissen

Deutsche Forscher im Visier der Alliierten

Die Männer trugen schwarze Ledermäntel und saßen in Kübelwagen der Wehrmacht. Alle Scheinwerfer waren aufgeblendet. Dröhnend polterte der Konvoi im April auf einer Bergstraße in den bayerischen Alpen talwärts – geradewegs auf eine Einheit der 44. US-Infanteriedivision zu. Die GI's waren alarmiert. Als aber die sechs Fahrzeuge auf Sichtweite herankamen, verlor die Situation schnell ihre Dramatik. Kein einziger Schuß fiel, und mit Staunen vernahmen die GI's, wie der Unbekannte seine wahre Identität preisgab: »Mein Name ist Wernher von Braun.«

Die Überraschung war perfekt. Der Chefkonstrukteur der »Wunderwaffe« V 2 hatte sich mit seinem Mitarbeiterstab der US-Army gestellt. Stundenlange Verhöre in einer Kaserne in Garmisch-Partenkirchen folgten, doch anders als so viele Deutsche stritt von Braun seine Verantwortung nicht ab. Natürlich habe er im Raketenzentrum Peenemünde gearbeit. Ja doch, er sei der geistige Vater der V 2. Noch Fragen, Gentlemen? Als wäre eine Last von seinen Schulter genommen, posierte er unbeschwert für Erinnerungsfotos, schüttelte Hände, übte sich im »small talk« über Orden und Raketen. »Mister von Braun«, notierte ein amerikanischer Offizier verblüfft, »behandelt unsere Soldaten mit der leutseligen Herablassung eines Kongreßabgeordneten auf Informationsbesuch.« Da gab sich ein Prominenter die Ehre. Ein Mann, der wußte, was er wert war. Denn er besaß, worum sich die Siegermächte rissen: das Know-how für die Waffe der Zukunft, die Rakete.

Wissen und ein brillanter Verstand waren Brauns Kapital, das ihn und andere deutsche Spezialisten zu den wertvollsten Aktivposten in der Konkursmasse des Hitler-Reiches machte. Im Flugzeug-, U-Boot- und Raketenbau hatten deutsche Forscher, Techniker und Ingenieure im Dienste Hitlers weltweit Maßstäbe gesetzt. Sie waren die »Gehirne« der deutschen Kriegsmaschinerie, und ihre Fähigkeiten waren auch nach dem Zusammenbruch gefragt. Kaum schwiegen die Waffen, begann die Jagd der Sieger auf die klugen Köpfe des Regimes, denn die lebende Beute verhieß militärische Überlegenheit.

Die Zeit drängte. Schon durchkämmten Spezialeinheiten das Land nach, wie sich das US-Oberkommando ausdrückte, »ausgewählten, außergewöhnlich klugen Köpfen, deren anhaltende geistige Produktivität wir ausnützen möchten.« Im Sommer lief die streng geheime Operation mit dem Decknamen »Overcast« bereits auf Hochtouren. Armee, Marine, Luftwaffe hatten den Befehl, 350 vorwiegend deutsche Spezialisten, vor allem Experten der Raketenforschung, zunächst ohne ihre Familien nach Übersee zu schaffen. Sechs Monate sollten sie dort »ausgenutzt«, anschließend wieder nach Deutschland geschickt werden. Doch die Konkurrenz bei der Fahndung nach den Forschern – die Sowjetunion, Großbritannien und Frankreich – schlief nicht. Schon kurze Zeit später stockte US-Präsident Harry Truman daher das Kontingent auf 1000 Forscher auf.

Zwar standen die Grenzen der Besatzungszonen bereits fest, doch Fahnder wie den amerikanischen Leutnant Morton Hunt kümmerten die Linien auf den Karten der Politiker und Militärs wenig. Auch in der Sowjetzone klapperte er mit einem Lastwagen die Adressen ab, die auf seiner Liste standen: der Junkers-

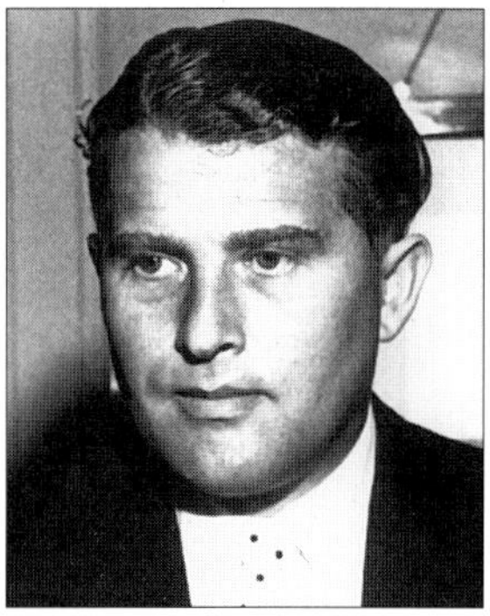

Walter Dornberger (l., 1895–1980) und Wernher von Braun (1912–1977).

Planungsingenieur in Dessau, ein Spezialist für Flugzeugtragflächen der Gothaer Fabriken, ein Professor für Ballistik, ein Ingenieur für Aeronautik ... – »intellektuelle Reparationen«, von denen in keinem Abkommen die Rede war. Hunt lockte die Wissenschaftler und Techniker und andere mit der Aussicht, wieder forschen zu dürfen. Zögerte einer der Gelehrten, genügte meist ein Satz, der Wunder wirkte: »Dann holen Sie die Russen!«

Im Osten Deutschlands schnappte die US Air Force der Roten Armee Spitzeningenieure der Junkers- und der Messerschmitt-Werke vor der Nase weg. Und auch das Gebiet der britischen Zone blieb von »Ausflügen« der findigen US-Fahnder nicht verschont. In Braunschweig, wo das Hermann-Göring-Institut für Aeronautische Forschung experimentiert hatte, köderten US-Soldaten sechs hochrangige Forscher mit amerikanischen Pässen und brachten sie nach Bad Kissingen, wo im Hotel »Wittelsbacher Hof« über 120 deutsche Wissenschaftler samt Familien untergebracht waren - und erneut umworben wurden, diesmal von französischen Offizieren in geheimer Mission.

M. v. Ardenne (*1907) mit einem Gerät zur Projektion von Fernsehbildern.

Großbritannien verzichtete auf solche Tricks, sei es aus Desinteresse oder aus Haß auf einstige Feinde. Unvergessen blieben auf den britischen Inseln die verheernden Schäden der V 2-Raketenangriffe. Keiner wollte den Vätern dieser Mordinstrumente nun auch noch den Unterhalt finanzieren. Auf Wissenschaftler, die mit dem Raketenbau nichts zu tun hatten, war freilich auch das Vereinigte Königreich erpicht. Helmuth Walther, Erfinder des mit Wasserstoffperoxid angetriebenen U-Bootes »Meteor«, war da nur ein Beispiel. Frankreich stand demgegenüber deutlich zurück. Die kleinste Siegernation mußte sich mit den Forschern begnügen, die Amerikaner und Briten nicht verpflichtet hatten. Immerhin gelang es Paris, den Flugexperten Hellmut von Zborowski, den Leiter der Junkers-Forschungsabteilung Professor Heinrich Hertel, den Spezialisten für Überschalltriebwerke Eugen Sänger sowie das gesamte Team des Ballistischen Instituts von Berlin-Gatow unter der Leitung von Professor Schardin zu verpflichten.

Auch der Roten Armee waren Gelehrte in die Hände gefallen, die zur Elite im Hitler-Staat zählten. Während des Endkampfes um Berlin nahmen Stalins Soldaten im Lichterfelder Institut den »Atomstar« Manfred von Ardenne und 35 seiner Mitarbeiter fest. Monatelang durchstreiften Sowjetsoldaten ihre Zone und spürten die Aufenthaltsorte bedeutender Forscher auf. In manchen Fällen griffen Stalins Fahnder dabei zu wenig subtilen Methoden und posaunten offen heraus, wen sie suchten. Tagelang plärrten Lautsprechern am Ostufer der Elbe: »Wo ist Ernst Steinhoff? Hohe Belohnung für zweckdienliche Auskünfte über Ernst Steinhoff!« Steinhoff, Spezialist für Steuer- Elektronik, war gewarnt. Er floh in den Westen.

Dem Physiker Werner Heisenberg versprach die Sowjetunion 6000 Dollar jährlich, 25 Kilo Frischfleisch im Monat und für jedes seiner sechs Kinder eine Tagesration von 1350 Kalorien, obendrein noch ein luxuriöses Haus – vergebens. Heisenberg kooperierte lieber mit den Amerikanern. Wie Heisenberg gaben die meisten der festgenommenen Forscher den Westmächten den Vorzug. Freiwillig stellte sich so gut wie keiner den Fahndern der Roten Armee. Gerüchte von Deportationen nach Sibirien machten die Runde. Aber in Zeiten zerstörter Labors gelang es Stalins Werbern mitunter dennoch, derlei Bedenken mit verheißungsvollen Angeboten zu zerstreuen. 5000 Technikern und Forschern sicherten sie zu, in Deutschland bleiben zu dürfen. Nun aber waren sie Stalins »geistiges Eigentum«, und Stalin dachte nicht daran, sein Wort zu halten. Im Oktober 1946 brachten 92 Sonderzüge etwa 20 000 Menschen, darunter Tausende von Experten, über die Grenze nach Sowjetrußland. Niemand im Zug wußte, wohin die Reise gehen sollte. Protest war sinnlos, denn die Emigranten wider Willen waren fest eingeplant in Rußlands atomare Raketenzukunft.

Werner Heisenberg (1901–1976) verweigerte sich den Russen und arbeitete für die Amerikaner.

Moralische Bedenken gegen Hitlers treue Forscher waren in Stalins Reich nicht zu erwarten. In den USA hingegen schlug die Debatte um vermeintliche NS-Kriegsverbrecher im Dienste des Landes zeitweilig hohe Wellen. Denn allzu kritisch überprüfte das Pentagon bei der Auswahl der Wissenschaftler die Verstrickungen der Vergangenheit nicht. Ein mit Auszeichnungen überhäufter Spezialist wie General Walter Dornberger, neben Wernher von Braun einer der Väter der V 2-Rakete, sollte nach dem Willen der Engländer eigentlich in Nürnberg verurteilt werden. Da aber die USA ein Auge auf ihn geworfen hatten, wandelte sich der Kriegsverbrecher unversehens in einen gesuchten Forscher, der für die US Air Force ab 1947 sein Wissen für ein geheimes Raketenprogramm in Dayton/Ohio einsetzte.

Dem Wettlauf um die Forscher folgte das Wettrüsten der Weltmächte. Atomwaffen und ballistische Raketen stiegen in der Gunst der Strategen zum Maß aller Dinge auf. Und an der Entwicklung dieser Raketen hatten deutsche Forscher im Exil maßgeblichen Anteil.

Jörg Müllner

Der Vierte im Bunde

Die Renaissance der »Grande Nation«

Mit eindringlicher, fast flehender Stimme suchte der greise Angeklagte seine Richter zu überzeugen.

»Wann«, fragte Philippe Pétain im Tonfall wachsender Verzweiflung, »wann wird man endlich verstehen, was es bedeutet, unter diesen Umständen zu regieren? Die Besetzung zwang mich, den Feind zu schonen, um euch zu schützen, in der Erwartung, daß unser Land befreit werde.« Doch die Argumente des Marschalls, kurz zuvor noch Chef der mit dem NS-Regime kollaborierenden Vichy-Regierung, blieben ungehört. Am 5. August wurde der im Ersten Weltkrieg hochdekorierte Kämpfer zum Tode verurteilt – das Ende einer politischen Karriere.

Pétains Prozeß bildete den Höhepunkt einer Serie juristisch fragwürdiger und hastig abgehandelter Sondertribunale gegen ehemalige Vichy-Funktionäre und Kollaborateure. Der Marschall entkam der Hinrichtung, denn Charles de Gaulle, Chef der Provisorischen Regierung, begnadigte ihn zu lebenslänglicher Festungshaft. Andere Vichy-Politiker aber mußten für ihre Zusammenarbeit mit den deutschen Besatzern mit ihrem Leben bezahlen. So auch Pierre Laval, Premierminister des Vichy-Regimes und »böser Geist« Pétains.

Die unerbittliche und grausame Verfolgung wirklicher wie vermeintlicher »Collabos« nach der Libération, der Befreiung Frankreichs durch die Alliierten im Sommer 1944, war zwar beendet. Nun aber folgte eine zweite Phase der Épuration, der Säuberung nach den vier »schwarzen Jahren« der Kollaboration, bei der gleichfalls nicht gerade zimperlich, geschweige denn mit Mitteln des Rechtsstaates vorgegangen wurde. Mit Hilfe von Schauprozessen sollte nun endgültig ein Schlußstrich unter die schmachvollen Jahre von 1940 bis 1944 gezogen werden. Doch noch heute spricht man in Frankreich gelegentlich von der »parenthèse historique«. Die Jahre der Kollaboration werden ausgeklammert. Zu sehr schmerzt der Blick zurück. Vichy steht für ein Trauma, das Frankreich nicht losläßt.

Als Roosevelt, Churchill und Stalin im Februar 1945 in Jalta die Nachkriegsordnung Europas festlegten, war de Gaulle damit beschäftigt, die letzten Partisanengruppen der Résistance zu entwaffnen. Die politische Zukunft des zerstörten und moralisch besiegten Landes lag im dunkeln. Im Oktober schließlich kam es zu einem Referendum, in dem sich das Volk, erstmals auch die französischen Frauen, für den Neubeginn und damit gegen die Rückkehr zur Verfassung der Dritten Republik entschieden, die 1940 mit dem deutsch-französischen Waffenstillstand ihr Ende gefunden hatte. Doch bis die neue, die Vierte Republik etabliert war und die Lage im Land sich normalisiert hatte, sollten noch Jahre vergehen.

Die Kommunisten waren die großen Gewinner der Wahlen zur Nationalversammlung am 21. Oktober 1945. Sie hatten sich während der Okkupation als einzige politische Partei geschlossen dem Widerstand gegen die deutschen Besatzer verschrieben. Zum Verdruß der Sozialisten aber schlug sich die KP als

Zwei Generäle im Gespräch: Eisenhower und de Gaulle im Herbst 1944. Die Westalliierten unterstützen angesichts sowjetischer Expansionsbestrebungen de Gaulles' Wunsch nach einer französischen Besatzungszone.

stärkste Fraktion in der Beratenden Versammlung, vor allem in wirtschafts- und sozialpolitischen Fragen, immer wieder auf die Seite der Konservativen um General de Gaulle. Die Kommunisten gaben sich betont national, verzichteten auf das revolutionäre Pathos der Kriegsjahre, und so freundete sich die große Mehrheit der Franzosen mit dem neuen, trotz aller Divergenzen kompromißbereiten Regime rasch an. Aber das Bündnis zwischen Konservativen und Kommunisten währte nur kurze Zeit.

Nach dem Verfassungsentwurf für die Vierte Republik begann die taktische Allianz zwischen de Gaulle und den Kommunisten Risse zu zeigen. Der provisorische Parteienkonsens wich parteipolitischem Gezänk. Die Linke setzte sich mit ihrem Vorschlag eines parlamentarischen Ein-Kammer-Systems, von de Gaulle als »Parteien-Régime« verhöhnt, gegen den General durch. Der zog sich daraufhin im Januar 1946, tief enttäuscht über die Uneinsichtigkeit der Parlamentarier, von der politischen Bühne ins lothringische Colombey-les-Deux-Églises zurück. De Gaulle war fest davon überzeugt, die Nation werde ihn bald zu Hilfe rufen. Und er sollte recht behalten. Zwölf Jahre dauerte sein politisches Exil in der Provinz, das seine Anhänger die »Durchquerung der Wüste« nannten. Dann kehrte er zurück auf die Bühne der großen Politik.

Die vehemente Verteidigung nützt wenig: Am 10. Oktober wird der ehemalige Premierminister der mit den Deutschen paktierenden Vichy-Regierung, Pierre Laval, vom Obersten Gerichtshof Frankreichs wegen Hochverrats zum Tode verurteilt.

Seine Mission hatte der ehemalige Anführer der Résistance dennoch erfüllt: Beharrlich hatte er an seiner »Idée de la France« festgehalten und seinem Land einen Platz an der Seite der drei Siegermächte verschafft.

Verbittert hatte der General von Paris aus die Konferenzen in Teheran, Jalta und Potsdam verfolgt, zu denen er nicht geladen war. Und er beobachtete aus der Ferne, wie Frankreich ein Stück vom großen Kuchen der Sieger »serviert« bekam. Bei der Verteilung der »Beute« in Potsdam wurde Frankreich ein Sitz im Alliierten Kontrollrat und eine eigene Besatzungszone in Deutschland zugestanden. Ausgerechnet der britische Premier Winston Churchill, dem de Gaulle so sehr mißtraute, hatte gegen Roosevelt und Stalin, so Harry Hopkins, Berater des US-Präsidenten, später, »wie ein Löwe« dafür gekämpft, die Position Frankreichs auf dem europäischen Kontinent zu stärken. Gegen den alten und neuen Feind Sowjetunion suchte Churchill in Europa einen Verbündeten. Eine Wende um 180 Grad, denn zunächst waren sich die Vertreter der Alliierten einig, daß es Frankreich nicht verdiene, bevorzugt zu werden: »De Gaulle scheint sich der Tatsache nicht bewußt zu sein, daß der französische Beitrag zu den militärischen Operationen an der Westfront sehr bescheiden ist. Man darf nicht vergessen, daß es Frankreich war, das den Feind hat passieren lassen. Wir hätten nicht solche Verluste erlitten, wenn die Franzosen den Feind aufgehalten hätten. Die Kontrolle über Deutschland muß den Mächten vorbehalten bleiben, die von Anfang bis Ende widerstanden haben – Frankreich gehört nicht dazu.«

Dennoch mußten dem General die Resultate der Potsdamer Konferenz geradezu lächerlich erscheinen, hatte doch sein außenpolitisches Konzept eine weitaus größere Dimension. Ihm kam es darauf an, Frankreich wieder als Großmacht zu etablieren, damit es die Rolle des Vermittlers zwischen den Supermächten übernehmen konnte. Das Land sollte auf Kosten Deutschlands wiederaufgebaut, Rhein- und Saarland Frankreich zugesprochen werden. De Gaulle schwebte ein in Einzelstaaten zerstückeltes Deutschland vor, mit dem die befürchteten Revanchegelüste des unheimlichen Nachbarn gleich im Keim erstickt werden könnten. »Da Preußen als Macht untergegangen ist«, verkündete der General auf einer Pressekonferenz im Oktober 1945, »gibt es auch das von ihm geschaffene einheitliche Deutschland nicht mehr.«

De Gaulles allzu ehrgeiziges Programm fand zwar bei den »Großen Drei« kaum Gehör, weckte gleichwohl bei vielen Franzosen die Sehnsucht nach vergangenen Zeiten, als Paris das stolze Zentrum eines weltumspannenden Kolonialreiches war, bis das Vichy-Regime diese Tradition mit Füßen trat. Als im Sommer 1945 Ho Chi Minh die Unabhängigkeit Vietnams erklärte, zögerte daher Paris keine Sekunde, die alte Kolonie zurückzuerobern. Doch die hohe Zeit für Kolonialmächte war vorbei: Kämpfe in Syrien und im Libanon, ein erster blutiger Aufstand in Algerien kündeten vom Zerfall des Riesenreiches. Die Grande Nation war durch Krieg und Besatzung wirtschaftlich und moralisch am Boden. Und doch war Frankreich im Club der Sieger. »Was? Auch die Franzosen?« hatte Feldmarschall Keitel noch gestaunt, als er bei der Unterzeichnung der Kapitulationsurkunde den französischen General de Lattre de Tassigny erblickte. Der Eindruck täuschte nicht: Der Traum de Gaulles hatte sich erfüllt, die gedemütigte Nation stand stolz an der Seite der Sieger.

Kristiana Ruhl

Auch er wird zum Tode verurteilt, jedoch wegen seines hohen Alters (89) zu lebenslanger Haft begnadigt: Marschall Pétain. Er hatte 1940 in Vichy im unbesetzten Frankreich die Regierungsgewalt übernommen.

Die »Stunde Null«

Der politische Neubeginn

Der Aufbruch in eine neue Epoche begann in einer ausgebombten Wohnung in Hannover, Jakobstraße 10. Im düsteren Hinterzimmer stand kaum Mobiliar, Gardinen fehlten, ein vergittertes Fenster gab den Blick nach draußen frei. Hier arbeitete ein ausgemergelter Mann, ein 49jähriger Kriegsinvalide, der den rechten Arm im Ersten Weltkrieg verloren hatte. Körperlich glich er nach zehn Jahren Folter in Gefängnissen und Konzentrationslagern einem Wrack. In ihm aber brannte das Feuer politischer Leidenschaft wie zu jenen Tagen, als er für die SPD im Reichstag saß. Kurt Schumacher hatte den Kontakt mit anderen Sozialdemokraten wieder aufgenommen, und als mit dem Einmarsch der US-Truppen am 9. April in Hannover die »Stunde Null« schlug, verlor er keine Zeit, das Werk seines nur noch sieben Jahre währenden Lebens anzupacken: den Neuaufbau der SPD in einem neuen Deutschland, den Kampf für »Frieden, Freiheit, Sozialismus«.

Zwölf Jahre hatte das NS-Regime neben der NSDAP keine weitere Partei geduldet. Führer und Anhänger demokratischer Parteien wurden in Lagern inhaftiert, manche ermordet, wenn sie nicht rechtzeitig ins Exil geflohen waren oder sich der gleichgeschalteten »Volksgemeinschaft« angepaßt hatten. Zwölf Jahre Diktatur hatten im moralischen Bankrott und im qualmenden Chaos ausgebombter Städte geendet. Doch kaum hatte sich der Staub in den Schuttwüsten gelegt, kündeten bereits die ersten Pflänzchen vom kommenden politischen Frühling.

Spontan versuchten Sozialdemokraten, bürgerliche Demokraten, Gewerkschafter und Kommunisten in Kommunalräten und Bürgerräten, in »Kampfkomitees gegen den Nationalsozialismus« oder »Antifaschistischen Aktionsbündnissen«, das politische Vakuum zu füllen. Voller Elan drängten sie bei den alliierten Stadtkommandanten nach Mitsprache in Verwaltungen. Sie berieten die Sieger, wollten Nazis ihrer gerechten Strafe zuführen – doch zur Massenbewegung erstarkten sie nicht. Die Alliierten reagierten mit Skepsis auf ihre Euphorie. Und schon bald fühlten sie sich so belästigt, daß sie den meisten dieser Initiativen weitere Aktivitäten untersagten. Politik sollte für das Volk, das Hitler zugejubelt hatte, vorerst Tabu bleiben.

Bedauert haben das nur wenige, die meisten hatten anderes im Sinn als brotlose Politik. Im Kampf um Nahrung, um Arbeit und Wohnungen war sich in der »Stunde Null« jeder eher selbst der Nächste. Aber gab es tatsächlich die »Stunde Null«? Die Niederlage setzte eine grundlegende Zäsur, aber der politische Neubeginn begann nicht bei Null. Weimarer Politiker standen wieder bereit für Amt und Würden. Moralisch und materiell allerdings glich das Land einem Trümmerhaufen.

»Achtung, Achtung!« dröhnte es im April aus einem Lautsprecher im noch amerikanisch besetzten Leipzig, »Alle Personen dieser Stadt werden unverzüglich und vorbehaltlos alle Anordnungen und Befehle der alliierten Militärregierung befolgen!« Tage später war Deutschland mit der bedingungslosen Kapitulation der Wehrmacht zum Objekt in den Händen der Alliierten geworden. Seit dem 5. Juni hielten in einem Land, das vier Zonengrenzen durchschnitt, vier Oberbefehlshaber und Militärgouverneure die oberste Regierungsgewalt in Händen: Feldmarschall Bernard L. Montgomery (Großbritannien),

Die neuen Herren von Deutschland: Bernard L. Montgomery, Georgi K. Schukow, Dwight D. Eisenhower und Pierre Kœnig (v. l.) am 10. August, dem Tag der Eröffnung des Alliierten Kontrollrats, vor dem ehemaligen Berliner Kammergericht.

Die ersten deutschen Ministerpräsidenten in der amerikanischen Zone: (v. r.) Karl Geiler (Hessen), Reinhold Maier (Württemberg-Baden) und Wilhelm Hoegner (Bayern). Neben ihnen James K. Pollock von der Militärregierung. Unter seinem Einfluß wird im Oktober der Länderrat gebildet.

Kurt Schumacher (l.), der erste SPD-Vorsitzende, und Ernst Reuter, der spätere Oberbürgermeister von Berlin: Sie sind die maßgeblichen Sozialdemokraten der ersten Stunde.

General Dwight D. Eisenhower (USA), Marschall Georgi K. Schukow (UdSSR) und General Lattre de Tassigny bzw. ab August General Pierre Kœnig (Frankreich). Sie schalteten und walteten in ihren Herrschaftsgebieten nach eigenem Gusto. »Deutschland als Ganzes betreffende wesentliche Fragen« sollten zwar im Alliierten Kontrollrat, der zentralen Kontrollbehörde der Sieger in Berlin, geregelt werden, doch die alliierte Einheit aus den Kriegstagen war dahin. Entsprechend unterschiedlich gestaltete sich der politische Neubeginn in den vier Zonen, wo Not und Elend die Alliierten allerorten zu Erster Hilfe an Land und Leute zwang.

In der britischen Zone waren deutsche Verwaltungen anfangs nur in Gemeinden zugelassen, während die Amerikaner bereits auf Selbstverwaltung setzten als erste demokratische Bewährungsprobe für die Besiegten: »Wenn die Deutschen demokratische Methoden lernen sollen«, sagte der stellvertretende US-Militärgouverneur, General Lucius D. Clay, am 12. September, »dann halte ich es für das Beste, damit alsbald auf Lokalebene anzufangen.« Und nicht nur das: Eine Woche später berief die US-Militärregierung die ersten Ministerpräsidenten für die drei Länder ihrer Zone: Bayern, Groß-Hessen, Württemberg-Baden. Wie Lehrer achteten die Besatzungsmächte fortan genau darauf, daß ihre »Schüler« – die Bürgermeister, Landräte, Regierungschefs – ihre »Hausaufgaben« auch ordentlich erledigten. Wehe dem, der alliierten Zorn auf sich zog. Denn so schnell einer aus dem Nichts zum Bürgermeister aufsteigen konnte, so bald konnte er sein Amt auch wieder los sein. Bayerns erster »provisorischer« Ministerpräsident Fritz Schäffer mußte abtreten, weil er nach General Clays Geschmack ehemalige Nazis zu sehr schonte, und Konrad Adenauer wurde wegen »Unfähigkeit« entlassen, weil er sich als Kölner Oberbürgermeister geweigert hatte, Bäume in Parks abholzen zu lassen.

Neben seinem Amt verlor Adenauer auch die Erlaubnis, politisch aktiv zu werden. Am 4. Dezember aber war er wieder rehabilitiert. Inzwischen nämlich hatten sich in allen Zonen politische Parteien formiert, und die waren angewiesen auf erfahrene Demokraten wie den »Alten« aus Röhndorf.

Auf der Konferenz von Potsdam einigten sich die Alliierten darauf, politische Gruppierungen zuzulassen. Wann das geschehen sollte, blieb allerdings unklar. Und die Alliierten ließen sich Zeit: Im September wurden Parteien in der britischen, im November in der amerikanischen und im Dezember auch in der französischen Zone zugelassen. Enttäuscht schrieb im Dezember der Regierungspräsident von Arnsberg an der Ruhr an den Oberpräsidenten von Westfalen: »Das politische Leben regt sich nur langsam. Aus mehreren Gegenden wird mir gemeldet, daß die Vertreter der Parteien erklärten, sie könnten noch nicht offiziell für ihre Parteien sprechen, weil die Bestätigung der Vorsitzenden durch die Militärregierung fehle.«

In den lizenzlosen Zeiten blieben die Parteien indes alles anderes als untätig. Schumacher, der am 6. Mai in Hannover den ersten Ortsverein gegründet hatte, sammelte statt SPD-Mitgliedsanträgen sogenannte »Bereitschaftserklärungen«. Bis Ende Juni stapelten sich bereits 16 000 dieser Formulare in seinem Büro. Auf der Gründungsversammlung der SPD Hannovers am 6. Mai referierte Schumacher zum Thema »Wir verzweifeln nicht«. Gemeint war die Lage im Lande, aber der Satz charakterisierte zugleich treffend die Stimmung der Genossen, deren Zahl im Westen bis zum Oktober auf immerhin rund 100 000 »Mitglieder« anstieg.

Während Parteien im Westen ungeduldig die Lizenz zur Politik ersehnten, hatte die Sowjetunion in ihrer Zone längst Fakten geschaffen. Und ihr Tempo war enorm: Marschall Schukow, Chef der sowjetischen Militäradministration (SMAD), erlaubte im »Befehl Nummer zwei« schon am 10. Juni, zwei Monate nach der Kapitulation, die Gründung antifaschistischer Parteien unter seiner Kontrolle. Die Parteien ließen sich nicht lange bitten. Bis zum Juli meldeten in der Sowjetzone SPD, CDU, KPD und Liberaldemokraten ihre Ansprüche an, das Land zu Demokratie und Recht zurückzuführen. Die KPD beharrte auf ihrer Eigenständigkeit gegenüber Moskau, denn Weimar hatte den Kommunisten gelehrt, daß mit einer kremlhörigen Partei in Deutschland kein Staat zu machen ist. Jetzt galt es, den Schein der Unabhängigkeit zu wahren, damit die Massen geschlossen hinter der roten Fahne marschierten.

Das Weimarer Desaster hatte zudem gezeigt, wie sehr zerstrittene Parteien einer Demokratie schaden können. Nicht wenige Sozialdemokraten drängten daher auf eine Einheitspartei, den Zusammenschluß mit der KPD. In Städten wie Frankfurt am Main, Hamburg oder München gründeten sie Aktionbündnisse mit Kommunisten, jedoch ohne durchschlagenden Erfolg. Kurt Schumacher, die Führungsfigur der SPD in den Westzonen, lehnte es ab, mit der KPD gemeinsame Sache zu machen. Einzig seiner Partei sprach er das moralische Recht zu, Deutschland in die Zukunft zu führen.

Kämpferisch rief Schumacher auf der SPD-Konferenz in Wennigsen bei Hannover: »Wir deutschen Sozialdemokraten sind nicht britisch und nicht russisch, nicht amerikanisch und nicht französisch. Wir sind Vertreter des deutschen arbeitenden Volkes und damit der deutschen Nation!« In Wennigsen, wo SPD-Prominenz aus allen Zonen und dem Londoner Exil zusammenkam, trennten sich die Wege der Partei. Solange Deutschland geteilt war, sollte der Kompromiß gelten: Kurt Schumacher führt die Partei im Westen, Otto Grotewohl im Osten Deutschlands. Die De-Facto-Scheidung war vollzogen.

Neben SPD und KPD formierte sich noch eine weitere Partei, die es so in der Weimarer Republik nicht gegeben hatte. Sie empfahl sich Katholiken wie Protestanten als neue politische Heimat. Das christliche Lager, vor 1933 im Parteienzwist gespalten, im »Dritten Reich« im Widerstand gegen Hitler vereint, sollte unter dem Dach einer Volkspartei zusammengeführt werden. So gründeten sich unmittelbar nach dem Zusammenbruch in allen Zonen christlich-demokratische Gruppen. Obwohl Konrad Adenauer selbst bereits zu Beginn der 20er Jahre die Vision von einer überkonfessionellen Partei formuliert hatte, schloß er sich zunächst keiner dieser Gruppen an. Aus der Distanz beobachtete er die ersten Schritte der jungen Sammlungspartei, bevor er sich im Herbst – er war gerade als Oberbürgermeister entlassen worden – dem Kölner Gründungskreis zuwandte. Beim ersten »Reichstreffen« im Dezember in Bad Godesberg gaben sich die christlich-demokratischen Gruppen den Namen »Christlich-Demokratische Union«. In Bayern nannten sie sich Christlich-Soziale Union (CSU). Die mitteldeutschen und Berliner CDU-Gruppen durften nicht nach Godesberg reisen. Einheit über die Zonengrenzen hinweg untersagten die Sowjets, und so stand der politische Neubeginn der Christlichen Demokraten schon ganz im Zeichen der sich abzeichnenden Spaltung Deutschlands. *Jörg Müllner*

Besatzungsalltag: Nachrichtenübermittlung am Bretterzaun (oben links), zwei britische Soldaten auf dem Weg in ihre Kantine, dem beschlagnahmten Kurhaus in Bad Oeynhausen (l.), und amerikanische Soldaten bei der Durchsuchung einer Privatwohnung, bei der auch der Bücherschrank inspiziert wird.

Konrad Adenauer

Gedanken und Überlegungen zur Lage Deutschlands

Meine Beurteilung der politischen Situation habe ich in einem Schreiben an Herrn Weitz, den damaligen Oberbürgermeister von Duisburg, vom 31. Oktober 1945 wiedergegeben:

»Rußland hat in Händen: die östliche Hälfte Deutschlands, Polen, den Balkan, anscheinend Ungarn, einen Teil Österreichs. Rußland entzieht sich immer mehr der Zusammenarbeit mit den anderen Großmächten und schaltet in den von ihm beherrschten Gebieten völlig nach eigenem Gutdünken. In den von ihm beherrschten Ländern herrschen schon jetzt ganz andere wirtschaftliche und politische Grundsätze als in dem übrigen Teil Europas.

Konrad Adenauer bei einer Wahlrede für die CDU. Erst im Herbst 1945 wendet er sich der Partei zu, wird dann aber schnell ihr führender Repräsentant.

Damit ist die Trennung in Osteuropa, das russische Gebiet, und Westeuropa eine Tatsache.

In Westeuropa sind die führenden Großmächte England und Frankreich. Der nicht von Rußland besetzte Teil Deutschlands ist ein integrierender Teil Westeuropas. Wenn er krank bleibt, wird das von schwersten Folgen für ganz Westeuropa, auch für England und Frankreich sein. Es liegt im eigensten Interesse nicht nur des nicht von Rußland besetzten Teiles Deutschlands, sondern auch von England und Frankreich, Westeuropa unter ihrer Führung zusammenzuschließen, den nicht russisch besetzten Teil Deutschlands politisch und wirtschaftlich zu beruhigen und wieder gesund zu machen. Eine Lostrennung des Rheinlandes und Westfalens von Deutschland dient diesem Zweck nicht, sie würde das Gegenteil herbeiführen. Man würde eine östliche politische Orientierung des nicht russisch besetzten Teiles Deutschlands herbeiführen. Dem Verlangen Frankreichs und Belgiens nach Sicherheit kann auf die Dauer nur durch wirtschaftliche Verflechtung von Westdeutschland, Frankreich, Belgien, Luxemburg, Holland wirklich Genüge geschehen. Wenn England sich entschließen würde, auch an dieser wirtschaftlichen Verflechtung teilzunehmen, so würde man dem doch so wünschenswerten Endziele, Union der westeuropäischen Staaten, ein sehr großes Stück näherkommen.

Zum staatsrechtlichen Gefüge des nicht von Rußland besetzten Teiles Deutschlands: Ein vernünftiges staatsrechtliches Gefüge besteht zur Zeit überhaupt nicht, es muß wiederhergestellt werden. Die Schaffung eines zentralisierten Einheitsstaates wird nicht möglich, auch nicht wünschenswert sein, der staatsrechtliche Zusammenhang kann lockerer sein als früher, etwa in der Form eines bundesstaatlichen Verhältnisses.«

Ich kannte die Besorgnisse der westlichen Nachbarn Deutschlands. Ich verstand und würdigte sie nach den Erfahrungen, die sie in den letzten hundert Jahren gemacht hatten, in vollem Umfange. Ich hielt es für unrichtig, sie zur Beruhigung auf die politische Machtverteilung in Europa, wie sie im Jahre 1945 bestand, hinzuweisen. Die politische Geschichte zeigte, daß ständig alles im Fluß ist und politische Verhältnisse sich sehr schnell ändern können.

Es mußte eine Lösung der deutschen Frage gefunden werden, die organischer Natur und darum von Dauer sein würde und die unsere westlichen Nachbarn beruhigte und ihnen das Gefühl von dauernder Sicherheit gab. Eine Abtrennung deutscher Gebiete, die die Alliierten planten, zum Beispiel Frankreich die des linken Rheinufers, betrachtete ich allerdings nicht als eine derartige Lösung. Mit einer Abtrennung würde die Sicherheit nicht garantiert sein. Außerdem mußte, wer eine solche Abtrennung vornehmen würde, sich die Frage vorlegen, was dann aus dem übrigen Deutschland werden sollte, ob das übrige Deutschland nicht dadurch, wie Churchill es aussprach, »zu einem verwesenden Leichnam mitten in Europa« würde, der genauso tödlich für Europa sein würde, wie ein siegreiches nationalsozialistisches Deutschland es gewesen wäre.

Ich bin Deutscher, aber ich bin und war auch immer Europäer und habe als solcher gefühlt. Deshalb habe ich mich von jeher für eine Verständigung mit Frankreich eingesetzt, ohne die ein Europa nicht möglich ist, und bin in den zwanziger Jahren bei den schwersten Krisen bei der Reichsregierung dafür eingetreten. Ich bin immer eingetreten für eine vernünftige, den Interessen beider Länder gerecht werdende Verständigung. Schon nach dem Ersten Weltkrieg vertrat ich den Plan einer organischen Verflechtung der französischen, belgischen und der deutschen Industrie zur Sicherung eines dauernden Friedens, weil nach meiner Überzeugung parallel laufende, gleichgeschaltete wirtschaftliche Interessen das gesundeste und dauerhafteste Fundament für gute politische Beziehungen zwischen den Völkern sind und immer sein werden. Ich sah trotz der Not große Zukunftsmöglichkeiten für Westeuropa. Die Vereinigung Europas schien mir viel leichter möglich zu sein als damals in den zwanziger Jahren. Der Gedanke der internationalen Zusammenarbeit der Völker mußte sich durchsetzen.

Ich beschäftigte mich sehr mit dem Problem der Vereinigten Staaten von Europa, denen Deutschland angehören mußte. Ich sah in den künftigen Vereinigten Staaten von Europa die beste und dauerhafteste Sicherung der westlichen Nachbarn Deutschlands. Die Angst, die in Frankreich vor einem Wiedererstarken Deutschlands bestand und eine Politik der Zerstückelung Deutschlands forderte, schien mir völlig unbegründet. Deutschland lag nach 1945 militärisch, wirtschaftlich und politisch am Boden, und nach meiner Meinung gab dieser Zustand genügend Sicherung dafür, daß von diesem Deutschland für Frankreich keine Gefahr heraufkommen konnte. In den zukünftigen Vereinigten Staaten von Europa sah ich die große Hoffnung für Europa und damit für Deutschland: Wir mußten versuchen, Frankreich, Holland, Belgien und die anderen europäischen Länder daran zu erinnern, daß sie genausogut wie wir in Westeuropa liegen, daß sie unsere Nachbarn sind und für ewig bleiben werden, daß alle Gewalt, die sie uns antun, letzten Endes zum Übel führen müsse, daß auf Gewalt gegründet niemals ein dauernder Friede in Europa eintreten kann. General de Gaulle hatte dieses erkannt und in seiner Rede in Saarbrücken im August 1945 gesagt: »Franzosen und Deutsche müssen einen Strich unter die Vergangenheit machen, zusammenarbeiten und eingedenk sein, daß sie Europäer sind.«

Diese Worte de Gaulles erfüllten mich mit großer Hoffnung für Deutschland und für die Verwirklichung meiner Hoffnungen auf ein vereinigtes Europa.

Mir war klar, daß wir Deutsche vorerst nur in beschränktem Umfange Außenpolitik betreiben konnten. Unser außenpolitisches Ziel mußte sein, an der friedlichen Zusammenarbeit der Völker in der Vereinigung der Nationen gleichberechtigt teilzunehmen. Die Lasten, die Deutschland durch den verlorenen Krieg von anderen Ländern auferlegt würden, sollten so bemessen werden, daß Deutschland sie tragen und ihnen gerecht werden konnte. Denn auch der Besiegte behält das Recht auf Leben und Arbeit. Bitterste Not ohne Hoffnung ist das stärkste Hindernis jeder friedlichen Entwicklung. Auch der Sieger, der im Besitze der Macht ist, hat nach menschlichem und göttlichem Recht Pflichten gegenüber dem Besiegten.

Ich war mir darüber klar, daß ein vereinigtes Europa nur entstehen könne, wenn eine Gemeinschaft der europäischen Völker wiederhergestellt würde, in der jedes Volk seinen unersetzlichen, eigenen Beitrag zur europäischen Wirtschaft und Kultur, zum abendländischen Denken, Dichten und Gestalten leistet.

Deutschland liegt in der Mitte Europas. Kraft seiner geographischen Lage kann ein gesundes, politisch lebensfähiges Europa nur entstehen, wenn es Deutschland als wirtschaftlich und politisch gesundes Mitglied voll akzeptiert. Der Weg, der zur Verwirklichung dieses Zieles führt, würde lang sein, und er würde viel Zähigkeit und Ausdauer von uns verlangen. Aber die politische Vernunft sagte mir, daß dieses Ziel verwirklicht werden konnte...

Die große Aufgabe bei dem Wiederaufbau Deutschlands war es, die demokratischen Kräfte in unserem Volke zu wecken, zu stärken und wachsen zu lassen. Das politische Verantwortungsgefühl eines jeden Menschen war Voraussetzung für ein politisch gesundes Deutschland. Die Demokratie erschöpft sich nicht in der parlamentarischen Regierungsform, sie muß vor allen Dingen in dem Bewußtsein der einzelnen Menschen verankert sein. Wie die parlamentarische Regierungsform sogar zur Herbeiführung der Diktatur mißbraucht werden kann, wenn die Menschen nicht wirklich demokratisch denken und fühlen, das haben uns die ersten Monate nach dem Januar 1933 gezeigt. Demokratie ist mehr als eine parlamentarische Regierungsform, sie ist eine Weltanschauung, die wurzelt in der Auffassung von der Würde, dem Werte und den unveräußerlichen Rechten eines jeden einzelnen Menschen. Eine echte Demokratie muß diese unveräußerlichen Rechte und den Wert eines jeden einzelnen Menschen achten im staatlichen, im wirtschaftlichen und kulturellen Leben. Wer wirklich demokratisch denkt, muß Achtung vor dem anderen, vor dessen ehrlichem Wollen und Streben haben.

Aus: Konrad Adenauer, Erinnerungen 1945–1953, 1965.

Unter britischer Besatzung: Kölns Oberbürgermeister Adenauer (l.), Oberpräsident Fuchs (neben ihm) und der Militärgouverneur der Nordrhein-Provinz, General Barraclough (Mitte), der Adenauer am 6. Oktober aus seinem Amt entläßt.

August 1945

1 · Mittwoch

In der amerikanischen Zone erscheint die *Frankfurter Rundschau* als erste Zeitung unter deutscher Leitung (S. 159).

Die deutschen Gebiete östlich der Oder-Neiße-Linie stehen nun auch formal unter polnischer Verwaltung.

2 · Donnerstag

Im Potsdamer Schloß Cäcilienhof endet nach 17 Tagen die Konferenz der »Großen Drei«. Im Potsdamer Kommuniqué verständigen sich Truman, Attlee und Stalin über die Grundsätze für die Nachkriegsordnung in Deutschland (S. 107).

3 · Freitag

Die französische Regierung beginnt damit, in Deutschland Fremdarbeiter anzuwerben. Bis Juli 1946 will sie auch aus anderen Staaten 1,75 Millionen deutsche Kriegsgefangene verpflichten.

4 · Samstag

Frankreich stimmt dem Potsdamer Kommuniqué zu, spricht sich aber dagegen aus, sofort politische Parteien in ganz Deutschland zuzulassen.

Zynische Wandtafel im KZ Dachau.

5 · Sonntag

Auf dem Münchner Ostfriedhof werden bei einer Trauerfeier für die Opfer des Konzentrationslagers Dachau die Urnen von 4111 Opfern des NS-Rassenwahns beigesetzt.

6 · Montag

Die US-Air Force wirft über der japanischen Stadt Hiroshima eine Atombombe ab. Mindestens 140 000 Menschen sterben bis Ende des Jahres. Die Stadt ist nahezu vollständig zerstört (S. 121).

7 · Dienstag

In Berlin werden zum ersten Mal seit Kriegsende wieder Zigaretten ausgegeben. Jeder Bezugsberechtigte erhält ein Dutzend.

Die US-amerikanische Militärregierung beauftragt den einstigen Reichstagsabgeordneten Reinhold Maier (DVP), eine Regierung für Württemberg-Baden zu bilden.

8 · Mittwoch

In London vereinbaren die vier Siegermächte, einen Internationalen Militärgerichtshof für Kriegsverbrecher einzurichten (S. 167).

Die UdSSR erklärt Japan den Krieg und entsendet Truppen nach Korea und in die Mandschurei.

9 · Donnerstag

Die US-Luftwaffe wirft die Atombombe »Fat Man« über der japanischen Stadt Nagasaki ab. Schätzungsweie 70 000 Menschen sterben bis Ende des Jahres, rund 50 000 werden verletzt (S. 121).

Umherirrende Menschen in einer Steinwüste, die einst eine Hafenstadt namens Nagasaki war.

10 · Freitag

Der Alliierte Kontrollrat nimmt die Arbeit an seinem offiziellen Dienstsitz in Berlin auf.

Die japanische Regierung erklärt sich zur Kapitulation bereit, wenn der Status Kaiser Hirohitos als souveräner Herrscher unangetastet bleibt (S. 121).

»Iwan, der Schreckliche« feiert Premiere in Deutschland. Der synchronisierte sowjetische Spielfilm von Sergej Eisenstein wird im Berliner Marmorhaus und im Filmtheater Friedrichshain uraufgeführt.

11 · Samstag

Die Alliierten nehmen das Kapitulationsangebot Japans unter der Bedingung an, daß Kaiser Hirohito die Anordnungen des Alliierten Oberkommandos befolgt.

In Mannheim befiehlt die US-amerikanische Militärregierung: Alle früheren Mitglieder der NSDAP und ihrer Organisationen müssen einen Tag pro Woche für die Stadt arbeiten.

12 · Sonntag

Frankreich übernimmt in Berlin als letzte der vier Besatzungsmächte mit Reinickendorf und Wedding einen eigenen Sektor.

Im Rundfunkhaus in Berlin-Charlottenburg kommen die Vertreter von KPD, SPD, CDU und LDPD zur ersten Großkundgebung der »Einheitsfront der antifaschistisch-demokratischen Parteien« zusammen.

Der US-amerikanische Geheimdienst stellt in einer Studie bei mehr als 90 Prozent der befragten Deutschen »Politikverdrossenheit« fest.

Szene aus dem Film »Iwan, der Schreckliche« des sowjetischen Starregisseurs Sergej Eisenstein (1898–1948).

13 · Montag

Der Schriftsteller Walter von Molo ruft in einem offenen Brief den Literatur-Nobelpreisträger Thomas Mann dazu auf, aus dem amerikanische Exil nach Deutschland zurückzukehren.

14 · Dienstag

Die Regierung Japans akzeptiert die Kapitulationsbedingungen der Alliierten (S. 121).

Die Parteien SPD, KPD und Zentrum werden in der britischen Zone wieder zugelassen.

Philippe Pétain, Marschall von Frankreich und Chef des Vichy-Regimes während der deutschen Besatzung, wird wegen Kollaboration in Paris zum Tode verurteilt, später jedoch zu lebenslanger Haft begnadigt (S. 127).

15 · Mittwoch

US-General Eisenhower erklärt in Moskau zu den Beziehungen beider Länder: »Ich vermag keine Gründe für die Annahme zu finden, daß wir nicht auch in Zukunft engste Freunde bleiben können.«

Der Rhein zwischen Köln und Mainz wird wieder für die Schiffahrt freigegeben.

16 · Donnerstag

In Moskau einigen sich Vertreter Polens und der Sowjetunion über den Verlauf der Grenze zwischen beiden Staaten sowie über den Ersatz von Kriegsschäden in den von Deutschen verwüsteten Gebieten.

Die Berliner Polizei nimmt bei einer Razzia am Brandenburger Tor etwa 1000 Menschen fest (S. 175).

Schwarzmarkt-Razzia in Berlin.

17 · Freitag

In Österreich verurteilt das Wiener Volksgericht drei Kriegsverbrecher zum Tode. Sie sollen an den Massenmorden im Konzentrationslager Engerau beteiligt gewesen sein.

In einer Scheune bei Alsfeld (Hessen) entdeckt der US-Nachrichtendienst zwei Tonnen SS-Personalakten.

18 · Samstag

»Ich glaube, es war schwerer, sich hier seine Persönlichkeit zu bewahren, als von drüben Botschaften an das deutsche Volk zu senden.« Frank Thiess

Auf Deutschlands Straßen gelten neue Verkehrsregeln: In Städten gilt Tempo 40, auf Landstraßen Tempo 65. Wer abbiegt oder anhält, muß dies mit den Armen anzeigen.

19 · Sonntag

Die Niederlande fordern in einer Note an die Alliierten als Ausgleich für die deutsche Besatzung einen Teil des ehemals preußischen Gebiets.

20 · Montag

Als erste Hochschule nimmt die Universität Tübingen den Lehrbetrieb wieder auf.

21 · Dienstag

In Fulda kommen die deutschen Bischöfe der vier Zonen zu ihrer ersten Plenarkonferenz unter dem Vorsitz des Kölner Erzbischofs Josef Frings zusammen.

Die Bevölkerung Berlins wird im Winter keine Kohle erhalten, kündigt die Alliierte Kommandantur an. Tags darauf gründet sich die »Deutsche zentrale Kohlenorganisation«. Sie soll die Vorräte verteilen.

22 · Mittwoch

General de Gaulle, Chef der provisorischen Regierung Frankreichs, fordert in Washington, das Rheinland von Deutschland abzutrennen, das Saarland an Frankreich anzugliedern und das Ruhrgebiet unter internationale Verwaltung zu stellen.

23 · Donnerstag

Die Katholische Bischofskonferenz erklärt: »Furchtbares ist schon vor dem Krieg in Deutschland und während des Krieges durch Deutsche in den besetzten Ländern geschehen. Wir beklagen es zutiefst.«

Leo Borchard, von den Nationalsozialisten geächteter Musiker und erster Dirigent der Berliner Philharmonie nach dem Krieg, wird nachts an der US-amerikanischen Sektorengrenze versehentlich erschossen.

24 · Freitag

Für den Großraum Berlin erscheint das erste, 25 Seiten umfassende Kursbuch der Deutschen Reichsbahn nach Kriegsende.

In München wird die erste Probenummer der *Süddeutschen Zeitung* gedruckt. Die offizielle »Nummer 1« erscheint am 6. Oktober (S. 159).

Erzbischof Josef Frings (1887–1978).

25 · Samstag

Im bayerischen Teisendorf entdecken US-Truppen ein geheimes Lager der IG Farben mit 3600 Kisten dringend benötigter Medikamente.

26 · Sonntag

In Berlin ordnen nach der US-amerikanischen Militärverwaltung auch die anderen drei Besatzungsmächte Typhus-Impfungen für jeden Bürger an.

27 · Montag

Die amerikanische Militärregierung läßt in ihrer Zone politische Parteien auf kommunaler Ebene zu.

In der sowjetischen Zone müssen sich frühere Angehörige der deutschen Armee, der SS, SA, Gestapo und Mitglieder der NSDAP registrieren lassen. Etliche werden verhaftet.

28 · Dienstag

Im ersten Programm der SPD im Westen Deutschlands, das Kurt Schumacher verschickt, heißt es: »Die Demokratie ist untrennbar von Begriff und Ethik des Sozialismus.«

Der Physiker Max Planck wird mit dem Goethe-Preis der Stadt Frankfurt geehrt, kann die Auszeichnung aber nicht entgegennehmen, da keine Züge zwischen Göttingen und Frankfurt verkehren (S. 201).

29 · Mittwoch

Die ehemaligen Generalfeldmarschälle der deutschen Wehrmacht Walther von Brauchitsch und Erich von Manstein werden in der britischen Zone verhaftet.

Die erste Liste der Kriegsverbrecher, die sich vor dem Internationalen Militärgericht in Nürnberg verantworten müssen, wird veröffentlicht. Sie umfaßt 24 Namen (S. 167).

30 · Donnerstag

Mit der Proklamation Nr. 1 erklärt sich der Alliierte Kontrollrat zur »obersten Machtgewalt in Angelegenheiten, die Deutschland als Ganzes angehen«.

31 · Freitag

Führende Vertreter der evangelischen Kirche beschließen bei ihrer ersten Konferenz nach dem Krieg, den Rat der Evangelischen Kirchen in Deutschland ins Leben zu rufen (S. 155).

DIE
ROTE ARMEE
kommt als
HELFER
Ihre Autos rollen und bringen uns
LEBENSMITTEL
ANTIFA
ANTIFA

»Auferstanden aus Ruinen«

Von einer Diktatur zur nächsten

Es war noch sehr früh am Morgen, als zehn Gestalten in einer Moskauer Seitengasse wortlos in einen Autobus stiegen. Wenige Minuten später brauste das Fahrzeug über die noch dunkle Gorkistraße zum Flughafen. Nur der Führer dieser Gruppe, Genosse Walter Ulbricht, war über das genaue Ziel und den Einsatzplan informiert. Die anderen deutschen Funktionäre kannten sich erst seit wenigen Stunden und wußten nur, daß ihr Flugzeug bald in Deutschland landen würde. Ihre Order lautete: die antifaschistisch-demokratische Umgestaltung Deutschlands vorbereiten. Mehr war nicht bekannt.

In einer kleinen Kommission hatte Ulbricht in den letzten Monaten »Richtlinien zur Gestaltung des neuen Deutschlands« aufgestellt. Das Politbüro der deutschen Exil-Kommunisten in Moskau hatte es so gewollt. Erst vor wenigen Tagen hatten er, Anton Ackermann und Gustav Sobottka drei Gruppen um sich versammelt. Alle Mitglieder waren von den Sowjets jahrelang ausgebildet worden. Ihr gemeinsamer Auftrag war, neue deutsche Selbstverwaltungen aufzubauen und mit Kommunisten zu besetzen. Sobottka war für den Norden, Ackermann für den Süden und er selbst war für Berlin und die Mitte der Sowjetisch Besetzten Zone (SBZ) zuständig.

Propagandaplakat in der sowjetischen Besatzungszone. Noch stehen die alltäglichen Probleme, wie hier die Lebensmittelknappheit, im Vordergrund. Doch die politische Richtung – die Rote Armee als Helfer in der Not – zeichnet sich schon ab.

Einheits-Front der antifaschistisch-demokratischen Parteien

Ein bedeutsamer Schritt zum Wiederaufbau des Reiches

Kommunistische Partei Deutschlands

Sozialdemokratische Partei Deutschlands

Christlich-Demokratische Union Deutschlands

Liberal-Demokratische Partei Deutschlands

Am 14. Juli schließen sich die vier sowjetzonalen Parteien zum antifaschistisch-demokratischen Block zusammen.

Nach einem Zwischenstopp in Minsk landete die »Gruppe Ulbricht« am 30. April 35 Kilometer östlich von Berlin, wo noch immer der »Endkampf« wütete. Am Tag nach der Kapitulation der Reichshauptstadt ließ Ulbricht seine Funktionäre in Berlin ausschwärmen. Die Kommunisten, die nicht geflohen waren und Hitler überlebt hatten, formierten sich zu Sprechchören und skandierten »Ulbricht! Ulbricht!« Als aber später einige kommunistische Widerstandskämpfer die Vergewaltigungen deutscher Frauen durch Rotarmisten anprangerten und eine Diskussion darüber verlangten, schnitt ihnen Ulbricht im schärfsten Kommandoton das Wort ab: »Das kommt überhaupt nicht in Frage!« Von nun an gab nur noch er die Befehle. Wer sich nicht unterordnete, wurde politisch ausgeschaltet. Ulbricht setzte die moskautreue Linie von Anfang an durch. Er war schon ganz der spätere »Zonendiktator«. Sein Plan für den Aufbau der Verwaltungen in den Berliner Bezirken täuschte über die tatsächliche Machtverteilung hinweg: Nur pro forma leiteten Bürgerliche und ehemalige Sozialdemokraten die meisten Bezirke, die Schlüsselpositionen besetzte Ulbricht mit »zuverlässigen Genossen«. Die Dezernate für Personal, Volksbildung und die neugegründete Volkspolizei waren wichtig. Ulbrichts Direktive lautete: »Es ist doch ganz klar – es muß eben demokratisch aussehen, aber wir müssen alles in der Hand haben«. Schon am 9. Mai war ganz Berlin mit neuen Bezirksverwaltungen versehen. Und überall saßen Kommunisten an den Schalthebeln der Macht.

Bislang verlief alles nach Plan, aber im Juni schienen neue Befehle aus Moskau alles zu ändern. Wolfgang Leonhard, damals jüngstes Mitglied der »Gruppe Ulbricht«, erinnert sich: »Unser Haus in der Prinzenstraße 80 glich nun einem Bienenstock. Eine Besprechung löste die andere ab; neue Wagen kamen, um die Verbindungen der Spitzenfunktionäre sicherzustellen.« Alle deutschen Funktionäre mit Rang und Namen waren in Berlin versammelt. Von der »Gruppe Ulbricht« war plötzlich keine Rede mehr. Wolfgang Leonhard ahnte: »Sie hatte ihre Aufgabe erfüllt.«

Was war passiert? Entgegen aller vorherigen Absprachen überraschte Stalin die Genossen damit, daß die Erlaubnis zur Gründung mehrerer politischer Parteien unmittelbar bevorstand. Demnach würde es im neuen Deutschland nicht nur eine Kommunistische Partei (KPD), sondern auch eine sozialdemokratische (SPD) und zwei bürgerliche Parteien (CDU und LDP) geben. Vorher war nur von einer Arbeiterpartei die Rede gewesen. Stalin hatte eine Kehrtwendung vollzogen und war dem Westen entgegengekommen, um seine Reparationsforderungen durchzusetzen. Moskau brauchte die Reparationen für den Wiederaufbau des verwüsteten Landes.

Am 10. Juni 1945 erlaubte die Sowjetische Militäradministration Deutschlands (SMAD) Parteigründungen in der SBZ. Schon am nächsten Tag wurde die KPD aus dem Boden gestampft. Die anderen Parteien hinkten mit ihren Gründungen Tage und Wochen hinter den Kommunisten her. Sie erhielten keine sowjetische Unterstützung. In Wirklichkeit nämlich dachten die Sowjets zu keinem Zeitpunkt daran, die Alleinherrschaft der KPD aufs Spiel zu setzen. Stalin signalisierte nur scheinbar Kooperationsbereitschaft mit dem Westen. Hinter den Kulissen plante der verschlagene Kremlchef, die Kommunisten möglichst überall an die Macht zu bringen, getreu seiner Devise: »Jeder führt sein eigenes System ein, so weit seine Armee vordringen kann.« Die SMAD war daher nicht nur Moskaus Statthalter in Deutschland. Sie ebnete auch der KPD den Weg zur Macht.

In ihrem Gründungsaufruf gab sich die KPD sehr gemäßigt: »Wir sind der Auffassung, daß der Weg, Deutschland das Sowjetsystem aufzuzwingen, falsch wäre.« Die Kaderpartei bekannte sich sogar zu einem »demokratischen Regime und einer parlamentarisch-demokratischen Republik mit allen demokratischen Rechten und Freiheiten für das Volk.« Das beruhigte den Westen. Die Sowjets brauchten damals Ruhe, um Osteuropa ihren Stempel aufzudrücken.

Die SPD schien links von den Kommunisten zu stehen, denn sie proga-

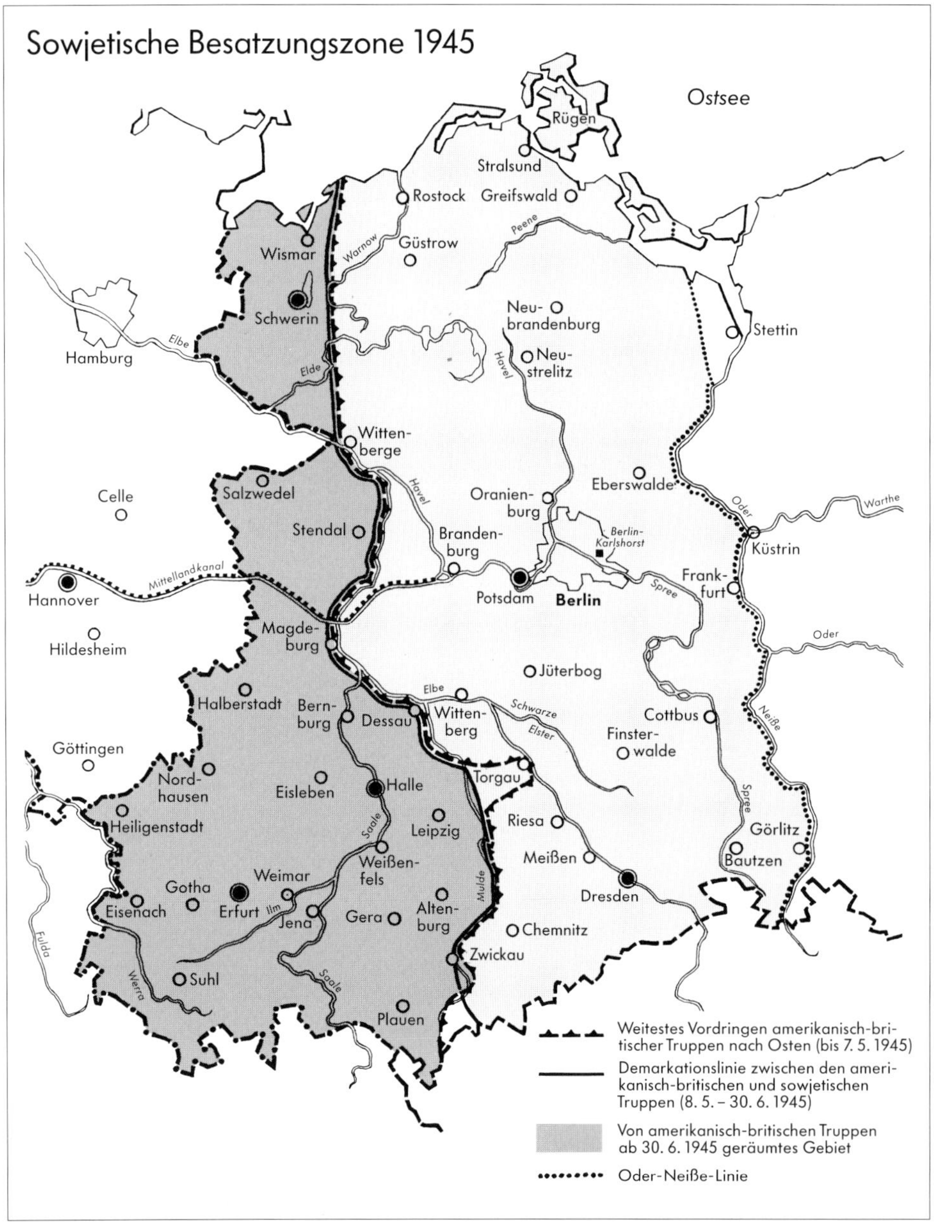

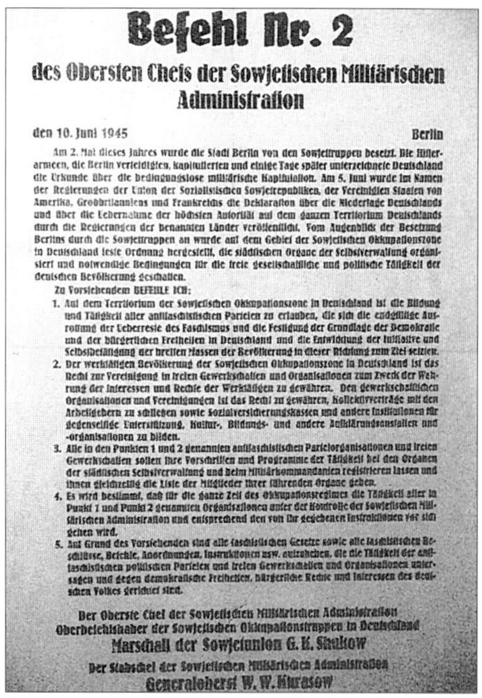

Befehl Nr. 2

des Obersten Chefs der Sowjetischen Militärischen Administration

den 10. Juni 1945 — Berlin

Am 2. Mai dieses Jahres wurde die Stadt Berlin von den Sowjettruppen besetzt. Die Hitlerarmeen, die Berlin verteidigten, kapitulierten und einige Tage später unterzeichnete Deutschland die Urkunde über die bedingungslose militärische Kapitulation. Am 5. Juni wurde im Namen der Regierungen der Union der Sozialistischen Sowjetrepubliken, der Vereinigten Staaten von Amerika, Großbritanniens und Frankreichs die Deklaration über die Niederlage Deutschlands und über die Uebernahme der höchsten Autorität auf dem ganzen Territorium Deutschlands durch die Regierungen der benannten Länder veröffentlicht. Vom Augenblick der Besetzung Berlins durch die Sowjettruppen an wurde auf dem Gebiet der Sowjetischen Okkupationszone in Deutschland feste Ordnung hergestellt, die städtischen Organe der Selbstverwaltung organisiert und notwendige Bedingungen für die freie gesellschaftliche und politische Tätigkeit der deutschen Bevölkerung geschaffen.

Zu Vorstehendem BEFEHLE ICH:

1. Auf dem Territorium der Sowjetischen Okkupationszone in Deutschland ist die Bildung und Tätigkeit aller antifaschistischen Parteien zu erlauben, die sich die endgültige Ausrottung der Ueberreste des Faschismus und die Festigung der Grundlage der Demokratie und der bürgerlichen Freiheiten in Deutschland und die Entwicklung der Initiative und Selbstbetätigung der breiten Massen der Bevölkerung in dieser Richtung zum Ziel setzen.
2. Der werktätigen Bevölkerung der Sowjetischen Okkupationszone in Deutschland ist das Recht zur Vereinigung in freien Gewerkschaften und Organisationen zum Zweck der Wahrung der Interessen und Rechte der Werktätigen zu gewähren. Den gewerkschaftlichen Organisationen und Vereinigungen ist das Recht zu gewähren, Kollektivverträge mit den Arbeitgebern zu schließen sowie Sozialversicherungskassen und andere Institutionen für gegenseitige Unterstützung, Kultur-, Bildungs- und andere Aufklärungsanstalten und -organisationen zu bilden.
3. Alle in den Punkten 1 und 2 genannten antifaschistischen Parteiorganisationen und freien Gewerkschaften sollen ihre Vorschriften und Programme der Tätigkeit bei den Organen der städtischen Selbstverwaltung und beim Militärkommandanten registrieren lassen und ihnen gleichzeitig die Liste der Mitglieder ihrer führenden Organe geben.
4. Es wird bestimmt, daß für die ganze Zeit des Okkupationsregimes die Tätigkeit aller in Punkt 1 und Punkt 2 genannten Organisationen unter der Kontrolle der Sowjetischen Militärischen Administration und entsprechend den von ihr gegebenen Instruktionen vor sich gehen wird.
5. Auf Grund des Vorstehenden sind alle faschistischen Gesetze sowie alle faschistischen Beschlüsse, Befehle, Anordnungen, Instruktionen usw. aufzuheben, die die Tätigkeit der antifaschistischen politischen Parteien und freien Gewerkschaften und Organisationen untersagen und gegen demokratische Freiheiten, bürgerliche Rechte und Interessen des deutschen Volkes gerichtet sind.

Der Oberste Chef der Sowjetischen Militärischen Administration
Oberbefehlshaber der Sowjetischen Okkupationstruppen in Deutschland
Marschall der Sowjetunion G. K. Shukow

Der Stabschef der Sowjetischen Militärischen Administration
Generaloberst W. W. Kurasow

Überraschung in der SBZ: Schon am 10. Juni erlaubt die sowjetische Militäradministration SMAD die Gründung antifaschistischer Parteien und Gewerkschaften.

gierte offen den Sozialismus. Wolfgang Leonhard hörte einen Berliner Genossen, wie er Ulbricht einmal fragte: »Worin unterscheidet sich unser Programm noch von dem irgendeiner beliebigen Partei?« Da grinste Ulbricht und antwortete: »Das wirst du schon bald merken, Genosse. Warte nur mal ein bißchen ab.«

Ulbricht behielt Recht. Vier Wochen später rief sein Mitstreiter, Genosse Wilhelm Pieck, alle vier neugegründeten Parteien zusammen. Um die katastrophale Lage des Landes zu meistern, so argumentierte er, müßte als »Parlamentsersatz« ein »Block der antifaschistisch-demokratischen Parteien« gebildet werden. Dem konnten sich die anderen Parteien nicht verschließen. Nach den Statuten des neuen Blocks mußten alle Beschlüsse einstimmig gefaßt werden. Die SPD, CDU und LDP saßen jetzt zwar mit im »Regierungsblock«, aber die KPD trug den meisten Gewinn davon. Nichts konnte mehr gegen sie entschieden werden. Und mit der SMAD im Rükken hatte die KPD politisch einen weitaus besseren Stand als die anderen Parteien. Ein frappantes Mißverhältnis, das sich besonders deutlich bei der Bodenreform zeigte: Der einflußreiche und entschlossene Oberst Tulpanow von der SMAD setzte die Führer der Ost-CDU, Andreas Hermes und Walther Schreiber, in einem offiziellen Befehl wegen ihres »reaktionären« Verhaltens kurzerhand ab, weil sie der Bodenreform nicht zustimmen wollten. So

Otto Grotewohl (oben) läßt im kommenden Jahr die Vereinigung der SPD mit der KPD zur SED zu; Wilhelm Pieck (Mitte), KPD-Vorsitzender und späterer Präsident der DDR, steht im Schatten seines machtbewußten Stellvertreters Walter Ulbricht (unten).

funktionierte das Zusammenspiel von Sowjets und ostdeutschen Kommunisten reibungslos: Die KPD diente als rechte Hand der SMAD, und die SMAD war der verlängerte Arm Moskaus.

Der Moskauer Entwurf der Bodenreform sah die vollständige und entschädigungslose Enteignung aller Landbesitzer mit mehr als 100 Hektar vor. Über 3,3 Millionen Hektar Land sollte an Landarbeiter und Flüchtlinge verteilt werden. Eigentlich war die Bodenreform erst für 1946 geplant, aber auf der Potsdamer Konferenz deutete sich der Kalte Krieg bereits an. Stalin wollte das Tempo der kommunistischen Machtergreifung beschleunigen.

Die KPD-Führung gab die Parole aus: »Junkerland in Bauernhand!« Die Landarbeiter jubelten. »Es herrschte im ganzen Dorf große Freude. Mit umkränzten Pferden und Wagen fuhren die Neubauern auf das Feld, um ihr Besitztum zu besichtigen. Abends wurde im Gasthaus flott getanzt«, berichtete ein Kommunist aus Kreischau. In kürzester Zeit verzehnfachte sich in Mecklenburg die Mitgliederzahl der KPD. Die Rechnung der Kommunisten war aufgegangen. Doch im Siegesrausch fiel den neuen Landbesitzern gar nicht auf, daß sie kaum über Geräte verfügten, um das Land auch bestellen zu können. Und die KPD-Führung verbot jeden Versuch genossenschaftlicher Bewirtschaftung. Ulbricht wußte, daß eine Rückgabe an die früheren Besitzer möglich war, wenn die Gü-

Wolfgang Leonhard:

Als Erste in Berlin:

»Am 2. Mai 1945 kamen wir von Osten her mit einer Wagenkolonne nach Berlin herein und sahen ein dramatisches Bild: brennende Häuser, umherirrende Menschen, versprengte deutsche Soldaten, die überhaupt nicht wußten, was los war, jubelnde, siegestrunkene und auch betrunkene Rotarmisten, dazwischen wieder Menschen, die vor den Pumpen warteten, um ein bischen Wasser zu erhalten. Noch am selben Tag trafen wir deutsche Kommunisten … Es war in einem kleinen Mietshaus. Da saßen zwölf Kommunisten. Richtige deutsche Kommunisten! Ihre Augen glänzten, sie riefen: Mensch, Ulbricht! Ich dachte, Ulbricht würde jetzt sagen: Erzählt doch mal, wie war's denn hier, was denkt ihr so? Denn schließlich mußten wir ja von den deutschen Kommunisten lernen. Aber dem war nicht so. Ulbricht nahm ein Papier mit Namen von Kommunisten und fragte: Wie hat sich der verhalten? Wo war der? Können wir mit dem rechnen? Was hat sich der zuschulden kommen lassen? Er war wie ein Auftraggeber. Es war eine Dissonanz zwischen diesen hoffnungsvollen deutschen Kommunisten und dieser bürokratischen Art Ulbrichts. Dann sagte er: Und nun die politische Linie. Er gab kurz und klar, deutlich und prägnant die politische Linie bekannt. Mir wurde sofort bewußt: Ulbricht bestimmt hier und nicht die Neuköllner oder sonstigen deutschen Kommunisten. Ich hatte ein etwas unangenehmes Gefühl. Ich glaube, meine ersten kritischen Gedanken kamen mir an diesem 2. Mai 1945 bei der Begnung Ulbrichts mit den Neuköllner Genossen. Unmittelbar nach Kriegsende enstanden überall antifaschistische Komitees … Sie wußten, das wichtigste ist jetzt, die Lebensmittelversorgung zu organisieren … Diese Komitees, befahl Ulbricht, gehören aufgelöst! Erst später verstand ich: Damit verfolgte Ulbricht das Ziel, alles von oben zu bestimmen und jede spontane Tätigkeit von unten sofort abzuwürgen.«

Aus: Dieter Zimmer, Auferstanden aus Ruinen, 1989.

ter als »Gemeinwirtschaften« weiterexistierten. Und das wollte er um jeden Preis verhindern. Die Bodenreform sollte unumkehrbar sein.

Die Enteignung traf vor allem die ostelbischen Gutsbesitzer. »Alle wertvollen Möbel«, erzählt ein ehemaliger Gutsherr, »wurden gestohlen und abtransportiert; die Bücher der wertvollen Bibliothek wurden in die Unstrut geworfen. Der Saal wurde zum Getreidesilo umgebaut. Die Polizei teilte meiner 80jährigen Mutter mit, daß sie bis zum Abend Haus und Hof zu verlassen hätte. Am Bahnhof wurde meiner Mutter noch eine Handtasche mit Gewalt von der Polizei abgenommen.« Wie viele andere floh auch sie in den Westen.

Den restlichen Parteien mißfiel das Gebaren der KPD immer mehr. Noch im Juni war unter Sozialdemokraten die Meinung weit verbreitet, daß man sich mit der KPD zusammenschließen sollte. Bis zum Oktober war die Stimmung vielfach umgeschlagen, das Mißtrauen gewachsen. Zu sehr hatte die SMAD die KPD bevorzugt. Die SPD wurde hingegen mit Verhaftungen oder Zensurmaßnahmen eingeschüchtert und behindert. Trotzdem wuchs die Mitgliederzahl der SPD schneller als die der KPD.

»Der den Bauern und Landarbeitern zugeteilte Boden soll sofort mit der Zuteilung in ihren Privatbesitz übergehen. Der Grundgedanke ist, daß möglichst viele kleine selbständige Bauernwirtschaften geschaffen werden.«
Wilhelm Pieck am 2. September

Das gab vielen Kommunisten Anlaß zum Nachdenken: »Wir dürfen die SPD nicht unterschätzen; sie wird allmählich zu mächtig!« hieß es. Wilhelm Pieck beschloß daher, die alte Linie aufzugeben und in die Offensive zu gehen. »Es lebe die Zusammenarbeit der Kommunisten und Sozialdemokraten mit dem Ziel ihrer Vereinigung!« Nach Wilhelm Piecks Willen sollte die SPD ihre Eigenständigkeit verlieren und nach dem Zusammenschluß eine rein kommunistische Führung bekommen.

Die erste in der SBZ gedruckte Briefmarke bezieht sich auf die in Moskau schon lange beschlossene Bodenreform.

Am 11. November erwartete Pieck die Antwort der SPD auf sein Angebot zur Vereinigung. Zusammen mit Wolfgang Leonhard machte er sich auf den Weg zu einer Feier der SPD zum Gedenken an die Novemberrevolution von 1918. Nachdem sie von Genossen freundlich begrüßt worden waren, nahmen beide ihre Plätze in der Loge ein und hörten, wie auf der Bühne unter ihnen der ostdeutsche SPD-Führer Otto Grotewohl eine Rede hielt, die ihnen so gar nicht gefiel. Die Vereinigung, erklärte Grotewohl, sei nur gesamtdeutsch und nur nach einer Urabstimmung aller Parteimitglieder möglich. Als Grotewohl mit seiner Rede am Ende war, klatschte Pieck – jedoch nur aus Höflichkeit. Auf der Rückfahrt sagte er im Auto zu Leonhard: »Grotewohl hat sich mit seiner heutigen Rede ganz klar als Gegner der Einheit mit uns ausgesprochen.« Keine Zeitung in der SBZ druckte Grotewohls Rede. Die SMAD hatte es verboten.

Ängstlich blickte die KPD-Führung nach Österreich. Dort erzielten die Sozialdemokraten einen phänomenalen Wahlerfolg, während die Kommunisten eine katastrophale Niederlage einstekken mußten. Pieck lockte mit Zugeständnissen, aber die SPD-Führung blieb hart. Verhaftungen, Repressalien und Einschüchterungen waren die Folge. Gegner des Zusammenschlusses erhielten Redeverbot. Eine geplante Urabstimmung der SPD über die Vereinigung wurde von der SMAD verboten. Nur in Westberlin durfte abgestimmt werden: 82 Prozent votierten gegen einen baldigen Zusammenschluß beider Parteien. Aber das half alles nichts, denn der KPD war es gelungen, die SPD mit eigenen Mitgliedern zu unterwandern. Niedergeschlagen schilderte Grotewohl der britischen Militärregierung am 4. Februar 1946, wie er die Lage der SPD im Osten einschätzte. Viele seiner Parteifreunde wollten nur noch »die Sache hinter sich« bringen. Kurt Schumacher, die Führungsfigur der SPD in den Westzonen, schätzte die Situation richtig ein, indem er die Taktik der KPD als die Suche »nach dem großen Blutspender« charakterisierte.

Am 21. und 22. April 1946 fand die Zwangsvereinigung von KPD und SPD statt: Die Geburtsstunde der Sozialistischen Einheitspartei Deutschlands (SED) hatte geschlagen. Damit war für die Sowjets das größte Risiko auf dem Weg zur Macht, nämlich eine starke SPD, beseitigt. Ulbricht sorgte dafür, daß unter neuer Fassade die KPD-Politik unverändert fortgesetzt wurde. Er und Stalin hofften zwar noch immer, ganz Deutschland in ihre Hand zu bekommen, aber in Wirklichkeit machten sie große Schritte hin zur Spaltung Europas. Die Scheidung von Ost- und West-SPD war dabei nur ein erster Vorgeschmack gewesen. *Marcus Schnöbel*

»Rama dama«

Trümmerfrauen räumen auf

Der Brocken war erdgrau und offensichtlich aus Beton. Er ragte nur ein winziges Stück aus dem Schutthaufen hervor, gerade soweit, daß Helene Karwentel ihn greifen konnte. Die 35jährige packte zu – und schreckte zurück. Eigenartig weich war dieser Klumpen. Und tatsächlich: Die Berlinerin hatte keinen Beton berührt, sondern den Arm eines verschütteten Menschen. Eine halbe Stunde später lag eine verweste Leiche vor einer Runde Frauen, die unbewegt und stumm auf den unbekannten Toten blickten. Nur wenige Sekunden währte die Stille, dann fragte eine der Frauen: »Der Mantel ist ja noch in Ordnung. Will ihn jemand haben?«

Niemand antwortete, niemand protestierte – ein lautloses Einverständnis in einer Trümmerlandschaft, die den Stempel des Verderbnis trug. Der Mantel gehörte der Frau.

»Irgendwie konnten wir sie verstehen«, erinnert sich Helene Karwentel. Der Winter stand vor der Tür, und auch ohne Minusgrade war das Leben in den Trümmern der einstigen Reichshauptstadt ein unerbittlicher Kampf ums nackte Überleben, ein Kampf um Nahrung, um Arbeit, um ein Dach über den Kopf. Zum Durchatmen oder gar für Tränen blieb nach dem Fall der braunen Diktatur keine Zeit. Denn nun bewahrheitete sich das geflügelte und zynische Wort »Genießt den Krieg, der Frieden wird fürchterlich«. Das Versorgungsnetz war zusammengebrochen. Wehrmachtsdepots und Läden waren geplündert, letzte Vorräte aufgebraucht. Nun gingen Frauen wie Helene Karwentel daran, den Weg für den Aufschwung freizuschaufeln.

In den Städten Deutschlands riefen Behörden zum Dienst in den Trümmern. Und wieder war das »schwache Geschlecht« die stille Reserve – wie zu Zeiten des »Endsieg«-Fanatismus, als Millionen von Frauen als Rüstungsarbeiterinnen und Flakhelferinnen die fallende »Heimatfront« stärkten. Wieder mußten sie ihren »Mann« stehen in Domänen, die traditionell den »Herren der Schöpfung« vorbehalten waren. Schon der »totale Krieg« hatte Fakten geschaffen, die der Propagandaphrase von der »deutschen Hausfrau«, Mutter und Gebärerin künftiger Frontsoldaten, krass entgegenstanden. Und nach dem Krieg? Frauen mußten die Trümmer eines Krieges beseitigen, den Männer verbrochen und geführt hatten. Männer nämlich fehlten. Sie waren gefallen, vermißt oder in Gefangenenlagern der Siegermächte, aus denen sie erst nach und nach, moralisch und körperlich versehrt, zurückkehrten. In Berlin lebten noch 3,1 Millionen Menschen – zwei Drittel davon waren Frauen. Sie klopften Steine, schoben Loren, schippten Schutt. Sie trugen Kittelschürzen, Hosen aus Decken und Pullis aus Wollresten. Ihre Gesichter bedeckte Staub, ihre Hände waren von Schwielen übersät. Die Knochenarbeit ruinierte ihre Bandscheiben, denn die Geräte waren primitiv. Schaufeln und

»Es gibt jetzt nur einen Ausweg: durch friedliche Arbeiten den Schutt und die Ruinen wegräumen... Jeder, der uns daran hindern will, ist ein Volksfeind.« Aufruf des Berliner Oberbürgermeisters Werner.

Pickhacken ersetzten Kräne und Bagger, die zerstört oder demontiert waren. Sie enttrümmerten mühsam die Städte, brachten Ruinenreste zum Einsturz, legten Blindgänger frei, riskierten ihr Leben. 42 starben allein in Berlin, Tausende verletzten sich, und als amerikanische Journalisten sie erstmals »Trümmerfrauen« nannten, war die Bezeichnung für eine ganze Frauengeneration gefunden. Doch in den Akten deutscher Behörden hießen sie weiterhin »Bauhilfsarbeiterinnen«. Mehr als 50 000 befreiten die einstige Hauptstadt vom Schutt.

400 Millionen Kubikmeter zertrümmertes Gestein türmten sich in deutschen Städten: 50 Millionen Kubikmeter in Berlin, sechs in München, zwölf in Frankfurt. Allein die Reste des alten Berlins hätten genügt, einen 35 Meter breiten und fünf Meter hohen Damm bis nach Dortmund zu bauen. Groteskerweise boten den Frauen ausgerechnet die Ruinen ihrer zerbombten Häuser die Chance auf ein halbwegs erträgliches Leben in einer Zeit der Not. Die Trümmer verhießen, was noch seltener war als Milch und Brot: bezahlte Arbeit. Für die Maloche im Schutt gab es 60 Reichspfennig pro Stunde, vor allem aber statt der »Hungerkarte« die Lebensmittelkarte II für Schwerarbeiter. Das hieß: 600 statt 300 Gramm Brot, 30 statt sieben Gramm Fett und 100 statt 20 Gramm Fleisch standen den Trümmerfrauen damit zu. Eine Garantie aber, diese Rationen tatsächlich zu bekommen, gab es nicht.

»Wer nicht arbeitet, der soll auch nicht essen.«

Aufruf in Berlin

In Berlin herrschte in den ersten Friedensmonaten akuter Mangel an Milch. Und auch das tägliche Brot war keinesfalls selbstverständlich. Schon vor Morgengrauen standen Frauen in Schlangen vor den Bäckereien, um nach Stunden des Wartens die Hiobsbotschaft zu hören: Kein Mehl, keine Briketts – kein Brot.

Die Trümmerfrauen, die ja meistens im »Nebenberuf« noch einen Haushalt zu führen hatten, waren einer enormen Doppelbelastung ausgesetzt. Tagsüber klopften sie Mörtel von Steinen, zogen Brennholz aus den Ruinen, organisierten Kartoffeln und Brot, nachts versorgten sie ihre Kinder, kochten oder schrubbten Wäsche, um anderntags wieder in staubiger Tristesse den Schutt von »Tausend Jahren« zu beseitigen und weiter darauf zu hoffen, daß der verschollene Gatte vielleicht doch noch eines Tages heimkehrt, wo immer er auch sein mochte. »Dennoch«, erinnert sich Frieda Lübeck aus Frankfurt, »wir waren froh, daß wir arbeiten konnten, und daß wir überlebt hatten.«

Anpacken hieß das Gebot der »Stunde Null«. In der Kraterlandschaft zerbombter Städte keimte das zarte Pflänzchen Optimismus. Gewiß, der Hunger trieb Menschen dazu, selbst verschimmeltes Brot zu essen. Doch hinter den zerbombten Häuserzeilen schimmerte am Horizont ein Silberstreif der Hoffnung. »Der Magen knurrt, doch die Augen blitzen!« brachte der Schriftsteller Erich Kästner die Stimmung auf den Punkt. Die Frauen mit Hammer und Schürze flachsten über ihre nach hinten hochgesteckten Haare, die »Entwarnungsfrisuren« (nach der Entwarnung hieß es im Luftschutzkeller: »Alles nach oben!«). Sie sprachen in Stuttgart vom »Ramadan«, und in München, wo ein 50 Kilometer langes Schienennetz für Schuttloren die Stadt durchzog, hieß das kollektive Räumkommando bajuwarisch-forsch: »Rama dama!« Auf hochdeutsch: »Lasset uns räumen!«

Der Blick zurück blieb bei der Flucht nach vorne weitgehend ausgespart. Den zähen Fortschritt bei der Schuttbeseitigung erklärte die britische Wochenschau »Movietone« im Tonfall der Sieger damit, daß die Trümmerfrauen über sehr vieles nachzudenken hätten, da sie ja Hitler für seinen Krieg bejubelt und kein Mitleid mit den versklavten Menschen Europas gezeigt hätten. Doch sinnierten die Steine klopfenden Frauen tatsächlich über ihre Rolle im Hitlerstaat? Eine Trümmerfrau berichtet: »Es war uns nicht sehr danach zumute, uns Gedanken darüber zu machen, ob wir irgendwie mitschuldig waren an der Situation, in der wir uns befanden. Zunächst einmal wollten wir nur wohnen, essen, leben.« Wieder ein »normales« Leben zu führen, das war der Wunsch aller. Frauen wie Ruth Lange aus Schlesien sehnten sich danach, in die Stadt zu gehen, »nur um zu gucken, was es gibt. Aber das waren Träume. Es ging einfach nicht.«

Für die Ehefrauen einiger schon wieder wichtiger Herren erfüllte sich dieser Traum sehr wohl, und wieder andere nahmen sich diese Freiheit einfach. »Drückeberger« aber traf der stolze Spott der Schuttfeen. Gallig hieß es in der Trümmerfrauenballade: »Manches leichte Frauenzimmer/malte sich die Lippen an/Dachte: Was geh'n mich die Trümmer/und die Fraun beim Schippen an./Ganz von vorne anzufangen/hat doch wirklich keinen Zweck./Wär's nach diesen Frauen gegangen,/säßen wir noch heut' im Dreck.«

Solidarität schweißte die Trümmerfrauen zu oft lebenslangen Freundschaften zusammen. Ein Netz der Hilfe auf Gegenseitigkeit überspannte das Land, denn nur gemeinsam war das Leben am Rande des Abgrunds zu meistern, nur gemeinsam gelang es, den Grundstein für den Aufschwung zu legen. Die Trümmerfrauen, die ihre besten Jahre auf Schutthalden zubrachten, haben daran maßgeblich Anteil. *Jörg Müllner*

Allein in Berlin arbeiten mehr als 50 000 »Trümmerfrauen« – meist um ihre Kinder mit besseren Lebensmittelkarten durchzubringen.

Der Preis des Sieges

Die Kolonialreiche bröckeln

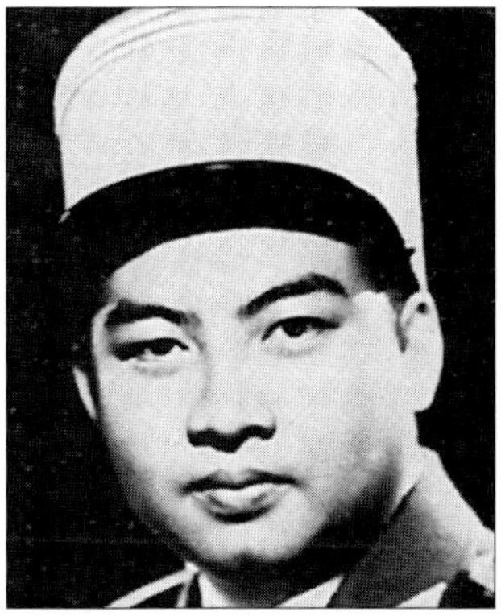

Sisavang Vong, König von Laos (oben links), Norodom Prinz Sihanouk II., König von Kambodscha (oben rechts), Achmed Sukarno, Staatspräsident der von ihm in diesem Jahr proklamierten Freien Republik Indonesien (unten links) und Ho Chi Minh, seit 1941 Führer der Vietminh.

Behäbig schoben sich die grauen Transporter in den Hafen von Saigon. Zwischen leichtgebauten Bambushütten und alten Bauwerken im französischen Kolonialstil beobachteten Zehntausende durchnäßte Menschen die Ankunft der kleinen Flotte. Trotz des anhaltenden Tropengewitters über dem Mekong-Delta warteten sie auf den Straßen, um das französische Expeditionsheer zu empfangen. Die ehemaligen Kolonialherren kehrten in den Süden Vietnams zurück, um an der Seite britischer Truppen Ordnung im Land zu schaffen, es wieder in Besitz zu nehmen.

Bereits im Juni 1945, wenige Wochen nach der deutschen Kapitulation, hatte Charles de Gaulle beschlossen, ein Expeditionsheer in den Pazifik zu schicken. Dem neuen starken Mann im Elysee-Palast ging es um die politische Rehabilitation der Grande Nation, um eine Demonstration ihrer neuen Macht: »Frankreich hat durch seine Niederlagen in Europa, Afrika und Asien eine beispiellose Erniedrigung erlebt. Es geht darum, daß Frankreichs Waffen wieder den Eindruck von Entschlossenheit und Stärke machen.« Frankreich wollte sich seine ehemaligen Kolonien von den Japanern selbst zurückholen.

De Gaulle wußte: »Alles hängt von der schnellen Entsendung der Truppen ab. Es müssen 70000 Mann und viel Kriegsmaterial nach Indochina geschafft werden. Eine erhebliche Anstrengung, denn wir befinden uns mitten in der Demobilmachung und unterhalten eine Armee in Deutschland.« In größter Eile wurden Freiwillige zusammengezogen.

Das Expeditionskorps bestand zum großen Teil aus Fremdenlegionären, darunter zahlreiche Deutsche, die der Entnazifizierung oder dem Hunger in französischen Kriegsgefangenenlagern entkommen wollten. Spott begleitete sie auf ihren Weg zum Krieg im Reisfeld. Auf der Fahrt durch den Suez-Kanal kamen ihnen Konvois jubelnder Engländer entgegen. »You are going the wrong way – Ihr fahrt in die falsche Richtung«, riefen sie lachend den französischen Soldaten zu. Der Krieg gegen Japan war doch zu Ende. Der Tenno hatte kapituliert, ehe Frankreich am Sieg teilhaben konnte.

Dem französischen Expeditionsheer fiel es deshalb nicht sehr schwer, in Cochin-China, dem südlichsten der drei vietnamesischen Länder, Fuß zu fassen. Nur in den Reisfeldern des Mekong-Deltas trafen die Soldaten auf den Widerstand vietnamesischer Freischärler. Zum ersten Mal sahen sie jene kleinen, zähen Gruppen, die noch im aussichtslosen Todeskampf das Symbol des gelben Sterns auf rotem Grund hochhielten: die kommunistisch geführten Vietminh. Wenige Jahre später sorgten sie durch ihren Sieg bei Dien Bien Phu für das katastrophale Ende der französischen Indochinapolitik. Der Widerstand hielt sich jedoch vorerst nicht lange. Schon am 5. Oktober kehrten die französischen Kolonialherren in den Norodom-Palast in Saigon zurück. In Paris stellte Charles de Gaulle befriedigt fest: »Frankreichs Würde ist wiederhergestellt.«

Während des Zweiten Weltkrieges hatte die französische Kolonialverwaltung in Indochina eine unrühmliche Rolle gespielt. 1940 waren japanische Truppen im Norden Vietnams gelandet und hatten der Kolonialregierung ihre militärische Präsenz aufgezwungen. Wie das Vichy-Regime in Frankreich, so wußten sich auch die Franzosen in Indochina mit ihrer neuen Schutzmacht zu arrangieren. Vietnamesische Guerilla-Gruppen sahen deshalb in den japanischen Besatzern und in den französischen Kolonialtruppen einen gemeinsamen Feind, der aus dem Schutz des Dschungels erbarmungslos bekämpft wurde. 1945 ließ de Gaulle Fallschirmjäger über den Aufstandszonen der Guerilla abspringen. In Paris glaubte man, die antijapanischen Partisanen würden das »freie Frankreich« als Freund und Retter begrüßen. Die Pioniere wurden jedoch hinter Bambusgitter gesperrt oder einfach im Dschungel umgebracht.

Im Frühjahr 1945 fand die Gnade der Japaner mit den französischen Kolonialherren überdies ein jähes Ende. Vichy war gefallen, und die Besatzer fürchteten einen Frontwechsel der Kolonialisten. Nur wenige entkamen den Truppen des Tenno. Jetzt, nach ihrer Rückkehr, richtete Frankreich den Blick über den 17. Breitengrad nach Norden, auf die Provinzen Annam und Tonking. In Hanoi hatte inzwischen ein kleiner, drahtiger Vietnamese die Macht an sich gerissen: Ho Chi Minh. Seit 1941 war er der Führer der Kommunisten Indochinas im Widerstand gegen die japanischen Besatzer. Jetzt war der Berufsrevolutionär Herr über den Norden Vietnams. In den nördlichen Provinzen war außerdem die chinesische Armee Chiang Kai-sheks, um die japanischen Truppen zu entwaffnen. »Es versteht sich von selbst, daß wir diese mehrfache ausländische Einmischung nicht hinnehmen werden«, erklärte de Gaulle, ganz Vietnam sei französische Kolonie. Ein weiterer Krieg war vorprogrammiert.

Frankreich war jedoch nicht die einzige koloniale Macht, die ihr Heil in vergangener überseeischer Herrlichkeit suchte. Im Schatten der Franzosen kehrten die Kolonialherren aus den Niederlanden nach Indonesien zurück. So rasch die Niederlande jedoch Truppen nach Indonesien sandten, sie konnten doch nicht verhindern, daß am 17. August 1945 in Djarkata die »Republik Indonesien« ausgerufen wurde. Während die Abgeordneten im niederländischen Parlament vom »göttlichen Recht ihrer Nation auf die Herrschaft über Indonesien« redeten, brachen auf Java und Bali die ersten Kämpfe zwischen der jungen Republik und den Kolonialtruppen aus. Doch im Gegensatz zu Frankreich gehörten die Niederlande nicht in den Kreis jener Großmächte, die Kolonien wie »innere Angelegenheiten« behandeln konnten. Die Sowjetunion, aber auch die neue Labour-Regierung in London, drängte die Regierung in Den Haag zu Verhandlungen. Der ausgehandelte Vergleich war eine Niederlage für die Kolonialpolitik Hollands, Indonesien blieb unabhängig.

Bemerkenswert war dagegen der Umgang Großbritanniens mit seinen Kolonien, nachdem der Zweite Weltkrieg beendet war. In London regierte Clement Richard Attlee, der stille, aber willensstarke Kopf der Labour Party. Attlee hatte die Zeichen der Zeit in den Kolonien Englands erkannt. Großbritannien zählte zwar zu den Gewinnern des Weltkrieges, doch das Land war unter dessen Last in die Knie gegangen.

Die Einheimischen von Ceylon, Burma und Indien hatten sich während der Kriegsjahre weitgehend still verhalten, viele hatten sogar die Farben der Royal Army getragen. Besonders in Indien und Ceylon war der innere Frieden mit dem Versprechen der Unabhängigkeit nach dem Krieg erkauft worden. In London war man sich darüber im Klaren, daß die Völker in Übersee jetzt um ihre Unabhängigkeit kämpfen würden. Es war das Gebot der Stunde, diesen nationalen Bewegungen entgegenzukommen: 1947 wurde das geteilte Indien, im nächsten Jahr Burma und Ceylon in die Unabhängigkeit entlassen.

Eine großzügige Überseepolitik bewahrte das Empire zumindest in Asien vor der Wucht der Unabhängigkeitsbewegungen, die Frankreich in Vietnam noch neun weitere Jahre in einen sinnlosen Krieg zwingen sollte. Vor dem Unterhaus bekannte Attlee 1946: »Die Inder haben von uns die Grundsätze der Demokratie und Gerechtigkeit gelernt. Wenn sie jetzt unsere Herrschaft in Indien angreifen, dann begründen sie das mit unseren eigensten Prinzipien... Und wir wollen nicht irgendein unwilliges Volk im Commonwealth oder im Empire festhalten.«

Noch waren die Kolonialreiche nicht gefallen. Doch sie bröckelten schon.

Michael Metzger

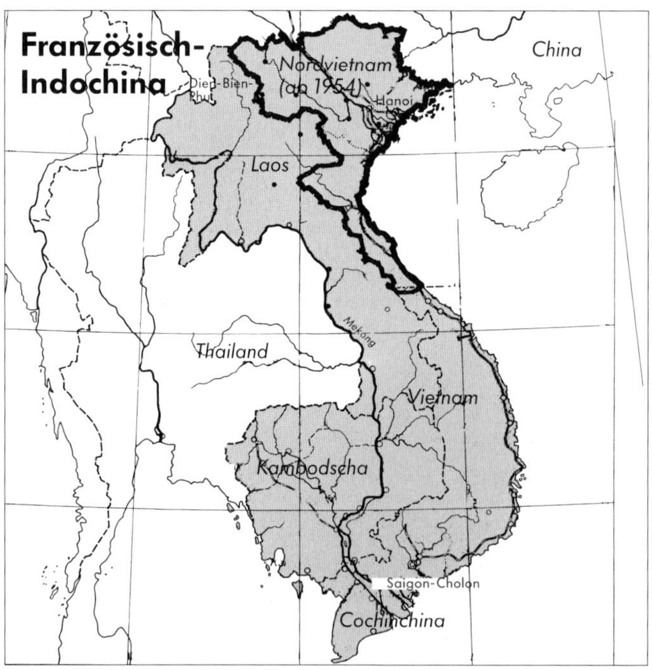

Bürgerkrieg im Reich der Mitte

Mao gegen Chiang Kai-shek

Um die Jahreswende 1945 zeigte sich China als ein zerrissenes Land mit vielen Herren: Ost-, Südostchina und weite Teile der Küste waren von Japan besetzt. In der Mandschurei (Mandschukuo) herrschte ein Marionettenkaiser von Japans Gnaden, der letzte Kaiser von China, Pu Yi. Teile des Nordwestens mit der Hauptstadt Yenan wurden von Maos Kommunisten kontrolliert. Über das restliche Gebiet bestimmte mehr schlecht als recht der Generalissimus Chiang Kai-shek als Chef einer Nationaregierung. Und noch immer lag Chinas Schicksal in der Hand fremder Mächte...

»Laßt China im eigenen Saft schmoren.«
William G. Bullitt an Präsident Truman

Februar 1945: Als in Jalta auf der Halbinsel Krim die »Großen Drei« Roosevelt, Churchill und Stalin zusammenkamen, drehten sich die tagelangen Gespräche am runden Tisch auch um das Reich der Mitte. Auf früheren Konferenzen hatten die Westmächte Stalin stets zum Kriegseintritt gedrängt. Nun, da die Niederlage Hitler-Deutschlands nur noch eine Frage der Zeit war, erinnerte der sowjetische Diktator Roosevelt und Churchill daran – und formulierte seine Bedingungen: Der Status Quo in der Äußeren Mongolei, der späteren Mongolischen Volksrepublik, sollte festgeschrieben und damit die Vorherrschaft der Sowjetunion schriftlich fixiert werden. Stalin forderte alle früheren sowjetischen Gebiete, die Japan an sich gerissen hatte, zurück. Gemeint waren der südliche Teil Sachalins samt der Nachbarinseln. Darüberhinaus schwebte dem Kremlchef vor, die chinesische Ost- und Südmandschurischen Eisenbahnen in eine Art »Joint Venture«, eine gemeinsame chinesisch-sowjetische Gesellschaft zu überführen – ganz zu schweigen von seinem begehrlichen Blick auf einige chinesische Küstenstädte wie Dairen mit seinem eisfreien Hafen oder den Kriegshafen Port Arthur. Und Stalin bekam, was er wollte. Die Westalliierten zahlten einen hohen Preis für den Kriegseintritt der Sowjetunion. Denn wie sonst konnte Stalin zum Kampf gegen die Zwei-Millionen-Armee Japans bewegt werden?

Keine der Großmächte kam auf die Idee, Chinas Regierung unter Chiang Kai-shek auch nur zu fragen. Gewiß, im Postskriptum des Vertrages hieß es, jeder Teil des Übereinkommens, der die Äußere Mongolei, die Hafenstädte und die Eisenbahnen betreffe, erfordere Chiangs Zustimmung. Zudem hieß es in einem weiteren Paragraphen klipp und klar: »Die Sowjetunion erklärt sich bereit, mit der chinesischen Regierung einen Freundschaftspakt einzugehen und ein Bündnis abzuschließen zur militärischen Unterstützung Chinas und seiner Befreiung vom japanischen Joch.« Schöne Worte, doch augenscheinlich hielten es die Unterzeichner für günstiger, die chinesische Regierung zunächst

Noch werden sie von den Sowjets gegen die Guomindangtruppen unterstützt: Soldaten der rotchinesischen Armee in Nanking.

im unklaren zu lassen. Erst Mitte Juni erfuhr sie von dem folgenschweren Vertrag.

Während über China verhandelt wurde, schlossen im Reich der Mitte die einstigen Todfeinde - die Nationale Volkspartei Chinas (Guomindang) unter Chiang Kai-shek und die Kommunistische Partei unter Mao Zedong – ein Zweckbündnis. Noch wenige Jahre zuvor hatten die Truppen der Guomindang Maos Anhänger in einem blutigen Bürgerkrieg nahezu aufgerieben. Nur durch eine spektakuläre Flucht, dem legendären »Langen Marsch«, gelang es Mao, mit seinen Truppen dem sicheren Tod zu entrinnen. Im Gebiet um Yenan im Norden etablierte er unter schwierigsten Bedingungen eine Sowjetrepublik nach seinen Visionen. Dabei kam ihm der Überfall Japans zugute, höchstwahrscheinlich rettete ihm der japanisch-chinesische Krieg seit 1937 sogar den Kopf.

Denn einerseits mußte Chiang Kai-shek den Kampf gegen die chinesischen Kommunisten unter diesen Umständen einstellen, andererseits verlor die chinesische Zentralregierung im Krieg gegen Japan ihre Machtbasen in Ostchina und den Hafenstädten - ganz wie Mao kalkuliert hatte. So half der Krieg den Kommunisten weitaus mehr als er ihnen schadete. Mao profitierte von der geschwächten Regierung und konnte durch eine geschickte Sozialpolitik die Massen hinter sich scharen. Er dehnte seinen Machtbereich beständig aus, so daß der amerikanische Geheimdienst Mitte des Jahres bilanzierte: »Die Chinesische Kommunistische Partei hat einen Staat geschaffen, der ein Gebiet umfaßt mit einer Gesamtfläche, die etwa der Größe Frankreichs entspricht oder ein Fünftel ganz Chinas ausmacht, mit einer Bevölkerung von mehr als siebzig Millionen, eigenen Armeen, eigenen Gesetzen und einer eigenen Währung. Der chinesische kommunistische Staat ist ökonomisch gesehen primitiv, doch kann er sich (auf primitiver Stufe) einigermaßen selbst versorgen. Aus zuverlässigen Quellen ist bekannt, daß das stehende Heer im Oktober 1944 475000 Mann stark war.« Außerdem wies der Bericht auf mögliche Konflikte nach der Niederlage Japans hin.

Chiang Kai-shek verfügte über wesentlich mehr Soldaten als Mao, und ihm war die Unterstützung der USA sowie – verkehrte Welt – der Sowjetunion gewiß. Chiang, so hatte Stalin dem amerikanischen Botschafter gegenüber erwähnt, sei »gar nicht so übel«. Außerdem halte er die chinesischen Genossen nicht für wahre, sondern für »halbstarke« Kommunisten. Verbittert bemerkte Mao zur Politik Moskaus: »Für die Bourgeoisie Gewehre, für das Proletariat Bücher.« Vor allem die USA versuchten Guomindang und Kommunisten zu einer Koalitionsregierung für die Zeit nach der japanischen Besetzung zu gewinnen. Sie entsandten sogar einen Sonderbotschafter, der zwischen den Parteien vermitteln sollte: Patrick J. Hurley. Der hünenhafte Indianer verblüffte die Chinesen nach der Landung seines Flugzeuges bereits auf dem Rollfeld mit einem markerschütternden Kriegsschrei der Choctaw-Indianer, bevor er an die Arbeit ging und über sieben Monate lang seine Mission erfüllte. Dabei trieb ihn ein Optimismus an, der angesichts der Lage im Lande durch nichts gerechtfertigt war. Nach den Berichten, die Hurley seinen Vorgesetzten schickte, war es ihm gelungen, Chiang davon zu überzeugen, daß die Sowjetunion die chinesischen Kommunisten nicht unterstütze und den Frieden zwischen den chinesischen Streitparteien wünsche. Hurley glaubte fest daran, daß die Guomindang sich mit Mao verständigen wollte, daß die Gefahr eines Bürgerkrieges damit gebannt sei. Doch da saß er einer Illusion auf. Zu tief war das gegenseitige Mißtrauen, als daß sich beide Parteien hätten einigen können. Die Kommunisten weigerten sich, das Kommando ihrer Truppen den Nationalisten zu überantworten, solange diese nicht ihre »Ein-Parteien-Regierung« aufgegeben hätten. Die Regierung erwiderte, die Kommunisten wollten statt einer Koalition lediglich die Alleinherrschaft ihrerseits. Die Fronten hatten sich verhärtet.

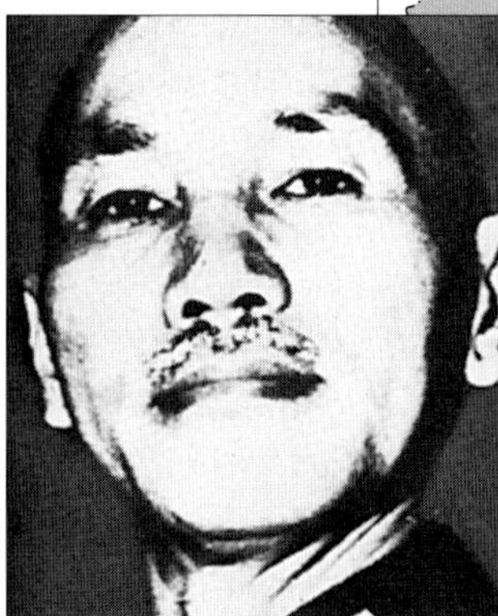

China

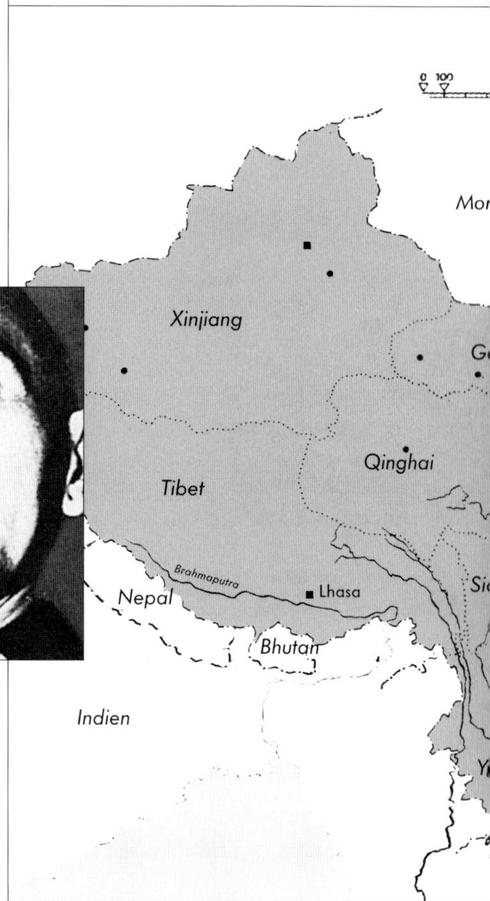

»Großer Marsch« der chinesisch

Von August 1945 an überschlugen sich die Ereignisse. Am sechsten des Monats warfen die Amerikaner die Atombombe auf Hiroshima. Zwei Tage später erklärte Stalin Japan den Krieg. Schon am nächsten Tag rückten sowjetische Truppen in die Mandschurei ein. Am 14. August unterzeichnete die chinesische Regierung den »Freundschafts- und Allianz-Vertrag zwischen der Sowjetunion und der Chinesischen Republik«. Nur einige Stunden vergingen, dann verkündete Japans Kaiser die Kapitulation. Der Zusatzvertrag zwischen Chiang und Stalin, der sich mit der Kriegsführung gegen Japan »bis zum Zeitpunkt des endgültigen Sieges« befaßte, war damit schon überholt, bevor die Tinte der Unterschriften getrocknet war. »Die Siegesnachricht«, schilderte ein amerikanischer Reporter, der sich gerade in Chungking, der Residenz Chiang Kai-sheks aufhielt, »wurde von den wenigen Radioapparaten in der Stadt verkündet. Die Stadt brach in kleine Eruptionen von Freudenrufen und Feuerwerk aus, anfangs noch verstreut und sporadisch, dann aber innerhalb einer Stunde zu einem Vulkan von Geräuschen und Jubel anwachsend.« Während der Bürgerkrieg schon mit unerbittlicher Härte das Reich der Mitte erschütterte, trafen sich die beiden Streithähne Mao und Chiang in familiärer Atmosphäre, um sich doch noch zu einigen. Ende September rückten Maos Truppen in die sowjetisch besetzte Mandschurei ein. Moskau hielt trotz aller gegenteiliger Verträge still. Offiziell lieferte Stalin Mao zwar keine Waffen, aber die Sowjetunion überließ den kommunistischen Truppen all jene, die den Soldaten Japans und seiner Verbündeten abgenommen worden waren. Alles andere Brauchbare hatten die Rotarmisten – die Mandschurei war während der japanischen Besetzung stark industrialisiert worden - demontiert, zuletzt sogar die Eisenbahngleise.

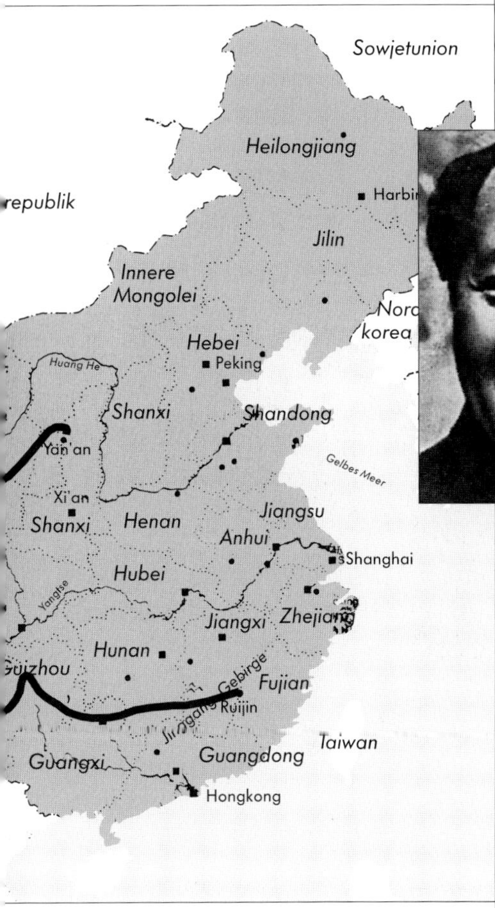

ınisten 1934/35

Sie kämpfen um China: Chiang Kai-shek (links) und Mao Zedong (rechts).

In der Mandschurei sahen sich die Regierungstruppen einer strategisch mißlichen Lage gegenüber. Ihre Anmarschwege waren wesentlich länger als die der Armeen Maos. Außerdem fehlte es an Transportkapazitäten. Erneut aber kamen die Vereinigten Staaten zur Hilfe und beförderten Chiangs Truppen nach Norden. Doch das Weiße Haus übte auch Druck auf den Regierungschef aus. Unter keinen Umständen wollten die USA in einen Bürgerkrieg verwickelt werden. Lautstark forderte die amerikanische Öffentlichkeit, daß ihre »boys« endlich nach Hause kommen sollten, und da auch China Kriegsmüdigkeit überkam, setzten sich die Kontrahenten schließlich zu Verhandlungen an einen Tisch. Ein Hoffnungsschimmer zeichnete sich ab, Hoffnung auf Frieden. Und tatsächlich: Am 11. Oktober verkündeten Mao und Chiang Kai-shek eine freundliche gemeinsame Erklärung.

Auf den ersten Blick gestaltete sich die Lage für die Guomindang zum Jahreswechsel durchaus günstig. Sie kontrollierten die Küstenstreifen von Kanton bis Peking, hatten in der Mandschurei Erfolge gegen Maos Truppen erzielt; die Übermacht der Nationalregierung an Soldaten und Ausrüstung war enorm, die Unterstützung durch die USA ein wichtiger Trumpf im Spiel um die Macht. Dennoch trog der erste Eindruck. Die Nationalisten verloren durch Korruption, Mißwirtschaft und Übergriffe mehr und mehr an Rückhalt in der Bevölkerung. Selbst Washington drängte Chiang schließlich, soziale Reformen durchzusetzen und korrupte Beamte zu entlassen.

Anders Mao und seine Mannen. Durch Landverteilung und diszipliniertes Auftreten gelang es ihnen, die Sympathien der Massen zu gewinnen. Die Verhandlungen, die »Komödie der friedlichen Absichten«, wie es ein Diplomat ausdrückte, bedeutete Zeitgewinn für Mao Zedong. Noch war die von den Vereinigten Staaten unterstützte Guomindang in diesem »dritten Bürgerkrieg« in China seit Beginn des Jahrhunderts in der Offensive. Noch ahnte niemand, welche Bedeutung das Ende Oktober von Japan an China zurückgegebene Eiland Formosa, die spätere Inselrepublik Taiwan, für Chiang Kai-shek nur vier Jahre später haben sollte. *Holger Hillesheim*

September 1945

1 · Samstag

In Wien ziehen sich die russischen Truppen in ihren Sektor zurück. Die USA, Frankreich und Großbritannien übernehmen je einen Teil des geräumten Stadtgebietes (S. 111).

In Sachsen sollen nach einer Verordnung der Landesverwaltung alle Güter über 100 Hektar enteignet und Landwirten sowie Flüchtlingen aus den polnischen Gebieten zur Verfügung gestellt werden.

2 · Sonntag

Die Christlich-Demokratische Partei wird in Köln für das Rheinland, in Dortmund für Westfalen gegründet. In Frankfurt am Main sind ab sofort wieder demokratische Parteien zugelassen.

Die britische Besatzungsbehörde plant Wiegetrupps auszuschicken, die das Gewicht von Straßenpassanten feststellen sollen. Die Daten sollen Aufschluß über die Ernährungslage geben.

Auf dem US-amerikanischen Schlachtschiff »Missouri« vor Tokio wird der Vertrag über die bedingungslose Kapitulation Japans geschlossen (S. 121).

3 · Montag

In Bielefeld kommen erstmals deutsche Politiker zusammen, um die Aufgaben in der britischen Zone zu koordinieren. Sie ebnen den Weg für den späteren Zonenbeirat.

Die Göttinger Universität wird wiedereröffnet.

4 · Dienstag

Das Staatliche Verteidigungskomitee der UdSSR wird auf Anordnung des Obersten Sowjets aufgelöst. Es war nach dem deutschen Überfall 1941 als höchste Befehlsinstanz geschaffen worden.

5 · Mittwoch

Theodor Heuss, Rudolf Agricola und Hermann Knorr erhalten von der US-Militärregierung die Lizenz für die *Rhein-Nekkar-Zeitung* in Heidelberg (S. 159).

6 · Donnerstag

Nach einer amtlichen polnischen Meldung sollen die schlesischen Städte Beuthen, Gleiwitz und Hindenburg bis zum 30. September frei von Deutschen sein. Täglich machen sich Tausende »Staatsfeinde« auf den Marsch Richtung Westen (S. 183).

7 · Freitag

44 Großindustrielle des Rheinisch-Westfälischen Kohlensyndikats werden von den britischen Besatzungsbehörden verhaftet. Ihnen wird vorgeworfen, das NS-Regime unterstützt zu haben.

Der Rabbiner Dr. Neuhaus weiht nach seiner Rückkehr aus dem Konzentrationslager Theresienstadt die Frankfurter Westend-Synagoge wieder ein.

8 · Samstag

Die »Große Freiheit Nr. 7«, ein im Dritten Reich gedrehter Farbfilm mit Hans Albers und Ilse Werner in den Hauptrollen, wird zur Erstaufführung in Berlin freigegeben.

Hans Albers und Ilse Werner in dem Film »Große Freiheit Nr. 7«.

In Tokio weht die amerikanische Flagge, nachdem US-Soldaten unter dem Oberbefehlshaber der alliierten Truppen im Pazifik, General MacArthur, die Stadt besetzt haben.

»Ehre und Vaterland«. De Gaulle auf einem Plakat von 1940.

9 · Sonntag

General de Gaulle fordert erneut die linksrheinischen Gebiete für Frankreich und erinnert die Bewohner daran, daß »ihre Zukunft nicht in Deutschland liegt« (S. 127).

Berlin gedenkt ermordeter Hitler-Gegner wie Bruno Leuschner, Ernst Thälmann und Rudolf Breitscheid.

10 · Montag

Die Außenminister der fünf Siegermächte USA, Großbritannien, Sowjetunion, Frankreich und China kommen in London zur ersten Konferenz entsprechend dem Potsdamer Kommuniqué zusammen. In den folgenden 17 Tagen werden gravierende deutschlandpolitische Gegensätze deutlich.

Erich Honecker, Mitglied der KPD, wird in Berlin zum Vorsitzenden des Zentralen Jugendausschusses der Sowjetzone gewählt.

Vidkun Quisling, Norwegens Ministerpräsident unter deutscher Besatzung, wird zum Tode verurteilt (S. 209).

11 · Dienstag

Der Alliierte Rat für Österreich beschließt bei seiner ersten Sitzung unter anderem, daß die bestehenden politischen Parteien im ganzen Land wieder aktiv werden dürfen.

In der britischen Zone werden Gewerkschaften erlaubt.

12 · Mittwoch

Der Präsident der österreichischen Regierung, Karl Renner, weist in einem Brief an den Herausgeber der *Times* den Vorwurf zurück, sein Land sei kommunistisch geworden.

Mit einem Kredit von 200 Millionen Reichsmark versucht die Sowjetische Militäradministration das Banken- und Sparkassenwesen in ihrer Zone anzukurbeln.

13 · Donnerstag

Die sowjetische Militärverwaltung ordnet an: In allen Schulen Berlins und der sowjetisch besetzten Zone soll am 1. Oktober der Unterricht wieder beginnen.

Werbeplakat für den Beruf des »Neulehrers« in der SBZ.

14 · Freitag

Otto Grotewohl, Vorsitzender der SPD in der sowjetischen Zone, fordert die organisatorische Vereinigung mit der KPD, allerdings unter sozialdemokratischer Führung (S. 137).

15 · Samstag

Anton von Webern, österreichischer Dirigent und Komponist, wird in Mittersill von einem amerikanischen Soldaten erschossen (S. 205).

16 · Sonntag

In Lüneburg müssen sich der frühere Leiter des Konzentrationslagers Bergen-Belsen, Josef Kramer, und 45 ehemalige Aufseher vor einem britischen Militärgericht verantworten.

17 · Montag

Die britische Militärregierung erteilt dem Volkswagen-Werk in Wolfsburg einen Auftrag für den Bau von 20 000 Autos. Bis zum Jahresende werden 1785 Fahrzeuge in Handarbeit gefertigt.

18 · Dienstag

109 von 150 Mitgliedern des niederländischen Parlaments dürfen ihr Mandat weiter ausüben, nachdem die beiden Kammern von Kollaborateuren gesäubert sind.

Der berüchtigte Chefarzt des Konzentrationslagers Buchenwald, Ellenbogen, wird in Westdeutschland festgenommen.

19 · Mittwoch

Die amerikanische Militärregierung gliedert ihre Zone in die drei Länder: Bayern, Württemberg-Baden und Groß-Hessen. Sie erhalten eingeschränkte gesetzgebende, richterliche und vollziehende Gewalt.

20 · Donnerstag

Das Fraternisierungsverbot für die Truppen der Westalliierten wird gelockert. Die Soldaten dürfen nun die Wohnungen deutscher Familien besuchen. Hochzeiten bleiben jedoch verboten (S. 151).

21 · Freitag

Bei der ersten Modenschau nach Kriegsende in Paris wird die Sommerkollektion 1946 vorgeführt.

Japan werde niemals wieder eine Weltmacht werden, erklärt der US-General MacArthur gegenüber der Nachrichtenagentur United Press. Die Strafe für seine Vergehen werde hart und lang sein.

22 · Samstag

Auf Befehl der Militärregierungen werden in Deutschland Fahrradpässe ausgestellt. Wer bei einer Kontrolle ohne Ausweis erwischt wird, muß befürchten, daß sein Rad sichergestellt wird.

In Thüringen beschließt die Landesregierung, die Bergwerks-, Eisenerz- und Kaliindustrie sowie das Filmwesen zu verstaatlichen.

Radio Hamburg, der Sender der britischen Militärregierung, heißt künftig »Nordwestdeutscher Rundfunk« (NWDR). Acht Tage später strahlt der Sender sein erstes ganztägiges Programm aus (S. 159).

23 · Sonntag

Ernst Paries erhält als erster im Zuge der Bodenreform in der sowjetischen Zone acht Hektar Ackerland und einen Hektar Wiese zugesprochen (S. 137).

Im Berliner Olympiastadion gewinnen bei einem Leichtathletik-Wettkampf der westlichen Besatzungsmächte die Sportler der USA vor den Teams aus Großbritannien und Frankreich.

24 · Montag

Der Physiker Hans Geiger, Erfinder des Geräts zur Messung radioaktiver Strahlen, stirbt 62jährig in Postdam.

25 · Dienstag

Um Spekulanten das Handwerk zu legen, werden an Frankfurter Postschaltern Briefmarken nur dann verkauft, wenn der Käufer sie sofort auf einen Umschlag klebt.

Auf Befehl des US-Generals Eisenhower, Militärgouverneur in Deutschland, beginnt die Demontage in der amerikanischen Zone.

26 · Mittwoch

Auf einem Versuchsgut der Universität Göttingen entsteht das Durchgangslager Friedland. Durch das »Tor der Freiheit« gehen bis Ende 1946 1136194 Flüchtlinge.

Im Gesetz Nummer 8 der amerikanischen Militärregierung heißt es: Frühere Mitglieder der NSDAP und ihrer Organisationen sollen »mit keiner anderen als gewöhnlicher Arbeit« beschäftigt werden.

27 · Donnerstag

Die deutsche Flotte wird nach einem Beschluß der Potsdamer Konferenz zu gleichen Teilen an die USA, die Sowjetunion und Großbritannien übergeben. Das meldet die Agentur Reuter.

Im amerikanischen Sektor von Berlin erscheint *Der Tagesspiegel* als erste von Deutschen herausgegebene Tageszeitung (S. 159).

Das Fraternisierungsverbot war kaum zu kontrollieren und lief den Bedürfnissen der Besatzungssoldaten, die ja zum Teil schon seit Jahren im Krieg waren, diamentral entgegen.

28 · Freitag

In Bayern enthebt die amerikanische Militärregierung Ministerpräsident Fritz Schäffer des Amtes. Ihm wird vorgeworfen, nicht streng genug mit ehemaligen Nationalsozialisten verfahren zu sein (S. 129).

Fritz Schäffer (1888–1967).

Vertreter der Provinz Hannover und der Länder Oldenburg und Braunschweig schließen einen Staatsvertrag. Damit ist der Grundstein für das Land Niedersachsen gelegt.

29 · Samstag

Isaac Deutscher schreibt in der Zeitschrift *The Economist* über die Berliner: »Blickt man von den Kleidern der Menschen auf die Gesichter, so wird deutlich, was es heißt, halb verhungert zu sein.«

In den USA beteiligen sich etwa 700 000 Arbeiter an mehr als 200 Streiks. Eine weitere Million Arbeiter drohen, ebenfalls die Arbeit niederzulegen.

30 · Sonntag

Der neugegründete Nordwestdeutsche Rundfunk in Köln überträgt als erstes Fußballspiel die Begegnung zwischen Fortuna Düsseldorf und Schalke 04.

Der Schweizer Theologieprofessor Karl Barth plädiert dafür, trotz aller Kritik Freundschaft mit den Deutschen zu schließen (S. 155).

Die Ächtung der Besiegten

Das Fraternisierungs-Verbot

»Keine Spur von preußischem Gleichschritt. Schlacksig, auf Gummisohlen kamen sie.« Marianne Langen staunte, als die ersten GI's in Köln einrückten. Nach jahrelanger Berieselung durch Goebbels' Propaganda-Apparat hatte sich die ehemalige BDM-Führerin den Einmarsch der Amerikaner anders vorgestellt: »Frauen mit Blumen sind ihnen entgegengerannt, Kinder liefen hinterher. Die Amis haben Kaugummis verteilt. Und gegen solche haben unsere Soldaten verloren.«

Die alliierten Soldaten wurden in den Dörfern und Städten Westdeutschlands mit zwiespältigen Gefühlen empfangen. Die Erleichterung darüber, daß der Krieg zu Ende war, mischte sich mit der Angst vor einer ungewissen Zukunft: Ob sie einen neuen Anfang bringen würde oder nur das Strafgericht der Sieger, war noch ungewiß. Doch der erste Eindruck, den Briten, Amerikaner und Franzosen hinterließen, weckte stille Hoffnung: Das waren keine mordenden und brandschatzenden Landsknechte, wie die NS-Propaganda vorhergesagt hatte, sondern meist einfache Männer, die weder Haß noch Rache nach Deutschland geführt hatten. Zwar kam es auch im Westen vereinzelt zu Gewalttaten gegen die Zivilbevölkerung, zu Vergewaltigungen und Plünderungen – wie stets, wenn Armeen in Feindesland einrücken. Die große Mehrheit der fremden Soldaten verhielt sich jedoch korrekt und diszipliniert.

»Ihr könnt Euch jetzt mit den Deutschen in den Straßen und in öffentlichen Lokalen in Gespräche einlassen …« Feldmarschall Montgomery, 14. Juli

Den ersten Kontakt zwischen Siegern und Besiegten stellten oft die Kinder her. Mit ihren großen Augen in von Entbehrung gezeichneten Gesichtern weckten sie das Mitleid der Eroberer. Ein Riegel Schokolade, ein Streifen Kaugummi – was die Kinder mit nach Hause brachten, hatten auch die Erwachsenen oft Jahre nicht mehr gesehen.

Nach Aufhebung des totalen Fraternisierungsverbots beginnt ein reger Tauschhandel zwischen der Bevölkerung und den Besatzungssoldaten. Die Kamera scheint das Interesse des GI's zu wecken.

Schon in den ersten Tagen der Besatzung entdeckte der weibliche Teil der deutschen Bevölkerung, daß GI's und Tommies aus Fleisch und Blut waren und auch nach amourösen Abenteuern Ausschau hielten. Vor allem die jungen Frauen, die bisher nur Krieg, Angst, Hunger und Hoffnungslosigkeit erlebt hatten, fühlten sich schon bald zu den unbekümmerten Boys hingezogen, die in ihren Jeeps durch Deutschlands zerbombte Städte kreuzten. »Sie hatten so herrliche Zähne,« erinnert sich die Filmschauspielerin Anneliese Uhlig, »sie waren so gesund, sauber und wohlgenährt.« Die »Ami-Liebchen«, wie die Bräute der Sieger beschimpft wurden, machten sich nichts aus Neid und Mißgunst der eigenen Landsleute. »Da war plötzlich dieser Hunger nach Lichtern und Gelächter und Musik«, schildert eine von ihnen, »ich wollte tanzen bis zur Bewußtlosigkeit, das Glück an mich reißen, vergessen, was geschehen war.«

Doch zarte Bande zwischen deutschen »Fräuleins« und den Soldaten aus Texas und Tennessee, aus Washington und Wales waren eigentlich von höchster Stelle strengstens verboten worden. Einer rigiden Weisung an die alliierten Generalstabschefs vom 14. Mai 1945 folgend, untersagte das Oberkommando in seiner Direktive »JCS 1067« jegliche »Fraternisierung« – also jeglichen persönlichen Kontakt – mit der deutschen Bevölkerung: »Deutschland wird nicht besetzt zum Zweck der Befreiung, sondern als besiegte Nation. Freundschaftlicher Verkehr mit der Bevölkerung wird streng mißbilligt.«

Um den russischen Soldaten das Zurechtfinden zu erleichtern, wurden in Berlin Straßenschilder in russischer Sprache aufgestellt.

Das alliierte Oberkommando fürchtete die politische Blauäugigkeit seiner Soldaten. Viele Amerikaner verbanden mit Deutschland noch immer die Erinnerung an Heidelberg, Bier und Lederhosen – nicht aber die Verbrechen, die von Deutschen begangen worden waren. Deutschland aber sollte nach der bedingungslosen Kapitulation von Grund auf verändert, die Deutschen »umerzogen« werden – ein bislang einmaliges Unterfangen in der Weltgeschichte. Persönliche Kontakte zwischen den Besatzern und der Bevölkerung konnten da nur hinderlich sein. Eine Broschüre, die an alle GI's in Deutschland verteilt wurde, warnte vor dem »Charakter« der Besiegten: »Tief in der deutschen Seele schwelen die Feuer des Hasses, der Gier und der Gewalt. Wenn Du denkst, daß diese Deutschen sauber aussehen, anständig und harmlos – dann erinnere Dich. Es sind die, die den Krieg unterstützten und die Arbeit taten…«

Doch die Wirklichkeit in der »Stunde Null« sah anders aus. Auf der Konferenz von Potsdam hatten sich die Siegermächte nicht auf ein einheitliches Vorgehen in Deutschland einigen können. Jede Besatzungsmacht regierte ihre Zone von nun an nach eigenem Gutdünken. Auch innerhalb der einzelnen Zonen herrschte heilloses Durcheinander. Weisungen der Generäle stießen bei den lokalen Kommandeuren oft auf taube Ohren. Erst einmal mußte man sich einrichten in einem Land, das nach sechs Jahren Krieg in Trümmern lag, dessen Bevölkerung verstört und nicht einmal der englischen Sprache mächtig war.

Ablenkung war fern der Heimat Mangelware. Ein lauschiges Tête-a-Tête mit einem hübschen »Fräulein« gehörte zu den wenigen Möglichkeiten, den grauen Soldatenalltag und das Heimweh für ein paar Stunden zu vergessen. Das Fraternisierungs-Verbot gehörte deshalb wohl zu den Vorschriften, die am wenigsten beachtet wurden. An dem Washingtoner Idealismus, ein ganzes Volk umzuerziehen, hatte der einfache Soldat, der in den Ruinen von Darmstadt oder Heilbronn Dienst schob, nur wenig Interesse. Offiziere, die ihren Soldaten die »Non-Fraternisation« mit handfesteren Argumenten näherzubringen versuchten, ernteten meist nur müdes Lächeln. Ein Obergefreiter einer US-Panzerdivision: »Ich erinnere mich an die Vorträge eines Obersts. Er stand vor einer riesigen amerikanischen Fahne und betonte nachdrücklich, daß keine deutsche Frau frei von Geschlechtskrankheiten sei…« Ohnehin war die Strafe für einen GI, der bei jeglicher Form von »freundschaftlichem Verkehr« mit den Deutschen erwischt wurde, gering: Im schlimmsten Fall wurden ihm 65 Dollar seines Solds abgezogen.

Das Verbot der Fraternisation be-

Mit einem Sack unter dem Arm unterwegs, um Lebensnotwendiges zu organisieren: Mit Ausnahme der Kleinsten ist jedes Familienmitglied damit beschäftigt, die nackte Existenz zu sichern.

schränkte sich jedoch nicht auf Kontakte zur weiblichen Bevölkerung. In der Nacht und an verschwiegenen Orten war dies leicht zu umgehen, beim täglichen Umgang mit den Besiegten, in den Dienststellen der Militärbehörden, jedoch nicht. In den ersten Monaten der Besatzungszeit trieb die Kontaktsperre seltsame Blüten. Erich Kästner, der das Kriegsende in Bayern erlebte, schildert in seinem Tagebuch einen rührigen US-Verbindungsoffizier aus München, »der jedesmal rot wird, wenn er sich vorstellt, weil man ihm die Hand entgegenstreckt und er sie nicht nehmen darf.«

»Ein Stück Schokolade, Fräulein?« – mit dem gängigsten aller GI-Sprüche begannen Tausende von Romanzen in den ersten Monaten nach dem Ende des Krieges, trotz »JCS 1067«. Schokolade als Symbol des Schlaraffenlandes. Eine Liaison mit einem der Besatzer versprach den Zugang zu einer Welt des Luxus. Während sich die meisten Deutschen auf den Straßen nach »Ami-Kippen« bückten und für ihre Lebensmittelkarten spärliche Rationen mit nach Hause nahmen, erbrachten die Liebesdienste der Besatzer-Bräute Corned-Beef und Coca-Cola, Nylonstrümpfe, Bohnenkaffee und ganze Stangen der begehrten »Lukky-Strikes« – ein Schatz auch für Nichtraucher. Denn Zigaretten waren die eigentliche Währung der ersten Nachkriegsjahre. Auf dem Schwarzmarkt am Berliner Tiergarten konnte man zwanzig Zigaretten gegen ein Pfund Butter eintauschen. Für 1500 »Amis« wurden Mercedes-Limousinen feilgeboten. Wer von seinem neuen Liebhaber in die Clubs und Casinos der Sieger mitgenommen wurde, traute seinen Augen nicht. Inmitten der darbenden Städte wurden rauschende Feste gefeiert, opulente Mahlzeiten serviert und Champagnerflaschen gleich dutzendweise geköpft.

Bei solchen Verlockungen nahmen viele Frauen erst einmal Abschied von der Moral. Saul Padover, Offzier der US-Army, notierte im Sommer 1945 nach einer Fahrt durch Braunschweig: »Überall Frauen, einige sehr schön und die meisten sehr jung. Sie sprachen uns an und flüsterten Einladungen. Sie waren, was die Jungs ›leicht‹ nannten, vielleicht die ›leichtesten‹ Frauen der Welt, und bei ihren Annäherungen an Männer waren sie nicht feinsinniger als die Soldaten.« Doch nicht nur die reichhaltige Verpflegung der fremden Soldaten lockte Hunderttausende deutscher Frauen und Mädchen auf die Straße – auch der Mangel an deutschen Männern, die entweder gefallen waren, oder hinter Lagerstacheldraht auf die Heimkehr warteten. Viele Frauen sehnten sich nach den Schrecken der Bombennächte und den jahrelangen Entbehrungen einfach nach Zärtlichkeit und menschlicher Nähe.

Frauen auf dem Bahnsteig Grunewald: Sie waren unterwegs, um Holzvorräte für den Winter zu beschaffen.

GI Saul K. Padover über deutsche Fräuleins und das Verbrüderungsverbot:

»Die Verordnung gegen Verbrüderung war von Anfang an eine Posse. (...) Dies galt ganz besonders, wenn es um Frauen ging. Das Verbrüderungsverbot scheiterte am Sex, und der Befehl, den Kontakt zu Deutschen zu meiden, machte Soldaten zwar vorsichtiger, aber keineswegs weniger hungrig auf deutsche Frauen. Krieg besteht zu einem Zehntel aus Unbehagen und zu neun Zehnteln aus Langeweile (...) Für einen Mann, gelangweilt und angeödet von der Gesellschaft anderer Männer, bedeutet fast alles mit Rock Stimulanz und Entspannung, und deutsche Frauen bestehen nicht bloß aus Röcken. Sie waren unleugbar attraktiv, sexy auf umfassende körperliche Art, und sie waren, anders als die meisten nichtprofessionellen französischen Frauen, weder schüchtern noch unwillig. Sie waren, was die Jungs »leicht« nannten, vielleicht die leichtesten weißen Frauen der Welt, und bei ihren Annäherungen an Männer waren sie nicht feinsinniger als die Soldaten. GI und Fräulein waren wie Magnet und Stahl. (...) Sie sprachen uns an und flüsterten Einladungen. Sie gingen ganz langsam an uns vorbei, sahen uns lange von der Seite an und flüsterten: ›Ich wohne ganz allein; wollen Sie nicht mitkommen und bei mir sein?‹ Oder: ›Ich weiß, daß Ihr Amerikaner nicht mit Deutschen sprechen dürft, aber wollt ihr nicht einfach hinter mir herkommen?‹ So ging das die ganze Zeit, auf allen Straßen von Braunschweig, und die Frauen, keineswegs ›Professionelle‹, waren wie gesagt attraktiv, und es gab nur wenig männliche deutsche Konkurrenz. Deutschlands Männer waren entweder bei der Wehrmacht oder in Gefangenschaft oder im Lazarett oder unter der Erde, und die Frauen hungerten nach Männern, ganz zu schweigen von Schokolade. Joe, der ein wenig herumgekommen war, erzählte mir, daß die GI's den Spaß ihres Lebens hätten. ›Leichtes Spiel‹, sagte Joe. ›Du brauchst nicht mal Schokolade für die Miezen.‹«

Der Großteil der Deutschen aber hatte dafür kein Verständnis und beschimpfte die Bräute der Sieger mit erhobenem moralischem Zeigefinger. »Ami-Schickse« gehörte noch zu den harmlosesten Pöbeleien, die nicht nur hinter vorgehaltener Hand zu hören waren. Besonders die Geliebten farbiger US-Soldaten wurden oft auch in der eigenen Familie wie Aussätzige behandelt. Der Bäckerbursche Jakob Kurz ertappte eine Nachbarin mit einem der »Negersoldaten« im Wald. Kurzerhand griff der einstige Hitlerjunge, der Wochen zuvor noch mit der Panzerfaust fürs Vaterland gekämpft hatte, zur Steinschleuder und rächte die deutsche Ehre: »Ich hab' sie beide getroffen.«

»Die leichtsinnigen Frauen und Mädchen erniedrigen ... das ganze Volk.«

Bischof von Passau

Die »sinnlose Vergnügungssucht« weckte bald den Zorn des Klerus. In seinem ersten Hirtenbrief nach der Kapitulation mahnte der Bischof von Passau: »Deutsche Mädchen, auch junge Kriegerfrauen, sogar Mütter schämen sich nicht, fremde Soldaten durch ihr aufreizendes Benehmen und ihre jedem Anstand hohnsprechenden Kleider herauszufordern, sich ihnen in dirnenhafter Weise förmlich aufzudrängen.« Doch nicht das Seelenheil der »Ami-Liebchen« lag dem Kirchenmann am Herzen. Denn die »leichtsinnigen Frauen und Mädchen« erniedrigten nach seiner Meinung nicht sich selbst, »sondern das ganze Volk«. Der Bischof brachte auf den Punkt, was die Deutschen gegen die amouröse Annäherung an die Besatzer wohl am meisten aufbrachte: Allzuviele sahen in den Soldaten der westlichen Demokratien noch immer vor allem Bezwinger der Wehrmacht, nicht aber Befreier von Terror und Nazi-Diktatur.

Auch in Amerika wuchs die Empörung über die regen Kontakte zwischen »Fräuleins« und GI's. In US-Zeitungen wurde anzüglich über die »Ehrbarkeit der deutschen Frau« berichtet. Besorgte Ehefrauen und Mütter gründeten »bring papa home«-Clubs. Auf dem Schreibtisch von General Eisenhower, dem alliierten Oberbefehlshaber, häuften sich Briefe amerikanischer Frauen, die auf eine baldige Rückkehr ihrer Söhne und Gatten aus Deutschland drängten.

Doch das alliierte Oberkommando lokkerte nach und nach das Verbot, das keiner beachtete. Am 17. Juli 1945 gestattete Eisenhower private Unterhaltungen mit den Deutschen. Am 25. September hob Feldmarschall Montgomery, der ranghöchste britische Militär in Deutschland, das »Fraternisierungs-Verbot« auf – nicht ohne die britischen Soldaten aufzufordern, weiterhin »ihren gesunden Menschenverstand« bei Kontakten mit der Bevölkerung walten zu lassen. Nur Hochzeiten zwischen alliierten Soldaten und deutschen Frauen blieben noch länger als ein Jahr untersagt.

Katharina Trost war schließlich diejenige, die auch das letzte Überbleibsel der »Non-Fraternisation« zu Fall brachte.

Zwischen Trümmern die Flaggen der Besatzungsmächte: Auf Befehl der sowjetischen Militärregierung mußte von der Berliner Bevölkerung anläßlich der Zusammenkunft der Alliierten am 5. Juni je eine Flagge für jedes Haus angefertigt werden.

Ihre Liebesgeschichte gehört zu den Hunderttausenden, die länger als nur ein paar romantische Wochen Bestand hatten. Die damals Siebzehnjährige hatte im Kurpark von Bad Nauheim den amerikanischen Sergeant Daniel Militello kennengelernt. Im August 1945 wurde sie schwanger. Militello beantragte eine Heiratserlaubnis, wandte sich sogar an Eisenhower persönlich. Doch die US-Armee machte keine Ausnahme und beorderte den verliebten Sergeant zurück nach Amerika. Militello heuerte bei der Handelsmarine an und ging in Bremerhaven illegal von Bord, um sich mit seiner Katharina kurz vor der Niederkunft von einem deutschen Pfarrer doch noch trauen zu lassen. Ein Militärrichter in Deutschland verurteilte ihn dafür zu 30 Tagen Arrest. Aus dem Gefängnis wandte sich der frischgebackene Ehemann an die Presse. »Ist es ein Verbrechen zu heiraten?« fragten die Schlagzeilen in den USA und weckten landesweite Empörung. Am 11. November 1946 durfte Katharina mit Sohn Robert zu ihrem Mann in die USA reisen – die erste deutsche »Kriegsbraut« leitete die Aufhebung des Heiratsverbots ein.

Wie viele Frauen aus Deutschland Katharina Militello in die Vereinigten Staaten folgten, läßt sich aufgrund ungenauer Einwanderungslisten nicht mehr feststellen. Etwa eine Million Ehen schlossen GI's während der ersten Nachkriegsjahre mit ausländischen Frauen – ein erheblicher Teil davon waren Deutsche. Doch die Besatzungszeit hinterließ auch in Deutschland Spuren in der Bevölkerungsstatistik: In den ersten zwölf Monaten nach der Kapitulation wurden in den westlichen Besatzungszonen 94 000 uneheliche Kinder geboren – ein Teil von ihnen mit dem ›Kainsmal‹ der schwarzen Hautfarbe ihrer Väter. Das Schicksal dieser Kinder verlief meist weniger glücklich als das des Robert Militello. *Christian Deick*

Das Kreuz mit der Erblast

Das »Stuttgarter Schuldbekenntnis«

Martin Niemöller, stellvertretender Vorsitzender des »Vorläufigen Rats der evangelischen Kirche in Deutschland«, mit seiner Frau Else.

»Deutschland erwache« – nachdem die Parole der nationalsozialistischen Trommler am 8. Mai 1945 endgültig verstummt war, erwachten die Deutschen tatsächlich wie aus einem Trancezustand. Doch es war ein Erwachen in Schutt und Trümmern. Zerstört waren nicht nur die Städte, zerstört waren auch die geistigen und moralischen Orientierungspunkte der Gesellschaft. Die Sieger konfrontierten die Besiegten mit der schrecklichen Wahrheit: Die Deutschen hatten die grausamsten Verbrechen verübt, die Menschen je begangen hatten – in den Konzentrationslagern, hinter den Fronten und auch in der Heimat. Die meisten ahnten das zwar schon lange, hatten aber geschwiegen. Sie waren zu Komplizen politischer Verbrecher geworden oder hatten sich zumindest in der langen Tradition des Untertanen geübt. Die wenigen mutigen Frauen und Männer, die sich gegen den Diktator erhoben hatten, blieben einsame und verkannte Helden, isoliert von der großen Mehrheit der Bevölkerung.

Den Zusammenbruch des Hitlerreiches empfanden die wenigsten als Befreiung. Für allzu viele brach eine Welt zusammen, an die sie zwölf Jahre lang geglaubt hatten. Eingeständnisse von Schuld und Versagen blieben in den ersten Monaten seltene Ausnahmen. Einzig die Kirchen begannen, sich moralisch mit der Verantwortung für die Diktatur auseinanderzusetzen. Sie schienen die einzigen Institutionen zu sein, die nicht durch ihre Rolle im »Dritten Reich« kompromittiert waren.

»Mit großem Schmerz sagen wir: Durch uns ist unendliches Leid über viele Völker und Länder gebracht worden« – der zentrale Satz einer Erklärung des Rates der Evangelischen Kirche vom 19. Oktober 1945 in Stuttgart ist ein Meilenstein im Umgang mit dem noch jungen, schweren Erbe. Zum ersten Mal fand eine deutsche Institution klare Worte zu einem Thema, von dem die meisten Deutschen nichts hören wollten. Die Unterzeichner der Erklärung, die als »Stuttgarter Schuldbekenntnis« großes Aufsehen erregte, übten auch ausdrückliche Selbstkritik: »Wir klagen uns an, daß wir nicht mutiger bekannt, nicht treuer gebetet, nicht fröhlicher geglaubt und nicht brennender geliebt haben.« Der Beifall der Besatzungsmächte war dem Stuttgarter Kommuniqué gewiß. Vor allem die Amerikaner hatten den deutschen Kirchen eine wichtige Rolle bei der Entnazifizierung zugedacht. Auch die anglikanische Kirche Großbritanniens zollte großes Lob und sandte im Namen des Erzbischofs von Canterbury ein Grußtelegramm.

Doch das »Schuldbekenntnis« war kein Votum aller evangelischen Christen. Der maßgebliche Urheber der mutigen Worte, Pfarrer Martin Niemöller, gehörte der »Bekennenden Kirche« an. Dieser progressive Flügel der deutschen Protestanten genoß hohes Ansehen, weil er nach der Machtergreifung entschieden gegen die Nationalsozialisten aufgetreten war. Niemöller hatte dafür acht Jahre im Konzentrationslager verbracht. Die Mehrheit der Lutheraner und Reformierten aber stand dem »Schuldbekenntnis« kritisch gegenüber. Einer der in Stuttgart anwesenden Theologen protestierte, die Erklärung sei »ein Verbrechen am deutschen Volk«, denn es hätte doch selbst am meisten gelitten. Aus Schleswig-Holstein berichtete die Landeskirche von »großer Erregung«, die in den Gemeinden über das Bekenntnis herrsche, und Bischof Völkel aus der dortigen Kirchenleitung forderte, erst einmal den Versailler Vertrag von 1919 als »Grundwurzel allen Übels« zu nennen, bevor man über Schuld rede.

Ein Berufssoldat, der in einem Leserbrief an den *Hannoverschen Kurier* fragte, ob es »denn wirklich so ein Verbrechen« gewesen sei, für Volk und Vaterland zu kämpfen, sprach den meisten aus der Seele. Vergessen waren die Jubelstürme nach Hitlers Blitzkriegsiegen, vergessen auch das Schweigen nach dem

Der Schweizer Theologe Karl Barth, 1935 als Professor in Bonn von den Nationalsozialisten amtsenthoben, setzt sich für eine humane Behandlung Deutschlands ein.

Judenpogrom 1938, der sogenannten »Kristallnacht«. Die Dimension des Holocaust drang erst allmählich ins Bewußtsein. Das Filmmaterial aus Auschwitz, das die Alliierten in den deutschen Kinos zeigten, hielten viele für gestellte Propagandaaufnahmen. Nach einer Statistik der US-Entnazifizierungsbehörden vom 12. August 1945 glaubten gar 53 Prozent der Befragten, Hitler habe von den Greueltaten in den Konzentrationslagern nichts gewußt.

»Auf einmal gab es keine Parteigenossen mehr«, erinnert sich ein US-Offizier. Vergangenheitsbewältigung im Großen wie im Kleinen bestand meist aus Verdrängen und Vergessen. Den täglichen Kampf um Kohle und Kalorien, das Schlangestehen nach den kärglichen Rationen empfanden die Deutschen als schreiendes Unrecht, genauso wie die Justiz der Sieger.

Die kollektive Schuld, die den Deutschen von außen, von den Alliierten, zugemessen wurde, traf weitgehend auf Ablehnung. Selbst der Theologe Karl Barth, den vieles mit Martin Niemöller und der »Bekennenden Kirche« verband, lehnte in einem Zeitungsinterview entschieden ab, »in den Deutschen einfach eine große Nazi-Bande zu sehen«. Als die Besatzungsmächte die verantwortlichen »Hauptkriegsverbrecher« vor Gericht stellten, machte das Wort der »Siegerjustiz« die Runde. Die Galgen von Nürnberg ersparten den Deutschen eine breite eigene, innere Auseinandersetzung mit der Schuld. Einer amerikanischen Umfrage zufolge glaubte die Hälfte der Bevölkerung noch im November 1945, der Nationalsozialismus sei eine gute Idee gewesen, die nur schlecht realisiert worden sei.

Die katholische Kirche nahm sich schon am 23. August 1945 des heiklen Themas an. In den Kirchen, die sich in der Zeit der Not und des Mangels wieder füllten, wurde ein Hirtenbrief verlesen, den die Bischofskonferenz in Fulda formuliert hatte: »Viele Deutsche, auch aus unseren Reihen, haben sich von den falschen Lehren des Nationalsozialismus belehren lassen, sind bei den Verbrechen gegen menschliche Freiheit und menschliche Würde gleichgültig geblieben. Viele leisteten durch ihre Haltung den Verbrechen Vorschub, viele sind selber Verbrecher geworden.«

Doch mit der eigenen Rolle während des »Dritten Reiches« gingen die Bischöfe weniger kritisch ins Gericht als ihre protestantischen Kollegen. Daß in den katholischen Kirchen »immer wieder die Stimme« gegen »Rassendünkel« und »die unerhörten Bedrückungen erhoben« worden sei, entsprach wohl eher einem Wunschdenken. Beherzten Widerstand gegen das Regime hatten nur einzelne Geistliche, nicht aber die gesamte Kirche geleistet. Dennoch waren die mahnenden Worte beider Konfessionen in der »Stunde Null« wohl die ersten bedeutenden Schritte auf dem Weg zur Besinnung und zu einer Auseinandersetzung mit dem Erbe der NS-Zeit.

»...wir klagen uns an, daß wir nicht mutiger bekannt, nicht treuer gebetet, nicht fröhlicher geglaubt und nicht brennender geliebt haben.«

Stuttgarter Schuldbekenntnis der EKD

Im Schatten dieser Aufrufe zu einem moralischen Neubeginn aber setzten sich beide Konfessionen für die Täter ein. Die Fluchthilfe katholischer Priester für NS-Verbrecher wie Eichmann oder Barbie war nur die Spitze eines Eisberges. Der Kölner Erzbischof Josef Kardinal Frings schrieb noch 1973 in seinen Memoiren: »Eine besondere Tätigkeit erforderte damals die Sorge für die sogenannten Kriegsverbrecher, also Soldaten, denen man irgendein (!) Verbrechen zur Last legte.«

Diese Sorge erschöpfte sich nicht in seelsorgerischem Beistand. Schon 1948 hatte Frings ein Gnadengesuch für die in Nürnberg zu Haftstrafen verurteilten NS-Würdenträger an US-Präsident Truman gerichtet. Darin beklagte er, die US-Militärtribunale würden einzelne Bürger für die Maßnahmen seiner Regierung verantwortlich machen, »an denen er im Rahmen seiner staatsbürgerlichen Pflichten teilnahm.«

Auch die evangelischen Kirchen profilierten sich als Rechtsbeistand von Kriegsverbrechern und finanzierten über Tarnkonten deren Verteidiger. Über das evangelische Pfarramt St. Jobst etwa flossen Gelder der Firmen Flick und Krupp an ein Anwaltsbüro in Nürnberg, in dem der ehemalige SS-Obersturmbannführer Heinrich Malz die Verteidigung in zahlreichen NS-Prozessen organisierte.

Die ambivalente Rolle beider Kirchen war gleichwohl ein Spiegelbild der deutschen Gesellschaft in den Jahren des Neuanfangs. Die Hypothek des schweren Erbes lastete länger auf den Deutschen, als die Jahre der Diktatur und des Unrechts gedauert hatten. *Christian Deick*

Götterfunken zwischen Ruinen

Der kulturelle Neubeginn

Es war die Stunde Null: Noch dröhnte den Berlinern das Donnern der Artillerie in den Ohren, da krochen mutige Musiker des Berliner Kammerorchesters aus den Trümmern, staubten Instrumente und Noten ab und spielten. Fünf Tage nach der Kapitulation Hitler-Deutschlands luden sie zum Konzert in's Schöneberger Rathaus.

Nach endlosen Bombennächten jetzt Bach und Beethoven – und die Berliner kamen. Schon bald erkannten auch die Alliierten, wie wohl Musik den geschundenen Seelen tat. In allen vier Besatzungszonen förderten die Sieger den Aufbau von Orchestern. Die Konzerte der Berliner Philharmoniker unter der Leitung von Leo Borchard waren jeden Abend ausverkauft. Musik ließ so viel vergessen. Dirigenten wie Sergiu Celibidache oder Karl Amadeus Hartmann bemühten sich, die Deutschen mit Weltgrößen moderner Musik vertraut zu machen, die vom braunen Kulturdiktat als »entartet« verboten worden waren, darunter Igor Strawinsky, Béla Bartók, Sergej Prokofjew und Dimitri Schostakowitsch. Der einst als Jude verfemte Felix Mendelssohn Bartholdy stieg neben Paul Hindemith in der Gunst der Deutschen zum beliebtesten Komponisten der Nachkriegszeit auf.

Nicht nur für die Musik war das Kriegsende ein Anfang. Schon im Mai öffneten in Berlin wieder die ersten Kabaretts. Zerlumpt standen Schauspieler auf zugigen Bühnen inmitten der Trümmerwüste. Spott und Ironie, zwölf Jahre lang nur hinter vorgehaltener Hand im Verborgenem ratsam, waren nun wieder in aller Öffentlichkeit möglich. Kabaretts wurden zu lyrischen Lazaretten. Und die Themen lagen auf der Straße: Der verwaltete Mangel, die halbherzige Entnazifizierung, die Besatzungsmächte, die längst nicht mehr einträchtig zusammen im Jeep saßen. Im August

Die Sehnsucht nach Musik war groß nach dem Krieg. Im zerstörten Grottenhof der Münchner Residenz spielt ein Kammerorchester (oben). Plakat des Münchner Kabaretts »Schaubude«; es beginnt bereits im August mit seinem Programm. Zum Ensemble gehört Ursula Herking, späteres Mitglied der »Lach- und Schießgesellschaft«; wichtigster Autor ist Erich Kästner.

nahm die Münchner »Schaubude«, das erste große Nachkriegskabarett mit Autoren wie Erich Kästner, den Spielbetrieb auf. Nach und nach entstanden auch in der Provinz Kabarettbühnen: In Düsseldorf das Kom(m)ödchen von Kay und Lore Lorentz, in Hamburg die »Bonbonniere« mit Erik Ode und Rudolf Platte. Namen wie Günther Pfitzmann und Brigitte Mira tauchten auf den Plakaten auf. Die Deutschen hatten ihr Kabarett wieder, endlich.

Beim Film hingegen gingen erst einmal die Lichter aus: Goebbels hatte den Kinofilm konsequent als Propagandamittel mißbraucht. Bis zum letzten Kriegstag produzierte die »Universum Film AG« (UFA) in Berlin, 39 Filme lagen noch unvollendet auf den Schneidetischen. Doch die Sieger hatten andere Pläne. Schnell besetzten sie die Studios und beschlagnahmten alle Filmkopien. Erst im Oktober 1946 feierte die erste deutsche Nachkriegsproduktion in Ost-Berlin Filmpremiere: Wolfgang Staudtes »Die Mörder sind unter uns« schrieb als Meisterwerk des kritischen Realismus Filmgeschichte. Andere sogenannte »Trümmerfilme« folgten. Die kurze, filmische Auseinandersetzung mit der Naziherrschaft hatte begonnen.

Bald tauchten in den Bücherregalen auch wieder Werke von Thomas Mann und Franz Werfel auf. Endlich schien die Stunde der Schriftsteller wie Ricarda Huch oder Rudolf Hagelstange gekommen, die sich im »Dritten Reich« in die innere Emigration zurückgezogen hatten. Exilautoren wie Arnold Zweig, Bertolt Brecht, Stephan Hermlin oder Anna Seghers kehrten nach und nach zurück – in den vermeintlich sozialistischen Teil des Landes. Und im Westen richteten die Amerikaner Büchereien ein. Dort durften Deutsche ohne Angst schmökern. Bücher von John Steinbeck, Ernest Hemingway und Tennessee Williams standen neben Werken von Carl Zuckmayer und Wolfgang Borchert. Einst verfolgte Maler bekamen jetzt ein Forum. Pluralismus hieß das Zauberwort: Da hingen Werke des Realisten Otto Dix neben Expressionisten wie Emil Nolde. Abstrakte wie Willi Baumeister teilten sich Galerien mit Statuen und Grafiken von Ernst Barlach und Käthe Kollwitz.

Brechts »Dreigroschenoper« feierte im Berliner Hebbel-Theater Erfolge, und der Intendant Karl Heinz Martin sprach den Deutschen aus der Seele, als er sagte: »Wir saßen über ein Jahrzehnt im Dunkeln, nun laßt uns endlich wieder die Sonne sehen.« Der erzwungene, zwölfjährige Winterschlaf der Kultur in Deutschland war beendet.

Georg Schwarte

> »Alle Welt scheint am Werke, einen Überfrühling der Künste vorzubereiten. Daß man wie die Zigeuner leben muß, hinter zerbrochenen Fenstern, ohne Buch und zweites Hemd, unterernährt, angesichts eines Winters ohne Kohle, niemand stört das. Keiner merkts. Das Leben ist gerettet, mehr brauchts nicht, um neu zu beginnen.«
> Erich Kästner

Am 25. Juli wird im Haus der Kammer der Kunstschaffenden in Berlin die erste Nachkriegskunstausstellung eröffnet, u. a. mit Werken von Carl Hofer (oben, 1878–1955): »Joseph und seine Brüder«, 1944, und Max Beckmann (unten, 1884–1950): »Artist«, 1944.

Freiheit auf Lizenz

Der Neuanfang von Presse und Rundfunk

Es war schon spät am Abend, als der Jeep der US-Armee den verschlafenen Ort Tutzing am Ufer des Starnberger Sees erreichte. Wegen der Ausgangssperre war kein Mensch mehr auf der Straße zu sehen. Doch zum Glück fand sich im Krankenhaus eine Nachtschwester, die den Weg weisen konnte. Und so stand der US-Presseoffizier Ernst Langendorf wenig später dem Mann gegenüber, der ihm nun endlich als Kandidat geeignet erschien: Wilhelm Hausenstein, früher Feuilletonjournalist der renommierten *Frankfurter Zeitung*, war als Lizenzträger der in Kürze neu erscheinenden *Süddeutschen Zeitung* auserkoren. Der alte Mann zeigte sich sehr geehrt, aber das Angebot könne er aus Gesundheitsgründen leider nicht annehmen, beschied er dem Presseoffizier.

So mußte Langendorf weiter mit detektivischem Spürsinn nach einem geeigneten Verleger fahnden. Dabei herrschte an Bewerbern wahrlich kein Mangel; nach einem Aufruf im amerikanischen Sender standen sie vor dem Büro der *Information Services Control* Schlange. Aber den Anforderungen der Militärregierung konnte kaum einer von ihnen genügen. Eine Lizenz zur Herausgabe von Zeitungen, Zeitschriften oder Büchern durfte nach den Richtlinien der amerikanischen Pressepolitik nur erhalten, wer in der braunen Diktatur eine absolut weiße Weste bewahrt hatte, wer weder in der Partei noch im NS-Pressewesen eine Funktion gehabt hatte, wer aber dennoch praktische Erfahrungen im Zeitungswesen besaß. Jeder Kandidat mußte einen umfangreichen Fragebogen ausfüllen und sich einem ausführlichen Verhör, bisweilen sogar einem dreitägigen Psychotest unterziehen. Allein in Bayern wurden für 49 Lizenzen 2000 Bewerber überprüft. Um jeden Preis wollten die Besatzungsmächte verhindern, daß Propagandisten von gestern in der neuen Presse wieder das Wort ergriffen. So waren die Presseoffiziere mit ihren Jeeps kreuz und quer im Land unterwegs, um Hinweisen nach geeigneten Persönlichkeiten nachzugehen. Nach einigen Wochen und mehreren tausend Kilometern Fahrt hatte Langendorf sein Herausgebertrio für die künftige *Süddeutsche Zeitung* aufgespürt – nach der Maßgabe der US-Lizensierungspolitik war das Gremium pluralistisch zusammengesetzt: Franz Joseph Schöningh, ehedem Redakteur der katholischen Monatsschrift *Hochland*, Edmund Goldschagg, bis zu seiner Verhaftung Journalist der sozialdemokratischen *Münchner Post*, und August Schwingenstein, Verleger heimattreuer Publikationen.

> »...damals fragte niemand den anderen: Bist Du Demokrat, Sozialist, Kommunist, bekennender Christ; ein spontaner Pluralismus kennzeichnete jene ersten Jahre.«
> Axel Eggebrecht

Bis schließlich am 6. Oktober 1945 die erste Ausgabe der *Süddeutschen Zeitung* in 357000 Exemplaren durch die Rotationsmaschinen lief, mußte noch viel Schutt beiseite geräumt werden – im direkten wie im übertragenen Sinn. Das Verlagshaus der früheren *Münchner Neuesten Nachrichten* war von Bomben schwer getroffen, die verbliebenen Redakteure hatten ihr gerade noch zwei Seiten dünnes Durchhalte-Pamphlet zuletzt im Heizungskeller fabriziert. Die Maschinen lagen unter Trümmern, und von den Wänden rann das Wasser in Strömen. Aber wichtiger als die technische Instandsetzung war der inhaltliche und personelle Trennungsstrich unter unselige Pressetraditionen: die gelenkte Propaganda der Diktatur, die »meinungslosen« Generalanzeigerblätter und die selektiv berichtenden Parteiorgane der Weimarer Zeit. Gesucht waren junge unbelastete Journalisten, die dafür sorgen sollten, daß Stil und Tonfall des diktatorischen Verlautbarungsjournalismus möglichst bald der Vergangenheit angehören sollten.

Pate beim Neubeginn stand die angloamerikanische Presse: Klare Trennung von Kommentar und Nachricht, moderner Aufbau der Meldungen, journalistische Stilformen wie Reportage und Feature, Berichte über lokale, regionale und human-interest-Themen und investigativer, anwaltschaftlicher Journalismus sollten fortan die Zeitungsspalten bestimmen. So war es mehr als nur ein Symbol, daß für den Druck der ersten Ausgabe der *Süddeutschen Zeitung* der im Parteiverlag aufgefundene Bleisatz von Hitlers Machwerk »Mein Kampf« eingeschmolzen wurde. Die neuen Lizenzzeitungen markierten die Stunde Null der deutschen Presse.

Um dieses Ziel zu erreichen, hatten die Alliierten schon frühzeitig Vorkehrungen getroffen. Der erste Schritt war im November 1944 ein Verbot sämtlicher deutschen Druckwerke in den besetzten Gebieten: Ohne Erlaubnis der Militärregierung durften weder Zeitungen noch Bücher, nicht einmal Fahrkarten oder Notenblätter gedruckt werden.

MILITARY GOVERNMENT-GERMANY
MILITÄRREGIERUNG DEUTSCHLAND

INFORMATION CONTROL - NACHRICHTENKONTROLLE

LICENSE
ZULASSUNG
NR. 9

1. Subject to the conditions set forth in Paragraph 2, the following-named persons

1. Gemäß den im Paragraph 2 festgesetzten Bedingungen, sind die folgenden Personen

Dr. Rudolf Agricola
Dr. Theodor Heuss
Dr. Hermann Knorr

hereinafter referred to as "licensee" are authorized to engage in the following activities:

welche im Nachfolgenden als „Zulassungsinhaber" bezeichnet werden, autorisiert, folgende Tätigkeit auszuführen:

To Publish in Heidelberg the newspaper "RHEIN-NECKAR ZEITUNG"

Die „RHEIN-NECKAR ZEITUNG" in Heidelberg zu veröffentlichen.

2. This license is granted subject to the following conditions:

2. Diese Zulassung ist erteilt unter folgenden Bedingungen:

a) That all laws, ordinances, regulations and instructions of Military Government are complied with.

a) Daß alle Gesetze, Verordnungen, Vorschriften und Anweisungen der Militärregierung befolgt werden.

b) That this license be prominently displayed on the premises of the licensee at all times.

b) Daß diese Zulassung im Betrieb des Zulassungsinhabers jederzeit öffentlich angeschlagen ist.

c) That all newspapers, books, periodicals, pamphlets, posters, printed music or other publications, sound recordings or motion picture films published or produced under this license shall bear in such manner as may be prescribed the legend: Published (or produced) under Military Government Information Control License No. 9.

c) Daß sämtliche Zeitungen, Bücher, Zeitschriften, Broschüren, Plakate, Musikalien oder irgendwelche andere Veröffentlichungen, ebenso Schallplatten und sonstige Tonaufnahmen und Filme, die gemäß dieser Zulassung hergestellt oder veröffentlicht werden, folgende Aufschrift in vorgeschriebener Weise tragen: „Veröffentlicht (oder hergestellt) unter der Zulassung Nr. 9 der Nachrichtenkontrolle der Militärregierung".

d) That no person, not reported on the application for this license as having a financial interest in the business enterprise conducted under this license, shall be given nor shall receive any part of the profits of the business enterprise, nor shall any interest in the business enterprise be held for any such person, except with the express written permission of Military Government.

d) Daß keine Person, die nicht in diesem Gesuch als an diesem Geschäftsunternehmen finanziell interessiert eingetragen ist, irgendeinen Anteil an dem Nutzen aus dem Geschäftsunternehmen erhält; ferner, daß kein finanzieller Anteil an dem Geschäftsunternehmen für eine im Gesuch nicht erwähnte Person ohne ausdrückliche schriftliche Erlaubnis der Militärregierung zurückbehalten wird.

e) Other conditions:

e) Sonstige Bedingungen:

As stated in policy and operating instructions.

Wie in Richtlinien und Betriebsanweisungen festgelegt.

3. This license is not granted for a stated term, is not a property right, is not transferable and is subject to revocation without notice or hearing.

3. Diese Zulassung wird für keine bestimmte Zeitfrist erteilt und stellt kein Eigentumsrecht dar; sie ist nicht übertragbar und kann ohne Kündigungsfrist oder Untersuchung rückgängig gemacht werden.

Bad Homburg v. d. H., 5. September 1945.

ROBERT A. McCLURE
BRIGADIER GENERAL, GSC
CHIEF, INFORMATION CONTROL DIVISION
UNITED STATES FORCES EUROPEAN THEATER

Am 5. September erhalten Rudolf Agricola, Theodor Heuss und Hermann Knorr von den Amerikanern die Lizenz für die Heidelberger »Rhein-Neckar-Zeitung«.

Vorboten der künftigen Nachkriegspresse waren die Mitteilungsblätter der alliierten Armeen, die gleich nach dem Einmarsch an die Bevölkerung verteilt wurden – und reißenden Absatz fanden. Nach den Jahren der totalen Meinungslenkung war der Hunger nach verläßlichen Nachrichten groß. Sobald eine größere Stadt eingenommen wurde, schwärmte eine Delegation des Pressestabs im Dienste der Armee aus, um in den Trümmern früherer Pressehäuser neue Zeitungen ins Leben zu rufen. Allein unter amerikanischer Obhut sprossen 16 Heeresgruppenblätter unter Titeln wie *Kölnischer Kurier, Braunschweiger Bote, Augsburger Anzeiger* oder *Stuttgarter Stimme* aus dem Boden. Wie die gefälligen Namen andeuteten, bemühte sich der ehrgeizige Leiter des Projekt, der aus Österreich emigrierte US-Major Hans Habe, aus dem Provisorium eine Tugend zu machen. Statt dürrer Verlautbarungsorgane schuf er leserfreundliche Zeitungen, die später allerdings oft den Start von Lizenzzeitungen unter deutscher Regie verzögerten.

»Hier und da peitschte eine Maschinengewehrsalve durch die Luft. Wir gingen nicht aufrecht durch die Tür der Druckerei – wir zogen es vor, von unserem Jeep zur Tür zu kriechen«, beschreibt Hans Habe die Geburtsstunde des *Kölnischen Kuriers.* »Den größten Teil des Manuskripts hatten wir aus Luxemburg mitgebracht. Taufrisch waren die Nachrichten nicht, aber auch der Begriff der Neuigkeit ist relativ. Während ich mit Hilfe eines Schriftenprobenbuches die Artikel für den Druck einrichtete, lieferte mir ein ›Monitor‹, ein ›Abhörer‹, die neuesten Meldungen der Londoner BBC. Ein anderer Mitarbeiter, der am Tag zuvor nach Köln gekommen war – die Redaktion bestand also aus insgesamt vier Personen – lieferte die Nachrichten, Ratschläge und Befehle der Militärregierung. Außerdem erzählte dieser Mitarbeiter meinem Kollegen diverse kleine Einzelheiten aus dem Leben der toten Stadt, die der Staff-Sergeant zu einem in Kursivschrift gedruckten Feuilleton verarbeitete.«

Gerd Bucerius hätte lieber eine Tageszeitung gemacht. Statt dessen erhält er die Lizenz für eine Wochenzeitung und gründet »Die Zeit«. Von Anfang an dabei: Marion Gräfin Dönhoff.

Als im Herbst 1945 die letzten dieser amerikanischen Mitteilungsblätter eingestellt wurden, rief Habe im ehemaligen Verlagsgebäude des *Völkischen Beobachters* in München die *Neue Zeitung* ins Leben. Die anspruchsvolle und ausgesprochen erfolgreiche Zeitung wurde zwar fast ausschließlich von deutschen Journalisten, unter ihnen Erich Kästner und Stefan Heym, gestaltet, verblieb aber dennoch unter Kuratel der amerikanischen Militärregierung.

Die Briten zeigten zunächst weniger Berührungsängste. Schon am 24. Januar 1945 betrauten sie den Sozialdemokraten Heinrich Hollands mit der Herausgabe der *Aachener Nachrichten*, der ersten deutschen Zeitung nach dem Krieg. In einem 14tägigen Schnelldurchgang hatten eigens aus Paris angereiste Presseoffiziere den 68jährigen gelernten Drucker zuvor in seine neue Aufgabe eingeführt. Anfangs mangelte es an Mitarbeitern: Viele fürchteten, als »Kollaborateure« noch von der Rache der Nazis ereilt zu werden. Da die Jüngeren meist eingezogen waren, bedienten vorwiegend Rentner die Druckmaschinen.

Am 1. August folgte in der amerikanischen Zone die *Frankfurter Rundschau*, deren Lizenz ein weltanschaulich breit gefächertes Gremium aus sieben Personen erhielt. Insgesamt lizensierten die Westmächte bis 1949 157 Tageszeitungen, die einer zunehmend laxer gehandhabten Pressezensur unterlagen.

Während in den drei Westzonen ausschließlich Einzelpersonen die Lizenz erhielten, übertrugen die Sowjets die Herausgabe von Zeitungen in erster Linie an die neu gegründeten Parteien, allen voran die KPD. Zunächst jedoch übernahm auch in der Ostzone die Armee die Initiative. Die *Tägliche Rundschau*, die die Berliner am 15. Mai als erste Zeitung in Händen hielten, hieß im Untertitel »Frontzeitung für die deutsche Bevölkerung«, und dementsprechend las sie sich auch. Etwas ansprechender war die kurz darauf erscheinende *Berliner Zeitung* aufgemacht. Am 12. Juni brachte die KPD die *Deutsche Volkszeitung* heraus, mit einigem Abstand folgten Sozialdemokraten (*Das Volk*), Christdemokraten (*Neue Zeit*) und Liberaldemokraten (*Der Morgen*).

Die Westmächte brachten mit ihrem Einzug frischen Wind in den streng formierten Blätterwald der geteilten Hauptstadt. Nach dem lebendig gestalteten britischen Nachrichtenblatt *Der Berliner* und der auf Qualität bedachten *Allgemeinen Zeitung*, die der gebürtige Berliner Hans Wallenberg im Auftrag der US-Armee redigierte, verließ Ende September mit dem *Tagesspiegel* die erste unabhängige Tageszeitung Berlins die Druckerpresse. Nicht weniger als 12 Tageszeitungen lagen schon Ende 1945 wieder in den Kiosken der traditionsreichen Pressestadt aus.

Der Rundfunk verblieb auch nach dem Rückzug der Roten Armee aus den Westsektoren unter sowjetischer Kontrolle. Am 13. Mai hatten Stalins Soldaten vom Sender Tegel aus die Funkstille über Berlin durchbrochen. Obwohl die Anlage zum britischen Sektor gehörte, blieben die Sowjets dort weiter auf Sendung. Im November eröffneten die Amerikaner den Drahtfunk im amerikanischen Sektor (später RIAS), die Briten folgten ein halbes Jahr später.

Auch im übrigen Land hatten Spezialeinheiten der Armee die oft noch von SS-Kommandos verwüsteten Sender des Reichsrundfunks übernommen. Die Premiere des Nachkriegsradios fand in Hamburg statt, wo am 4. Mai auf der gewohnten Frequenz der NS-Propagandisten die britische Nationalhymne ertönte. Nach und nach nahmen die Militärregierungen auch die Sender in Frankfurt, München, Stuttgart, Bremen, Köln und Koblenz in Betrieb. Bis zur Wiederherstellung der Anlagen gingen die Sendungen aus Übertragungswagen oder improvisierten Studios in den Äther. Das Radio der Aufbruchszeit wurde zum Experimentierfeld für renommierte Geistesgrößen in Ost und West. So gestalteten der spätere Literaturprofessor Hans Mayer und der Schriftsteller Stefan Hermlin unter Obhut des Kontrolloffiziers Golo Mann Sendungen für Radio Frankfurt.

Mit bemerkenswertem Elan stellten die Rundfunkjournalisten der Stunde Null ein kurzweiliges Programm zusammen: politische Kommentare, ambitionierte Berichte, literarische Feuilletons, zeitgenössische Musik, Klassik und ehedem verpönte Jazzrhythmen. Für die Hörer, denen noch Durchhalteparolen und Marschmusik in den Ohren dröhnten, wirkten die neuen Töne wie wundersame Klänge aus einer anderen Welt.

Peter Hartl

Hugh Carleton Greene (l.), Leiter des »German Service« der BBC, hat großen Anteil am Aufbau des deutschen Nachkriegsrundfunks. 1946 wird er erster Generaldirektor des NWDR, neben ihm sein späterer Nachfolger Adolf Grimme.

Der erste Übertragungswagen von Radio Stuttgart, genannt »Theophil«.

Peter von Zahn

Stimme der ersten Stunde

Wem sollten die Briten trauen, wen sich holen? Sie mußten sich auf den Zufall verlassen, da sie nicht vorgesorgt hatten. Von denen, welche in den ersten Jahren am Nordwestdeutschen Rundfunk tätig waren, hat nur einer während des Krieges auf der englischen Liste politisch vertrauenswürdiger Deutscher gestanden: Axel Eggebrecht. Man hatte in London gehört, daß dieser ehemalige Freikorps-Kämpfer, Kommunist und Mitarbeiter der »Weltbühne« nach seiner Haft in den KZs des Dritten Reichs politisch sauber geblieben war...

Eggebrecht war bereits da, als ich meine Arbeit aufnahm. Wir bezogen nebeneinanderliegende Räume, die durch ein Loch in der Wand und eine meist offenstehende Holzklappe verbunden waren. Viele Probleme traten bei uns nicht auf, die andere Organisationen behelligten. Man kann es mit dieser Klappe erklären. Wir kamen uns nicht ins Gehege, aber wir hatten uns meist schon durch die Klappe eine gemeinsame Meinung über den gordischen Knoten des Tages gebildet, bevor er uns zur Lösung aufgetischt wurde. Ich widmete mich dem Kontakt mit den Engländern, der Organisation von Programmen und dem Aufbau von Redaktionen, die sie verwirklichen sollten; Eggebrecht bereitete zunächst Sendungen vor, die einem widerwillig lauschenden Publikum die dunklen Hintergründe des Dritten Reichs zur Einsichtnahme eröffneten. Wir waren hochgestimmt und wagemutig – und das vielleicht deswegen, weil wir in den Engländern gleichgesinnte Bundesgenossen witterten Heiter wurde es im Rundfunk, als Peter Bamm erschien. Er kam als Oberstabsarzt klirrend und mit Orden bedeckt unmittelbar aus dem Kriegsgefangenenlager in mein Zimmer und fragte, ob er bei uns einen Job bekommen könnte. Ich war davon überzeugt, mußte aber erst mit Everitt sprechen. Der prallte zurück, als er am Kragen von Bamm den »Pour le mérite« und den sächsischen »Prinz-Albrechts-Orden« baumeln sah. Bamm hatte eine liebenswürdige Art, das zu erklären. Der eine Orden sei ihm vom Enkel der britischen Königin Victoria verliehen worden, den könne er ja nicht zur Vorstellung bei einem Engländer in die Tasche stecken. Der andere sei von einem polnischen König, zugleich sächsischem Kurfürsten gestiftet worden. Den müsse er tragen, solange er keine Zivilbekleidung habe. Alle Engländer lauschten Peter Bamms Geschichten mit Amüsement, obwohl er kein Hehl daraus machte, deutscher Patriot und im ganzen recht konservativ zu sein. Er war einer unserer begabtesten Feuilletonisten und außerdem Arzt. Als junger Mann hatte er auf dem Wedding in Berlin praktiziert, dann war er als Vertreter einer Pharmafirma nach China gegangen. Er liebte zu erzählen, daß in 50 Millionen chinesischer Karl-Marx-Ausgaben sein Name mit dankbarer Widmung stehe, weil er dem chinesischen Übersetzer geholfen hatte. Der Aufenthalt in China war nicht spurlos an ihm vorübergegangen. Er hatte viel Sinn dafür, anderen das Gesicht zu wahren. Sein Zeitgefühl war asiatisch...

Peter von Zahn gehört zu den »Männern der ersten Stunde«. Sein wichtigstes Arbeitsmittel: der Rundfunkpaß.

Ich hatte viele Feuilletons von Peter Bamm gelesen und kannte ihn aus den Erzählungen meines Onkels, des Gymnasialdirektors in Bautzen, bei dem er in die Schule gegangen war. Als Mann der kleinen, geschliffenen Form kam mir Bamm gerade gelegen: Wir suchten einen Leiter für das »Echo des Tages«. Wir hatten diese Sendung ins Leben gerufen und stellten erst danach fest, daß wir nicht genug Autoren besaßen; ich mußte häufig selbst einspringen und schrieb bisweilen noch am Schlußabsatz des letzten Beitrags, wenn der Anfang bereits verlesen wurde.

Diese Sendung erfreute sich binnen kurzem großer Beliebtheit bei den Hörern zwischen Aachen und Berlin, Flensburg und Kassel. Bamm führte die Redaktion mit Witz und Charme. Er hatte die Gabe, Autoren zu gewinnen, selbst wenn sie sich der unwürdigen Aufgabe einer Reportage über nassen Torf oder das Schlachten von zwölf Karnickeln zu unterziehen hatten. Er verbesserte den unter den Nazis und im Krieg verlotterten deutschen Stil. Nur einmal ließ er ein Manuskript so über den Sender gehen, wie es eingereicht wurde. Es stammte von Siegfried Lenz, den damals noch keiner kannte.

Bamm vermittelte uns Bruno E. Werner, den ehemaligen Herausgeber der *Neuen Linie*. Werner hat später als Feuilletonchef der von den Amerikanern gegründeten *Neuen Zeitung* in München, noch später als Kulturattaché an der deutschen Botschaft in Washington die Wiederanknüpfung der kulturellen Beziehungen zwischen der Bundesrepublik und den USA mit viel Erfolg betrieben.

In einem Marinemantel tauchte Ernst Schnabel auf, eine flüchtige Schülerbekanntschaft von der Meißner Fürstenschule. Er war der fruchtbarste unter uns Rundfunkautoren. Als Dramaturg, Intendant, später Leiter des Dritten Programms am SFB hat der ehemalige Schiffsjunge und Seekapitän unzählige literarische Versuche angeregt und, was ebenso wichtig war, finanziert. Ein Autor hat ja selten mehr als eine Idee, und damals hatte er auch noch Hunger. Wie soll er zu Geld kommen? Er braucht jemanden, dem er die Idee verkauft und der ihm einen Vorschuß vermittelt. Der Vorschuß ist ein integrierender Bestandteil der Literatur, so hieß es bei uns, und Schnabel arbeitete nach diesem Grundsatz. Wir hatten Geld zu verteilen. Die Hörgebühren von zwei Mark wurden von der Post ohne merkliches Intervall wieder eingetrieben. Sie sollten nach unserer Auffassung weniger dem Verwaltungspersonal des Rundfunks als seinen Autoren und Künstlern, kurz, einem guten Programm zugute kommen...

Wir wurden von den Engländern zur Kühnheit ermuntert. Als kühn galt damals schon ein Gespräch, das nicht vorher geprobt, sondern »live« geführt wurde. Bereits kurz nach dem 23. September 1945, an dem aus »Radio Hamburg« der »Nordwestdeutsche Rundfunk« wurde, begannen wir mit der Live-Sendung »Am runden Tisch«. Der Titel wurde zum Markenzeichen für Programme, in denen frei diskutiert werden konnte über Themen, die auf den Nägeln brannten. Es gab kein Manuskript und keine Zensur. Das kommt uns heute, da wir eine Talkshow nach der anderen erdulden müssen, als vollkommen selbstverständlich vor. Damals war es aber unerhört und in der Geschichte des deutschen Rundfunks noch gar nicht dagewesen. »Live« war schon nicht mehr üblich gewesen in den letzten Jahren der Weimarer Republik: Rundfunkmanuskripte mußten auch vor 1933 einer Zensur vorgelegt werden, selbst wenn sie so entkernt und entpolitisiert waren, wie das aus Furcht vor Krach in der Weimarer Republik gang und gäbe wurde.

Wir begannen mit großen politischen Reportagen. Eggebrecht berichtete jeden Abend live in unserer Nachrichtensendung über den ersten KZ-Prozeß in Bergen-Belsen. Der Hörer sollte bis in die Einzelheiten wissen, was sich an jedem Tage vor dem Militärgericht zugetragen hatte. Eggebrechts Berichte waren präzis, objektiv und von stilistischem Geschmack. Nach dem Urteilsspruch stellte er sich ans Mikrophon und hielt als Gegner der Todesstrafe ein Plädoyer für die Umwandlung des Todesurteils in Freiheitsstrafen. Keiner unserer Kontrolleure widersprach, mochte er vielleicht auch anderer Meinung sein.

Den Nürnberger Kriegsverbrecherprozessen widmeten wir eine tägliche Sonderberichterstattung. Die deutsche Bevölkerung war mit der angelsächsischen Prozeßordnung nicht vertraut und hielt die Kreuzverhöre durch die Anklagevertreter, denen zunächst kein Wort der Verteidigung folgte, für eine flagrante Rechtsbeugung. Wir versuchten diesen Eindruck richtigzustellen. Die Berichterstattung wurde auch während der folgenden Industriellen- und Diplomatenprozesse fortgesetzt. Daß die juristische Konstruktion der Nürnberger Prozesse bedenkliche Schwächen und das Verfahren große Schönheitsfehler aufwies, war uns klar – die Abwürgung des Komplexes »Katyn« war nur ein Beispiel. Eine brauchbare Alternative konnte aber damals nicht in Gang gesetzt werden, und als Erinnerungsstärkung für das deutsche Volk waren die Prozesse durch nichts zu ersetzen.

In den Schulen wurde fast nirgends Geschichtsunterricht erteilt. Die Schulbücher der Nazizeit waren unverwendbar und verboten. Wir sendeten daher unter dem Titel »An Kreuzwegen deutscher Geschichte« einen Abriß der deutschen Geschichte im 19. und 20. Jahrhundert – in dramatischer Form. Dem kam der neue Begriff »Feature« entgegen. Ich war Leiter der Abteilung »Talks and Features« und wußte anfangs noch nicht einmal, was mit »Features« gemeint war... Wir entwickelten das Feature zu einer eigenen Kunstform.

Redaktionskonferenz im NWDR: Mit dabei Axel Eggebrecht (mit Pfeife) und Peter von Zahn (rechts neben ihm).

Aus: Peter von Zahn, Stimme der ersten Stunde. Erinnerungen 1913–1951, 1991.

Oktober 1945

1 · Montag

An den Schulen in der sowjetischen Besatzungszone wird wieder unterrichtet. Russisch wird Pflichtfach.

Arbeiter demontieren auf Befehl der sowjetischen Besatzungsmacht die Hauptstrecken der Deutschen Reichsbahn (S. 113).

2 · Dienstag

In London scheitert die erste Außenministerkonferenz der fünf Großmächte USA, UdSSR, Großbritannien, Frankreich und China. Sie wird auf Dezember vertagt.

3 · Mittwoch

Die US-Militärregierung ernennt Wilhelm Hoegner (SPD) zum bayerischen Ministerpräsidenten. Minister für Wirtschaft wird der parteilose Ludwig Erhard.

W. Hoegner (l.) und L. Erhard

Charles de Gaulle erklärt bei einer Rede in Saarbrücken: »Trotz allem, was vorgefallen ist, müssen Frankreich und Deutschland einander verstehen und zusammenarbeiten.«

4 · Donnerstag

Auf dem ersten Internationalen Gewerkschaftskongreß in Paris einigen sich die Delegierten aus 65 Nationen auf ein gemeinsames Statut.

In Belgien treffen 30 000 deutsche Kriegsgefangene aus der britischen und US-amerikanischen Besatzungszone ein. Sie sollen in Kohlebergwerken arbeiten (S. 101).

5 · Freitag

Unter Vorsitz von Kurt Schumacher findet in Wennigsen bei Hannover eine Konferenz führender SPD-Funktionäre statt.

6 · Samstag

Die US-Militärregierung vergibt die Lizenz für die *Süddeutsche Zeitung*. Aus einem Bleisatz von Hitlers »Mein Kampf«, der in einer feierlichen Zeremonie eingeschmolzen wurde, werden Druckplatten für die neue Zeitung gegossen (S. 159).

Die britische Militärregierung entläßt Konrad Adenauer aus dem Amt als Kölner Oberbürgermeister. Ihm wird verboten, sich politisch zu betätigen.

7 · Sonntag

In Berlin einigt sich der Alliierte Kontrollrat auf die Anklageschrift gegen die deutschen Hauptkriegsverbrecher im Nürnberger Prozeß (S. 167).

Das erste Flugzeug des neuen transatlantischen Passagierflugdienstes zwischen den USA und Europa landet in Schottland. Die Maschine vom Typ Lockheed »Globemaster« kann bis zu 40 Fluggäste befördern.

8 · Montag

Der tschechoslowakische Staatspräsident Beneš kündigt auf einer Pressekonferenz die Ausweisung von rund 2,7 Millionen Deutschen an.

Nach einer ersten Schätzung des Berliner »Ausschusses für die Opfer des Faschismus« sind rund 20 Millionen Menschen durch nationalsozialistische Verbrechen umgekommen.

9 · Dienstag

In Tokio beschlagnahmt die US-Militärregierung die Gold-, Silber- und Platinreserven des japanischen Kaiserreiches. Sie haben einen Gegenwert von 2,5 Millionen US-Dollar.

Alois Hitler, der Halbbruder Adolf Hitlers, wird aus zweimonatiger Haft entlassen. Er hatte falsche Papiere mit sich geführt. Nach seiner Entlassung beantragt er eine Namensänderung.

10 · Mittwoch

Der Oberste französische Gerichtshof verurteilt den ehemaligen Premier der Vichy-Regierung, Pierre Laval, wegen Kollaboration mit der deutschen Besatzungsmacht zum Tode (S. 128).

In einer Botschaft an den amerikanischen Kongreß in Washington fordert Präsident Harry Truman, die Verwendung und weitere Entwicklung der Atombombe zu Kriegszwecken zu verhindern.

11 · Donnerstag

In Bremen richtet die US-Militärregierung in der beschlagnahmten Villa des Kaufmanns Hellmuth Maaß das Funkhaus des neuen Senders »Radio Bremen« ein.

Premierminister Clement Attlee schätzt vor dem britischen Unterhaus die Zahl der deutschen Gefallenen und Invaliden auf 7,4 Millionen.

12 · Freitag

Der Alliierte Kontrollrat in Berlin beschließt Arbeitspflicht für alle Männer zwischen 14 und 65 Jahren und für alle Frauen zwischen 15 und 50 Jahren.

Der Chirurg Ferdinand Sauerbruch wird aus dem Amt des Berliner Gesundheitsstadtrats entlassen.

13 · Samstag

In Oslo bestätigt der Hohe Gerichtshof das Todesurteil gegen den ehemaligen norwegischen Regierungschef Quisling. Während des Krieges hatte er mit der deutschen Besatzungsmacht kollaboriert.

Auf Anregung des früheren Reichsarbeitsministers Adam Stegerwald wird in Würzburg die CSU gegründet.

14 · Sonntag

In Moskau wird ein neuer Fünfjahresplan ausgearbeitet, der vorsieht, die Wirtschaft in den ehemals deutsch besetzten Gebieten der UdSSR wiederaufzubauen.

15 · Montag

In Paris wird Pierre Laval nach einem gescheiterten Selbstmordversuch hingerichtet (S. 128).

An der Universität Jena nehmen alle fünf Fakultäten wieder den Lehrbetrieb auf.

16 · Dienstag

Stalin spricht sich dafür aus, in Rumänien private Unternehmen und privates Eigentum beizubehalten.

Karl Geiler, Professor für Justiz, wird zum Ministerpräsident von Groß-Hessen ernannt.

17 · Mittwoch

Die US-Besatzungsbehörden entdecken die Personalregistratur der NSDAP. Die Mitgliedslisten umfassen acht Millionen Namen.

Die USA hat nach einem Bericht der Regierung in Washington im Zweiten Weltkrieg 186 Milliarden Dollar für die Produktion von Rüstungsgütern ausgegeben.

18 · Donnerstag

Das Deutsche Rote Kreuz richtet einen Suchdienst für vermißte deutsche Soldaten und Zivilisten ein.

In Berlin kommt der Internationale Gerichtshof zu seiner ersten Sitzung zusammen.

Zur Vertreibung der Deutschen stellt General Eisenhower fest: »Die von Polen angewandten Methoden entsprechen ganz gewiß nicht der Potsdamer Vereinbarung.« (S. 183).

Vertriebene auf einem Bahnsteig.

19 · Freitag

In München wird das Kaufhaus Hertie eröffnet.

Auf einer Tagung in Stuttgart bekennt sich der Rat der Evangelischen Kirchen Deutschlands zur Mitverantwortung der Evangelischen Christen an den Verbrechen des NS-Regimes (S. 155).

20 · Samstag

Die Alliierten kündigen die »Neuordnung des deutschen Gerichtswesens nach demokratischen Grundsätzen« an.

21 · Sonntag

Die Parlamentswahlen in Frankreich enden mit einem triumphalen Wahlsieg der Kommunisten. Bei der zeitgleichen Volksbefragung sprechen sich 95 Prozent der französischen Wähler für eine neue Verfassung aus (S. 127).

22 · Montag

Im Nürnberger Gefängnis überreichen Offiziere der Alliierten Streitkräfte den Hauptkriegsverbrechern ihre Anklageschrift (S. 167).

Die sowjetische Militärregierung überträgt den Länder- und Provinzialverwaltungen in ihrer Zone das Recht, Gesetze und Verordnungen zu erlassen.

23 · Dienstag

Bei Wien wird ein Giftgaslager der Wehrmacht mit unter anderem 1800 Kilogramm Phosgen entdeckt.

In den Filmstudios München-Geiselgasteig wird die erste Ausgabe der Wochenschau »Welt im Bild« produziert.

24 · Mittwoch

Die britische Besatzungsmacht hebt das Fraternisierungsverbot mit der deutschen Bevölkerung auf. Es hatte seit dem 14. Mai gegolten (S. 151).

Der Postverkehr zwischen den vier Besatzungszonen wird wieder aufgenommen.

25 · Donnerstag

In einer Papiermühle in der Nähe von München werden etwa zwölf Millionen Mitgliedskarten der NSDAP gefunden.

Robert Ley, ehemaliger Leiter der Deutschen Arbeitsfront und Angeklagter im Nürnberger Kriegsverbrecherprozeß, erhängt sich in seiner Gefängniszelle in Nürnberg (S. 167).

Robert Ley (1890–1945).

26 · Freitag

Die UdSSR ratifiziert als fünfte Großmacht die Charta der Vereinten Nationen, die damit in Kraft tritt (S. 97).

Andrej Gromyko, Botschafter in Washington, unterzeichnet die UN-Charta für die Sowjetunion.

Die britische Besatzungsmacht startet in Berlin die »Aktion Storch«: Insgesamt 50 000 unterernährte Kinder werden aufs Land verschickt.

27 · Samstag

Die dänische Regierung fordert von Deutschland Reparationszahlungen in Höhe von elf Milliarden dänischer Kronen.

Auf ihrem ersten Bezirksparteitag in Weimar spricht sich die thüringische SPD gegen eine Vereinigung mit der KPD aus.

28 · Sonntag

In Prag unterzeichnet Staatspräsident Beneš ein Gesetz zur Verstaatlichung der tschechoslowakischen Schlüsselindustrien.

Das 1940 vom Deutschen Reich annektierte Großherzogtum Luxemburg wählt ein neues Parlament.

29 · Montag

Die US-Militärregierung legt dem Alliierten Kontrollrat einen Gesetzentwurf für eine Bodenreform vor: Land- und Waldbesitz sollen auf 100 beziehungsweise 500 Hektar je Hof beschränkt werden.

30 · Dienstag

Auf dem Bremer Schwarzmarkt kostet ein Pfund Butter 120, ein Pfund Kakao 450 Reichsmark.

Die sowjetische Militäradministration in Deutschland (SMAD) befiehlt, das gesamte Vermögen des deutschen Staates und der NSDAP zu beschlagnahmen.

Der Rektor der Universität Tübingen, Hermann Schneider, erklärt: »Von den 200 Tübinger Hochschullehrern verstanden sich allein zwei bereit, für ihre Haltung im Dritten Reich Verantwortung zu übernehmen.«

Der erste Transport von Vertriebenen aus den preußischen Provinzen trifft in Württemberg-Baden ein. Polen hatte unmittelbar nach der deutschen Kapitulation im Mai 1945 begonnen, die in den Ostgebieten verbliebenen Deutschen auszusiedeln (S. 183).

31 · Mittwoch

Kirchenvertreter erhalten vom Alliierten Kontrollrat als erste Personengruppe freies Reiserecht in allen Besatzungszonen.

Konrad Adenauer schreibt in einem Brief an den Duisburger Oberbürgermeister Weitz: »Der nicht von Rußland besetzte Teil Deutschlands ist ein integrierender Teil Westeuropas.«

Das Tribunal der Sieger

Der Nürnberger Prozeß

Am 13. März 1942 wurde Lehmann Katzenberger, der Vorsitzende der jüdischen Gemeinde in Nürnberg, zum Tode verurteilt. Sein »Vergehen«: Er liebte eine »arische« Frau, und das war ein todeswürdiges Verbrechen, gemäß dem Rassengesetz, das 1935 in dieser Stadt verkündet und bejubelt worden war.

Zehn Jahre danach ist die »Stadt der Reichsparteitage«, Symbol und Tribüne nationalsozialistischer Selbstdarstellung, zerstört. Rathaus und Lorenzkirche sind ausgebrannt, die meisten Gebäude nur noch Schutt und Asche. Einzig der Justizpalast steht einsam inmitten der Trümmerwüste. Er ist zum Schauplatz auserkoren für den Prozeß gegen die Paladine des NS-Regimes. An dem Ort, wo Katzenberger – und vielen anderen nach ihm - das Lebensrecht abgesprochen wurde, soll nun Recht gesprochen werden über ein in der Geschichte beispielloses System des Unrechts.

Seit Wochen trennen hermetische Absperrungen den Justizpalast von der Außenwelt. Die Bevölkerung ist von der Verhandlung ausgeschlossen, als Deutsche zugelassen sind nur Verteidiger und Journalisten. Über 250 Korrespondenten aus aller Welt sind nach Nürnberg entsandt, unter ihnen bekannte Autoren und Autorinnen wie John Dos Passos, Erika Mann oder Erich Kästner. Neonröhren verbreiten kühles Licht im Saal, nur Anklagebank und Richtertisch sind von 22 grellen Scheinwerfern wie eine Bühne erleuchtet. Am 20. November treten drei Minuten nach 10 Uhr die vier Richter und ihre Beisitzer ins Rampenlicht, voran die Vertreter der drei Westmächte im schwarzen Talar, die beiden Russen folgen in Uniformen der Roten Armee. Der britische Lordrichter Sir Geoffrey Lawrence, auf dessen Vorsitz sich die Siegermächte verständigt haben, eröffnet die Verhandlung: »Der Prozeß, der nunmehr eröffnet wird, steht einzig in der Geschichte der Rechtspflege der Welt da und ist von größter Bedeutung von Millionen von Menschen auf der ganzen Welt. Aus diesem Grund ruht auf jedermann, der daran teilnimmt, die feierliche Verantwortung, seiner Pflicht furchtlos und unparteiisch nachzukommen, gemäß den geheiligten Grundsätzen von Recht und Gerechtigkeit.«

Am 20. November beginnt in Nürnberg vor dem internationalen Militärgerichtshof der Prozeß gegen die Hauptangeklagten des Nationalsozialismus. In der ersten Reihe (v. l. n. r.): Hermann Göring, Rudolf Heß, Joachim v. Ribbentrop, Wilhelm Keitel, Ernst Kaltenbrunner, Alfred Rosenberg und Wilhelm Frick.

Das Nürnberger Justizgebäude.

In der Tat war dieser Prozeß ein einzigartiges Unterfangen. Die alliierte Justiz begab sich auf unwegsames Terrain. Eine internationale Allianz von Staaten unterschiedlicher Justiztradition saß – einmalig in der Weltgeschichte – über den staatlich organisierten Verbrechen des Kriegsgegners zu Gericht. Der Internationale Militärgerichtshof in Nürnberg sollte Angriffskriege, Kriegsverbrechen und Genozid ahnden – mit den

Erich Kästner in der Neuen Zeitung,

22. November 1945

»Ach, warum haben die Völker dieser Erde solche Prozesse nicht schon vor tausend Jahren geführt? Dem Globus wäre viel Blut und Leid erspart geblieben...

Aber die Menschen sind unheimliche Leute. Wer seine Schwiegermutter totschlägt, wird geköpft. Das ist ein uralter verständlicher Brauch. Wer aber Hunderttausende umbringt, erhält ein Denkmal. Straßen werden nach ihm benannt. Und die Schulkinder müssen auswendig lernen, wann er geboren wude und wann er friedlich die gütigen Augen für immer schloß...

Einen einzigen Menschen umbringen und hunderttausende Menschen umbringen, ist das nicht dasselbe? Es ist also ruhmvoll? Nein, es ist nicht dasselbe. Es ist genau hunderttausendmal schrecklicher! – Nun werden die vierundzwanzig Angeklagten sagen, sie hätten diese neue, aparte Spielregel nicht gekannt. Als sie ihnen später mitgeteilt wurde, sei es zu spät gewesen. Da hätten sie nicht aufhören können. Da hätten sie wohl oder übel noch ein paar Millionen Menschen über die Klinge springen lassen müssen...

Jetzt sitzen also der Krieg, der Pogrom, der Menschenraub, der Mord en gros und die Folter auf der Anklagebank. Riesengroß und unsichtbar sitzen sie neben den angeklagten Menschen. Man wird die Verantwortlichen zur Verantwortung ziehen. Ob es gelingt? Und dann: Es darf nicht nur diesmal gelingen, sondern in jedem Falle! Dann könnte der Krieg aussterben. Wie die Pest und die Cholera. Und die Verehrer und Freunde des Krieges könnten aussterben. Wie die Bazillen. Und spätere Generationen könnten eines Tages über die Zeiten lächeln, da man einander millionenweise totschlug. Wenn es doch wahr würde! Wenn sie doch eines Tages über uns lächeln könnten!«

Instrumenten abendländischen Rechts. Die zur Anklage stehenden Straftaten drohten die Dimensionen eines Strafgerichts zu sprengen: Völkermord kam im Völkerrecht nicht vor.

Um das Unrecht zu sühnen, wurden eherne Grundsätze des Rechts außer Kraft gesetzt. Die Maßstäbe, nach denen das Tribunal von Nürnberg urteilte, wurden aufgestellt, als die Taten schon verübt waren – ein Bruch mit dem juristischen Grundgesetz »Nulla lege sine poena« (Keine Strafe ohne ein Gesetz). Die Grundlage des Verfahrens hatten die Vertreter der Siegermächte ein Vierteljahr zuvor in London geschaffen. Sieger richteten über Besiegte. Die Kriegsverbrechen der Alliierten standen nicht zur Debatte.

Robert H. Jackson, der amerikanische Vertreter der Anklage.

Den russischen Doktoranden Michael Voslensky, der den Prozeß als Dolmetscher verfolgte, erfüllte das verordnete Ungleichgewicht mit Bitterkeit: »Der Anschluß Österreichs und der Tschechoslowakei an Deutschland war ein internationales Verbrechen. Und der Anschluß Litauens, Lettlands und Estlands an die Sowjetunion? Täglich hörten wir über den Horror der Nazi-KZ's. Von unseren eigenen Lagern wußten wir bloß das eine – daß niemand daraus zurückkehrt.... Wir hatten das Gefühl, ein Fremdkörper in diesem Tribunal zu sein, das alles zum Verbrechen erklärte, was zur Norm unseres Lebens unter Stalin geworden war.«

Dennoch blieb den Richtern von Nürnberg keine andere Wahl: Sie standen vor der Aufgabe, unfaßbares Unrecht mit juristischen Mitteln zu erfassen. Maßlose Schuld verlangte nach Sühne. »Die Untaten, die wir zu verurteilen und zu bestrafen suchen«, rechtfertigte der amerikanische Chefankläger Robert Jackson das Verfahren, »waren so ausgeklügelt, so böse,... daß die menschliche Zivilisation es nicht dulden kann, diese unbeachtet zu lassen. Sie würde sonst eine Wiederholung solchen Unheils nicht überleben.«

Robert H. Jackson:

»Dieser Prozeß stellt das Ergebnis der Bemühungen dar, das internationale Recht anzuwenden, um des großen Übels der Gegenwart Herr zu werden, nämlich des Angriffskrieges.«

Von dem Ausmaß des Schreckens, das die Verlesung der 25000 Wörter umfassenden Anklageschrift offenbart, bleibt keiner der Prozeßbeobachter unberührt. Bis zum Ende des ersten Verhandlungstags tragen die Ankläger der Siegermächte im Wechsel eine niederschmetternde Abrechnung mit dem düstersten Kapitel des Jahrhunderts vor, die in vier Anklagepunkte mündet: Verbrechen gegen den Frieden, das Kriegsrecht und die Menschlichkeit sowie gemeinsame Verschwörung zur Ausführung dieser Verbrechen. Der letzte Punkt zielt auf die Schreibtischtäter, die Drahtzieher des Bösen, die ihre Hände nicht selbst beschmutzten.

Für die 20 Angeklagten, die in zwei Holzreihen dem Richtertisch gegenübersitzen, ist das Sündenregister nicht neu. Einige studieren noch einmal aufmerksam den deutschen Text der Anklageschrift, den sie seit einem Monat in Händen halten, andere haben den Kopfhörer aufgesetzt und drehen neugierig an der Wählscheibe, die es ermöglicht, den Prozeß dank der eigens entwickelten Simultantechnik wahlweise in vier Sprachen mitzuverfolgen. Hitze, Scheinwerferlicht und schlechte Luft versetzen die meisten in einen Dämmerzustand. Die Müdigkeit kommt nicht von ungefähr: In ihren Zellen dürfen die Häftlinge nur mit dem Gesicht nach rechts und im Schein einer hellen Lampe schlafen, um mögliche Selbstmordversuche zu verhindern. Den letzten Rest an Schlaf vertreibt das Getöse der Wachablösung alle zwei Stunden.

Verteidigung:

»Der jetzige Prozeß ist ein Verfahren aufgrund eines Strafgesetzes, das erst nach der Tat geschaffen wurde. Dies widerstrebt einem in der Welt geheiligten Grundsatz der Rechtspflege.«

»Niemals habe ich kleinere Männer gesehen, die größeres Unheil angestiftet haben«, beschreibt Hans Habe, damals als Berichterstatter der *Neuen Zeitung* in Nürnberg, die Angeklagten, »es war nicht ein einziger unter ihnen, der auch nur die geringste Haltung bewies – auch nicht Göring, dessen Glorifikation später mit so unheimlichem Geschick betrieben wurde.«

Den feisten Reichsmarschall trifft vor allen anderen die Wucht der Anklage. Da die Hauptübeltäter sich mit Gift oder Kugel aus ihrer Verantwortung gestohlen haben, bleibt Hitlers höchster Paladin für die Richter Symbolfigur der Diktatur. Göring gibt sich überheblich. »Der Sieger wird immer der Richter und der Besiegte stets der Angeklagte sein,« hat er auf die Anklageschrift notiert und prophezeit, wie er die Anklage kühn gegen die Verantwortlichen des Bombenkriegs wenden würde.

Am zweiten Verhandlungstag hält Göring seine Stunde für gekommen: »Bevor ich die Frage des Hohen Gerichtshofs beantworte, ob ich mich schuldig oder nicht schuldig bekenne...,« setzt er an, wird aber vom Vorsitzenden sofort in seine Schranken verwiesen: »Ich habe dem Gerichtshof bekanntgegeben, daß die Angeklagten nicht das Recht haben, eine Erklärung abzugeben. Sie müssen sich schuldig oder nicht schuldig bekennen.« Trotzig antwortet der Angeklagte: »Ich bekenne mich im Sinne der Anklage nicht schuldig«, dann sinkt er wieder in sich zusammen. Später wird Göring ausreichend Gelegenheit finden, seine Rolle der verfolgten Unschuld mit Arroganz und Wortreichtum zum Besten zu geben.

Ausnahmslos leugnen alle Angeklagten ihre Schuld. Und doch ist ihr Umgang mit der Vergangenheit so unterschiedlich wie ihr Charakter. »Nein«, antwortet Rudolf Heß wie geistesabwesend, was der Vorsitzende unter Gelächter im Publikum als »nicht schuldig« protokolliert. Hitlers Stellvertreter scheint ohnehin nicht mehr ganz Herr seiner Sinne zu sein. Das Buch »Der Loisl«, in das er sich während der Verhandlung vertieft, hält ihn mehr in Bann als der Prozeßverlauf, bisweilen bricht er in lautes Lachen aus.

Joachim von Ribbentrop, dank seiner Willfährigkeit einst vom Sektvertreter zum Reichsaußenminister aufgestiegen, kehrt den einflußlosen Erfüllungsgehilfen hervor. »Die Anklage ist gegen die verkehrten Personen gerichtet«, hat er vor der Verhandlung lamentiert. Als ein russischer Ankläger im Detail von den deutschen Grausamkeiten im Osten schildert, bricht Ribbentrop mit einen Schwindelanfall zusammen und muß hinausgeführt werden.

Soldatisch knapp gibt Generalfeldmarschall Keitel, der Oberbefehlshaber der Wehrmacht, zu Protokoll: »Ich bekenne mich nicht schuldig.« Kerzengerade sitzt er in der Bank, hat die Arme verschränkt und zeigt ein undurchdringliches Gesicht. Wie auch die drei anderen angeklagten Militärs: Generaloberst Jodl, Chef des Wehrmachtführungsstabes, Großadmiral Raeder, Oberbefehlshaber der Kriegsmarine bis 1943, und dessen Nachfolger Großadmiral Dönitz, zuletzt Hitlers Nachlaßverwalter, vermag Keitel nicht zu begreifen, »wie man nun die Gehorsamspflicht eines Soldaten leugnen könne.«

Ein Schuldbekenntnis vor Gericht verweigert auch Hans Frank, mit dessem Regiment im »Generalgouverne-

Göring, Dönitz und Heß (v. l. n. r.). Göring nimmt sich am 15. Oktober 1946 mit Zyankali das Leben.

Franz v. Papen (Mitte), 1932 Reichskanzler und als Hindenburgs Vertrauter Adolf Hitler bei seiner Machtergreifung 1933 behilflich, wird freigesprochen; ebenso Hjalmar Schacht, ehemaliger Reichsbankpräsident und Generalbevollmächtigter der Kriegswirtschaft.

R. Heß: Lebenslänglich

Fritz Sauckel: Tod

H. Göring: Selbstmord

Karl Dönitz: 10 Jahre

Wilhelm Keitel: Tod

J. v. Ribbentrop: Tod

ment« sich die furchtbarsten Verbrechen verbinden. Doch gegenüber dem Gefängnispsychologen Gustave Gilbert hat der einstige »Henker von Polen«, der nach einem Selbstmordversuch in der Zelle zum frommen Katholiken konvertierte, als einer der wenigen Reue bekundet: »Ich betrachte diesen Prozeß als ein gottgewolltes Weltgericht, das bestimmt ist, die schreckliche Leidenszeit unter Adolf Hitler zu untersuchen und zu beenden.«

Auch Hitlers Architekt und Waffenschmied Albert Speer hat Gilbert gegenüber Einsicht erkennen lassen: »Der Prozeß ist notwendig. Eine Mitverantwortlichkeit für solch grauenvolle Verbrechen gibt es sogar in einem autoritären Staat.« Doch seine persönliche Schuld erscheint ihm »so fraglich ... wie die der übrigen.«

Der besessene Antisemit Julius Streicher, Gauleiter von Franken und Herausgeber des Hetzblattes *Der Stürmer*, bleibt seinem Wahn treu bis zuletzt: »Dieser Prozeß ist ein Triumph des Weltjudentums.« Innenminister Wilhelm Frick, der einst das Terrorsystem mitbegründete, später jedoch auf immer einflußlosere Posten geriet, markiert den Ahnungslosen, und der frühere NS-Chefideologe Alfred Rosenberg, im Krieg Reichsminister für die besetzten Ostgebiete, windet sich: »Ich bekenne mich im Sinne der Anklage nicht für schuldig.«

Wie Frick und Rosenberg gehörte auch Walther Funk, Reichswirtschaftsminister, Generalbevollmächtigter für die Kriegswirtschaft und Reichsbankpräsident, nicht zu den beherrschenden Figuren der NS-Hierarchie. Aber mit seiner Person steht die schrankenlose wirtschaftliche Ausbeutung der besetzten Gebiete und unterjochten Völker vor Gericht. Ähnliches gilt für seinen Vorgänger als Wirtschaftsminister und Reichsbankchef, Hjalmar Schacht, der in den späteren Jahren in Ungnade fiel und nach dem 20. Juli 1944 sogar in Haft geriet. »Ich verstehe überhaupt nicht, warum ich angeklagt bin«, beteuert er vor der Verhandlung.

Franz von Papen hat zum Kriegsende ebenfalls die einen Bewacher gegen die anderen eingetauscht. Hitlers »Steigbügelhalter« bei der Machtergreifung wurde auf Botschafterposten in Wien und Ankara abgeschoben, nachdem er seine Schuldigkeit getan hatte, und stand zuletzt unter Gestapoaufsicht. In seinem Rückblick erscheint das Geschehene wie eine schicksalshafte Fügung: »Die Anklage hat mich entsetzt, und zwar wegen 1. der Unverantwortlichkeit, mit der Deutschland in diesen Krieg und die weltweite Katastrophe geworfen wurde, 2. der Anhäufung von Verbrechen, die einige Angehörige meines Volkes begangen haben. Das letztere ist psychologisch unerklärlich.« In dieser Einschätzung trifft er sich mit dem früheren Außenminister und zeitweiligen »Reichsprotektor von Böhmen und Mähren«, Konstantin von Neurath,

Blick in den Gerichtssaal. Vordere Reihe (v. l.): Göring, Heß, Ribbentrop, Keitel, Kaltenbrunner, Rosenberg, Frank, Frick, Streicher, Funk, Schacht; hintere Reihe: Dönitz, Raeder, Schirach, Sauckel, Jodl, Papen, Seyß-Inquart, Speer, Neurath, Fritzsche.

Karikatur von David Low im Londoner Evening Standard.

Julius Streicher: Tod

Ernst Kaltenbrunner: Tod

Robert Ley: Selbstmord

Hans Frank: Tod

Alfred Rosenberg: Tod

Albert Speer: 20 Jahre

gleichfalls Repräsentant der konservativen Machteliten, die Hitler den Weg an die Macht ebneten.

Keine geringeren Fürsprecher als »Gott, die Welt und vor allem mein Volk« ruft Fritz Sauckel, vormals »Generalbevollmächtigter für den Arbeitseinsatz«, zum feierlichen Bekenntnis seiner Unschuld an. In der Haft kommen dem millionenfachen Sklaventreiber auf einmal Zweifel über »die Kluft« zwischen seinem »Ideal einer sozialistischen Gesellschaft und den schrecklichen Geschehnissen in den Konzentrationslagern.« Keiner Verfehlung bewußt ist sich Arthur Seyß-Inquart, Hitlers Statthalter in Amsterdam, der sich später im Prozeß damit brüsten sollte, die Verschleppung der holländischen Juden in die Todeslager »nicht auf Anweisung Berlins, sondern aus eigener Initiative« vollstreckt zu haben.

Sichtlich erschüttert durch die Bilanz des Bösen wirken dagegen Baldur von Schirach, einst Reichsjugendführer und Gauleiter von Wien (»Das ganze Unglück kam von der Rassenpolitik.«) und der frühere Rundfunkkommentator Hans Fritzsche (»Es ist die schrecklichste Anklage aller Zeiten. Nur eines wird noch schrecklicher: die Anklage, die das deutsche Volk für den Mißbrauch seines Idealismus erheben wird.«). Daß der Radio-Propagandist auf der Nürnberger Anklagebank vertreten ist, kommt ohnehin einer Groteske gleich: Die sowjetischen Nazi-Jäger, die nur eine dürftige Ausbeute erzielten, bestanden darauf, ihre wenigen Gefangenen auf jeden Fall in Nürnberg vor Gericht zu stellen. Mit Fritzsche trafen sie eine schlechte Wahl. Er gehörte nicht einmal zur zweiten Garnitur der Goebbels-Behörde und wurde später freigesprochen.

Vier Plätze auf der Anklagebank bleiben unbesetzt. In einem Fall ist das die Folge einer peinlichen Panne: Da die Ankläger auch die deutsche Rüstungsindustrie für Kriegsverbrechen verantwortlich machten, setzten sie den Namen Krupp, weltweit Synonym für deutsche Waffentechnik, auf die Liste der Beschuldigten; allerdings vermochten die Fahnder dabei offensichtlich die einzelnen Mitglieder der Dynastie nicht recht auseinanderzuhalten und nahmen statt Alfried, den Chef des Hauses, seinen senilen, verhandlungsunfähigen Vater ins Visier. Als die Verwechslung offenbar wurde, gab es kein Zurück mehr: Die Richter widersetzten sich dem Begehren der Anklage, den Vater nachträglich durch den Sohn zu ersetzen. Krupp Senior wurde auf Antrag seiner Verteidiger von der Verhandlung freigestellt.

Ein weiterer Angeklagter blieb dem Prozeß aus Gesundheitsgründen anfangs fern: Ernst Kaltenbrunner, der als Chef des SS-Sicherheitsdienstes wie sein Vorgänger Heydrich über Leichen ging, lag nach einem Schlaganfall bis zum 10. Dezember im Gefängnislazarett. Auch der SD-Chef zeigte keine Reue: »Ich fühle mich nicht schuldig an irgendwelchen Kriegsverbrechen, ich habe nur meine Pflicht als Sicherheitsorgan getan und weigere mich, als Ersatz für Himmler zu dienen.«

Zwei weitere Angeklagte nahmen ihr Todesurteil selbst vorweg: Hitlers Sekretär Martin Bormann hatte schon in den letzten Kriegstagen in Berlin Selbstmord begangen – was zum Zeitpunkt des Verfahrens noch nicht bekannt war, daher wurde gegen ihn in Abwesenheit verhandelt. Robert Ley, einst mächtiger Führer der Deutschen Arbeitsfront und einer der wüstesten antisemitischen Demagogen, zerbrach unter der Last der Anklage. »Millionen Juden ... alle umgebracht ... wie soll ich schlafen«, hatte er in der Nacht zum 25. Oktober stammelnd seinem Bewacher erklärt; am nächsten Morgen wurde er erhängt in seiner Zelle aufgefunden.

Neben den Tatverdächtigen aus Fleisch und Blut standen in Nürnberg noch sechs weitere »Angeklagte« vor Gericht: Die Reichsregierung, das Führungskorps der NSDAP, die SS einschließlich ihres Sicherheitsdienstes, die SA, die Gestapo und die Führung der Wehrmacht. Nicht nur einzelne Leitfiguren sollte das Urteil treffen, sondern das Gesamtsystem des Unrechtsstaates. Nicht zuletzt aus diesem Grund hatten sich die Ankläger auch bemüht, Repräsentanten aus Politik, Verwaltung, Diplomatie, Militär, Wirtschaft und Propaganda vor den Schranken des Gerichts zu versammeln. Sie waren Täter und zugleich Stellvertreter für das große Heer von Handlangern, das das Räderwerk am Laufen gehalten hatte. »Tausend kleine Führer diktierten«, klagte Robert Jackson an, »tausend Görings liefen herum, tausend Schirachs hetzten die Jugend auf, tausend Sauckels ließen Sklaven arbeiten, tausend Streichers und Rosenbergs schürten den Haß, tausend Kaltenbrunners folterten und töteten, tausend Schachts, Speers und Funks verwalteten, unterstützten und finanzierten die Bewegung.«

Das Spandauer Gefängnis: Für die Bewachung vereinbarten die Alliierten einen monatlichen Wechsel.

Dem Prozeß vorausgegangen war die »größte Menschenjagd der Geschichte«, wie der britische Außenminister Anthony Eden pries. Nur die wenigsten Kriegsverbrecher ergaben sich freiwillig den Alliierten. Von Norwegen bis zu den Alpen durchkämmten die Suchtrupps der Armee Gefangenenlager, Privatwohnungen und abgelegene Quartiere. Kaum eine Woche verging ohne Festnahmen; häufig kam der Zufall zu Hilfe.

Ähnlich fieberhaft wurde nach Beweisunterlagen gefahndet. Doch die Ausbeute blieb lange Zeit dürftig. »Bei den Beratungen haben wir unseren Prozeß immer mühelos mit kühnen Worten gewonnen«, klagte der britische Oberst Bernays noch im Juli, »aber das wirklich vorhandene Beweismaterial hat auf einer Karteikarte Platz ... Es muß ein Wunder geschehen.«

Master-Sergeant John C. Woods vollstreckt am 16. Oktober 1946 die Todesurteile.

Das Wunder geschah. In deutschen Archiven und Verstecken förderten alliierte Kommandos kistenweise brisante Dokumente ans Tageslicht. Mit wenig Vorkenntnissen aber viel Idealismus wertete ein ganzer Stab junger Universitätsabsolventen aus Übersee die Unterlagen aus und brachte nach und nach Licht in das Dunkel. »Tatsächlich war der Nürnberger Gerichtsstaat die größte politologische und historische Forschungsstätte, die jemals existiert hat«, rühmt Ankläger Robert W. Kempner. »Wo sonst hat jemand einen Staat so systematisch durchforscht, wie das in Nürnberg geschehen ist?« In der Tat ist es das große Verdienst des Nürnberger Tribunals und seiner Nachfolgeprozesse, das Innenleben der NS-Herrschaft vor den Augen der Welt obduziert zu haben. Angesichts der Flut von Beweisen hatten Schmähungen wie Siegerjustiz, Geschichtsfälschung oder Greuelpropaganda keinen Bestand.

Mit stummem Entsetzen vernahmen die Prozeßbeobachter Augenzeugenberichte der Mordexzesse, wie jene Aussage des deutschen Ingenieurs Hermann Gräbe: »Die vollständig nackten Menschen gingen an einer Treppe, die in die Lehmwand der Grube gegraben war, hinab, rutschten über die Köpfe der Liegenden hinweg bis zu der Stelle, die der SS-Mann anwies. Sie legten sich vor die toten oder angeschossenen Menschen, einige streichelten die noch Lebenden und sprachen leise auf sie ein. Dann hörte ich eine Reihe Schüsse. Ich schaute in die Grube und sah, wie die Körper zuckten oder die Köpfe schon still auf den vor ihnen liegenden Körpern lagen ...« Auch Filmaufnahmen und andere Beweisdokumente belegten das Grauen des Holocaust.

Als am Ende nach 218 Verhandlungstagen über 5000 Beweisdokumente geprüft, 240 Zeugen vernommen sind und das Sitzungsprotokoll 16 000 Seiten umfaßt, ist auch ein Kapitel Geschichte geschrieben. Mit einem Hammerschlag verkündet der Vorsitzende des Gerichts am 1. Oktober 1946 das Strafmaß der Urteile: Tod durch den Strang für Göring, Ribbentrop, Keitel, Kaltenbrunner, Rosenberg, Frank, Frick und Streicher, Sauckel, Jodl, Seyß-Inquart und (in Abwesenheit) Bormann. Lebenslange Haft für Heß, Funk und Raeder. Schirach und Speer erhalten 20, Neurath 15, Dönitz zehn Jahre Gefängnis. Schacht, Papen und Fritzsche werden – gegen das Votum der sowjetischen Richter – freigesprochen, Gestapo, SS und NSDAP-Führung zu kriminellen Vereinigungen erklärt.

Der Prozeß gegen die Hauptkriegsverbrecher in Nürnberg hat Maßstäbe für den Umgang mit dem »Dritten Reich« gesetzt, aber eine Erwartung hat er nicht erfüllt: Modell zu werden für den künftigen Umgang mit Amokläufern der Völkergemeinschaft.

Peter Hartl

Ein Volk von Mitläufern

Die Deutschen auf dem Prüfstand

Am Fragebogen führte kein Weg vorbei. Wer wegen seiner Vergangenheit verdächtig war oder eine neue Stellung anstrebte, mußte sich in der US-Zone der Durchleuchtungsprozedur unterziehen. Mit der Klage über diese Praxis sprach die Journalistin Ursula von Kardorff wohl vielen aus der Seele: »Wir kamen zu einem amerikanischen Major und mußten einen grotesken Fragebogen mit 148 Fragen ausfüllen. Unter anderem, wieviel man wiegt, was für Narben man hat, die Farbe der Augen und der Haare, ob und welchen Adelstitel die Vorfahren geführt haben, welcher Religion man angehört, ob man aus der Kirche ausgetreten ist, wieviel man verdient hat, ob man in einem der besetzten Gebiete eine Funktion gehabt hat.«

Die rigorosen Methoden, mit denen die Westalliierten Nationalsozialisten aus Schlüsselpositionen und NS-Gedankengut aus den Köpfen zu entfernen versuchten, gerieten zunehmend in Mißkredit. »Entnazifizierung«: Damit wurden Schematismus, bürokratischer Verwaltungsaufwand und Unkenntnis der Lebensbedingungen in der Diktatur assoziiert, nicht jedoch eine gerechte Bestrafung »echter« Nazis.

Bis August 1945 nahm die amerikanische Besatzungsmacht anhand schwarzer Listen und Verdachtsmomenten 80000 Deutsche in Arrest, pferchte sie in große Drahtgehege im Freien und entfernte 70000 Deutsche wegen ihrer Vergangenheit aus ihren Ämtern. Seit Juli 1945 verteilten die Besatzungsbehörden den berühmt-berüchtigten Fragebogen an alle Bewerber um eine Stelle, an alle vor dem 1. Mai 1937 eingetretenen Mitglieder der NSDAP, an alle Angehörigen der SS, Waffen-SS, SA und Gestapo sowie an führende Vertreter aus Verwaltung und Wirtschaft. Aus der beabsichtigten Ausschaltung der NS-Elite wurde wegen der ausufernden Entlassungsgründe eine Kahlschlagsgspolitik: 1,4 Millionen Fragebögen wurden bis zum Frühjahr 1946 in der amerikanischen Zone überprüft. Das Ergebnis: Nahezu zwei Drittel der deutschen Beamten und Angestellten mußten ihren Dienst quittieren – eine verhängnisvolle Entscheidung in einem materiell und moralisch zutiefst zerstörten Land.

Mit dem »Gesetz zur Befreiung von Nationalsozialismus und Militarismus« vom 5. März 1946 ging die Entnazifizierung in deutsche Hände über und ähnelte fortan einem Gerichtsverfahren. Doch zunächst mußten alle volljährigen Bürger erneut einen Fragebogen für ihre Registrierung ausfüllen. Schon kursierte ein bitterer Witz: »In Hamburg sind gerade drei Schiffe eingelaufen: eins mit Lebensmitteln und die anderen mit Fragebögen.«

Die Auswertung der Fragebögen entschied über die Zuteilung zu einer von fünf Kategorien: 1) Hauptschuldiger, 2) Belasteter, 3) Minderbelasteter, 4) Mitläufer und 5) Entlasteter. Ehemals aktiven Nationalsozialisten drohten Sanktionen wie Entlassung, Vermögenseinzug, Verlust des Rentenanspruchs oder Einweisung in ein Arbeitslager. Spruchkammern, deren Schöffen als Hauptqualifikation eine unbefleckte Vergangenheit vorweisen mußten, saßen über der Vergangenheit eines halben Volkes zu Gericht. Denn das Verfahren hatte einen entscheidenden Haken: *Jeder* war von vornherein grundsätzlich verdächtig und wurde so in die Lage gedrängt, seine »Schuld« widerlegen zu müssen.

Auf diese Weise entstand eine regelrechte »Mitläuferfabrik«, in der die clerversten der ehemaligen Braunhemden mittels entlastender Zeugenaussagen sich durch »Persilscheine« wieder weißwaschen ließen. Plötzlich wollten selbst fanatische Parteigänger von einst einem Juden geholfen haben – statt geläutert zu

Karikaturist H. M. Brockmann mit seinem Vorschlag, die Entnazifizierung zu beschleunigen.

werden, steigerten sich die Mitläufer von gestern in einen kollektiven Unschuldsglauben hinein. Um Hunderttausenden die Rückkehr in ihren Beruf zu ermöglichen, wurden die Bagatellfälle zuerst verhandelt. Mit dem Ergebnis, daß die

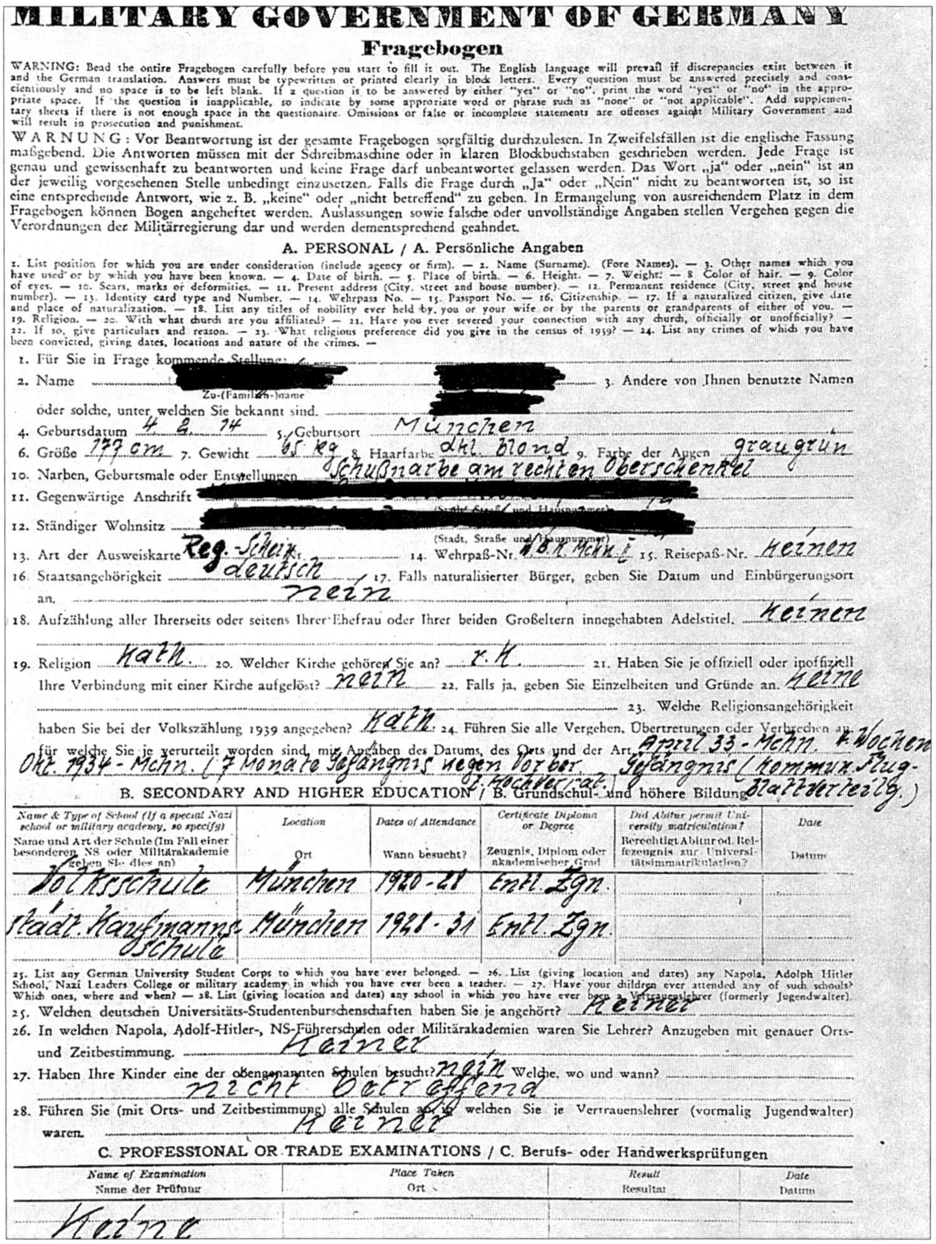

MILITARY GOVERNMENT OF GERMANY

Fragebogen

WARNING: Read the entire Fragebogen carefully before you start to fill it out. The English language will prevail if discrepancies exist between it and the German translation. Answers must be typewritten or printed clearly in block letters. Every question must be answered precisely and conscientiously and no space is to be left blank. If a question is to be answered by either "yes" or "no", print the word "yes" or "no" in the appropriate space. If the question is inapplicable, so indicate by some appropriate word or phrase such as "none" or "not applicable". Add supplementary sheets if there is not enough space in the questionaire. Omissions or false or incomplete statements are offenses against Military Government and will result in prosecution and punishment.

WARNUNG: Vor Beantwortung ist der gesamte Fragebogen sorgfältig durchzulesen. In Zweifelsfällen ist die englische Fassung maßgebend. Die Antworten müssen mit der Schreibmaschine oder in klaren Blockbuchstaben geschrieben werden. Jede Frage ist genau und gewissenhaft zu beantworten und keine Frage darf unbeantwortet gelassen werden. Das Wort „ja" oder „nein" ist an der jeweilig vorgesehenen Stelle unbedingt einzusetzen. Falls die Frage durch „Ja" oder „Nein" nicht zu beantworten ist, so ist eine entsprechende Antwort, wie z. B. „keine" oder „nicht betreffend" zu geben. In Ermangelung von ausreichendem Platz in dem Fragebogen können Bogen angeheftet werden. Auslassungen sowie falsche oder unvollständige Angaben stellen Vergehen gegen die Verordnungen der Militärregierung dar und werden dementsprechend geahndet.

A. PERSONAL / A. Persönliche Angaben

1. List position for which you are under consideration (include agency or firm). — 2. Name (Surname). (Fore Names). — 3. Other names which you have used or by which you have been known. — 4. Date of birth. — 5. Place of birth. — 6. Height. — 7. Weight. — 8 Color of hair. — 9. Color of eyes. — 10. Scars, marks or deformities. — 11. Present address (City, street and house number). — 12. Permanent residence (City, street and house number). — 13. Identity card type and Number. — 14. Wehrpass No. — 15. Passport No. — 16. Citizenship. — 17. If a naturalized citizen, give date and place of naturalization. — 18. List any titles of nobility ever held by you or your wife or by the parents or grandparents of either of you. — 19. Religion. — 20. With what church are you affiliated? — 21. Have you ever severed your connection with any church, officially or unofficially? — 22. If so, give particulars and reason. — 23. What religious preference did you give in the census of 1939? — 24. List any crimes of which you have been convicted, giving dates, locations and nature of the crimes. —

1. Für Sie in Frage kommende Stellung: [redacted]
2. Name [redacted] Zu-(Familien-)name [redacted] 3. Andere von Ihnen benutzte Namen oder solche, unter welchen Sie bekannt sind.
4. Geburtsdatum 4. 2. 14 5. Geburtsort München
6. Größe 177 cm 7. Gewicht 65 kg 8. Haarfarbe dkl. blond 9. Farbe der Augen graugrün
10. Narben, Geburtsmale oder Entstellungen Schußnarbe am rechten Oberschenkel
11. Gegenwärtige Anschrift [redacted] (Stadt, Straße und Hausnummer)
12. Ständiger Wohnsitz [redacted] (Stadt, Straße und Hausnummer)
13. Art der Ausweiskarte Reg.-Schein 14. Wehrpaß-Nr. [illegible] 15. Reisepaß-Nr. keinen
16. Staatsangehörigkeit deutsch 17. Falls naturalisierter Bürger, geben Sie Datum und Einbürgerungsort an. nein
18. Aufzählung aller Ihrerseits oder seitens Ihrer Ehefrau oder Ihrer beiden Großeltern innegehabten Adelstitel. keinen
19. Religion kath. 20. Welcher Kirche gehören Sie an? r. k. 21. Haben Sie je offiziell oder inoffiziell Ihre Verbindung mit einer Kirche aufgelöst? nein 22. Falls ja, geben Sie Einzelheiten und Gründe an. keine
23. Welche Religionsangehörigkeit haben Sie bei der Volkszählung 1939 angegeben? kath. 24. Führen Sie alle Vergehen, Übertretungen oder Verbrechen an, für welche Sie je verurteilt worden sind, mit Angaben des Datums, des Orts und der Art. April 33 - Mchn. 4 Wochen Gefängnis (kommun. Flugblattverteilg.) Okt. 1934 - Mchn. (7 Monate Gefängnis wegen Vorber. z. Hochverrat.)

B. SECONDARY AND HIGHER EDUCATION / B. Grundschul- und höhere Bildung

Name & Type of School (If a special Nazi school or military academy, so specify) Name und Art der Schule (Im Fall einer besonderen NS oder Militärakademie geben Sie dies an)	Location Ort	Dates of Attendance Wann besucht?	Certificate Diploma or Degree Zeugnis, Diplom oder akademischer Grad	Did Abitur permit University matriculation? Berechtigt Abitur od. Reifezeugnis zur Universitätsimmatrikulation?	Date Datum
Volksschule	München	1920-28	Entl. Zgn.		
städt. Kaufmanns-Schule	München	1928-31	Entl. Zgn.		

25. List any German University Student Corps to which you have ever belonged. — 26. List (giving location and dates) any Napola, Adolph Hitler School, Nazi Leaders College or military academy in which you have ever been a teacher. — 27. Have your children ever attended any of such schools? Which ones, where and when? — 28. List (giving location and dates) any school in which you have ever been a Vertrauenslehrer (formerly Jugendwalter).
25. Welchen deutschen Universitäts-Studentenburschenschaften haben Sie je angehört? keiner
26. In welchen Napola, Adolf-Hitler-, NS-Führerschulen oder Militärakademien waren Sie Lehrer? Anzugeben mit genauer Orts- und Zeitbestimmung. keiner
27. Haben Ihre Kinder eine der obengenannten Schulen besucht? nein Welche, wo und wann? nicht betreffend
28. Führen Sie (mit Orts- und Zeitbestimmung) alle Schulen an, in welchen Sie je Vertrauenslehrer (vormalig Jugendwalter) waren. keiner

C. PROFESSIONAL OR TRADE EXAMINATIONS / C. Berufs- oder Handwerksprüfungen

Name of Examination Name der Prüfung	Place Taken Ort	Result Resultat	Date Datum
keine			

Fragebogen der US-Zone. Lebensmittelkarten und Arbeitsbewilligung erhielt nur, wer den Fragebogen ausgefüllt hatte.

»schweren Kaliber« erst 1948 unter die Lupe genommen wurden – als die Kriterien schon deutlich abgemildert waren.

Letztlich erforderte die Entnazifizierung einen enormen Verwaltungsaufwand und zeigte ein minimales Ergebnis: In der amerikanischen Zone wurden 0,05 Prozent aller Betroffenen als Hauptschuldige und 0,6 Prozent als Belastete mit Arbeitslager und Vermögenseinzug bestraft, viele wurden bald amnestiert.

In den beiden anderen Westzonen hingegen war weit weniger missionarischer Eifer zu verspüren. Man paßte sich zwar weitgehend den Direktiven der US-Behörden an, ging aber in der Ausführung laxer vor. Pragmatische Erwägungen hatten Vorrang vor rigider Säuberung; Verwaltung und Wirtschaft sowie die Ausbeutung deutscher Ressourcen schienen wichtiger als die Aufarbeitung der Vergangenheit. Daß auf diese Weise Schlupflöcher für prominente Ex-Nazis geschaffen wurden, zeigt das Beispiel des früheren Staatssekretärs im Reichspropagandaministerium, Werner Naumann, der, als Bauhilfsarbeiter getarnt, bis 1948 jeglicher Entnazifizierung entkam.

Härter, entschlossener, schneller und brutaler als in Westdeutschland wurde die politische Säuberung in der sowjetischen Besatzungszone durchgeführt. Mit dem proklamierten Ziel einer »antifaschistisch-demokratischen Umwälzung« der Gesellschaft wurden hier nicht Individuen entnazifiziert, sondern die staatstragenden Institutionen und NS-Machtstrukturen als Ganzes zerschlagen. Antifaschistische Ausschüsse aus anerkannten Hitler-Gegnern entließen kategorisch jeden Nationalsozialisten aus Justiz, Verwaltung und Volksbildung. In politisch weniger einflußreichen Sektoren wie dem Gesundheitswesen, dem öffentlichen Dienst (Reichsbahn, Post) und den Betrieben wurden nur Führungskräfte entlassen. Die im Juli 1945 entstandenen ostdeutschen Blockparteien unterschieden zwischen Naziverbrechern, die in die gefürchteten Internierungslager kamen, »Aktiven Parteigenossen« der NSDAP, die entlassen und (später) durch SED-Mitglieder ersetzt wurden, und »Nominellen Parteigenossen«, die nach einer Umschulung in ihrem Amt verbleiben durften.

Die Internierungslager sind das dunkelste Kapitel der sowjetischen Entnazifizierung: Etwa 200 000 sogenannter Schwerstbelasteter, aber auch potentielle Widersacher der sowjetischen Besatzungspolitik waren in diesen Gulags inhaftiert. Aufgrund katastrophaler Haftbedingungen, Unterernährung und Seuchen starben dort 80 000 Menschen.

Der Ablauf der Entnazifizierung zeigt, wie schwer es ist, Schuldverstrickungen in einer Diktatur gerecht zu behandeln – ein Problem, das 45 Jahre später in Deutschland wieder aktuell werden sollte. *Irene Bräuninger*

Die Stunde der Schieber

Familiensilber für ein Butterbrot

Auf dem Kölner Domplatz herrscht reges Treiben. Hunderte Männer, Frauen, Kinder stehen in kleinen und großen Gruppen zusammen, prüfen, feilschen, tauschen Schuhe gegen Brot, Kleider gegen Konserven. Die Geschäfte laufen glänzend, als plötzlich das Heulen von Sirenen ertönt. Hektik greift um sich. Händler packen Koffer zusammen. Eine Stimme überschlägt sich: »Polizei!«

Zu spät. Schon stürmen britische und deutsche Polizisten auf die Schwarzhändler zu. »Als ob«, beschreibt später der *Kölnische Kurier*, »ein Wirbelwind über den Platz fegte und die Menschen vor sich hintrieb, lief, rannte, stürzte jeder dem Domhof zu. Links und rechts flogen die Waren über den Platz.« Nur wenigen gelingt die Flucht. 423 Schieber und Händler gehen den Ordnungshütern an diesem 23. Juli ins Netz. 48 kommen hinter Gitter, manche für ein halbes Jahr. Gegen die Geißel Schwarzmarkt kämpfen die Behörden in Köln mit harten Bandagen – und Köln ist überall.

Nach dem Ende des Krieges glich Deutschland einem großen Basar. Schwarzhändler tummelten sich auf der Hamburger Talstraße, handelten am Münchner Hauptbahnhof, in der Berliner Reichstagsruine, im Bahnhofsbunker von Hannover... Tauschangebote wohin der Blick fiel. An Bäumen, Zäunen, Mauern fragten Notizzettel: »Ich biete..., wer hat...?« Bettwäsche gegen Kaninchen, Rad gegen Radio, Kleid gegen Bügeleisen, Hut gegen Bratpfanne, Perserteppich gegen Gemüse, Kartoffeln gegen Fahrradschlauch – im Tauschhandel und gegen hohe Geldsummen war erhältlich, was in Läden fehlte: Lebensmittel in erster Linie, aber auch Parfum, Damenstrümpfe, Insulin, Penicilin oder gefälschte Lebensmittelmarken, Pässe, Adelstitel und Diplome, mit denen Ganoven landauf landab ihr Unwesen trieben. Ein Sanitätsgefreiter zum Beispiel hielt sich mit gefälschten Papieren acht Monate lang im städtischen Krankenhaus von Baden Baden als Chefarzt, bis der Schwindel aufflog. Besonders skrupellose Schieber gingen sogar soweit, für Profit Menschenleben aufs Spiel zu setzen. Versiert im Geschäft mit der Not, streckten oder verwässerten sie in der Manier eines Harry Lime im Film »Der dritte Mann« dringend benötigte Medikamente. Auf diese Art kam der Schacher auf offener Straße – für die meisten Menschen überlebenswichtig – schnell in Verruf.

Nicht zuletzt deshalb wollten deutsche und alliierte Behörden den Schleichhandel unter keinen Umständen dulden. Sie verboten die Geschäfte mit meist rationierten Waren und führten ökonomische, aber recht fadenscheinige Argumente ins Feld: Mit primitivem Tauschhandel, hieß es, könne die marode Wirtschaft nicht in Schwung gebracht werden. Außerdem verschwänden lebenswichtige Güter in dunklen Kanälen, für die später auf dem Schwarzmarkt horrende Preise bezahlt werden müßten. Was aber gelten schon Vorschriften, wenn die nackte Existenz bedroht ist? Eine nahezu wertlose Reichsmark, sinkende Kaloriensätze, leere Läden, leere Mägen – die blanke Not trieb Menschen dazu, ihr Hab und Gut einzutauschen, zu verschieben oder zu »kompensieren«, wie der Volksmund die alltäglichen Geschäfte nannte. Wer überleben oder auch nur etwas besser leben wollte, handelte – und drohten noch so viele Razzien und noch so hohe Strafen. An einem einzigen Tag, dem 23. Ok-

Wenn Handel und Versorgung zusammenbrechen, nehmen die Menschen die Dinge selbst in die Hand.

Auf dem Weg zur Razzia: US-Militärpolizei und ein deutscher Polizist.

tober, verhaftete deutsche und sowjetische Polizei auf dem Berliner Alexanderplatz 2600 Händler. Der Erfolg war nicht von langer Dauer: Die Geschäfte liefen in aller Öffentlichkeit weiter und weiteten sich sogar aus, je mehr sich das Warenangebot verknappte. Den Leitern der städtischen Ordnungsämter blieb keine andere Wahl, als ohnmächtig die Faust zu ballen. »Diese Ansammlungen«, schnaubte der Chef des Kölner Ordnungsamtes, »sind wie Fliegenschwärme. Man kann sie verjagen, bald darauf sind sie wieder da.« Nur allmählich setzte sich in den Amtstuben die Erkenntnis durch, daß sich die Situation ohne Tauschmarkt nur noch weiter verschlechtern würde – daß den meisten Menschen aus blanker Not gar nichts anderes übrig blieb.

So präsentierten im Berliner Tiergartenviertel weiterhin Tausende Tag für Tag in Koffern und Paketen mehr oder weniger diskret Strümpfe, Kleider, Stoffe und Uhren. Ihre Kundschaft: Rotarmisten, die Taschen voller Besatzungsmark. Die »Papiermark« aber interessierte Händler kaum. Kaffee, Kohlen, Schokolade und vor allem Zigaretten prägten als erste »Währung« das Leben im Nachkriegsdeutschland. Zigaretten waren haltbar, klein, leicht zu verbergen, und Nikotin ließ Hungerqualen zumindest einen Augenblick lang vergessen – wenn man ihn sich leisten konnte! »Amikippen« stiegen auf zum Maß aller Dinge. Ein gepflegter Mercedes wechselte für 1500 Zigaretten den Besitzer. Ein Diamant brachte 50 Zigaretten und zwei Kilo Kaffee. Eine Camel oder Lucky Strike war im Sommer in Berlin zwei Reichsmark wert – ein Jahr später war der Kurs bereits um ein Mehrfaches gestiegen. Alliierte Soldaten, mit »Luckies« und Kaffee bestens versorgt, kauften so am Schwarzmarkt zu Schnäppchenpreisen. Zigaretten für 20 Dollar genügten für eine in den USA 600 Dollar teure Leica-Kamera. »Kippen« verhießen Lebensmittel, und dafür versetzten manche sogar das Familiensilber. Ein Reim brachte die Misere auf den Punkt: »Den Schmuck hat man als Butter aufgegessen, die Meißener Tasse trägt man jetzt als Schuh. So wächst dem Eigner, was er einst besessen, von Grund auf umgewandelt wieder zu.« Für tabaklose Deutsche freilich kostete ein voller Magen mit Waren vom Schwarzmarkt ein Vermögen, wie auch der Schriftsteller Max Frisch befand: »Alles unerschwinglich, wenn man mit Löhnen rechnet, aber billig, wenn man mit Zigaretten rechnet.«

Reges Treiben auf einem Schwarzmarkt in Berlin. Razzien helfen nur wenig.

Zum »Hamstern« von Kartoffeln, Rüben oder Speck strömten die Städter in überfüllten Zügen aufs Land. An den Bahnsteigen drängten sich vom Hunger geschwächte Menschen mit ihrer »Kompensationsware« in Koffern, Körben und Rucksäcken. Sie quetschten sich in enge, unbeheizte, oft fensterlose Abteile, balancierten auf Trittbrettern oder lagen bäuchlings auf Waggondächern von Zügen mit bezeichnenden Namen: Der »Kalorienexpreß« verkehrte zwischen Köln und München, der »Fischexpreß« zwischen Berlin und Osnabrück, der »Kartoffelzug« fuhr vom Ruhrgebiet nach Niedersachsen, und der »Vitaminzug« brachte Dortmunder zur Kirschernte nach Freiburg. Auf dem Land schloß sich dann der Kreislauf eines typischen Kompensationsgeschäftes: Für ein halbes Pfund Butter, stand im Berliner *Telegraf* zu lesen, erhielt ein »hungriger Freund« in einem Tabakladen 50 Zigaretten; zehn Stück behielt er, den Rest tauschte er gegen Wein und Schnaps ein. Letzteren »kaufte« ein Bauer für zwei Pfund Butter.

Mit ein wenig kaufmännischem Geschick ließen sich so durchaus Gewinne erzielen. In den offiziellen Tauschzentralen, die deutsche Behörden im Einvernehmen mit den Besatzungsmächten seit Sommer 1945 in den Großstädten einrichteten, ging es da schon korrekter zu. 30 Beschäftigte bedienten in der ersten Tauschzentrale Deutschlands in München täglich 6000 Personen. 8000 Paar Schuhe waren ständig vorrätig, 600 bis 800 wurden täglich umgesetzt. Eigentlich sollten die Tauschzentralen dem Schwarzmarkt die Basis, die Waren, entziehen. Es gelang ihnen nicht. Erst nach der Währungsreform, als sich die Regale der Geschäfte über Nacht füllten, lösten sich die Schwarzmärkte auf. Fortan waren die Preise für alle gleich.

Jörg Müllner

»Das Leben geht weiter«

Kino zwischen Krieg und Frieden

Im Frühjahr 1945 versinken Deutschlands Städte in Schutt und Asche, die Truppen der Alliierten stoßen immer weiter ins Innere des Reichs vor, Millionen Menschen sind ohne Obdach und auf der Flucht. Inmitten des Chaos stapeln sich in den deutschen Filmateliers die Zelluloidrollen: Fast bis zum letzten Kriegstag werden noch Dutzende von Spielfilmen vorbereitet, gedreht oder vollendet.

Einer dieser Streifen, der Propagandafilm »Das Leben geht weiter«, sollte die letzte »Wunderwaffe« der deutschen Filmindustrie werden. Noch einmal wollte Reichspropagandaminister Joseph Goebbels die Deutschen mit einem Produkt aus der Traumfabrik Ufa zum eisernen Durchhalten antreiben. »Tausendmal lieber bis zum letzten Atemzug kämpfen und sterben als ruhmlos kapitulieren,« lautete seine Parole. Diese Losung galt auch für das letzte Monumentalwerk der reichseigenen Filmindustrie. Mit gigantischem Aufwand drehte Regisseur Wolfgang Liebeneiner in den letzten Kriegsmonaten das Stück um Liebe, Leid und Entsagung einer Berliner Hausgemeinschaft im alliierten Bombenhagel.

Damalige Leinwandstars wie Gustav Knuth, Viktor de Kowa, Heinrich George, Hilde Krahl und Marianne Hoppe standen in dem Durchhalte-Epos vor der Kamera. »Einander zu helfen in dieser Zeit, sich nicht zu verlassen, das ist bestimmt genauso wichtig wie der Kampf, denn das Leben darf ja nicht aufhören.« Mit solchen Sätzen machen sich die Ausgebombten in dem Film wieder

Charlie Chaplin, der ewige Vagabund, in seinem Film »Goldrausch« aus dem Jahr 1925. Er gehört zu den beliebtesten Filmen in den Westzonen.

Mut – Sätze, die ganz nach Goebbels' Geschmack waren.

Doch trotz aller Hätschelei von höchster Stelle blieb der Propagandafilm ein Fragment, nur zwei Drittel konnten abgedreht werden. Jetzt, kurz vor Kriegsende, war auch die Ufa am Ende ihrer Kräfte. Treibstoffmangel, Stromsperren und Bombenangriffe machten reguläre Dreharbeiten undenkbar. Auch der Umzug des Filmteams in die Lüneburger Heide half nichts: Der Streifen konnte nicht mehr fertiggestellt werden. Am 16. April 1945 – fünf Monate nach Drehbeginn – gab Liebeneiner auf. Zwei Tage später rollten die ersten englischen Panzer durch Lüneburg. Das belichtete Material des letzten großen Ufa-Projektes im Zweiten Weltkrieg ist bis auf den heutigen Tag verschollen geblieben.

Allerdings waren die meisten Zelluloidstreifen aus den letzten Tagen des »Dritten Reichs« keine Durchhaltefilme. Es waren vielmehr harmlose Komödien und Unterhaltungsstücke, die sich bewußt unpolitisch gaben. Später nannte man sie »Beruhigungsfilme«. Mit einer zuversichtlichen Grundhaltung sollten sie das Kinopublikum wenigstens für ein paar Stunden den rauhen Kriegsalltag vergessen machen.

Am 8. Mai kapitulierte die Wehrmacht, die Deutschen hatten den Krieg verloren. Das Leben ging weiter, für das »Dritte Reich« und die Ufa freilich war es zu Ende gegangen. Die Siegermächte legten alle deutschen Filmprojekte zunächst einmal auf Eis. Den Filmemachern, Schauspielern und Technikern, die den Zusammenbruch überlebt hatten, standen harte Zeiten bevor. Viele von ihnen mußten auf Befehl der Besatzungsbehörden eine längere Zwangspause einlegen. Die Ufa-Ateliers in Babelsberg wurden geplündert und demontiert. Siegestrunkene Rotarmisten verbrannten das Filmmaterial in Freudenfeuern, notleidende Menschen benutzten es als Heizmaterial. Zudem waren Tausende von Lichtspieltheatern zerstört oder geschlossen. Was in den verbliebenen Kinos auf die Leinwand kam, bestimmten jetzt die Sieger. Sie boten in ihren Besatzungszonen Kostproben aus eigener Produktion: Revuefilme aus Hollywood, muntere Gespenstergeschichten aus England, lyrische Streifen aus Frankreich, politische Dokumentarfilme aus Moskau. Die aufpolierte Fassung des Charlie Chaplin-Films »Goldrausch« wurde im Sommer 1945 zum absoluten Kassenschlager im Westen. Weniger Erfolg hatte dagegen der in der sowjetischen Zone aufgeführte Historienfilm »Iwan der Schreckliche« von Meisterregisseur Sergej Eisenstein. Mit der Titelwahl hatten die Sowjets fraglos ein Eigentor geschossen: Das breite Publikum wollte dem schrecklichen »Iwan« – so bezeichnete der Volksmund die Sowjetsoldaten – nicht auch noch auf der Leinwand begegnen.

Zu den Kuriositäten des Kinojahres 1945 gehört auch, daß die Deutschen innerhalb kurzer Zeit zwei grundverschiedene Wochenschauen vorgeführt bekamen. Bis Ende März gelangte die ganz im Dienst der NS-Propaganda stehende »Deutsche Wochenschau« auf die Leinwand. Schon kurz nach der deutschen Niederlage kamen die ersten Wochenschauen der Sieger, die von Amerikanern und Briten produzierte »Welt im Film«, in die Kinos. Franzosen und Sowjets hinkten mit ihren eigenen Produktionen etwas hinterher.

Die Siegermächte wußten, daß sie mit dem Kino das geeignete Massenmedium für ihre Umerziehungsversuche in der Hand hielten. Ihre Wochenschauen führten den deutschen Kinobesuchern nationalsozialistische Verbrechen vor und machten Werbung in eigener Sache: Sie rühmten die Besatzungsmächte als Garanten für Gerechtigkeit und als Helfer beim Wiederaufbau. Auch wenn diese Beiträge mitunter tendenziös und schulmeisterlich waren, stießen sie doch für die Deutschen nach der langen Zeit der Abschottung das Fenster zur Welt wieder einen Spalt breit auf.

Ausdrücklich zur Belehrung der Deutschen dienten die Dokumentarfilme, die seit dem Sommer in die Kinos kamen. Besonders die Amerikaner waren ganz versessen auf dieses Mittel zur Umerziehung, auch wenn es vereinzelt Zweifel am Erfolg gab. »Werden die Deutschen Woche für Woche ins Kino kommen, um den schuldbewußten Schüler zu spielen?«, hieß es skeptisch in einem Armeebericht vom August 1945. »Sie werden natürlich kommen! Aber sie werden wahrscheinlich apa-

Zur Umerziehung gedacht und für viele Deutsche ein Schock: Der Dokumentarfilm »Todesmühlen« über die Greuel in den Konzentrationslagern.

thisch durch diese Dokumentarfilme und erzieherischen Wochenschauen dösen – später dann wach sein und bereit für Rita Hayworth in ›Cover Girl‹.«

Der wohl aufwühlendste Dokumentarfilm war der unter amerikanischer Leitung zusammengestellte Streifen »Die Todesmühlen«. Den Kinobesuchern wurden darin die schrecklichen Szenen in den befreiten Konzentrationslagern vor Augen geführt. Der 20minütige Greuelfilm kam im ersten Friedenswinter in die Kinos. Offiziell sollte der Besuch des Films freiwillig sein, doch in einigen Gegenden halfen alliierte und auch deutsche Stellen dem »freien Willen« der Bürger auf die Sprünge. So erhielten beispielsweise nur diejenigen Deutschen einen Stempel auf ihre Lebensmittelkarten, die sich den Film angesehen hatten.

Die Zuschauer reagierten zwiespältig auf diese Dokumentation des Schreckens. »Alle niedergeschlagen, einige Frauen weinten,« berichteten amerikanische Beobachter nach einer Aufführung in einem bayerischen Kino. Viele machten ihrem Herzen mit Kommentaren wie »unmöglich«, »solche Bestien« und »Schweine« Luft. Reumütig erklärten zahlreiche Kinobesucher, »sie könnten nicht begreifen, wie sie sich jemals einer solchen Bewegung hätten anschließen können.« Die Echtheit der Aufnahmen wurde im allgemeinen nicht bezweifelt.

Auf der anderen Seite meinten viele, der Film zeige lediglich einen Teil der Geschichte, nicht jedoch die Leiden der Deutschen während des Krieges. Mit dieser Art von Propaganda würde der Haß auf die Deutschen geschürt, war zu hören. Auch ein anderer Gedanke, der in den Nachkriegsjahren zum Gemeinplatz geworden ist, wurde vorgebracht: »Ich habe nichts davon gewußt und kann nicht verantwortlich gemacht werden.«

Der Film lief nur wenige Wochen. Nach anfänglich gutem Besuch sank die Besucherzahl bald auf Null. An den Eintrittspreisen von 60 Pfennigen kann der Mißerfolg nicht gelegen haben. »Diese Abteilung ist, zum ersten Mal, bitter von den Berlinern enttäuscht«, meinte entmutigt ein an die Spree kommandierter amerikanischer Filmoffizier.

Ihr wichtigstes Ziel hatten die Amerikaner mit dem Greuelfilm nicht erreicht: Zwar schockierte der Streifen die Zuschauer, doch fast niemand wollte ein Gefühl persönlicher oder kollektiver Schuld verspüren. Die deutschen Kinogänger weigerten sich zunehmend, den schuldbewußten Schüler zu spielen. Sie »schwänzten« den Unterricht, die Kinosessel blieben leer. *Michael G. Bauer*

Wer sich den Film »Todesmühlen« ansieht, erhält einen Stempel auf seine Lebensmittelkarten. Dennoch läuft der Film nur wenige Wochen.

Billy Wilder

Propaganda durch Unterhaltung

16. August 1945

Billy Wilder

Zur Zeit eröffnen wir also nach und nach die Filmtheater in Deutschland wieder. Wir zeigen den Deutschen unsere Dokumentarfilme, einige Fakten, die sie kennenlernen und gut in Erinnerung behalten sollten. Wir zeigen ihnen Wochenschauen, die mit den Nachrichten gleichzeitig eine Lehre, eine Mahnung und eine Warnung verbinden. Zweifellos ist gute Arbeit geleistet worden. Die Deutschen sind im allgemeinen sehr empfänglich, und die allgemeine Reaktion ist positiv. Die Besucherzahlen schwanken zwischen ausverkauft und zufriedenstellend. Und doch wissen wir alle, daß es, wenn dieses Neue seinen Reiz verloren hat (in Berlin hat es seinen Reiz bereits verloren), immer schwieriger werden wird, ihnen so direkte Lektionen zu geben.

»Cover Girl« ist gewiß ein guter Film. Für unser Programm zur Umerziehung der deutschen Bevölkerung nützt er allerdings nicht viel. Wenn man nun aber einen Unterhaltungsfilm mit Rita Hayworth, Ingrid Bergman oder Gary Cooper machte, in Technicolor, wenn Sie wollen, mit einer Liebesgeschichte – freilich mit einer ganz speziellen Liebesgeschichte, raffiniert gemacht, um ein bißchen Ideologie an den Mann bringen zu helfen – mit einem solchen Film hätten wir ein glänzendes Stück Propaganda in der Hand. Sie würden vor den Kassen Schlange stehen, und wenn sie ihn erst gesehen hätten, würde er haften bleiben. Leider gibt es diesen Film noch nicht. Er muß gemacht werden. Ich möchte ihn machen.

Wie sie wissen, handelt es sich um die ganz einfache Geschichte eines GI, der hier bei den Besatzungstruppen stationiert ist, und eines deutschen Fräuleins, oder, wie ich besser sagen sollte, einer deutschen Frau, da ihr Mann, ein Oberstleutnant bei der Luftwaffe, im Luftkampf über Tunesien gefallen ist. Ich habe eine solche Frau in Berlin getroffen – sie arbeitete in einer Kolonne, die den Schutt vom Kurfürstendamm wegräumte. Ich hatte eine Zigarette weggeworfen, und sie hatte den Stummel aufgehoben. Wir kamen ins Gespräch. Es verlief so: »Ich bin so froh, daß Ihr Amerikaner endlich gekommen seid, weil ... « »Warum?« »Weil Ihr uns helfen werdet, das Gas wieder in Ordnung zu bringen.« »Das werden wir.« »Das ist das einzige, worauf meine Mutter und ich warten ... « »Ich nehme an, es wird schön sein, wieder mal eine warme Mahlzeit zu bekommen.« »Es ist nicht wegen des Kochens ... « Es entstand eine lange Pause. Ich konnte mir denken, was sie meinte, und hoffte, daß sie es nicht aussprechen würde. Aber sie tat es doch. »Wir würden es aufdrehen, aber nicht anzünden. Verstehen Sie? Wir wollen es nur einatmen, ganz tief.« »Warum sagen Sie das?« »Warum? Weil wir Deutschen nichts mehr haben, wofür es sich lohnt zu leben.« »Wenn Sie ein Leben für Hitler meinen, glaube ich, haben Sie recht.« Ich hielt ihr eine ganz neue Lucky Strike hin. Sie nahm sie nicht. Sie nahm nur ihre Schaufel und ging zum Schutt zurück.

Gerade dieser kurze Dialog enthält das Thema des Films, und hier erkennt man das einfache Ziel, das ich erreichen möchte: Wenn das Gas schließlich angedreht *wird*, zündet unsere deutsche Frau ein Streichholz an, um das Abendessen – nur ein paar kümmerliche Kartoffeln, zugegeben, – zu kochen, aber jetzt, nachdem ihr einige Dinge klar geworden sind, hat sie »etwas Neues, wofür sie leben kann«. Das ist es, was der Film zeigen sollte (mit Eisenhowers Worten): »Daß wir nicht hier sind, um die Deutschen zu demütigen, sondern um zu verhindern, daß Krieg geführt wird« – und zum Schluß: »Gebt ihnen einen kleinen Hoffnungsschimmer, daß sie sich in den Augen der Welt rehabilitieren können.«

Was den GI betrifft, so werde ich aus ihm keinen fahnenschwingenden Helden oder einen theoretisierenden Apostel der Demokratie machen. In Wirklichkeit möchte ich, daß er zu Beginn des Films gar nicht genau weiß, worum, zum Teufel, es in diesem Krieg überhaupt ging. Ich will die Fraternisierung, das Heimweh und den Schwarzmarkt mit hineinbringen. Außerdem soll der Mann (obwohl es eine Liebesgeschichte ist) das Mädchen *nicht* bekommen. Er geht mit seiner Division nach Hause zurück, während das Mädchen »mit einem Hoffnungsschimmer« zurückbleibt. All dies soll nicht pathetisch dargestellt werden. Lassen Sie mich einen anderen kurzen Dialog zitieren, den ich in Berlin hatte. Ich hatte einen deutschen Fahrer, und der Dialog zwischen uns spielte sich etwa folgendermaßen ab: »Diese Wahl in Großbritannien – jetzt wo dieser Attlee Churchill besiegt hat, was wird Churchill tun?« »Ich nehme an, er bleibt in der Politik. Oder er schreibt ein Buch oder er malt.« »Vielleicht wird er einen Putsch machen, nicht wahr?« »Das glaube ich nicht.« »Sie meinen, er wird nicht einmal Attlee erschießen wollen?« »Nein, das glaube ich nicht.« »Sind Sie sicher?« »Schauen Sie, Mann, Willkie unternahm keinen Putschversuch gegen Roosevelt, und Dewey hat Truman nicht erschossen.« »Das ist komisch.« »Es ist lustig, es ist demokratisch.« Solche Sachen möchte ich in den Film hineinbringen, weil ich glaube, daß dies genau die richtige Art ist, Dinge zu sagen, ohne zu predigen.

Aus: Brewster S. Chamberlin, Kultur auf Trümmern. Berliner Berichte der amerikanischen Information Control Section, 1979.

1 · Donnerstag

In Groß-Hessen tritt die von der US-amerikanischen Militärregierung eingesetzte vorläufige Regierung zusammen. Ministerpräsident wird der parteilose Karl Geiler (l.).

Im Freiburger Herder Verlag erscheint mit der »Sonnenfibel« von Maria Koch das erste ideologiefreie Kinderbuch nach dem Zusammenbruch des NS-Regimes.

2 · Freitag

In Moskau lösen sich das Nationalkomitee Freies Deutschland und der Bund deutscher Offiziere auf. Beide Organisationen waren 1943 auf Initiative Stalins von deutschen Regimegegnern in Kriegsgefangenschaft gegründet worden.

3 · Samstag

Die Bevölkerung im Berliner Ostsektor erhält zum Gedenken an den 28. Jahrestag der russischen Oktoberrevolution pro Kopf eine Sonderration von 20 Kilo Kohle.

4 · Sonntag

Am ersten Spieltag der süddeutschen Fußball-Liga schlägt der 1. FC Nürnberg vor 16 000 Zuschauern den FC Bayern München mit 2 : 1 Toren.

In China kommt es trotz der Vereinbarungen zwischen Chiang Kai-shek und Mao Zedong erneut zu Kämpfen (S. 145).

Die Satzung der UNESCO tritt in Kraft. Sie verpflichtet sich, »zu Frieden und Sicherheit beizutragen, und zwar im Wege der Förderung der Zusammenarbeit zwischen den Nationen durch Erziehung, Wissenschaft und Kultur«.

5 · Montag

Die US-Militärregierung meldet Vollzug: Nach ihren Angaben ist der öffentliche Dienst zu 80 Prozent von einstigen Mitgliedern der NSDAP gesäubert (S. 173).

6 · Dienstag

Direktoren und Geschäftsführer von sechs deutschen Großbanken werden verhaftet und als Kriegsverbrecher angeklagt (S. 167).

7 · Mittwoch

Die US-Regierung beschließt, 400 000 Kriegsgefangene aus Deutschland, Japan und Italien freizulassen (S. 101).

In München dürfen wegen Strommangels zwischen 6 Uhr und 22 Uhr keine elektrischen Heizkörper benutzt werden. In jedem Haus sollen sich zwei Gruppen bilden, die sich beim mittäglichen Kochen abwechseln.

8 · Donnerstag

In Paris tritt die Interalliierte Reparationskonferenz zusammen. Bis zum 22. Dezember beraten Vertreter aus 17 Nationen darüber, wie die deutschen Reparationsleistungen unter den Siegermächten aufgeteilt werden.

9 · Freitag

Bei den Gedenkfeiern zum Jahrestag der Novemberrevolution in Berlin fordert der Vorsitzende der Kommunistischen Partei (KPD), Wilhelm Pieck, seine Partei auf, sich organisatorisch mit der SPD zu vereinigen (S. 137).

Zum Geburtstag von König Michael demonstrieren in der rumänischen Hauptstadt Bukarest 50 000 Monarchisten. Als die Polizei eingreift, kommt es zu blutigen Zwischenfällen.

10 · Samstag

Der Schriftsteller Alfred Döblin (»Berlin Alexanderplatz«), Oberst in der französischen Armee, wird von der französischen Militärregierung beauftragt, die literarische Zensur zu übernehmen.

Alfred Döblin (1878–1957) in der Uniform eines französischen Offiziers.

Die chinesischen Kommunisten beschuldigen die Vereinigten Staaten, die Truppen der Zentralregierung mit Verkehrsmitteln und Waffen zu unterstützen (S. 145).

11 · Sonntag

Zum Jahrestag der Novemberrevolution betont der SPD-Vorsitzende der sowjetischen Zone, Otto Grotewohl, den politischen Führungsanspruch seiner Partei und kritisiert die Verhältnisse im Osten Deutschlands. Die Sowjetunion verbietet, die Rede zu veröffentlichen.

In der 82. Zuteilungsperiode für Lebensmittel stehen Normalverbrauchern in der britischen Zone 1701, in der amerikanischen 1540 und in der französischen Zone 1339 Kalorien täglich zu.

12 · Montag

Der frühere US-Außenminister Cordell Hull wird für seinen Einsatz bei der Vorbereitung der Vereinten Nationen mit dem Friedensnobelpreis geehrt (S. 200).

13 · Dienstag

Die französische Nationalversammlung bestätigt General de Gaulle ohne Gegenstimme als vorläufiges Staatsoberhaupt und beauftragt ihn, eine Regierung zu bilden (S. 127).

In Frankfurt am Main wird erstmals der von den Amerikanern gedrehte Dokumentarfilm über die KZ's, »Die Todesmühlen«, gezeigt (S. 178).

14 · Mittwoch

General Hawthorne nimmt auf Java (Indonesien) die Kapitulation der japanischen Generale Nagano und Yamamoto entgegen.

Indonesische Freiheitsparole an einer Hauswand in Batavia im Oktober 1945.

15 · Donnerstag

In Dachau beginnt auf dem Gelände des ehemaligen Konzentrationslagers der erste Prozeß gegen Wachmänner der SS.

In Berlin gibt Erich Honecker das offizielle Organ der FDJ, *Neues Leben – Zeitschrift der Freien Deutschen Jugend*, heraus.

Die Münchner Staatsoper öffnet mit Beethovens »Fidelio« im Prinzregenten-Theater wieder ihre Pforten.

16 · Freitag

In der US-amerikanischen Zone erscheint die erste jüdische Zeitung unter dem Titel *Unser Weg*.

Die britische Besatzungsmacht übernimmt die Kontrolle über die Krupp-Betriebe.

17 · Samstag

In Frankreich tritt General de Gaulle von seinem Amt als Ministerpräsident zurück. Er hatte die französischen Kommunisten nicht dazu bewegen können, auf das Außen- und Innenministerium zu verzichten (S. 127).

Das Alliierte Oberkommando in Italien beschließt, der italienischen Regierung am 15. November das Verfügungsrecht über die Armee zurückzugeben.

18 · Sonntag

Der Alliierte Kontrollrat führt in Deutschland eine Einheitszeit, die »Zeit A« (Greenwich-Zeit plus eine Stunde) ein.

Bei den Wahlen in Bulgarien erhält die »Vaterländische Front« 90 Prozent der abgegebenen Stimmen. Die Opposition hatte keine Kandidatenliste vorgelegt.

19 · Montag

Die französische Nationalversammlung bestätigt ihre Entscheidung vom 13. November und beauftragt General de Gaulle erneut, eine Regierung zu bilden (S. 127).

20 · Dienstag

Vor dem Internationalen Gerichtshof in Nürnberg beginnt der Prozeß gegen die Hauptkriegsverbrecher. Auf der Anklagebank sitzen 21 hochrangige Vertreter des NS-Regimes (S. 167).

Sir Geoffrey Lawrence, Vorsitzender des Nürnberger Gerichtshofs.

21 · Mittwoch

Auf Befehl des US-Headquarters wird im amerikanischen Sektor des viergeteilten Berlins der Sender RIAS Berlin gegründet.

In Paris übernimmt General de Gaulle in der neuen französischen Regierung die Ämter des Ministerpräsidenten, des Oberbefehlshabers der Armee und des Verteidigungsministers (S. 127).

22 · Donnerstag

General Dwight D. Eisenhower übernimmt das Amt des Generalstabschefs der US-Streitkräfte. Sein Nachfolger als Militärgouverneur in Deutschland ist General Joseph T. McNarney.

Hermann Pünder wird zum Oberbürgermeister der Stadt Köln ernannt. Sein Vorgänger Konrad Adenauer war Anfang Oktober von der britischen Militärregierung entlassen worden (S. 129).

Käthe Kollwitz (1867–1945)

Werke von Otto Dix, Käthe Kollwitz und anderen während der NS-Zeit verfemten Künstlern sind bis zum 16. November in der Stuttgarter Ausstellung »Kunst gegen Krieg« zu sehen.

23 · Freitag

In der US-amerikanischen Besatzungszone werden Parteien auf Länderebene wieder zugelassen.

24 · Samstag

Der Nordwestdeutsche Rundfunk (NWDR) in Köln sendet unter dem Titel »Blick in Westdeutschlands Presse« seine erste Presseschau (S. 159).

»Freispruch« für Franklin D. Roosevelt: Eine vom amerikanischen Kongreß beauftragte Kommission kommt zu dem Schluß, der Krieg mit Japan sei unabwendbar gewesen und nicht durch die Außenpolitik des Präsidenten provoziert worden.

25 · Sonntag

In Berlin lehnt die SPD auf ihrem ersten Landesparteitag mit großer Mehrheit den Zusammenschluß von SPD und KPD ab.

Die Österreichische Volkspartei (ÖVP) gewinnt mit 49,8 Prozent der abgegebenen Stimmen die Wahlen zum österreichischen Nationalrat. Nur 5,4 Prozent der Wähler stimmen für die Kommunistische Partei (S. 111).

26 · Montag

Nach einem Bericht der Verrechnungsstelle befindet sich in der Schweiz deutsches Vermögen in der Höhe von etwa einer Milliarde Franken.

27 · Dienstag

Professor Otto Hahn erhält für seine Beiträge zur Atomforschung den Nobelpreis für Chemie.

Emmy Göring, die Frau des Nürnberger Hauptangeklagten Hermann Göring, wird von der amerikanischen Militärpolizei verhaftet. Sie soll ihrem Mann beim Diebstahl von Kunstgegenständen geholfen haben.

28 · Mittwoch

Die Universität Warschau nimmt ihren Lehrbetrieb wieder auf. 4000 Studenten schreiben sich ein.

Das französische Außenministerium erklärt, Frankreich lehne eine deutsche Zentralregierung ab, solange die Ruhr- und Rheinlandfrage nicht geklärt ist.

29 · Donnerstag

In Wien fordert die österreichische Regierung vom Alliierten Kontrollrat, in Südtirol eine Volksabstimmung über den Anschluß an Österreich anzusetzen.

Gute Nachricht für Biertrinker: In Bayern gibt die amerikanische Militärregierung zum Bierbrauen 21 000 Tonnen Gerste und ebensoviel Hopfen frei.

Die französische Militärregierung erlaubt in ihrer Zone die Gründung von Parteien.

30 · Freitag

Der Alliierte Kontrollrat beschlagnahmt mit Gesetz Nummer sieben das Vermögen des Industriekonzerns IG Farben.

Die Trümmer des abgestürzten Flugzeugs von Heß 1941 in Schottland. Er war vorher mit dem Fallschirm abgesprungen.

Vor dem Nürnberger Kriegsverbrechertribunal erklärt Rudolf Heß, in den letzten drei Jahren Gedächtnisschwund simuliert zu haben. Mit seinem Flug nach Großbritannien wollte er ohne Wissen Hitlers eine Friedenskonferenz zwischen dem »Führer« und dem britischen König vorbereiten.

Wehe den Besiegten

Die Vertreibung der Deutschen

In der klirrend kalten Februarnacht schreckten die Bewohner einer Villa in Kalisch südöstlich von Posen jäh aus dem Schlaf. An der Haustür wurde mit voller Wucht gerüttelt, lautstark hämmerte und trat jemand dagegen. Als der Hausherr öffnete, drängten drei bewaffnete Uniformierte herein. Barsch befahlen sie der Familie, den Eltern und vier Kindern, ihr Haus binnen einer halben Stunde zu räumen. Es blieb kaum Zeit zum Zusammenraffen einiger Wertsachen, warmer Kleidung und Lebensmittel. Als die Mutter einen geräucherten Schinken einpacken wollte, rissen ihn die Eindringlinge ihr aus der Hand. Sie drängten die verängstigte Familie hinaus, schlossen ab und steckten den Haustürschlüssel ein. Den jungen Schäferhund Rex, der im Hof aufgeregt bellte, brachte einer der Uniformierten mit zwei Schüssen zum Schweigen.

»Das Todeswinseln von Rex war der Abschied von unserem Heim«, erinnert sich Tochter Teresa, damals neun Jahre alt. Die Familie wurde in den Turnsaal der nahen Handelsschule geführt, der sich in den folgenden Tagen mit Hunderten von Vertriebenen füllte. Dann wurde die Menschenkolonne, wieder nachts, zum Bahnhof getrieben und in eiskalte Viehwaggons gepfercht. Nach zwei Tagen und zwei Nächten landete der Treck in den Kasematten eines alten Forts. Dort gab es keine Heizung, außer dem Mitgebrachten nichts zu essen, der Schnee im Innenhof mußte Trink- und Waschwasser ersetzen. Drei Wochen später wurde die Familie entlassen und fand bei Verwandten Obdach, weit weg von ihrer Heimat. Ihr Haus in Kalisch übernahm samt Inventar eine fremde Familie. Der Leidensweg der Heimatvertriebenen aber war damit noch lange nicht zu Ende: Sie wurden weiter deportiert, eingesperrt, voneinander getrennt, umgebracht.

Vertriebenenschicksal im Osten – aber nicht 1945, sondern schon 1940. Denn Teresa Kuczynska aus der Tschestochowskastraße 20 in Kalisz (wie die Stadt vor und nach der NS-Herrschaft hieß), gehörte jener polnischen Intelligenzschicht an, deren Vertreibung und Ausrottung die Nationalsozialisten ab 1939 systematisch betrieben. Die Kuczynskas wurden zusammen mit 700 000 anderen Polen und 500 000 Juden aus dem sogenannten Warthegau vertrieben, westpolnisches Land, das nach dem kurzen Feldzug der Wehrmacht dem Deutschen Reich einverleibt und zum Siedlungsgebiet für Reichs- und Volksdeutsche erklärt wurde. »Es waren sehr viele darunter, die sich in die noch warmen Betten der polnischen Vertriebenen legten«, erinnert sich die baltendeutsche Schriftstellerin Waltraut Villaret.

Insgesamt sollten fast 20 Millionen Polen nach den Plänen Heinrich Himmlers liquidiert oder ausgesiedelt werden. Der Kriegsverlauf verhinderte die Ausführung solcher aberwitzigen Pläne. Doch bis die nationalsozialistischen »Herrenmenschen« das Land verlassen

Ein erschöpfter Junge auf einem Leiterwagen. Hunderttausende von Polen haben vier Jahre zuvor dasselbe Schicksal erleiden müssen wie nun die Deutschen: Zwangsumsiedlung und Vertreibung.

Überfüllte Züge, weder genügend Lebensmittel noch Unterkünfte: Im September strömten mehr als 17 000 Flüchtlinge pro Tag in die Westzonen.

mußten, hatte ein Viertel der Bevölkerung Polens die Okkupation mit dem Leben bezahlt, darunter auch zwei Drittel der Vertriebenenfamilie Kuczynska: Der Vater wurde in Dachau ermordet, die Mutter und zwei Töchter verhungerten in Bergen-Belsen, Teresa überlebte als 14jährige Auschwitz, ihr Bruder in einem Kriegsgefangenenlager nach dem Warschauer Aufstand.

Die Millionen Deutschen, die ab 1945 vertrieben wurden, bezahlten letztendlich einen großen Teil der Rechnung für

Ein weinender Säugling in einem Weidenkorb. Die Kleinsten haben unter den Strapazen der Flucht am meisten zu leiden.

das, was all die großen und kleinen Hitlers und Himmlers, die SS und die Wehrmacht im Osten angerichtet hatten.

Fast auf den Tag genau sechs Jahre, nachdem die neunjährige Teresa Kuczynska in einer eisigen Februarnacht ihr Vaterhaus in Kalicz verlassen mußte, traf die elfjährige Monika Taubitz im schlesischen Eisersdorf, Kreis Glatz, das gleiche Schicksal. An einem Sonntag im Februar 1946 kamen, so schrieb das Mädchen in ihr Tagebuch, »polternde Schritte die Treppe heraufgestürmt, die Miliz. Sie kamen in mein Zimmer und zerrten so an mir, daß ich beinahe aus dem Bett gestürzt wäre. Ich zog mich an. Währenddessen brüllte die Miliz: ›Noch nicht fertig? Schnell, schnell!‹ Ich war ganz verwirrt, so daß ich mir ungeheuer viele Sachen anzog. Ein Pole trieb uns immer wieder an. Da fing ich an zu schreien und zu weinen. Der Pole zeigte wütend auf sein Gewehr und brüllte: ›Du ruhig sein, sonst ich dich erschieße!‹ Dann mußten wir das Haus verlassen. Wir wurden bis zur Schule getrieben. Dort mußten wir warten.« In Glatz wurden die Vertriebenen in Viehwaggons verladen, frierend und hungernd quer durch Deutschland gefahren, bis sie in Nordenham landeten.

Monikas Schicksal war, ohne daß sie oder ihre Leidensgenossen etwas davon ahnten, schon im Dezember 1943 in Teheran bestimmt, im Februar 1945 in Jalta weiterverhandelt und im Juli/August 1945 in Potsdam schließlich festgelegt worden, als sich die drei Siegermächte über die Verschiebung der Westgrenze Polens um 250 Kilometer nach Westen auf Kosten Deutschlands einigten. Polen erhielt dadurch 114 000 Quadratkilometer Terrain aus der Erbmasse des deutschen Reichs, als Ersatz für 180 000 Quadratkilometer, die Polen im Osten an die Sowjetunion verlor. Die endgültige Festschreibung des Grenzverlaufs sollte nach Willen der Westmächte allerdings einer Friedenskonferenz vorbehalten sein. »Polen könne sich nach Westen verlagern wie Soldaten, die seitlich wegtreten. Falls es dabei auf einige deutsche Zehen trete, könne man das nicht ändern«, hatte Winston Churchill in Teheran befunden, der sich um die betroffenen Deutschen wenig Sorgen machte.

Noch während die Alliierten über Artikel XIII des Potsdamer Abkommens debattierten, der schließlich festschrieb, daß »die Überführung der deutschen Bevölkerung ... in ordnungsgemäßer und humaner Weise erfolgen soll«, lief am 27. Juli im Berliner Westhafen ein Schiff mit der traurigen Fracht von rund 300 fast zu Tode verhungerter Kinder ein, die aus einem Heim im pommerschen Finkenwalde stammten. Eine Kommission des Internationalen Roten Kreuzes schilderte den Fall: »Kinder von zwei bis 14 Jahren lagen bewegungslos auf dem Schiffsboden, die Gesichter von Hunger gezeichnet, an Krätze leidend, von Ungeziefer zerfressen. Leib, Knie und Füße waren geschwollen – bekanntes Symptom des Hungers.« Die Vertreibungen waren also längst schon in vollem

Dieser Vertreibungsbefehl des polnischen Kommandanten im schlesischen Bad Salzbrunn wurde bereits vor der Potsdamer Konferenz – und damit ohne Genehmigung der Alliierten – erteilt.

Sonderbefehl

für die deutsche Bevölkerung der Stadt Bad Salzbrunn einschliesslich Ortsteil Sandberg.

Laut Befehl der Polnischen Regierung wird befohlen:

1. Am 14. Juli 1945 ab 6 bis 9 Uhr wird eine Umsiedlung der deutschen Bevölkerung stattfinden.
2. Die deutsche Bevölkerung wird in das Gebiet westlich des Flusses Neisse umgesiedelt.
3. Jeder Deutsche darf höchstens 20 kg Reisegepäck mitnehmen.
4. Kein Transport (Wagen, Ochsen, Pferde, Kühe usw.) wird erlaubt.
5. Das ganze lebendige und tote Inventar in unbeschädigtem Zustande bleibt als Eigentum der Polnischen Regierung.
6. Die letzte Umsiedlungsfrist läuft am 14. Juli 10 Uhr ab.
7. Nichtausführung des Befehls wird mit schärfsten Strafen verfolgt, einschließlich Waffengebrauch.
8. Auch mit Waffengebrauch wird verhindert Sabotage u. Plünderung.
9. Sammelplatz an der Straße Bhf. Bad Salzbrunn-Adelsbacher Weg in einer Marschkolonne zu 4 Personen. Spitze der Kolonne 20 Meter vor der Ortschaft Adelsbach.
10. Diejenigen Deutschen, die im Besitz der Nichtevakuierungsbescheinigungen sind, dürfen die Wohnung mit ihren Angehörigen in der Zeit von 5 bis 14 Uhr nicht verlassen.
11. Alle Wohnungen in der Stadt müssen offen bleiben, die Wohnungs- und Hausschlüssel müssen nach außen gesteckt werden.

Bad Salzbrunn, 14. Juli 1945, 6 Uhr.

Abschnittskommandant
(-) Zinkowski
Oberstleutnant

Gange, die Idee einer »Population Transfer Commission« war somit überholt. Die Deutschen wurden aus Polen, der Tschechoslowakei, Ungarn, Jugoslawien und Rumänien vertrieben. Die Straßen waren vollgestopft mit schier endlosen Trecks; die aus dem Osten ankommenden Züge quollen über von ihrer Fracht entwurzelter, hoffnungsloser Menschen.

Der Berater der amerikanischen Militärregierung in Berlin, Robert Murphy, telegrafierte nach Washington: »Sieht man das Elend und die Verzweiflung dieser Unglücklichen, spürt man den Gestank des Schmutzes, der sie umgibt, stellt sich sofort die Erinnerung an Dachau und Buchenwald ein. Hier ist Strafe im Übermaß – aber nicht für Parteibonzen, sondern für Frauen und Kinder, die Armen, die Kranken ...«

Deutschen blieb laut polnischem Sonderbefehl 15 Minuten Zeit, ihre Häuser und Wohnungen zu räumen. Sie mußten die Schlüssel stecken lassen und durften nur 16 Kilo Handgepäck mitnehmen, das sich durch brutale Plünderungssaktionen der polnischen Miliz auf dem Weg zur Grenze meist auf wenige Habseligkeiten reduzierte. In der Tschechoslowakei erging es den Deutschen nicht besser. Am 30. Mai 1945 wurden

Frühjahr 1945 in Ostpreußen: Mit Pferdewagen oder zu Fuß versuchen verzweifelte Menschen bei oft mehr als 20 Minusgraden den heranrückenden sowjetischen Truppen zu entkommen.

Hildegard Tauchert,
Vertriebene:
»Was wir in der Zeit vor unserer Vertreibung unter den Russen und Polen erleben mußten, war auf Dauer unerträglich. Das ist nur mit dem Ausspruch zu beschreiben, der auch schon im Altertum gegolten hat: Wehe den Besiegten!
Wir waren Verfolgungen ausgesetzt, waren rechtlos, machtlos, konnten uns gegen nichts zur Wehr setzen. Wir lebten nur in Angst, wir hatten Angst vor dem Morgen, wir hatten Angst bei Tag und bei Nacht. Da war es nicht verwunderlich, daß uns das andere Deutschland jenseits der Oder-Neiße-Linie wie ein gelobtes Land erschien. Dort würden wir wieder als Deutsche unter Deutschen leben können – während wir hier Fremde in unserem eigenen Land geworden waren.
Doch der Neuanfang später in Westdeutschland war hart. Die Städte waren zerstört, es herrschte unbeschreibliche Wohnungsnot, es gab keine Arbeit. Und jetzt kamen aus dem Osten noch Millionen Menschen, die auch noch untergebracht werden wollten. Die einheimische Bevölkerung nahm uns natürlich nicht mit offenen Armen auf. Damals war das für uns eine große, bittere Enttäuschung. Es kam mehr als einmal vor, daß es hieß: »Was wollt ihr denn hier, ihr Polen, geht doch dorthin zurück, wo ihr hergekommen seid.«

Wolfgang Benz,
Historiker:
»Die nationalsozialistische Politik war Ursache des Unglücks, das am Ende des Zweiten Weltkriegs über die Opfer von Flucht und Vertreibung hereinbrach.«

Winston Churchill,
am 15.12.1944 vor dem britischen Unterhaus:
»Die nach unserem Ermessen befriedigendste und dauerhafteste Methode ist die Vertreibung. Sie wird die Vermischungen von Bevölkerungen abschaffen, die zu endlosen Schwierigkeiten führen. Mich beunruhigen diese großen Umsiedlungen nicht, die unter modernen Verhältnissen besser als je zuvor durchgeführt werden können.«

rund 30 000 Deutsche aus Brünn verjagt und in Richtung Österreich in Marsch gesetzt. Ein Artikel im Londoner *Daily Mail* beschrieb das Elend: »Kurz vor neun Uhr abends marschierten junge Revolutionäre der tschechischen Nationalgarde durch die Straßen und riefen die deutschen Bürger auf, um neun Uhr vor ihren Häusern zu stehen, ein Gepäckstück in jeder Hand, bereit, die Stadt auf immer zu verlassen. Den Frauen blieben zehn Minuten, die Kinder zu wecken, sich anzuziehen, ein paar Habseligkeiten zusammenzupacken und sich auf die Straße zu stellen. Hier mußten sie allen Schmuck, Uhren, Pelze und Geld den Nationalgardisten ausliefern, bis auf den Ehering ... Es war stockfinster, als sie die Grenze erreichten, die Kinder weinten, die Frauen stolperten vorwärts. Die tschechischen Grenzwärter drängten sie über die Grenze den österreichischen Wachen entgegen. Da kam es zu neuer Verwirrung. Die Österreicher weigerten sich, die Leute aufzunehmen, die Tschechen, sie wieder ins Land zu lassen. Sie wurden für die Nacht auf ein offenes Feld getrieben. Am nächsten Tag erschienen ein paar Rumänen als Wache.

Sie sind noch immer auf diesem Feld, das zum Konzentrationslager geworden ist. Sie haben nur zu essen, was ihnen die Wachen gelegentlich bringen. Rationen erhalten sie nicht ... Jetzt wütet eine Typhusepidemie unter ihnen, und es heißt, daß täglich hundert sterben.«

Die Lager erschienen den Menschen, die dort auf ihren Abtransport warten mußten, wie Vorhöfe der Hölle. Auf polnischem Gebiet gab es zeitweilig über 1200 solcher Internierungsstätten. Im berüchtigten Lager Lamsdorf ließ ein damals zwanzigjähriger Partisan namens Gimborski zwischen Juli 1945 und Herbst 1946 Tausende Oberschlesier nach schlimmster SS-Art foltern und ermorden. In der Nähe von Prag wurde ein Stadion zum Lager umfunktioniert. Ein Überlebender berichtet: »Vor den Augen der Lagerinsassen fanden Hinrichtungen statt. Eines Tages hat man sechs junge Burschen so lange geschlagen, bis sie am Boden liegenblieben, dann mit Wasser, das deutsche Frauen holen mußten, begossen und dann weiter geschlagen, bis sie kein Lebenszeichen mehr von sich gaben. Die furchtbar zugerichteten Leichen wurden absichtlich tagelang neben den Latrinen zur Schau gestellt ... Während der Nächte hörte man das Wimmern vergewaltigter Frauen. Schüsse knallten von allen Ekken und Enden, die Kugeln flogen über die Köpfe hinweg. Es herrschte ständiger Lärm, die ganze Nacht über war der Platz vom Scheinwerferlicht hell erleuchtet ... Die Nerven fanden Tag und Nacht keine Ruhe, man glaubte, in die Hölle geraten zu sein.«

Infolge der Potsdamer Konferenz wurden die Härten der Vertreibung aus der Tschechoslowakei, Polen und Ungarn auf Intervention der Westalliierten allmählich abgemildert. Am 20. November erließ der Alliierte Kontrollrat einen Zeitplan für die Evakuierung der Deutschen. Zwar verliefen auch diese »geordneten« Umsiedlungen zunächst noch wenig human, doch in zähen Verhandlungen konnten die Westmächte mit der Zeit Verbesserungen erreichen.

Das Leid der Vertriebenen endete noch nicht mit ihrer Ankunft in der sowjetischen, amerikanischen, britischen oder später auch der französischen Zone. Dort mußten die Flüchtlinge Elend und Hunger mit der übrigen deutschen Bevölkerung teilen. Doch ihre Lage war noch trostloser, denn sie kamen mittellos in unbekannte Dörfer oder Städte, wo ihnen die einheimische Bevölkerung oft feindselig begegnete. Ihre Integration sollte oft noch Jahre auf sich warten lassen. *Ursula Nellessen*

Völlig erschöpfte Menschen mit ihren letzten Habseligkeiten am Straßenrand: Ein alltägliches Bild in den deutschen Städten der ersten Nachkriegsmonate.

Die verlorene Generation

Kinder als Strandgut des Krieges

Am 19. März erfüllte sich für Wilhelm Hübner der Traum, dem er nachhing, seit er Hitlerjunge war. Es geschah im Garten der Reichskanzlei: Langsam schritt Adolf Hitler mit gebeugter Haltung, die zitternde linke Hand hinter dem Rücken verborgen, sein letztes Aufgebot ab, zu dem auch der 16jährige Hübner zählte. Es waren Kinder in Wehrmachtsuniform, dekoriert mit dem Eisernen Kreuz. Frontsoldat nannte sich Wilhelm Hübner stolz. Als aber der »Führer« vor ihm stand, seine Wange tätschelte und ihn mit matter Stimme lobte, schlug die Begeisterung des Jungen um in leichte Enttäuschung. Das war nicht mehr das heldenhafte Idol, für das er alles zu tun bereit gewesen war. Wenige Wochen später war Hitler tot.

»Auf den Panzern«, erinnert sich ein damals 14jähriger Hitlerjunge »lasen die amerikanischen Soldaten Zeitung. Auf einer war eine dicke Schlagzeile: Hitler Dead – Hitler tot. Ich bekam einen Weinkrampf, in diesem Moment glaubte ich, die Welt sei zusammengebrochen.«

Wie er empfanden viele, die ihre Jugend unterm Hakenkreuz verbracht hatten und mit Goebbels' Propagandaphrasen aufgewachsen waren. Viele Hitlerjungen waren orientierungslos und wollten die Niederlage Deutschlands nicht wahrhaben. Sie schlossen sich zu kriminellen Banden zusammen, wie etwa zu der »Pantherbande« in München, die in ihrem Haß auf Besatzer plünderte, bewaffnete Einbrüche beging und selbst vor Morden nicht zurückschreckte. Andere sahen sich als politische Kämpfer und beteiligten sich an »Werwolf«-

Strapazen und Ängste stehen ihm ins Gesicht geschrieben. Dieser Junge hat sich auf einem Flüchtlingsschiff nach Kopenhagen retten können – allein und in eine ungewisse Zukunft.

Aktionen gegen die Truppen der Alliierten. Was sollte aus diesen Jugendlichen werden?

»Re-education«, Umerziehung, hieß das Zauberwort, mit dem die Alliierten die »ideologisch vergifteten« Deutschen wieder auf den Boden der Realität holen wollten. Den Schulen wurde dabei eine entscheidende Rolle zugeschrieben. Nachdem sie bei Kriegsende von den Alliierten geschlossen worden waren, begann bereits im Herbst in allen vier Besatzungszonen einschließlich Berlins wieder der Unterricht, freilich unter katastrophalen Bedingungen. In Köln standen den Schülern nur 212 von einst 2200 Klassenräumen zur Verfügung. Nicht selten drängten sich bis zu 150 Kinder in einem Klassenraum. Zudem quälte die meisten Schüler Hunger. Sie hatten nur selten ein Dach über dem Kopf und wuchsen in Familien auf, deren Väter kriegsversehrt, gefallen, vermißt oder in Kriegsgefangenschaft waren. Orientierungslosigkeit, leere Mägen, Wohnen in Trümmern – am widrigen Alltag im Jahr des Neubeginns hatten auch die Kinder schwer zu tragen.

Schwierigkeiten ganz anderer Art sahen sich die sogenannten »Besatzungskinder« aus den ehemals von Deutschen besetzten Ländern gegenüber. Als Sprößlinge deutscher Soldaten und einheimischer Frauen litten sie nach dem Krieg nicht nur unter der »normalen Not«, sondern quälten sich mit Fragen nach ihrer Identität. Viele kannten ihre Herkunft nicht und wurden als »Kinder der Schande« hin und her geschoben. Die Wunden der Vergangenheit sind bis heute nicht verheilt.

Sie waren die Opfer von Hitlers wahnwitziger Rassenpolitik, zu der auch gehörte, deutsche Soldaten in den besetzten Gebieten, bevorzugt im »arischen« Norwegen, mit einheimischen Frauen zu verkuppeln. Grundlage dieser Politik war der 1935 im Zuge der Nürnberger Rassengesetze von SS-Chef Himmler gegründete »Lebensborn e.V.«. Zum »Schutze des deutschen Blutes und der deutschen Ehre« sollte diese Organisation »rassisch und erbbiologisch wertvolle werdende Mütter« unterstützen. Im gesamten Reich sowie in den von Deutschen besetzten Gebieten wurden Mütter- und Entbindungsheime eröffnet. Bis Kriegsende betrieb der »Rasseverein« in Deutschland neun, in den eroberten Ländern Europas 19 Heime, davon allein in Norwegen – des

In den Wochenschauen der DEFA werden Kinder vorgestellt, die ihre Eltern suchen und oft nicht einmal ihren Namen wissen.

»Nordischen« wegen – neun. In zehn Jahren kamen in den »Lebensborn«-Heimen etwa 14000 Kinder zur Welt. Beinahe die Hälfte davon in Norwegen.

Doch die »Nachzucht« alleine genügte dem einstigen Hühnerzüchter Himmler noch nicht. Hinzu kam der Import »rassisch wertvoller« Kinder aus den osteuropäischen Ländern, vorrangig aus Polen, wo der SS-Chef allerdings ungleich brutaler als in Norwegen vorging. Er ordnete an, junge Slawen im großen Stil aus Waisenhäusern, von Schulhöfen, von der Straße oder aus dem Elternhaus zu stehlen und nach Deutschland zu transportieren. »Es ist klar«, begründete Himmler den Kinderraub, »daß es in diesem Gemisch von Völkern immer wieder einige rassisch sehr gute Typen geben wird. Hier haben wir die Aufgabe, deren Kinder zu uns zu nehmen, und wenn wir sie rauben oder stehlen müßten.« In »Lebensborn«-Heimen mußten die entführten Kinder eine strenge »Rassenprüfung« über sich ergehen lassen. Entsprachen sie dabei nicht den Anforderungen, schickte sie die SS zurück. Meist endete die Reise in einer der Todesfabriken wie Auschwitz oder Treblinka. Tausende »eindeutschungsfähiger« und »rassewertvoller« Kinder, vor allem aus Polen und Norwegen, aber auch aus Jugoslawien, Rußland und Rumänien, wurden auf diese Weise verschleppt. Doch als sich der Zusammenbruch des Reiches abzeichnete, mußte die »Lebensborn«-Zentrale in München umdisponieren.

Nach Landung der Alliierten im Juni 1944 evakuierte der »Lebensborn« in großer Hektik fast alle Kinder, die auf Heime überall in Europa verteilt waren, ins bayerische Steinhöring. In der Steinhöringer Villa und den angrenzenden Barackenlagern drängten sich Hunderte von Frauen und Kleinkindern auf engstem Raum. Von »heilloser Unordnung« berichtete der Wehrmachtsarzt Dr. Kleinel, als er im Mai 1945 auf amerikanischen Befehl hin die Heimleitung übernahm. »Die ersten Monate nach Kriegsende waren sehr schwierig, da wir für die Kinder nichts zu essen hatten und es uns an Personal fehlte.«

Zuständig für die Suche nach Angehörigen dieser Kinder waren vor allem die Kindersuchabteilungen der Vereinten Nationen und die nationalen Rot-Kreuz-Organisationen. Die Suchdienste standen vor schier unlösbaren Problemen: Fast alle wichtigen Dokumente, die über die Identität der Kinder hätten Auskunft geben können, waren vermutlich kurz vor Kriegsende vernichtet worden. Obwohl einige Vermittlungen gelangen, war es für die Kinder nicht unbedingt die beste Lösung. Die Rückkehr in die frühere Heimat bedeutete für sie unter Umständen zum zweiten Mal binnen weniger Jahre den Verlust menschlicher Geborgenheit – wie etwa für die Norwegerin Turid.

1942 war sie in einem norwegischen »Lebensborn«-Heim geboren und von ihrer Mutter zur Adoption freigegeben worden. Mit einem Kindertransport wurde sie in ein »Lebensborn«-Heim nach Deutschland gebracht und im Oktober 1944 von einer Münchner Familie in Pflege genommen. Ursprünglich hatte Turids leibliche Mutter nicht vor, ihr Kind nach dem Krieg wieder zu sich zu nehmen. Doch 1947 ließ sie es von norwegischen Behörden suchen – mit zweifelhaftem Erfolg. Gegen ihren Willen wurde Turid ihrer neuen Familie entrissen, nur um in Norwegen erneut zur Adoption freigegeben zu werden. Damit Turid in der Schule nicht als »Deutschenkind« oder »Hurenkind« verspottet oder gar verprügelt wurde, verschleierten ihre neuen norwegischen Eltern ihre Herkunft. Vier Jahrzehnte dauerte es, die ersten Jahre ihrer Kindheit zu rekonstruieren, denn Behörden und Wohlfahrtsorganisationen schwiegen stur. Vier Jahrzehnte quälte sie die Frage nach der eigenen Identität.

Als vor dem Internationalen Militärgericht in Nürnberg die Sprache auf den »Lebensborn e.V.« kam, ahnten die Richter nichts von den seelischen Nöten, von den unsichtbaren Wunden tief im Innern der Opfer. Lapidar hieß es: »Es ist erwiesen, daß der Lebensborn eine Wohlfahrtseinrichtung war und vor allem ein Mütterheim. Es ist außerdem erwiesen, daß der »Lebensborn« eine Organisation war, die alles in ihrer Macht stehende zum Schutz der Kinder tat, die ihrer Obhut anvertraut waren«. Ein Freispruch von Richtern, die nach streng formaljuristischen Aspekten urteilten. Dabei waren die Heime in der Bevölkerung bekannt und verrufen als »SS-Bordelle« und rassistische »Kinderzuchtanstalten«.

Jaqueline Plum

In Stalins Armen

Der Ostblock entsteht

»Dieser Krieg ist nicht wie frühere. Wer immer ein Gebiet besetzt, erlegt ihm auch sein gesellschaftliches System auf. Jeder führt sein eigenes System ein, so weit seine Armeen kommen. Es kann nicht anders sein...«. Was Stalin im April 1945 dem jugoslawischen Partisanenführer Milovan Djilas mit auf den Heimweg gab, mußte Tito damals noch keineswegs bedenklich stimmen. Noch zogen der rote Rebell in Belgrad und der Rote Zar in Moskau politisch an einem Strang, und die Rote Armee hatte sich aus Jugoslawien wieder zurückgezogen.

Gegenüber den Westmächten schlug der verschlagene Kreml-Führer freilich andere Töne an. Bei der Konferenz von Jalta im Februar hatte Stalin die »Erklärung über das befreite Europa« feierlich mitunterzeichnet, und noch in Potsdam, ein halbes Jahr später, stimmte er der Formel von den »anerkannt demokratischen Regierungen« zu. Nach westlicher Lesart hieß das: Recht auf freie Selbstbestimmung und freie Wahlen.

Doch in Mittel- und Osteuropa war die Realität längst über die vagen Worthülsen der Siegermächte hinweggegangen. In Polen, der Tschechoslowakei, Ungarn, Rumänien, Bulgarien und auf deutschem Boden standen die Truppen der Roten Armee. Auch wenn er es nicht offen eingestand, Stalins Vorgehen ließ keine Zweifel daran, daß er den besetzten Ländern seinen Stempel aufdrücken wollte. Daß er zunächst keineswegs wortbrüchig wurde, hatte er Winston Churchill zu verdanken. Auf der Konferenz von Teheran Ende 1943 waren sich die beiden Sieger in spe über künftige Einflußzonen in Ost- und Südosteuropa einig geworden. Ein Schmierzettel, auf dem der britische Premier mit krakeliger Schrift Prozentzahlen notierte, ist das fragwürdige Dokument des zynischen Schachers, der über das Schicksal von zig Millionen Menschen entschied. Nachdem der Westen einen ›Finger‹ ausgestreckt hatte – Churchill gestand Stalin Rumänien und Bulgarien als Einflußzone zu (»90%«!) – griff der sowjetische Diktator nunmehr nach der ganzen Hand. Ein Gürtel willfähriger Vasallen-Staaten sollte die Sowjetunion künftig von Angriffen aus dem Westen schützen. Nie wieder Krieg auf eigenem Gebiet, lautete Stalins Devise. Außerdem lag ihm daran, die kommunistische Weltrevolution in das Herz Europas hineinzutreiben. Schon seit 1943 arbeitete er auf den neuen »cordon sanitaire« hin.

Stalin war bewußt, daß er dabei nichts überstürzen durfte. Einen offenen

Petru Groza: Auf sowjetischen Druck wird er als Ministerpräsident Rumäniens gegen König Michael eingesetzt.

Eduard Beneš: Der Staatspräsident der ČSR kann sich bis 1948 gegen den Einfluß der Kommunisten stemmen.

Josef Stalin: Sein Augenmerk liegt auf der Absicherung sowjetischer Macht mit Hilfe von Satellitenstaaten.

Zoltán Tildy: Ungarns Ministerpräsident steht im Schatten seines Stellvertreters, des KP-Chefs Mátyás Rákosi.

Eduard Osóbka-Morawski: Polens Ministerpräsident führt ein »erweitertes Kabinett der nationalen Einheit«.

Insignien einer Macht, die zu bleiben gedenkt: Hammer und Sichel auf dem Brandenburger Tor.

Bruch mit dem Westen wollte er nicht riskieren, noch war er auf Kooperation angewiesen – vor allem in Deutschland. Zudem waren die kommunistischen Kräfte in den besetzten Ländern noch äußerst schwach. Gab es in Polen und der Tschechoslowakei Mitte 1945 gerade 20 000 bzw. 30 000 KP-Mitglieder, so waren es in Rumänien, Ungarn und Bulgarien insgesamt nur ein paar tausend.

Stalin wandte eine Art »Salamitaktik« an, sie bestimmte die politische Entwicklung fast aller künftigen Ostblockstaaten: Kommunistische Minderheiten wurden zunächst in sogenanten »Patriotischen Fronten« zusammengefaßt; bei der Bildung provisorischer Regierungen erhielten moskautreue Kommunisten Schlüsselpositionen vor allem im Bereich der inneren Sicherheit. Bügerliche Mehrheiten wurden durch Verleumdung, Terror und gewaltsame ›Säuberungen‹ nach und nach ausgeschaltet. Auf die Machtübernahme durch sozialistische Blockparteien folgte schrittweise die Sowjetisierung von Staat, Wirtschaft und Gesellschaft. Niemand konnte 1945 ahnen, daß dieser Prozeß binnen weniger Jahre abgeschlossen sein würde.

In den sowjetisch besetzten Teil Deutschlands schickte Moskau seinen wohl eifrigsten Statthalter, Walter Ulbricht. Ihm konnte die Gleichschaltung in der SBZ gar nicht schnell genug gehen. Die Polen blickten mit Mißtrauen auf den neuen Eckpfeiler des sowjetischen Machtbereichs; sie hofften auf einen demokratischen Neubeginn in ihrem Land. Am Ende des Weltkriegs hatte eine Viertelmillion polnischer Soldaten in den Armeen der Westalliierten gekämpft. Churchill versprach, die Bildung einer freiheitlichen Regierung zu unterstützen – »für Großbritannien eine Sache der Ehre«. Doch Stalin lehnte die vom Westen anerkannte Exilregierung Mikolajczyk ab und beauftragte Boleslaw Bierut, damals noch sowjetischer Staatsbürger, mit der Bildung einer Gegenregierung. Bierut war Stalin völlig ergeben und erkannte auch Polens ›Westverschiebung‹ widerspruchslos an. Tausende Funktionäre und Mitglieder der oppositionellen Bauernpartei wurden verhaftet. Mikolajczyk legte den Botschaftern der Westmächte eine 400seitige Dokumentation vor über Morde, Terrorakte und Verschleppungen. Doch mehr als Protest kam nicht vom Westen.

Die tschechoslowakische Exilregierung unter Eduard Beneš verhandelte schon seit 1943 mit Moskau, denn die bürgerlichen Kräfte suchten den Ausgleich mit der künftigen Supermacht Sowjetunion. Tatsächlich kam es zum Abschluß eines Freundschafts- und Beistandspaktes. De facto aber hieß das: Unterordnung. Stalin belohnte das Entgegenkommen, indem er zusicherte, sich nach dem Krieg nicht in die inneren Angelegenheiten der Tschechoslowakei einzumischen. Doch spätestens im März 1945 entpuppte sich das Versprechen als Lüge. Wohl auch aus vorauseilendem Gehorsam akzeptierte Staatspräsident Beneš die stark kommunistisch eingefärbte Regierungsliste von des Kremls Gnaden. Damit unterschrieb er den »Totenschein für die tschechoslowakische Demokratie«. Drei Jahre später herrschte die KPČ allein.

In Ungarn kam es am 4. November zu geheimen freien Wahlen. Die Westmächte hatten Moskau unter Druck gesetzt. Was Stalin am meisten fürchtete, trat prompt ein. Der Urnengang geriet zum Debakel für die Kommunisten. Doch der Diktator zog auch diesmal die Bremse. Obwohl die ungarische KP bei der Wahl nur 70 der über vierhundert Mandate erhielt, erzwang der Kreml, daß vier kommunistische Minister mit am Kabinettstisch saßen. Einer von ihnen bekleidete das Innenressort, und zwar Politbüro-Mitglied Imre Nagy, dem damit die Mittel in die Hand gegeben waren, das Lager der Opposition umfassend zu säubern. 1947 wurde der größte Konkurrent, die Kleinlandwirte-

Zwei Karikaturen, ein Thema: Der englische News Chronicle (rechts) sieht Deutschland als zwei Eisschollen, die auseinanderdriften. Die Detroit News verpaßt dem sowjetischen Außenminister Molotow einen transportablen eisernen Vorhang, der sich nur öffnet, um »Nein« zu sagen.

partei, endgültig zerschlagen. Der Alleinherrschaft der Kommunisten stand nichts mehr im Wege.

In Bulgarien ließen sich die Sowjets gar nicht erst auf eine ›Marionettenregierung‹ ein. Anfang September 1944 schickte der Kreml den altbewährten Ex- Generalsekretär der Komintern und Abgeordneten des Obersten Sowjet, Georgi Dimitroff, nach Sofia, wo er zum Premier ernannt wurde. Allerdings hatte er einen starken Gegner, den Führer der Bauernpartei, Nikolei Pettkoff. Der schreckte nicht davor zurück, den Moskauer Statthalter in der Sobranje, dem Parlament in Sofia, offen zu brüskieren. »Du bist ja gar kein Bulgare, sondern eine Russe«. Aber Dimitroff wußte, daß er selber es war, der über die Macht im Staat verfügte: »Paß auf, Du wirst bald Deinen Kopf verlieren«, entgegnete er Pettkoff. Zwei Jahre später machte Dimitroff seine Drohung war.

Im März 1945 zwang Moskaus Vizeaußenminister Andreij Wyschinsky, der Inquisitor aus den blutigen Säuberungen im Moskau der 30er Jahre, den Rumänen eine kommunistisch beherrschte Regierung auf. König Michael wollte sich das nicht bieten lassen. Beständig pochte er auf die Potsdamer Beschlüsse, auf freie Wahlen und Selbstbestimmung. Washington hatte ihn zu dem Protest ermutigt. Zur Verblüffung seiner Gegner trat der tapfere Monarch sogar in den Streik, fünf Monate lang ignorierte er die Regierung unter KP-Chef Groza, unterzeichnete kein Gesetz, kein Dekret. Das Volk stand hinter ihm. US-Außenminister Byrnes reiste eigens nach Moskau, um Stalin umzustimmen. Der warf ihm einen kleinen ›Happen‹ hin: Zwei Angehörige der »traditionellen« Parteien durften Minister werden. Der Westen fand sich damit ab; zu rasch, wie der düpierte König meinte. Doch ihm blieb nichts anderes übrig als nachzugeben. Am 30. Dezember 1947 dankt König Michael ab. Die Volksrepublik Rumänien wird gegründet.

»Niemand wird deshalb einen Krieg beginnen«, in dieser Sicherheit konnte sich Stalin wiegen, wenn der Westen lauthals protestierte. Er machte seine Drohung eben wahr: Sowjetisierung soweit die eigenen Armeen reichen. Umstritten bleibt jedoch, ob die Westmächte ihr Möglichstes getan haben, den Roten Zaren daran zu hindern, einen halben Kontinent zu unterwerfen.

Stefan Brauburger

Winston Churchill

»Ein Schatten ist über die Schauplätze gefallen, die der alliierte Sieg noch vor kurzem erhellte. Niemand weiß, was Sowjetrußland und die internationale Organisation des Kommunismus in nächster Zukunft zu tun gedenken oder wo die Grenzen, sofern es solche überhaupt gibt, ihrer expansionistischen Pläne und Bekehrungsabsichten liegen. Ich hege große Bewunderung und Verehrung für das tapfere russische Volk und meinen Kriegskameraden Marschall Stalin. Tiefe Sympathie und Wohlwollen herrschen in Großbritannien und – ich zweifle nicht daran – auch hier für die Völker Rußlands, und wir sind entschlossen, an der Errichtung einer dauernden Freundschaft zu arbeiten, trotz mancher Differenzen und Rückschläge ... Indessen ist es meine Pflicht, Ihnen einige Tatsachen der gegenwärtigen Lage in Europa vor Augen zu führen.
Von Stettin an der Ostsee bis nach Triest an der Adria hat sich ein eiserner Vorhang über den Kontinent gesenkt. Dahinter liegen Hauptstädte der vormaligen Staaten Zentral- und Osteuropas: Warschau, Berlin, Prag, Wien, Budapest, Belgrad, Bukarest und Sofia. Alle diese berühmten Städte und die umwohnende Bevölkerung befinden sich in der Sowjetsphäre, wie ich sie nennen muß, und sind in der einen oder anderen Form nicht nur dem sowjetischen Einfluß ausgesetzt, sondern unterstehen in hohem und in vielen Fällen in steigendem Maße der Kontrolle Moskaus. Nur Athen kann bei einer Wahl unter den Augen britischer, amerikanischer und französischer Beobachter frei über seine Zukunft bestimmen. Die von den Russen beherrschte polnische Regierung wurde aufgemuntert, ungeheure und unberechtigte Übergriffe auf deutsches Gebiet zu unternehmen; eine Massenaustreibung von Millionen Deutscher findet statt, in schrecklichem, bisher ungeahntem Ausmaß. Den in diesen osteuropäischen Staaten sehr kleinen kommunistischen Parteien wurde eine Machtstellung eingeräumt, die ihrer zahlenmäßigen Stärke keineswegs entspricht, und sie versuchen nun allenthalben, die Kontrolle vollständig zu erlangen. In fast allen Fällen herrscht ein Polizeiregime ...
Die Türkei und Persien sind zutiefst betroffen und beunruhigt über die an sie gestellten Ansprüche und den Druck, den die Regierung Moskaus ausübt. In Berlin versuchen Russen, eine Art kommunistische Partei in der von ihnen besetzten Zone Deutschlands aufzuziehen, indem sie einer Gruppe linksstehender deutscher Parteiführer besondere Vorteile einräumen. Als die Kämpfe im vergangenen Juni endeten, zogen sich die amerikanischen und britischen Armeen entsprechend einem früheren Abkommen nach Westen zurück ... Wenn die Sowjetregierung jetzt versucht, durch eigenmächtiges Vorgehen ein prokommunistisches Deutschland in ihren Gebieten zu errichten, wird das neue, ernsthafte Schwierigkeiten in der britischen und amerikanischen Zone hervorrufen und den geschlagenen Deutschen die Macht geben, sich zwischen den Sowjets und den westlichen Demokratien an den Meistbietenden zu verkaufen. Welche Schlußfolgerungen aus diesen Tatsachen man auch ziehen mag, dies ist sicher nicht das befreite Europa, für dessen Aufbau wir gekämpft haben. Auch ist es keineswegs ein Europa, das die notwendigen Voraussetzungen für einen dauernden Frieden birgt.«
März 1946 in Fulton, Missouri.

Das Fest des Friedens

Die erste Weihnacht nach dem Krieg

»Only for army dogs« – was für Hunde der US-Armee gut war, das konnte der deutschen Familie sicher nicht schaden. Das Büchsenfleisch brachte Sättigung – das Wichtigste in diesen Tagen des Elends. Der Hunger ging um im weihnachtlichen Deutschland des Jahres 1945. Während die Landbevölkerung noch genügend Lebensmittel übrig hatte, um sie zu horrenden Preisen zu verkaufen oder gegen Wertgegenstände einzutauschen, mußten sich die Städter schon ziemlich anstrengen, um mit den kargen Rationen der Lebensmittelkarten wenigstens etwas halbwegs Festliches kochen oder backen zu können. »In einem Kohleherd, der im Haus von Freunden stand, backten wir ›Knusperplätzchen‹. Das Kriegsrezept sah ein Ei vor, das man durch Milch ersetzen konnte, die Milch ließ sich durch Magermilch ersetzen; als auch die verbraucht war, nahmen wir Wasser. Der Zucker wurde durch braunen Rohrzucker, dann durch Süßstoff ersetzt, das weiße Weizenmehl durch graues Roggenmehl, unersetzlich blieb der Löffel Essig als Treibstoff. Später nannten wir dieses Gebäck ›Ohne-alles-mit-Essig‹.« Die Erinnerungen der Schriftstellerin Christine Brückner an Weihnachten 1945 sind exemplarisch für viele Haushalte im geschlagenen Deutschland. Selbstgemachte Süßigkeiten für den Weihnachtsabend, von der verschwindend geringen Zuckerration abgespart, winzige Fleischrationen, ein Täßchen schwach duftenden Bohnenkaffees, das war schon ein Luxus für den Festtagstisch.

Kohlen gehören im kalten Nachkriegswinter zur begehrtesten Mangelware. Oft bleibt nichts anderes übrig, als sie zu »organisieren«.

In manchen Städten versprachen die Behörden etwas größere Zuteilungsrationen. So sagte der Berliner Magistrat die Erhöhung der Zigarettenmenge zu, Männer konnten sich auf zehn, Frauen immerhin auf fünf Zigaretten freuen. Starken Rauchern blieb allerdings nur der Schwarzmarkt. Dem versuchten die Besatzungsbehörden auch bei den Weihnachtsbäumen zu begegnen, indem sie die Verkaufsstände limitierten und Höchstpreise festsetzten. Dennoch konnten die Händler und Schieber der allgegenwärtigen Schwarzmärkte an Weihnachten zufrieden Bilanz ziehen – im ersten Jahr des Friedens machten sie gute Geschäfte. Die kriegsgeplagten Menschen wollten endlich wieder einen halbwegs normalen Heiligabend verleben, dazu zählten auch einige wenige materielle Weihnachtsfreuden. »Im Warenhaus viele fremde Gesichter«, so die Beobachtungen aus einer nordhessischen Kleinstadt, »schmale Hungergestalten, manche ohne Mantel, jeder konnte ahnen, was hinter ihnen lag: Flucht, Vertreibung, vermißte Angehörige. Eine schaurige Ruhe ging von ihnen aus, verlegen zogen sie ihre Geldbörse, das Weihnachtsritual wollte erfüllt sein.«

Andererseits war diese erste Friedensweihnacht auch eine Herausforderung an die Bastelleidenschaft. Wer sich teure Geschenke nicht leisten konnte, sah zu, wie er aus Abfall einfache Geschenke fabrizierte. Kleine Weihnachtsgaben wie selbstgeschnitzte Holzfigürchen aus abgebrochenen Stuhlbeinen oder genähte Puppen aus Stoffresten machten Eindruck. Wenn auch noch eine Hose oder Joppe, von der Mutter aus dem gewendeten Stoff des alten Wehrmachtsmantels genäht, auf dem kargen Gabentisch lag, war die Bescherung abgerundet. Darüberhinaus konnten sich Kinder und Jugendliche in der Christnacht über bescheidene Zusatzrationen an Süßigkeiten freuen.

Die weihnachtlichen Stuben waren durch die Zwangseinweisungen der Ortsverwaltungen oft von Mitmenschen überfüllt, fast jede Familie beklagte überdies Tote oder Vermißte. »Wo sich in dieser stillen Nacht die Familien zusammenfinden, da bleiben viele Plätze leer. Die sie einnehmen sollten, sind vielleicht nicht mehr unter den Lebenden, oder sie weilen wer weiß in welchem verlassenen Winkel der Erde«, schilderte damals der Journalist Peter von Zahn in seinem »Wort an die Hörer« den Heiligabend 1945. »Sie liegen in kahlen Lazaretträumen. Sie ziehen über die kalten Landstraßen oder nächtigen im Schmutz der Wartesäle. Andere starren in fernen Ländern hinter Stacheldraht die Wände ihrer Baracken an und können nur ihre Gedanken heimsenden – in Häuser, von denen sie nicht wissen, ob sie noch stehen, und zu Menschen, die wie auf einem fremden Gestirn zu wohnen scheinen.«

Trotz der Trauer um die Toten und der Sorge um die Vermißten versuchten viele Menschen, dem Heiligabend eine entspannende Atmosphäre zu verleihen. Wer noch ein taugliches Radio hatte, konnte der Übertragung von Ansprachen, Weihnachtsliedern und Kirchenglocken lauschen. Weniger besinnlich, aber moderner hörten sich die Weihnachtssendungen des amerikanischen Armeesenders AFN an. Wenn Bing Crosby sein »Dreaming of a white christmas« intonierte, dann wurde den Zeitgenossen klar, daß eine neue Ära angebrochen war und zukünftig ein verändertes Deutschland an der Seite des »großen Bruders« Amerika entstehen würde.

»Glücklich waren wir auch, wieder einmal Weihnachten zu feiern ohne Verdunkelung, das heißt mit Licht ins Freie hinaus. Das gab dem ganzen Fest einen besonders feierlichen Rahmen nach Jahren der Finsternis«, so die Erinnerungen des späteren Bundesministers Josef Ertl an diesen Abend. »Zum erstenmal seit Jahren brannte auf dem Weg zur Kirche die Straßenbeleuchtung, da und dort sah man Christbäume in hellerleuchteten Wohnstuben. Auch die Kirche erschien wieder in vollem Lichterglanz.« Die Gotteshäuser waren voll bis auf den letzten Platz. Die Predigten waren erfüllt mit Dank, dem Chaos der letzten Kriegstage lebend entkommen zu sein, und schlossen Fürbitten für diejenigen ein, die jetzt nicht mitfeiern konnten. Kaum ein Pfarrer schloß seine Rede ohne einen Appell an die Alliierten, die deutschen Männer so bald wie möglich in die Heimat zu entlassen. Die Besucher sangen voller Inbrunst die alten Weihnachtslieder. Die Welt um sie herum lag in Trümmern, manche hatten ihre Heimat verloren, doch die altvertrauten Lieder waren geblieben. An ihnen hielten sich die Menschen fest und schöpften neue Hoffnung aus der Weihnachtsbotschaft. Der Nachhauseweg vom Gottesdienst war friedlich, kein Vergleich zum Bombeninferno vom Vorjahr. Die Alliierten hatten mit Rücksicht auf die Mitternachtsmette die nächtlichen Sperrstunden verkürzt. Bei aller Bescheidenheit des Festes war es sicher auch der beste Anlaß zur Besinnung. »Nun haben wir Frieden, den wahren Frieden?« fragte Papst Pius XII. in seiner Weihnachtsbotschaft. »Nein, sondern nur die Nachkriegszeit, ein schmerzlicher Ausdruck. Wieviel Zeit wird erforderlich sein, um alle sittliche Not zu beheben, welche Mühen, bis soviele Wunden vernarbt sind.«

Auch an diejenigen wurde gedacht, die Heiligabend in Krankenhäusern und Lazaretten verbringen mußten. Pastor Heinrich Albertz erinnert sich der von ihm gestalteten Weihnachtsfeier in einer Typhus-Station. »Ich stand im Flur, damit mich alle hören konnten, und las die Weihnachtsgeschichte vor. Ich fragte dann, ob wir versuchen könnten, auch ein Weihnachtslied zu singen. Ein Chor in gehörigem Abstand, damit er sich nicht ansteckte, sang es vor, und dann fielen sie tatsächlich ein – leise und brüchig, aber sie sangen. Ich ging von Bett zu Bett. Plötzlich war tiefer Frieden da, und wir waren auf eine merkwürdige Weise glücklich.«

In dieser ersten Christnacht nach dem Krieg war Frieden bestimmt das häufigste Wort in aller Munde. Die Menschen sehnten sich, bei aller Ungewißheit über die Zukunft, vor allem nach Sicherheit von Leib und Leben.

Klaus-Konstantin Sondermann

Suppenausgabe in einer Wärmestube im Ost-Berliner Bezirk Lichtenberg: Die im Oktober 1945 in der SBZ gegründete »Volkssolidarität« kümmert sich im Winter um Bedürftige.

Dezember 1945

1 · Samstag

In Österreich wird der Schilling wieder offizielles Zahlungsmittel. Bis zum 21. Dezember können Reichsmark zum Kurs von 1:10 eingetauscht werden.

Die ehemaligen Wehrmachtsuniformen – im Winter sehr begehrt – müssen auf Befehl des Alliierten Kontrollrates in Berlin gefärbt werden.

2 · Sonntag

Vertreter der »Antifaschistischen Jugendausschüsse« bereiten in Berlin die Gründung der »Freien Deutschen Jugend« (FDJ) in der sowjetischen Besatzungszone vor.

In Japan verhaften US-Soldaten 59 als Kriegsverbrecher verdächtigte Politiker und Militärs.

3 · Montag

In der US-amerikanischen Besatzungszone werden Weihnachtszuteilungen ausgegeben: ein Kilo Weizenmehl und 400 Gramm Zucker pro Person. In Frankfurt am Main werden die ersten Massenspeisungen organisiert.

Mehrere Gemälde, darunter die Sixtinische Madonna von Raffael, werden aus deutschen Museen nach Moskau überführt – Wiedergutmachung eben, kommentiert Moskau lakonisch.

4 · Dienstag

Die französische Regierung will der Bildung einer deutschen Zentralregierung nur zustimmen, wenn das Ruhrgebiet und das Saarland an Frankreich abgetreten werden.

Konrad Adenauer erhält vom britischen Militärgouverneur die Erlaubnis, sich wieder parteipolitisch zu engagieren.

Eine frühere HJ-Schulungsstätte als Ferienlager der FDJ im Jahr 1947.

5 · Mittwoch

In Bayern läßt die US-Militärregierung die Christlich-Soziale Union (CSU) als Partei zu.

CSU-Chef Josef Müller (1898–1979).

6 · Donnerstag

In Stuttgart bereiten die Länder der US-Besatzungszone die Gemeindewahlen im Januar 1946 vor und beratschlagen das weitere Vorgehen bei der Entnazifizierung. Bisher sind in der amerikanischen Zone 643 055 Fragebögen zur Entnazifizierung bearbeitet worden.

7 · Freitag

Im sowjetischen Sektor Berlins wird die Abendzeitung *Nacht Express* zugelassen.

Ein US-Militärgericht verurteilt den ehemaligen Oberkommandierenden der japanischen Armee auf den Philippinen zum Tode.

8 · Samstag

Das Staatsgrundgesetz für Groß-Hessen wird von der Militärregierung genehmigt. Das Gesetz regelt Rechte und Pflichten der Landesregierung.

9 · Sonntag

US-Außenminister Byrnes schlägt vor, Verkehr und Währung in den drei Westzonen zentral zu verwalten.

10 · Montag

Premierminister Attlee gibt im britischen Unterhaus bekannt, daß die Streitkräfte des Vereinigten Königreichs im Zweiten Weltkrieg 1 246 025 Mann verloren haben.

Die bislang von den Briten verwalteten Städte Bremen und Bremerhaven werden der US-Militärregierung unterstellt.

11 · Dienstag

Der Flüchtlingsausschuß des Länderrates bittet die US-Militärregierung, die Vertriebenentransporte während der Kälteperiode einzustellen und Medikamente sowie Lebensmittel aus Heeresbeständen bereitzustellen (S. 183).

In Hamburg erhalten Hinrich und Axel Springer die Lizenz für den Axel-Springer-Verlag.

Axel Springer (1912–1985).

12 · Mittwoch

Anton Mussert, Ministerpräsident der Niederlande während der deutschen Besatzungszeit, wird von einem Sondergericht in Den Haag als Hochverräter zum Tode verurteilt.

In der Nähe von Mannheim wird der Befehlshaber der 15. US-Armee, General George C. Patton, bei einem Autounfall schwer verletzt. Er wird im Heidelberger Militärhospital ärztlich behandelt.

13 · Donnerstag

Der US-Militärgerichtshof spricht im Prozeß gegen 40 Angehörige des Wachpersonals im Konzentrationslager Dachau alle Angeklagten schuldig. 36 werden zum Tode verurteilt, vier erhalten langjährige Haftstrafen.

14 · Freitag

In Bad Godesberg beginnt die erste Reichstagung der Christlich-Demokratischen Union und der Christlich-Demokratischen Partei. Beide Gruppen einigen sich auf den gemeinsamen Parteinamen »Christlich-Demokratische Union« (CDU).

15 · Samstag

In ganz Deutschland wird der Personenzugverkehr stark eingeschränkt, um die Züge für Kohlen- und Lebensmitteltransporte nutzen zu können.

16 · Sonntag

Feldmarschall Montgomery lehnt die Gnadengesuche der im Belsen-Prozeß zum Tode Verurteilten ab. In dem Prozeß um die Verbrechen im Konzentrationslager Belsen wurden elf Angeklagte zum Tode verurteilt.

In Moskau beginnt nach der Londoner Konferenz im September die zweite Außenministerkonferenz der Siegermächte Großbritannien, USA und UdSSR.

17 · Montag

In Stuttgart treffen die Ausschüsse der Landesregierungen von Groß-Hessen, Bayern und Württemberg-Baden zusammen, um ein gemeinsames Entnazifizierungsgesetz auszuarbeiten.

Der Alliierte Kontrollrat ordnet an, alle Turn- und Sportvereine aufzulösen. Vereinsgründungen sind genehmigungspflichtig. Damit soll verhindert werden, daß Sport als »vor-militärische Ertüchtigung« mißbraucht wird.

18 · Dienstag

Vor dem Internationalen Militärgerichtshof in Nürnberg beantragt der amerikanische Hauptankläger Jackson, einige NS-Organisationen als verbrecherisch einzustufen. Damit wäre es möglich, die politischen Leiter von SS, SD, Gestapo, SA, des Generalstabs der Wehrmacht und der Reichsregierung kollektiv für schuldig zu befinden (S. 167).

19 · Mittwoch

Die sowjetische Militäradministration Deutschland (SMAD) entläßt die Vorsitzenden der Ost-CDU Andreas Hermes und Hermann Schreiber. Sie hatten sich gegen die entschädigungslose Enteignung der Bauern im Zuge der Bodenreform ausgesprochen (S. 137).

Andreas Hermes, erster CDU-Vorsitzender in der SBZ. Ihm wird seine Standfestigkeit in Sachen Bodenreform zum Verhängnis.

20 · Donnerstag

In Berlin treffen sich 30 Vertreter der Ost-SPD und 30 Vertreter der KPD zur sogenannten Sechzigerkonferenz. In der Abschlußerklärung wird die Einheit der deutschen Arbeiterklasse als »notwendig« betont.

In Bayern wird verboten, Kriegsspielzeug herzustellen und zu verkaufen.

21 · Freitag

Der Befehlshaber der 15. US-Armee, General George C. Patton, stirbt im Heidelberger Militärhospital an den Folgen seines schweren Autounfalls vom 12. Dezember.

Die »Preußische Akademie der Wissenschaften« wird in »Akademie der Wissenschaften« umbenannt. Der alte Name, so die Begründung, ist im Ausland mit zu vielen negativen Assoziationen verbunden.

22 · Samstag

Die britische Militärregierung übernimmt die direkte Kontrolle über alle Kohlebergwerke in ihrer Besatzungszone. 68 Kohlebergwerksgesellschaften mit 255 Bergwerken werden enteignet.

Die Internationale Reparationskommission in Paris schlüsselt die deutschen Reparationszahlungen auf. Demnach sollen die UdSSR 25 Prozent, die USA und Großbritannien 28, Frankreich 16 und weitere 14 Staaten zusammen 28 Prozent erhalten.

23 · Sonntag

In Berlin fordert der Alliierte Kontrollrat die Mitgliedsstaaten der UNO auf, deutsche Beamte und Diplomaten auszuweisen.

Radio Bremen nimmt seinen Sendebetrieb auf.

24 · Montag

Für die Weihnachtsnacht verkürzt die US-Militärregierung die Ausgangssperre auf 3 bis 5 Uhr. Damit soll der Bevölkerung Gelegenheit gegeben werden, Verwandte zu besuchen (S. 192).

Der Rat der Evangelischen Kirche in Deutschland bittet in einem Schreiben an den Alliierten Kontrollrat, deutsche Kriegsgefangene »im größtmöglichen Umfang« zu entlassen (S. 101).

25 · Dienstag 1. Weihnachtsfeiertag

Die ungarische Regierung verabschiedet ein Gesetz, nach dem die deutsche Bevölkerung Ungarns ausgewiesen werden soll. Das Gesetz betrifft rund 500 000 Menschen (S. 183).

In München lädt der Zirkus Krone zu seiner ersten Vorstellung nach dem Krieg. Direktor des Traditionsunternehmens ist Carl Sembach.

26 · Mittwoch 2. Weihnachtsfeiertag

Die US-Militärregierung setzt für den 27. Januar 1946 Kommunalwahlen an. Ehemalige Mitglieder der NSDAP, der SS, der SA, der HJ oder des BDM sind von der Wahl ausgeschlossen.

Das britische Außenministerium erkennt die jugoslawische Republik an.

27 · Donnerstag

Die US-Militärregierung erlaubt in ihrer Zone freien Reiseverkehr.

Auf der Moskauer Konferenz zur Vorbereitung von Friedensverträgen mit Hitlers einstigen Verbündeten in Europa einigen sich die Außenminister der UdSSR, der USA und Großbritanniens in umstrittenen Punkten.

28 · Freitag

In Berlin treffen die ersten sechzehn Säcke mit je 10 000 Kriegsgefangenenkarten ein.

29 · Samstag

Die Beschäftigten der Deutschen Reichsbahn werden mit Winterkleidung aus US-amerikanischen Militärbeständen ausgestattet.

30 · Sonntag

Die Nachrichtenagentur DANA meldet, US-Nachrichtenoffiziere hätten in Tegernsee das Testament Adolf Hitlers gefunden.

Thomas Mann in seiner Villa in Pacific Palisades, Kalifornien.

Thomas Mann lehnt es erneut ab, nach Deutschland zurückzukehren. »Man gönne mir mein Deutschtum«, meint der Schriftsteller in einer Rundfunkansprache.

31 · Montag

Den Goethe-Preis der Stadt Frankfurt am Main erhält der Professor für Physik, Dr. Max Planck (S. 201).

Martin Andersen Nexø
1869–1954

Morten der Rote

Morten hin Rode
Roman
Überzeugter denn je, daß allein die Arbeiterklasse eine menschenwürdige Welt zu schaffen imstande sei, läßt Andersen Nexø seine

Martin Andersen Nexø.

bekannte Romanfigur Pelle (Pelle der Eroberer, 1906–1910) im Zweiten Weltkrieg wiederauferstehen. Als Ministerpräsident verkörpert Pelle die degenerierte Sozialdemokratie, die der dänische Schriftsteller für den größten, weil unerkannten Feind der Revolution hält. Ihm steht der Arbeiterdichter Morten gegenüber – ebenfalls eine schon bekannte Romanfigur. Morten kehrt aus dem Ausland nach Dänemark zurück und zieht beim Vergleich mit Rußland eine deprimierende Bilanz für seine Heimat. Der Roman läßt zwar eine fortlaufende Handlung vermissen und zeigt im Aufbau mitunter chaotische Züge, porträtiert jedoch die Figur des Kommunisten Morten eindrucksvoll.
Nach der Verbrennung seiner Bücher und kurzer Haft 1941 in Dänemark, zog Andersen Nexø nach Schweden und läßt sich 1951 in der DDR nieder. Der Roman erscheint 1945 in Kopenhagen und 1950 in deutscher Übersetzung in Zürich.

Ivo Andrić
1892–1975

Die Brücke über die Drina. Eine Wischegrader Chronik.

Na Drini Cuprija. Visegradska hronika.
Roman
Diese Chronik der Kleinstadt Wischegrad an der Drina gerät dem Schriftsteller Ivo Andrić zu einer Geschichte seiner Heimat Bosnien vom ausgehenden Mittelalter bis zum Zusammenbruch der habsburgischen Donaumonarchie am Ende des 1. Weltkriegs. Hier trafen die verschiedensten Völker und Religionen aufeinander, hier begegnen sich Orient und Okzident. Für seinen an Volkskultur reichen Heimatroman (dt. 1953) erhält der Autor 1961 den Nobelpreis. 1945 erscheinen von ihm auch »Wesire und Konsuln« (dt. 1961) sowie »Das Fräulein« (dt. 1958).

Ivo Andrić.

Johannes R. Becher
1891–1958

Ausgewählte Dichtung aus der Zeit der Verbannung 1933–1945

Gedichte
Die Liebe zu Deutschland, die Sehnsucht nach dem Land, das er verlassen mußte, spricht aus Bechers Werk. Als eines der ersten deutschen Bücher nach Kriegsende erscheint es zu Weihnachten im Aufbau-Verlag. Die Qual des einsamen Wartens auf das Ende des »Dritten Reiches«, die Frage nach der Schuld, aber auch die Hoffnung auf eine bessere Zukunft finden Ausdruck in Gedichten wie »Kinderschuhe aus Lublin«, »Schwalbenlieder« oder »Der Brüderliche«. Die Kritik ist gespalten: Den einen geht die sehnsüchtige Heimatliebe zu Herzen, den anderen scheint der Expressionist Becher im Exil zu zahm geworden zu sein. Der Sohn aus bürgerlichem Hause, überzeugter Kommunist und KPD-Reichstagsabgeordneter, hatte Deutschland 1933 verlassen müssen. Als einer der ersten kehrt er im Juni 1945 aus seinem Moskauer Exil zurück und ist maßgeblich am kulturellen Aufbau in der sowjetischen Zone beteiligt. 1953 wird er Präsident der Akademie der Künste, 1954 Kulturminister. 1949 schreibt Becher den Text der DDR-Hymne.

Hermann Broch
1886–1951

Der Tod des Vergil

Roman
In letzter Minute war dem Autor 1938 die Flucht aus Österreich in die USA gelungen, im Gepäck das Manuskript seines Hauptwerks, das ihm internationale Anerkennung bringen sollte. 1935 als Erzählung begonnen, 1945 vollendet und auf deutsch und englisch veröffentlicht, erzählt der Roman von den letzten Stunden des römischen Dichters Vergil. Broch stellt darin die immer wiederkehrende Frage nach bleibenden Werten, nach der moralischen Verantwortung von Kunst in einer untergehenden Gesellschaft, im Zeitalter von Diktatur und systematischer Vernichtung. Der Roman hat nur eine spärliche Handlung; die Monologe Vergils dominieren das Werk. Der Autor verneint schließlich jede Ästhetik im Angesicht einer bedrohten Welt, die statt Versen Taten brauche.

Alexander A. Fadejew
1901–1956

Die junge Garde

Molodaja Gvardija
Roman
Der auf Tatsachen basierende Roman erzählt von jungen Partisanen im Donezbecken, die den deutschen Truppen erbitterten Widerstand leisten, aber kurz vor Ende des Zweiten Weltkrieges verraten und erschossen werden. Während das Publikum die wirklichkeitsnahe Darstellung der Personen schätzt, vermißt die KPdSU die führende Rolle der kommunistischen Partei – Fadejew muß seinen Roman mehrmals umschreiben. Als Kulturpolitiker und Autor wird er in der Stalinzeit zum führenden Vertreter des sozialistischen Realismus. Später wird er für die repressive sowjetische Kulturpolitik verantwortlich gemacht – ein Vorwurf, den er kurz vor seinem Freitod 1956 entschieden zurückweist. Die deutsche Übersetzung des Romans erscheint 1948 in Wien.

Astrid Lindgren
**1907*

Pippi Langstrumpf

Pippi Langstrump
Erzählung
Pippi ist bärenstark. Sie trägt zwei abstehende rote Zöpfe, verschiedenfarbige Strümpfe, viel zu große Schuhe und tut, was ihr gefällt. Sie ist naseweis, vorlaut und liebenswert. Sie lebt mit dem Affen »Herrn Nilsson« in der Villa Kunterbunt und beherbergt ein Pferd auf der Veranda. Sie ist steinreich, darf alles und kann fast alles. Pippi ist so, wie Kinder – aus Sicht der Erwachsenen – gerade nicht sein sollten. Schon gar nicht im Jahre 1945. Die schwedische Schriftstellerin, die mit dieser Trilogie (1945–1948) Weltruhm als Kinder- und Jugendbuchautorin erlangt, persifliert mit ihrem »enfant terrible« auf einfühlsame und amüsante Weise die steife Moral bürgerlicher Erziehung. Phantasie und Neugierde,

Astrid Lindgren.

Selbstbehauptung und Hilfsbereitschaft zeichnen die Hauptfigur aus, die die Autorin ursprünglich für ihre Tochter erfand. Pippi Langstrumpf soll amüsieren und dabei – ohne erhobenen Zeigefinger – vermitteln, »daß man Macht haben kann, ohne sie zu mißbrauchen«. Die deutsche Übersetzung erscheint 1949.

George Orwell
1903–1950

Farm der Tiere

Animal Farm
Fabel
»Alle Tiere sind gleich, aber einige Tiere sind gleicher als andere.« Dieser Satz des britischen Schriftstellers George Orwell bündelt die wesentlichen Züge seiner satirischen Fabel, in der sich die Tiere des Bauern Jones spontan vom Joch der Menschen befreien. Sie errichten eine Gesellschaft, in der zunächst Solidarität, Gleichberechtigung und soziales Engagement vorherrschen. Doch die intellektuell stärkste Gruppe, die Schweine, nutzt ihre demokratisch legitimierte Macht zunehmend aus und errichtet eine Diktatur, gestützt auf die Kontrolle über Sprache und Bildung. Konkurrenten werden als Verräter diffamiert, es finden Säuberungen statt, erzwungene Geständnisse und Hinrichtungen. Der Sozialist Orwell, Freiwilliger im Spanischen Bürgerkrieg, zeichnet mit dieser Fabel die Entwicklung von der russischen Revolution bis zur Diktatur Stalins nach und kämpft zugleich für die ursprüngliche Idee des Sozialismus. Das Buch wird ein Welterfolg. 1946 erscheint es in Zürich auf deutsch und wird ab 1948 zur Umerziehung der Deutschen in der amerikanischen Zone eingesetzt.

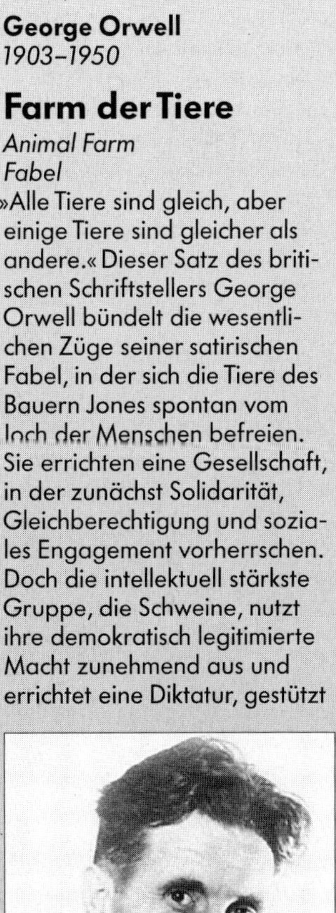

George Orwell.

Jean-Paul Sartre
1905–1980

Die Wege der Freiheit

Les chemins de la liberté
Romanzyklus
Die Freiheit des Menschen, eines der Hauptthemen des französischen Schriftstellers und Philosophen, ist auch der Kern dieses unvollendet gebliebenen Romanzyklus'. Die Handlung spielt in Frankreich am Vorabend und während des Zweiten Weltkriegs. Die beiden ersten Bände, »Die Zeit der Reife« und »Der Aufschub«, erscheinen 1945. »Der Pfahl im Fleisch« und »Die letzte Chance« folgen bis 1950. Der Intellektuelle Mathieu, Hauptfigur im ersten Band, steht für aktiv erkämpfte Freiheit: Teuer erkauft er sich die Unabhängigkeit von seiner schwangeren Freundin. Doch der drohende Krieg zeigt ihm, daß er auch jetzt nicht wirklich frei ist von den Bindungen seiner Herkunft, seines Werdegangs, seiner Existenz. Sie erhält erst dann einen Sinn, wenn sie auf ein bestimmtes Ziel gerichtet ist. Im zweiten Band schildert Sartre die Entstehung des Krieges in einer Chronik der sieben Tage vor dem Münchner Abkommen. Ein Blick auf das Leben völlig unterschiedlicher Menschen zeigt doch immer wieder den scheinbar unauflöslichen Gegensatz, daß zwar jeder Mensch persönliche Freiheit besitzt, letztlich aber der Krieg den Weg in die Zukunft bestimmt. Von Menschen geschaffen, entwickelt er seine eigene Dynamik. Sartre, der 1964 den Nobelpreis für Literatur ablehnt und immer wieder mit politischen Stellungnahmen Kontroversen auslöst, schildert mit seinem Romanzyklus die Entwicklung zu einem geschichtsbewußten Dasein. Die deutschen Übersetzungen der ersten drei Bände erscheinen zwischen 1949 und 1951.

Sartre im Cafè Fleur, 1945.

John Steinbeck
1902–1968

Die Straße der Ölsardinen

Cannery Row
Roman
Für kriegsmüde Soldaten habe er diesen Unterhaltungsroman geschrieben, erklärte der Literatur-Nobelpreisträger Steinbeck, einer der meistgelesenen amerikanischen Autoren. Auf humoristische Weise erzählt dieser Roman vom Leben in seiner kalifornischen Heimatstadt Monterey. Huren und Diebe, Eigenbrödler und Halbstarke treffen inmitten von Lagerhallen, Konservenfabriken, Bordellen und Kneipen aufeinander – Menschen ohne festen Platz in der Gesellschaft und dadurch noch von »natürlicher Unschuld beseelt«. Mit der Gestalt des Meeresbiologen »Doc« schuf Steinbeck das Ideal eines selbstlosen Menschen, der in einer materialistischen Industriegesellschaft seine Natürlichkeit bewahrt hat. Selbst diejenigen, die im Rausch sein Labor zerstören, verstößt er nicht. Im Gegenteil: Er begegnet ihnen weiterhin mit Wohlwollen. 1946 erscheint die deutsche Übersetzung in Zürich. Die Fortsetzung dieses Schelmenromans, »Wonniger Donnerstag«, folgt 1954.

Evelyn Arthur Waugh
1903–1966

Wiedersehen mit Brideshead

Brideshead revisited
Roman
Als Zyniker und Verfasser ironisch-komischer Gesellschaftssatiren (u. a. »Auf der schiefen Ebene«, 1928, dt. 1953) ist der Brite Waugh bekannt, als dieser Roman mit dem Untertitel »Die heiligen und profanen Erinnerungen des Hauptmanns Charles Ryder« erscheint, vermutlich während eines Lazarettaufenthalts verfaßt. Aus Sicht eines Außenstehenden, des Hauptmanns Charles Ryder, wird der Niedergang einer alteingesessenen englischen Familie in der Zwischenkriegszeit geschildert. Im Mittelpunkt dieses autobiographisch gefärbten Werkes steht die Suche nach bleibenden Werten im Angesicht des Verfalls. Die Probleme zwischenmenschlicher Beziehungen und die Traditionen der Aristokratie spielen ebenso eine Rolle wie Politik, Kunst und der katholische Glaube, den der Autor 1930 angenommen hat. Das Buch wird in England und den USA zu einem Bestseller. Die deutsche Übersetzung erscheint 1947. Die Kritiker des Romans monieren, daß der Autor darin für Werte der britischen Gesellschaft eintritt, die er zuvor verspottet hat. 1960 erscheint eine Neufassung.

Begegnung

Brief encounter
Regie: David Lean
Darsteller:
Celia Johnson
Trevor Howard
Großbritannien
Die Geschichte ist alltäglich und fast banal: Eine Hausfrau (C. J.) und ein Arzt (T. H.) lernen sich an einer kleinen Bahnstation kennen und treffen sich fortan regelmäßig. Sie gehen ins Kino, in Restaurants und arrangieren schließlich ein Rendezvous in der Wohnung eines Freundes. Doch beide sind verheiratet – die Vernunft siegt. Am Ende stehen Verzicht und Trennung. Nicht die Handlung, sondern das ideale Zusammenspiel von Regie und Schauspielern, Musik und Technik machten den Film zu einem britischen Klassiker. Die Pianistin Eileen Joyce intonierte Rachmaninovs Klavierkonzert Nr. 2 als beeindruckende Hintergrundmusik. Celia Johnson wird für den Oscar nominiert und mit dem New Yorker Kritiker-Preis ausgezeichnet, für Trevor Howard bringt diese Rolle den internationalen Durchbruch. In Cannes erhält der Film 1946 den »Großen Preis der Kritik«. Doch das Publikum teilt das Lob der Experten nur bedingt. Der Film, dem ein Einakter von Noël Coward zugrunde liegt, wurde kein Kassenerfolg. Dem britischen Kino verhalf er freilich zu neuem Ansehen.

Die Damen vom Bois de Boulogne

Les dames du bois de Boulogne
Regie: Robert Bresson
Darsteller:
Maria Casares
Paul Bernard
Elina Labourdette
Frankreich
Helene, eine Adelige mittleren Alters (M. C.), will sich an ihrem Liebhaber Jean (P. B.) rächen, da er sie verlassen hat. Sie führt ihn im Bois de Boulogne mit einer jungen Frau von zweifelhaftem Ruf (E. L.) zusammen. Doch was ihr und der Gesellschaft unmöglich erscheint, kümmert die beiden nicht. Der Rache-Coup mißlingt – das junge Glück entflammt in wahrer Liebe. Der Zuschauer wird auf die Seite Helenes gezogen, die Regisseur Bresson als starken, gradlinigen und traditionellen Werten folgenden Charakter entwarf. Ihre Sicht der Welt scheitert allerdings an der Vorherrschaft zeitgenössischer Anschauungen, so daß sie letztlich allein bleibt. Ebenso wie er Helenes Charakter schildert, wirkt Bressons Stil: präzise, kontrolliert, ohne Spontaneität und unkalkulierte Ausbrüche. Seine Inszenierung steht noch deutlich unter dem Eindruck der deutschen Besatzungszeit. Noch im selben Jahr wird der Film mit dem Louis Delluc Arward in Frankreich ausgezeichnet.

Kinder des Olymp

Les enfants du paradis
Regie: Marcel Carné
Darsteller:
Arletty
Pierre Brasseur
Marcel Herrand
Jean-Louis Barrault
Frankreich
Die Geschichte spielt im Jahr 1827 in der extravaganten Welt des französischen Theaters, als die Plätze des gemeinen Publikums noch »paradis« hießen. Hier umgarnt die schöne Garance (A.) drei Herren: einen Schauspieler (P. B.), einen anarchistischen Gauner (M. H.) und den berühmten Pantomimen Debureau (J.-L. B.) – alle sind historischen Figuren nachempfunden. Garance, sie verkörpert Unabhängigkeit und Freiheit, verliebt sich in Debureau, verläßt ihn aber, als sie erfährt, daß er schon einen Sohn hat. In einer unüberschaubaren Karnevalsmenge verliert er sie nach etlichen Jahren endgültig aus den Augen. Mit allen Mitteln versuchte Regisseur Carné, die Produktion hinauszuzögern. Er wartete auf die Libération, auf die Befreiung seines Landes. Zwar drehte er mit Unterstützung der Besatzungsbehörden, die begriffen hatten, daß sie mit deutschen Filmen die Bevölkerung nicht erreichten. Doch er wollte dem ungebeugten, freien Geist Frankreichs ein Denkmal setzen, wollte an die Traditionen des Vorkriegskinos im Stil des poetischen Realismus anknüpfen. Die Dialoge schrieb der Lyriker Jacques Prévert. Einige Schauspieler verschwanden spurlos, andere waren im Widerstand aktiv und trauten sich nur an geheimen Drehorten vor die Kameras. Die Massenszenen schließlich entstanden nach der Befreiung in Paris. Bei der Uraufführung am 9. März 1945 stößt das 195 Minuten lange Meisterwerk auf begeisterte Resonanz beim Publikum und zählt noch heute zu den bedeutendsten Ereignissen des französischen Nachkriegskinos.

Szene aus dem Film »Kinder des Olymp«.

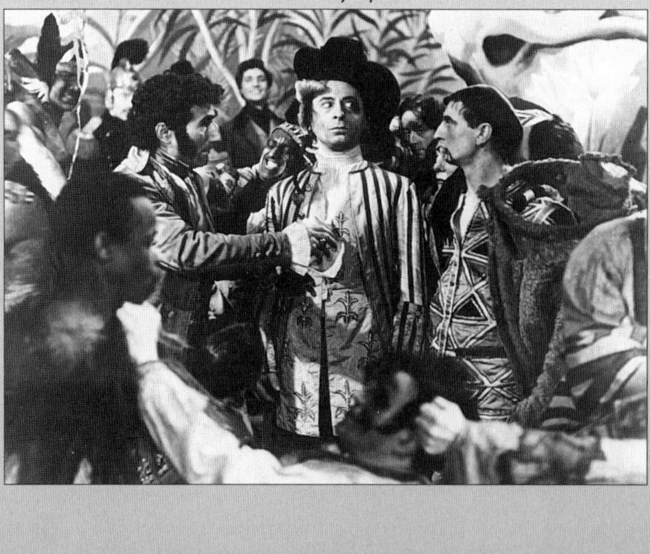

Die letzte Chance

Regie: Leopold Lindtberg
Darsteller:
Johnny Hoy
Ray Reagan
Ewart G. Morrison
Schweiz
In einem kleinen Dorf in Oberitalien halten sich 1943 Leutnant Halliday (J. H.), Sergeant Braddock (R. R.) und Major Telford (E. G. M.) bei einem Pastor versteckt. Die beiden Amerikaner und der Brite sind aus deutscher Kriegsgefangenschaft geflohen. Als deutsche Truppen das Dorf besetzen, führt das Trio eine Gruppe jüdischer Flüchtlinge über die Schweizer Grenze in die Freiheit. Nüchterner Realismus beherrscht diesen halbdokumentarischen Film, in dem geflüchtete Soldaten zum Teil ihre eigene Geschichte spielen. Viele Rollen wurden mit Laien besetzt. Dank seiner Aktualität und des ungeschminkten Realismus wird der Film Lindtbergs größter internationaler Erfolg. Er erhält Auszeichnungen wie den »Golden Globe« der Hollywood Foreign Correspondents Association. Der Regisseur übt mit diesem Werk verhaltene Kritik an der Schweizer Haltung gegenüber den Verfolgten des Hitler-Regimes. In Berlin hatte der Österreicher als Schauspieler und Regisseur gearbeitet, war in die Schweiz emigriert und hatte erst dort mit Regiearbeiten für das Kino begonnen.

Der Mann aus dem Süden

The southerner
Regie: Jean Renoir
Darsteller:
Zachary Scott
Betty Field
USA
Aufbruch in eine neue Welt: Der junge Baumwollpflanzer Sam Tucker (Z. S.) übernimmt ein Stück Brachland und beginnt, mit Frau (B. F.), Kindern und der Großmutter eine neue Existenz aufzubauen. Unwetter und karger Boden, Krankheit

und nicht zuletzt mißgünstige Nachbarn zwingen ihn beinahe zur Aufgabe. Doch neue Freunde helfen ihm durchzuhalten. Heftige, langanhaltende Diskussionen folgen der Uraufführung. Im Süden der USA als übles Machwerk verschrien, wird der Film in Tennessee gar ganz von der Leinwand verbannt. Der Ku Klux Klan ruft zum Boykott auf. Auch fernab der lokalpatriotischen Empfindungen heißt es, Renoir habe das Typische der Südstaatler verfehlt, habe ihre Sprache nicht getroffen oder die Art, sich zu bewegen. Doch diese schlichte Erzählung basiert nicht auf exakten Analysen, sondern auf der Vorstellung Renoirs von der Einsamkeit der Menschen im Milieu des ländlichen Amerika. Mit seiner ersten eigenen Hollywood-Produktion gelingt dem Franzosen ein glaubhafter Film, der als der beste seiner Exilzeit gilt.

Rom, offene Stadt

Roma, cittá aperta
Regie: Roberto Rossellini
Darsteller:
Marcello Pagliero
Aldo Fabrizzi
Italien
Schroffe und brutale Gegensätze beherrschen das Geschehen und die Charaktere. Im Mittelpunkt steht eine Widerstandsgruppe gegen die deutschen Besatzer um den kommunistischen Arbeiter Manfredi (M. P.) und den Priester Don Pietro (A. F.), die beide schließlich der SS zum Opfer fallen. Der Liebesakt eines Offiziers mit einer Prostituierten wird mit einer Folterszene kontrastiert. Auf Bilder von Kindern als Hoffnungsträger folgt die Darstellung der Ermordung einer Schwangeren. Doch aller Brutalität zum Trotz setzt dieser Film ein Zeichen der Hoffnung: auf eine humanere Welt und eine bessere Zukunft Italiens. Noch keine zwei Monate waren vergangen, seit die deutschen Truppen die Stadt verlassen hatten, als Rossellini begann, die Vergangenheit seines Volkes unter der deutschen Besatzung zu verfilmen. Mit Laienschauspielern drehte er in den Wohnungen und Straßen von Rom seine Szenen auf der Grundlage tatsächlicher Begebenheiten. Dieses überaus realistische Werk im Dokumentarstil wird zum klassischen Vorbild des Neorealismus und gilt vielen als erstes Meisterwerk des europäischen Nachkriegskinos. Mit »Paisa« und »Deutschland im Jahre Null« (1946/47) vollendet Rossellini seine Trilogie über das Europa der 40er Jahre.

Roberto Rossellini.

Unter den Brücken

Regie: Helmut Käutner
Darsteller:
Hannelore Schroth
Carl Raddatz
Gustav Knuth
Deutschland
Von einer schlichten und zeitlosen Liebesgeschichte erzählt der Film zart, poetisch und mit einem Schuß Humor inszeniert. Kein tragisches Ende, aber auch kein Happy-End. Zwei Binnenschiffer (C. R., G. K.) nehmen das Mädchen Anna (H. S.) auf ihrem Schlepper mit und verlieben sich in sie. Anna trifft ihre Wahl, und gemeinsam setzt das Trio seinen Weg fort – in freundschaftlicher Eintracht.
»Ausgesucht künstlerisch« und »liebenswert unterhaltend« urteilt eine Stockholmer Tageszeitung im November 1945 über diesen Film. Er könne als »Gruß aus einem anderen Deutschland« betrachtet werden. Zwar hatten Hitlers Zensoren ihn noch kurz vor Kriegsende freigegeben, doch die Deutschen bekommen den Film erst 1950 zu sehen. Die Dreharbeiten an der Havel 1944 waren gehandicapt durch die vorüberdonnernden Bombengeschwader, die Berlin in Schutt und Asche legten. Auch stellte die Suche nach unbeschädigten Brücken und unversehrter Natur ein großes Problem dar. Sieben Filme hatte Käutner bereits gedreht, darunter auch die »Große Freiheit Nr. 7« mit Hans Albers. Vier von ihnen waren der Zensur zum Opfer gefallen.

Helmut Käutner.

Das verlorene Wochenende

The lost weekend
Regie: Billy Wilder
Darsteller:
Ray Milland
Jane Wyman
Philip Terry
USA
Don Birnam (R.M.) will Schriftsteller werden, landet aber in der Alkoholabhängigkeit. Weder seine Verlobte Helen (J.W.) noch der Bruder Wick (P.T.) können ihn von seiner Sucht befreien. Erst der Anblick heruntergekommener Kreaturen auf der Trinkerstation eines Krankenhauses öffnet ihm die Augen. Er versetzt den Pelzmantel seiner Verlobten und kauft sich eine Pistole, um Selbstmord zu begehen. Doch Helen gelingt es, ihn umzustimmen. Den Auflagen der Zensurbehörden folgend, gab Wilder dem Film ein »Happy-End«. Der Probeaufführung folgen miserable Kritiken – die Premiere wird daraufhin auf unbestimmte Zeit verschoben. Doch eine Kopie macht unter Hollywoodstars die Runde und verhilft dem Film zum Kinostart – fast ein Jahr nach Abschluß der Dreharbeiten. Das erschütternde Porträt des Trinkers erhält schließlich doch noch verspätete Anerkennung der New Yorker Kritiker: Als bester Film des Jahres 1945. Bei der Oscar-Verleihung 1946 schneidet er ebenfalls als bester Film des Jahres ab. Hauptdarsteller Ray Milland sowie Billy Wilder (Regie und Drehbuch) und Charles Brackett (Produzent und Drehbuchautor) erhalten insgesamt fünf Oscars.

Die Wendeltreppe

The spiral staircase
Regie: Robert Siodmak
Darsteller:
Dorothy McGuire
George Brent
Ethel Barrymore
USA
Das stumme Dienstmädchen Helen (D. M.) steht seinem Mörder (G. B.) gegenüber. Grelle Blitze zucken durch die pechschwarze Nacht. Helen spürt die unmittelbare Todesgefahr. Ihr bleibt ein einziger Ausweg – das Telefon. Doch der verzweifelte Versuch der Stummen, um Hilfe zu rufen, ist vergeblich. Ein Schuß aus der Pistole von Helens Dienstherrin erlöst das Mädchen – Mrs. Warren (E. B.) erschießt den eigenen Sohn, einen psychopathischen Professor und Mörder dreier behinderter Frauen. Helen wäre das vierte Opfer gewesen. Die amerikanische Kleinstadt atmet auf. Dieser brillante Thriller vereint die klassischen Elemente des Gruselfilms zur Perfektion: knarrende Türen, flackerndes Kerzenlicht, wehende Vorhänge. 90 Minuten ungebrochene Spannung locken Tausende von Besuchern in die Kinos. Der Film zählt zu den Nachkriegs-Klassikern dieses Hollywood-Genres.

Jean-Louis Bory

französischer Schriftsteller
geboren am 25. Juni 1919
in Méréville
Selbstmord am 11. Juni 1979
in Méréville

Bevor er nach dem Zweiten Weltkrieg mit einem Roman seinen ersten großen Erfolg erzielt, hatte er als Lehrer und Journalist gearbeitet. In »Mein Dorf zur Stunde der Deutschen« beschreibt er seine Erfahrungen in der Résistance und erhält dafür den bedeutendsten französischen Literaturpreis, den *Prix Goncourt*. Die Fortsetzungen »Clio im Weizen« und »Der Duft der Kräuter« sind nicht so erfolgreich. Neben Essays über historische Themen, über Literaturgeschichte und das Kino veröffentlicht er immer häufiger autobiographische Texte, die sich mit seinen Erfahrungen als Homosexueller befassen, u.a. »Meine halbe Orange« (1972) und der Roman »Der Fuß« (1977). Er engagiert sich in der »Homosexuellen-Befreiungsbewegung«, die in den siebziger Jahren in Frankreich an die Öffentlichkeit tritt. Kurz vor seinem 60. Geburtstag nimmt sich Bory das Leben.

Sir Winston Spencer Churchill

britischer Politiker
und Schriftsteller
geb. am 30. November 1874
in Blenheim Palace/Oxford
gestorben am 24. Januar 1965
in London

Churchill lehnt die Annahme der höchsten britischen Auszeichnung, des *Hosenbandordens*, ab, die der König ihm für seine Verdienste im Zweiten Weltkrieg antrug. Denn das Volk hatte ihn gedemütigt: Ausgerechnet während der Potsdamer Konferenz im Juli 1945 (siehe S. 107) zwang ihn die Wahlniederlage seiner Partei zum Rücktritt als Premierminister und damit zum vorläufigen Abgang von der politischen Bühne Europas. Erst 1953

Churchill mit Roosevelt und Stalin (v. l.) in Jalta, Februar 1945.

stimmt er der Aufnahme in den Hosenbandorden zu und erhält im gleichen Jahr auch den Literatur-Nobelpreis für seine »Geschichte des Zweiten Weltkriegs«: Churchill wußte, wovon er schrieb – bei Ausbruch des Krieges wurde er, wie schon 1911, zum Marineminister berufen. In seiner Antrittsrede als Premierminister im Mai 1940 verhieß er dem Volk nichts als »Blut, Mühsal, Tränen und Schweiß«. Churchill ließ aufrüsten, warf seine Vorbehalte gegen die Sowjetunion über Bord und war die treibende Kraft des Anti-Hitler-Bündnisses – einer der »Großen Drei«. 1951 erneut zum Premierminister gewählt, zählt der konservative Politiker zu den herausragenden Gestalten in der Geschichte seines Landes. Seine außergewöhnliche politische Karriere umfaßt einen Zeitraum von mehr als 60 Jahren und begann 1904 mit seinem Übertritt von den Konservativen zu den Liberalen (1924 wechselte er wieder zu den Konservativen). Der aus der Familie der Herzöge von Marlborough stammende Politiker machte schnell Karriere, wurde Handelsminister und Innenminister, bis er als Marineminister ab 1911 den Ausbau der britischen Flotte beschleunigte. Dreimal schien seine politische Karriere beendet, zuletzt 1945 nach der verlorenen Wahl, doch jedesmal stieg er wie »Phönix aus der Asche« – schon zu Lebzeiten eine Legende.

Alexander Fleming

britischer Mediziner
geboren am 6. August 1881
in Lochfield/Schottland
gestorben am 11. März 1955
in London

Ernst Boris Chain

britischer Biochemiker
geboren am 19. Juni 1906
in Berlin
gestorben am 12. August 1979
in Castlebar/Irland

Howard Walter Florey

britischer Mediziner
geb. am 24. September 1898
in Adelaide/Australien
gest. am 21. Februar 1968
in Oxford

17 Jahre nach seiner Entdekkung des Penicillin erhält Fleming zusammen mit Florey und Chain den *Nobelpreis für Medizin*. 1928 beobachtete Fleming,

Alexander Fleming.

daß Kolonien von Bakterien in der Nachbarschaft von Schimmelkulturen zugrunde gehen. Er nahm eine Tochtersubstanz des Schimmels, konzentrierte sie – und hatte das Penicillin als potentielles Medikament entdeckt. Zehn Jahre später begannen Chain und Florey, Antibiotika zu erforschen, darunter auch das Penicillin. Chain stellte die chemotherapeutische Wirksamkeit des Stoffes fest. Bis 1941 entwickelten beide Forscher das Antibiotikum zur Therapiereife. Erstmals wurde es 1943 bei der Behandlung von Kriegsverletzten in Tunesien und auf Sizilien eingesetzt.

Cordell Hull

amerikanischer Außenminister
geboren am 2. Oktober 1871
in Overton County/Tennessee
gestorben am 23. Juli 1955
in Bethesda/Maryland

Er wollte einen fairen internationalen Handel schaffen und den weltweiten Frieden sichern helfen. Mit der Gründung der Vereinten Nationen (siehe S. 97), an deren Vorbereitung der Jurist maßgeblich beteiligt war, kam die Welt seinen Zielen einen großen Schritt näher. 1945 erhält Hull dafür den *Friedens-Nobelpreis*. Schon 1917 setzte er sich für einen ausgeglichenen Welthandel ein. 1918, unmittelbar nach Kriegsende, forderte er eine vernünftige Regelung für die Begleichung der Kriegsschulden. Im Interesse einer guten Nachbarschaft vor allem mit den südamerikanischen Staaten sträubte er sich gegen Handelsverträge, die seinen Zielen widersprachen. Auf internationaler Ebene bekleidete er etliche Ämter, so auch bei der interamerikanischen Konferenz zur Aufrechterhaltung des Friedens 1936 in Buenos Aires. Der »Farmer und Anwalt«, wie er sich selbst bezeichnet, war von 1933 bis 1944 US-Außenminister und trat in dieser Funktion für die Unterstützung Großbritanniens im Zweiten Weltkrieg und für eine harte Politik gegenüber Japan ein.

Gabriela Mistral

(eigentl. Lucila Godoy y Alcayaga)
chilenische Lyrikerin
geboren am 7. April 1889
in Vicuna/Chile
gestorben am 10. Januar 1957
in Hampstead/New York

Wenige Bücher nur umfaßt ihr Gesamtwerk aus Versen und Prosa. Die Intensität ihrer Dichtung ist es, für die sie – die »Königin« der lateinamerikanischen Literatur – den *Nobelpreis für Literatur* erhält. Doch nicht ihr allein als »Sängerin des Mitleids und der Mütterlichkeit« gelte die Ehre, heißt es bei der Preisverleihung, sondern der Literatur des ganzen südamerikanischen Kontinents. Mit ihren Gedichten berühmt geworden, wurde sie nach Mexiko gerufen, um Schulen zu gründen, vertrat Chile beim Völkerbund und als Konsulin in Neapel, Madrid und Lissabon. Daneben arbeitete sie als Professorin für lateinamerikanische Literatur an der Columbia-Universität in New York.

Wolfgang Pauli

österreichischer Physiker
geboren am 25. April 1900
in Wien
gest. am 15. Dezember 1958
in Zürich

Für die Entdeckung des nach ihm benannten Pauli- oder Ausschluß-Prinzips erhält der Österreicher den *Nobelpreis für Physik*. Mitte der zwanziger Jahre formulierte er, was zum grundlegenden Prinzip der Atomphysik wurde – unverzichtbar für das Verständnis vom Aufbau der Atomhülle und damit auch des Periodensystems der chemischen Elemente.
Pauli erkannte, daß sich ein System mit gleichartigen Teilchen niemals in einen Zustand versetzen läßt, in dem sich zwei dieser Teilchen mit denselben Eigenschaften am selben Ort befinden. Demnach können nur bestimmte Stellen der Elektronenhülle eines Atoms mit Elektronen »besetzt« sein. Andere Zustände sind ausgeschlossen beziehungsweise »verboten« – daher wird das Prinzip auch »Pauli-Verbot« genannt. 1930 entwickelte Pauli die sogenannte Neutrinohypothese, die besagt, daß bei der Beta-Emission Teilchen ohne Ladung und Masse an der dabei zu beobachtenden Energiedifferenz beteiligt sein müssen. Diese Neutrinos werden erst 1956 experimentell nachgewiesen. Pauli nimmt 1946 die amerikanische Staatsbürgerschaft an. Er gilt als einer der bedeutendsten theoretischen Physiker dieses Jahrhunderts.

Max Planck

deutscher Physiker
geboren am 23. April 1858
in Kiel
gestorben am 4. Oktober 1947
in Göttingen

Max Planck.

1943 und 1944 strich das Propagandaministerium die Verleihung des Goethe-Preises der Stadt Frankfurt lieber ganz, als den zu ehren, der sich »bis in die letzte Zeit hinein für den Juden Albert Einstein eingesetzt hat«. Im Dezember 1945 erhält Max Planck den *Goethe-Preis* dann doch. Er, »der in einer Zeit geistiger Knechtung die Freiheit des Gewissens und das Recht des Glaubens mutig verteidigte«, wie es in der Urkunde heißt, ist einer der bedeutendsten Physiker des 19. und 20. Jahrhunderts. 1918 erhielt er den *Nobelpreis für Physik*. Als Begründer der Quantentheorie hat er Anfang dieses Jahrhunderts der modernen Physik den Weg bereitet. Im »Dritten Reich« trat Planck öffentlich gegen die Judenverfolgung ein und verlor daraufhin sämtliche Arbeitsmöglichkeiten. Sein Sohn Erwin war an der Verschwörung des 20. Juli 1944 beteiligt und wurde hingerichtet. Planck war sich der wachsenden Verantwortung des Wissenschaftlers bewußt und versuchte, seine Arbeit in den Dienst von Mensch und Natur, die er als eine Einheit betrachtet, zu stellen. Für dieses veränderte physikalische Weltbild, für seine aufrechte und moralische Haltung sowie für seine Verdienste als Forscher zeichnet ihn 1945 die Stadt Frankfurt aus. Der 87jährige kann den Preis nicht selbst in Empfang nehmen – die Reise von Göttingen an den Main ist für ihn im Chaos der Nachkriegsmonate zu anstrengend.

Hans Schiebelhuth

deutscher Dichter
geboren am 11. Oktober 1895
in Darmstadt
gestorben am 14. Januar 1944
in East Hampton/New York

»Mit Schiebelhuth ... und seinem Ruhm liegt es tragisch. Er ist nie eine rechte Zelebrität geworden.« Kasimir Edschmid, Schriftsteller und Freund des Autors, beschreibt, was kennzeichnend für Schiebelhuth ist: ein großer Dichter, aber unbekannt. Posthum wird ihm der *Georg-Büchner-Preis* der Stadt Darmstadt für das Jahr 1945 zuerkannt – und auch das erst nachträglich, im Juli 1947. Fritz Usinger nannte ihn »einen der größten Künstler unserer Zeit«, nur mit Meistern der Sprache wie Stefan George und Rainer-Maria Rilke zu vergleichen. Bekannt allerdings wurde der Darmstädter erst als Übersetzer – 1937 ging er in die USA –, vor allem mit Werken des amerikanischen Schriftstellers Thomas Wolfe. Nicht an Themen – schon gar nicht an politischen – orientierte er sein Schaffen. Allein das Spiel, der Umgang mit Worten war ihm wichtig und geriet oft genug zum Kampf. Und so entstand ein schmales Werk, das mit expressionistisch und dadaistisch geprägten Gedichten begann und in vielen Teilen unvollendet blieb. Schon als Zwölfjähriger veröffentlichte er Gedichte, 1912 folgte das Buch »Die Klänge des Morgens«. Als erstes Hauptwerk erschien »Wegstern« 1921 und nach einer langen Pause der letzte zu Lebzeiten veröffentlichte Band mit drei großen Balladen: »Schalmei vom Schlemenried« (1933). 1967 erscheint eine Auswahl seiner Gedichte – bezeichnenderweise in der Buchreihe »Verschollene und Vergessene«.

Artturi Ilmari Virtanen

finnischer Biochemiker
geboren am 15. Januar 1895
in Helsinki
gest. am 11. November 1973
in Helsinki

Vor allem für die Landwirtschaft ist seine Forschung von größter Bedeutung. Virtanen verbesserte die Konservierung von Futtermitteln und -pflanzen und erhält vor allem dafür den *Nobelpreis für Chemie*. Es war ihm gelungen, mit Chlorwasserstoff und Schwefelsäure den Gärungsprozeß zu unterbrechen und damit den vollen Nährwehrt des Futters zu erhalten. Außerdem klärte er etliche Einzelprobleme im Bereich der Nahrungsmittelchemie für Mensch und Tier. Virtanen hat in der Schweiz, in Deutschland und in Schweden Chemie, Physik, Bakteriologie und Biochemie studiert und sich dabei auch für Botanik und Zoologie interessiert.
1931 wurde für ihn ein biochemisches Forschungsinstitut an der Universität Helsinki eingerichtet.

Franz Beckenbauer

deutscher Fußballspieler und Trainer
geboren am 11. September in München

Mit dem Aufstieg des FC Bayern München in die Bundesliga begann auch seine außergewöhnliche Erfolgsgeschichte: 1965 als Neuling im Nationalteam, 1966 erstmals »Fußballer des Jahres«, 1968 in der Weltauswahl, 1972 »Europas Fußballer des Jahres«, 1974 Kapitän der Weltmeister-Elf. Nach fünf Meistertiteln mit dem FC Bayern verließ er 1977 »seinen« Verein und verabschiedete sich nach 103 Länderspielen auch aus der Nationalmannschaft. Seine Intermezzi bei Cosmos New York und beim Hamburger Sportverein blieben Zwischenstationen. Als Trainer begann Beckenbauer 1984 eine zweite Fußballkarriere: Er war zunächst Teamchef der Nationalmannschaft (bis 1990), die unter ihm 1986 in Mexiko »Vize« und vier Jahre darauf in Italien Weltmeister wurde. Nach einem Abstecher zu Olympique Marseille holte ihn Bayern München im Januar 1994 für die Rückrunde wieder – mit dem Erfolg, daß Bayern München seine 13. Deutsche Fußball-Meisterschaft errang.

Franz Beckenbauer, 4 Jahre alt.

Bärbel Bohley, 4 Jahre alt.

Bärbel Bohley

deutsche Bürgerrechtlerin
geboren am 24. Mai in Berlin

Ihr Name steht für den politischen Umbruch in der DDR, für den Kampf um Frieden und Menschenrechte, aber auch für Enttäuschung. Zu DDR-Zeiten mehrfach verhaftet, setzte sich die Malerin und Mitbegründerin des »Neuen Forums« für eine starke Bürgerbewegung außerhalb der Parteien ein. Weder das »Bündnis 90« noch die rasche Vereinigung der beiden Teile Deutschlands fanden ihren Beifall. Sie kämpfte für eine Wertediskussion jenseits von »Kapitalismus und real existierendem Sozialismus«, verlor jedoch an Einfluß und zog sich mehr und mehr aus der Politik zurück. International genießt sie hohes moralisches und politisches Ansehen. Für ihren Kampf um Frieden, Demokratie und Menschenrechte erhielt sie zahlreiche Preise.

Eric Clapton

britischer Gitarrist und Sänger
geboren am 30. März in Ripley/Surrey

Vor mehr als 30 Jahren begann seine Karriere – 1993 wurde sie bei der »Grammy«-Verleihung mit sechs Auszeichnungen gekrönt. »Mister Slowhand« – einer der besten Rockgitarristen, trotz Drogen und Depressionen immer wieder obenauf. 1966 bis 1968 war er mit dem Rock-Trio »Cream« fast so bekannt wie die »Beatles« und die »Rolling Stones«, setzte für die Popmusik Improvisationsmaßstäbe und leitete den Blues in neue Richtungen. In London wurde er gar als »Clapton is God« gefeiert. Songs wie »Layla« und »Let it rain«, die er ab 1970 mit »Derek and the Dominos« produzierte, sicherten ihm einen festen Platz im »Olymp« der Rockmusik. Ein wechselhafter Weg führte ihn vom Blues zum Countryrock, vom Star zum Begleitsänger. Schließlich landete er mit dem Album »Journeyman« 1989 wieder ganz oben. Nach dem tragischen Tod seines Sohnes Conor 1991 entstanden der Song »Tears in Haven« und das Album »Unplugged«, die ihm »Grammies« und standing ovations bei der Preisverleihung einbrachten.

Mia Farrow

amerik. Filmschauspielerin
geboren am 9. Februar in Los Angeles

Mia Farrows letzter Film mit Woody Allen erzählt, was die beiden noch während der Dreharbeiten selbst erlebten: Eine Partnerschaft geht in die Brüche. Die Liaison mit Woody Allen endete nach zwölf Jahren vor Gericht und mit einer Medienschlacht, in der es um das Sorgerecht für die Kinder ebenso wie um sexuellen Mißbrauch Minderjähriger ging. Mehr als ein Dutzend Filme hatten sie seit 1982 gemeinsam gedreht, darunter »Hannah und ihre Schwestern« (1986), »Schatten und Nebel« (1992) und zuletzt »Ehemänner und Frauen« (1992). 1964 hatte Mia Farrow erstmals auf der Bühne gestanden und damit ihren Plan, Nonne zu werden, endgültig aufgegeben. Als die Schauspielerin 1966 Frank Sinatra heiratete, war sie bereits in ganz Amerika bekannt. Der weltweite Durchbruch gelang ihr 1968 mit der Hauptrolle in Polanskis Horrorfilm »Rosemary's Baby« – ein Jahr später brachte ihr diese Rolle die höchste Filmauszeichnung Englands ein. Sie arbeitete zusammen mit Elizabeth Taylor, den Regisseuren Claude Chabrol und Robert Altman sowie mit Robert Redford in »Der Große Gatsby« (1973). Zweimal war sie verheiratet, hat drei eigene und insgesamt acht Adoptivkinder.

Maria Jepsen

deutsche Bischöfin
geboren am 19. Januar in Bad Segeberg

Ihr gelang, was über Jahrhunderte undenkbar war: Maria Jepsen ist die erste Bischöfin der evangelisch-lutherischen Kirche. Als Frau und Vertreterin feministischer Theologie standen ihre Chancen 1992 schlecht bei der Wahl für den Sprengel Hamburg der Nordelbischen Kirche. Doch das Ergebnis war eindeutig. Als Bischöfin setzt sich Jepsen für Randgruppen ein, sucht das Gespräch mit Andersgläubigen und hält Kontakt zu jüdischen Familien – als Konsequenz aus der deutschen Vergangenheit. »Kirche muß«, so begründet sie ihr Engagement, »sich einmischen in die Politik.«

Maria Jepsen, etwa 2 Jahre alt.

Anselm Kiefer

deutscher Maler und Objektkünstler geboren am 8. März in Donaueschingen

In »Führerpose« am Ufer des Rheins, den Arm zum Hitlergruß erhoben, oder als Wasserleiche wie der bayerische König Ludwig II. auf dem Bett ausgestreckt: Mit leicht zu mißdeutenden Happenings suchte Anselm Kiefer als Kunststudent Aufmerksamkeit zu wecken. Heute ist keines seiner monumentalen Bilder unter zwei Millionen Mark zu haben, warten Museen und Sammler aus aller Welt auf seine neuen Werke. Pop-art und Minimal-art waren Zwischenstationen, bevor er zur Historienmalerei fand. Die Apokalypse des »Dritten Reiches« ist nach wie vor ein Schwerpunkt seiner Arbeit. Stets begleiten auch Buchpublikationen sein künstlerisches Schaffen, sie beleuchten Ideen und Motive oder zeigen Varianten zu seinen Gemälden. Kiefer, der mit Einzelausstellungen auch in New York, Chicago und Los Angeles sehr erfolgreich war, lebt und arbeitet heute zurückgezogen in Frankreich.

Bob Marley

jamaikanischer Reggae-Musiker und -Komponist geboren am 6. April in Rhodan Hill/Jamaika gestorben am 11. Mai 1981 in Miami/Florida

Mit der Musik seiner Heimat wurde er einer der ersten Rockstars der Dritten Welt, einer der bekanntesten Musiker der siebziger Jahre – und zugleich eine politisch-religiöse Legende. Bei dem »One-Love«-Festival 1978 reichten sich die verfeindeten politischen Gegner Jamaikas die Hände und beendeten für einige Zeit Terror und Blutvergießen. Für seinen persönlichen Einsatz zeichnete die UNO den Musiker mit dem Friedenspreis der Dritten Welt aus. Seine erste Single hatte Marley 1961 aufgenommen, 1974 gelang seinen »Wailers« der große Durchbruch mit der LP »Natty Dread« und der Tournee »Sly and The Familiy Stone«. Nach seiner ersten Solotournee 1975 entging er ein Jahr später nur knapp einem politisch motivierten Attentat. Danach verließ Marley seine Heimat, erlebte

Bob Marley.

wenige Jahre eines triumphalen Erfolgs, bevor er 1981 an einem Gehirntumor starb. Sein Kampf gegen Unrecht und Unterdrückung ließ ihn auch außerhalb seiner Heimat zur Legende werden.

Domenica Niehoff

Deutschlands prominenteste Hure geboren am 3. August in Köln

Waisenhaus, Herbertstraße, Sozialarbeit – diese drei Stationen kennzeichnen ihr Leben – ein Leben, das extremer kaum hätte verlaufen können. Mit vier Jahren kommt sie ins Waisenhaus, kehrt mit 13 zu Mutter und Stiefvater zurück, bricht eine Lehre ab und lernt mit 17 Jahren einen Bordellbesitzer kennen. Zehn Jahre verbringt Domenica mit ihm, umgeben von Luxus und Geld, bis er sich wegen seines vermeintlichen finanziellen Ruins erschießt. Die folgenden 20 Jahre geht sie anschaffen, erst in München, dann in Hamburg. Sie verdient gut und beginnt für einen eigenen Salon zu sparen. Seit Beginn der neunziger Jahre arbeitet sie als Streetworkerin bei der Stadt Hamburg und nimmt Drogensüchtige bei sich auf. Ihre Ersparnisse sind längst verbraucht. Eigentlich hatte sie nur die Einrichtung dieser Stelle gefordert, doch dann ließ Domenica sich überreden, selbst vom Bordell in die Sozialarbeit überzuwechseln. »Ich wollte gar nicht aussteigen.« Denn sie war, so behauptet sie heute, Hure aus eigenem, aus freiem Entschluß.

Daniel Ortega Saavedra

nicaraguanischer Politiker geboren am 11. November in La Libertad

Die Politik ist sein Leben: Wegen ihr flog Ortega als 14jähriger von der Schule, wegen ihr hängte er sein Jurastudium an den Nagel. Von 1963 an kämpfte der Revolutionär in den Reihen der Sandinisten gegen die nicaraguanische Diktatur und für eine sozialistische Republik nach kubanischem Vorbild.
Nach dem Sturz des Diktators Somoza 1979 stand der ehemalige Guerillaführer an der Spitze der sandinistischen Regierungsjunta. 1985 wurde er Staatspräsident seines Landes, das auch mit einem Wirtschaftsboykott der USA und dem erbitterten Widerstand der US-treuen »Contra«-Rebellen zu kämpfen hatte. Von 1987 an führte er Friedensgespräche mit der Opposition, sicherte ihr vorgezogene Wahlen zu und unterlag schließlich 1990 der konservativen Präsidentschaftskandidatin Violeta Barrios de Chamorro. Seit 1985 steht Ortega an der Spitze der »Sandinistischen Front« (FSLN).

Wim Wenders

deutscher Filmregisseur und Drehbuchautor geboren am 14. August in Düsseldorf

Amerikanische Filme von Regisseuren wie Alfred Hitchcock und John Ford aus den vierziger und fünfziger Jahren waren es, die den Philosophie- und Medizinstudenten nach Paris lockten, wo er sich der Filmgeschichte widmete. 1970

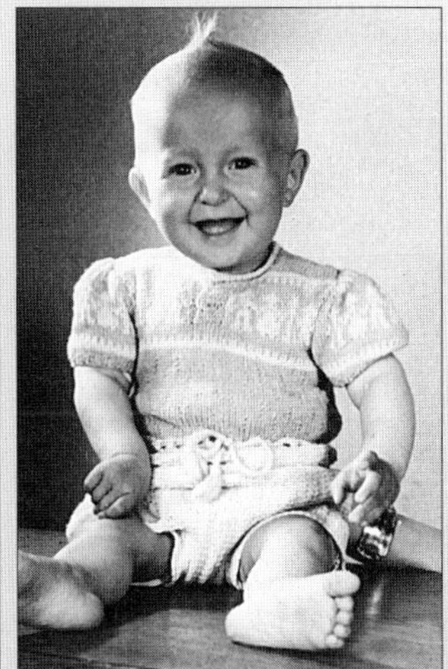

Wim Wenders, 9 Monate alt.

krönte der Spielfilm »Summer in the City« seine Ausbildung an der Münchner Hochschule für Fernsehen und Film. Schon vier Jahre später besaß er eine eigene Produktionsfirma. Nach »Alice in den Städten« (1973) und »Falsche Bewegung« (1975) feierte die Kritik 1976 den Film »Im Lauf der Zeit« als Meisterwerk des Neuen Deutschen Films, zu dessen Hauptvertretern Wenders zählt.
Höhepunkt und Ende von sechs Jahren Filmerfahrung in den USA markierte 1984 »Paris, Texas«, ein Film, der allerdings in Europa, nicht in Amerika, Furore machte. Nach seiner Rückkehr errang der Regisseur weitere Erfolge mit Filmen wie »Himmel über Berlin« (1987) und dem Road-Movie »Bis ans Ende der Welt« (1990/91), das er mit einem Staraufgebot an Schauspielern auf vier Kontinenten drehte.

Die Toten des Jahres

Béla Bartók

ungar. Komponist und Pianist
geboren am 25. März 1881
in Nagyszentmiklós (heute Sînnicolau Mare, Rumänien)
gestorben am 26. September
in New York (USA)
Der 1940 aus Ungarn in die USA emigrierte Komponist gehört zu den führenden Vertretern der klassischen Moderne. Im Gegensatz zu seinem Zeitgenossen Arnold Schönberg löste Bartók allerdings die Tonalität nicht auf, sondern überwand das klassische Dur-Moll-System durch die Verarbeitung der Eigenarten der Volksmusik seiner Heimat. Seinen ersten öffentlichen Erfolg hatte Bartók 1917 mit dem Tanzspiel »Der holzgeschnitzte Prinz«. Ein Jahr später wurde auch seine Oper »Herzog Blaubarts Burg« – bereits 1911 entstanden und Höhepunkt seiner impressionistisch-neuromantischen Frühphase – in Budapest uraufgeführt. 1934 gab er seine Klavier-Professur auf und widmete sich hauptsächlich der Komposition, ab 1936 erschienen seine Hauptwerke, u. a. »Sonate für zwei Klaviere und Schlagzeug« sowie das »Konzert für Orchester«. Von 1926 bis 1937 schrieb er 153 Klavierstücke, die er als Lehrwerk unter dem Titel »Mikrokosmos« zusammenfaßte.

Hans Geiger

deutscher Physiker
geb. am 30. September 1882
in Neustadt a. d. Weinstraße
gestorben am 24. September
in Potsdam
Spätestens mit der Reaktorkatastrophe von Tschernobyl erlangte er traurige Berühmtheit: der Geigerzähler, dessen Knacken Radioaktivität verrät. Als Hans Geiger 1928 mit seinem Schüler Walther Müller die erste Arbeit über dieses Zählrohr veröffentlichte, galt die Methode als revolutionär. Heute zählt das Meßgerät zu den wichtigsten Utensilien der Kernphysik. Geiger hatte in München und Erlangen studiert und lehrte später Physik in Berlin-Charlottenburg, Kiel und Tübingen. Seine Erfindung brachte ihm 1938 die *Hughes Medaille* der britischen Royal Society ein.

Das Käthe-Kollwitz-Denkmal in Berlin.

Käthe Kollwitz

deutsche Graphikerin und Bildhauerin
geboren am 8. Juli 1867
in Königsberg
gestorben am 22. April
in Moritzburg/Dresden
Stille Trauer spricht aus vielen ihrer Werke. Sie zeigen Menschen mit elementaren Empfindungen, erfüllt von Liebe, erschüttert vom Tod, dargestellt in Radierungen, Holzschnitten und Plastiken. Doch das war nur die eine Seite ihres Schaffens. Auf der anderen stand der Kampf gegen Unterdrükkung und Ausbeutung, erkennbar in den Radierfolgen »Der Weberaufstand« (1894–1898) und »Bauernkrieg« (1903–1907). In Berlin, Paris, Rom und Florenz hatte sie gearbeitet und orientierte sich unter anderem an Max Klinger, Edvard Munch, Ernst Barlach und Karl Schmidt-Rottluff. Von 1919 bis 1933 war sie Professorin an der Berliner Akademie der Künste. Aus ihren Sympathien für die junge Sowjetunion machte sie keinen Hehl, auch nicht aus ihrer Abscheu gegen den Krieg. Mehrfach stellte Käthe Kollwitz ihre Kunst in den Dienst internationaler humanitärer Organisationen. Unter politischem Druck legte sie 1933 alle Ämter nieder und durfte ab 1936 ihre Werke nicht mehr ausstellen. Ihr künstlerischer Einfluß war auch international beträchtlich: Er reichte über Italien und Bulgarien bis in die Sowjetunion und nach China.

Else Lasker-Schüler.

Else Lasker-Schüler

deutsche Schriftstellerin
geboren am 11. Februar 1869
in Elberfeld
gestorben am 22. Januar
in Jerusalem
Als eine der wenigen Frauen gehörte sie zur literarischen Bohème im Berlin der Jahrhundertwende – »die größte Lyrikerin, die Deutschland je hatte«, wie Gottfried Benn sie beschrieb. Sie schloß Freundschaften mit Künstlern wie Oskar Kokoschka und Franz Marc, mit Schriftstellern wie Benn und Franz Werfel und schließlich mit Karl Kraus, der sie und ihr Werk mit allen Mitteln förderte. 1933 mußte sie als Jüdin in die Schweiz emigrieren. Nach mehreren Besuchen ließ sie sich 1937 in Palästina nieder, wo sie – nach Jahren der Armut und geistiger Verwirrung – vereinsamt starb. Else Lasker-Schüler gilt als Wegbereiterin des Expressionismus, schrieb Gedichte, Erzählungen und Essays, sie zeichnete und malte. Die Welt der Phantasie und des Mythos – gleich ob christlichen, jüdischen oder orientalischen Ursprungs – stand im Mittelpunkt ihres Schaffens. Jüdische Traditionen und eigentümliche Religiosität prägten ihr Spätwerk.

Alexander Roda Roda
(eigentl. Sandør Friedrich Rosenfeld)

österreichischer Schriftsteller
geboren am 13. April 1872
in Puszta Zdenci/Slawonien
gestorben am 20. August
in New York
Als er 1938 über die Schweiz in die USA emigrierte, war dies der letzte von unzähligen Ortswechseln, die sein Leben bestimmten. Der Erzähler, Dramatiker und Essayist hatte 1902 seine Karriere als Offizier an den Nagel gehängt, um fortan als Journalist vor allem von Kriegsschauplätzen zu berichten. Sein Weg führte ihn Anfang des Jahrhunderts vom Balkan über Italien und Spanien nach Pommern, später nach Berlin, München, Belgrad und Tirol. Vorträge hielt er beiderseits des Atlantik und arbeitete an der satirischen Zeitschrift *Simplicissimus* mit. Voll satirischen Humors sind viele seiner volkstümlichen Komödien, Anekdoten und Romane, in denen er mit Vorliebe die untergegangene Donaumonarchie sowie seine ehemaligen Offizierskollegen aufs Korn nahm. Das verfilmte Lustspiel »Der Feldherrnhügel« (1910) zählt zu seinen bekanntesten Werken.

Alexander Roda Roda.

Franklin D. Roosevelt

Präsident der USA
geboren am 30. Januar 1882
in New York
gestorben am 12. April
in Warm Springs/Nevada
Seine Amtszeit währte beinahe ebenso lange wie das »Dritte Reich« – sie war die längste eines amerikanischen Präsidenten. Am 4. März 1933 übernahm er das Amt und begann sofort, das Werte- und Wirtschaftssystem seines von der Rezession erschütterten Landes zu reformieren. »New Deal« war die Zauberformel, mit der Roosevelt die USA in einen Sozialstaat umwandeln wollte. 1936 im Amt bestätigt, engagierte er sich auf dem Gebiet der Außenpolitik, unterstützte ab 1939 die Kriegsgegner Deutschlands und verkündete mit Churchill im August 1941 die sog. Atlantik-Charta, die eine amerikanisch-britische Geschlossenheit gegenüber Japan und dem Deutschen Reich demonstrierte. Nach Kriegseintritt im Dezember 1941 baute er dank des hohen Rüstungspotentials der USA seinen Einfluß bei den Konferenzen der Alliierten in Casablanca, Teheran und Jalta stetig aus. Auf Drängen von Emigranten, die vor der deutschen Atombombe warnten, gab er die Entwicklung einer amerikanischen in Auftrag. Er war es, der die bedingungslose Kapitulation forderte: Die Deutschen waren in seinen Augen so sehr dem Militarismus verhaftet, daß er dem Widerstand in militärischen Kreisen keine Bedeutung beimaß. Das Kriegsbündnis der Alliierten sah Roosevelt als Grundlage einer neuen Weltordnung für die Nachkriegszeit und betrachtete Stalin als einen verläßlichen Partner. Der 32. Präsident der USA wurde – entgegen früherer Tradition – noch zweimal wiedergewählt (1940/44). 18 Tage vor Hitlers Selbstmord starb er an einer Gehirnblutung (siehe S. 65). Die NS-Propaganda nahm seinen Tod zum Anlaß, den Zerfall der alliierten Koalition und eine Kriegswende zu prophezeien.

Ungewohnt entspannt: Franklin D. Roosevelt.

Anton F. W. von Webern

österreichischer Komponist
geboren am 3. Dezember 1883
in Wien
gestorben am 15. September
in Mittersill bei Salzburg
In tiefer Armut hatte er das »Dritte Reich« überlebt und sich mit Gelegenheitsarbeiten, u. a. als privater Musiklehrer, über Wasser gehalten. Von 1938 an durfte er seine Werke weder aufführen noch veröffentlichen. Am 15. September 1945 wurde er von einem amerikanischen Soldaten versehentlich erschossen: Im Haus seines Schwiegersohnes war er mit einer Zigarette vor die Tür getreten, ohne zu wissen, daß das Haus wegen einer Durchsuchung umstellt war. Der Schüler von Arnold Schönberg, dem Begründer der Zwölfton-Technik, schrieb Lieder, Chorwerke und zahlreiche Opern. Er versuchte, mit möglichst kurzen, sparsamen Stücken – zum Teil nur wenige Takte lang – höchste Perfektion zu erreichen und prägte so einen individuellen Stil voller Intensität. Er zählt zu den wichtigsten Vertretern der Neuen Musik und gilt als Wegbereiter der seriellen Komponisten der fünfziger Jahre.

Franz Werfel

österreichischer Schriftsteller
geb. am 10. September 1890
in Prag
gestorben am 26. August
in Beverly Hills/Kalifornien
»Weltfreund« hieß sein erster Gedichtband, der 1911 erschien und seinen Namen im gesamten deutschsprachigen Raum bekannt machte. Doch später distanzierte er sich von dieser frühen expressionistischen Form und Sprache. Er griff auf religiöse und historische Themen zurück, schrieb Romane, Novellen und Dramen. Der Sproß einer jüdischen Kaufmannsfamilie studierte an verschiedenen Universitäten und hielt sich in Prager Dichterkreisen um Franz Kafka und Max Brod auf. Seine kaufmännische Lehre brach er ab, wurde Lektor in Leipzig und ließ sich nach dem Ersten Weltkrieg als freier Autor in Wien nieder. Nach einer abenteuerlichen Flucht aus Frankreich (1940) emigrierte Werfel über Portugal in die USA. Dort fand sein Roman »Die vierzig Tage des Musa Dagh« (1933) viele Anhänger. In dieser Chronik des Völkermordes der Türken an den Armeniern sahen vor allem Emigranten Parallelen zu den Ereignissen in Deutschland. Werfel zählte zu den wenigen Schriftstellern, deren Werke auch im Exil hohe Auflagen erreichten.

Die Toten des Faschismus

Die Opfer...

Dietrich Bonhoeffer

evangelischer Theologe
geboren am 4. Februar 1906
in Breslau
hingerichtet am 9. April
im KZ Flossenbürg

In London war er von 1933 bis 1935 als Seelsorger für deutsche Gemeinden tätig gewesen, in den USA hätte er sich als Professor der Theologie niederlassen können. Doch Bonhoeffer kehrte immer wieder ins Deutsche Reich zurück, um für seinen Glauben Widerstand gegen den Nationalsozialismus zu leisten. Der Bitte, an das illegale Priesterseminar der »Bekennenden Kirche« in Finkenwalde zu kommen, folgte der Theologe Mitte der dreißiger Jahre und leitete es bis zur endgültigen Schließung 1940. Er forderte die Kirche auf,

Dietrich Bonhoeffer.

ihr Engagement nicht nur auf die eigenen Mitglieder zu beschränken und wurde zu einem der führenden Köpfe des deutschen Widerstands. Im Auftrag von Wilhelm Canaris konnte er ins Ausland reisen, um den Westmächten heimlich Friedensvorschläge der Opposition zu unterbreiten. Mit Lehr-, Rede- und Schreibverbot belegt, wurde er am 5. April 1943 verhaftet und kurz vor Kriegsende, am 9. April 1945, im KZ Flossenbürg nach einem Standgericht gehängt.
1951 erscheinen seine Aufzeichnungen aus der Haft (»Widerstand und Ergebung«).

Wilhelm Canaris

Admiral und Geheimdienstchef
geboren am 1. Januar 1887
in Aplerbeck bei Dortmund
hingerichtet am 9. April
im KZ Flossenbürg

Seine Erfolge in der Spionageabwehr und Aufklärung waren so groß, daß sein Doppelspiel lange Zeit unerkannt blieb. Der

Wilhelm Canaris.

Chef der Abwehrabteilung des Kriegsministeriums arbeitete gegen Hitler und zugleich für das Reich. Er protestierte gegen Greueltaten der SS im Osten, schützte Juden und sabotierte Versuche Hitlers, Spanien in den Krieg hinein zu ziehen. Doch im Februar 1944 hatte er seinen Kredit endgültig verspielt und wurde seines Amtes enthoben.
In der Weimarer Zeit war Canaris ein Gegner der Republik gewesen. Er stellte seine Fähigkeiten in den Dienst des »Dritten Reichs«, erkannte jedoch bald die verbrecherischen Wesenszüge der Politik Hitlers. So unterstützte er schließlich den Widerstand um Ludwig Beck und seinen engsten Mitarbeiter Hans Oster. Obwohl er ein Attentat ablehnte und sich kein Beweis für seine Beteiligung an der Verschwörung vom 20. Juli 1944 fand, wurde er drei Tage nach dem Attentat verhaftet. Am 9. April 1945 verurteilt ihn ein Standgericht im KZ Flossenbürg zum Tod durch den Strang. Noch am selben Tag wird er zusammen mit Hans Oster und Dietrich Bonhoeffer hingerichtet.

Alfred Delp

katholischer Theologe
geb. am 15. September 1907
in Mannheim
hingerichtet am 2. Februar
in Berlin-Plötzensee

Den Vorwurf, er habe von den Attentatsplänen im Juli 1944 gewußt, mußte die Anklagebehörde fallen lassen. Und

Alfred Delp.

dennoch verhängte der Volksgerichtshof am 11. Januar 1945 das Todesurteil über ihn. Der Jesuitenpriester, Redakteur und Soziologe trat für eine christliche Sozialordnung auf Grundlage der päpstlichen Enzyklika »Quadragesimo anno« von 1931 ein. Nachdem die Zeitschrift der Jesuiten *Stimmen der Zeit* 1941 eingestellt werden mußte, arbeitete er als Kirchenrektor, half verfolgten Juden und hielt private Gottesdienste und Diskussionen ab. Von 1942 an nahm er an den Treffen des »Kreisauer Kreises« teil und warb dort für ein Deutschland jenseits von Marxismus und Kapitalismus. Kontakte zu anderen Widerstandsgruppen führten 1944 auch zu einem Gespräch mit Oberst Graf von Stauffenberg. Eine Woche nach dem Attentat wurde er verhaftet, gefoltert und schließlich vom Volksgerichtshof verurteilt. Trotz der Handfesseln schrieb er in der Haft noch Briefe und notierte seine Gedanken, die nach dem Krieg unter dem Titel »Im Angesicht des Todes« veröffentlicht werden.

Johann Georg Elser

Hitler-Attentäter
geboren am 4. Januar 1903
in Hermaringen
erschossen am 9. April
im KZ Dachau

Der Kunstschreiner aus Schwaben, Sohn eines Holzhändlers, war ein schweigsamer Einzelgänger. Auf eigene Faust wollte er entschlossenen Widerstand gegen Hitlers Regime leisten. Das Münchner Abkommen und der drohende Krieg ließen ihn ein Attentat planen, bei dem Hitler am 8. November 1939 im Münchner Bürgerbräu-Keller durch eine Zeitbombe getötet werden sollte. Die Tat war genau durchdacht und so exakt vorbereitet, daß nur unvorhersehbare Ereignisse sie scheitern lassen konnten: Hitler verließ den Saal früher als geplant, 13 Minuten bevor die Bombe explodierte. Elser wurde am gleichen Abend an der Schweizer Grenze verhaftet, gestand die

Der Bürgerbräukeller nach Elsers Attentat 1939.

Tat und kam ins KZ Sachsenhausen. Er wurde verhört und gefoltert – zu unwahrscheinlich klang seine Behauptung, er habe allein gehandelt. Um die Jahreswende 1944/1945 wurde er nach Dachau verlegt, dort wird er einen Monat vor Kriegsende erschossen.

Carl Friedrich Goerdeler

Politiker und Jurist
geboren am 31. Juli 1884
in Schneidemühl
hingerichtet am 2. Februar
in Berlin-Plötzensee
Als das Attentat am 20. Juli 1944 mißlang, war Goerdeler schon untergetaucht. Er hatte den Mord an Hitler aus moralischen Gründen abgelehnt, befürwortete freilich einen Staatsstreich und war danach als Reichskanzler vorgesehen. In Widerstandskreisen vertrat der Jurist und ehemalige Oberbürgermeister Leipzigs eine deutlich konservative Linie.

Carl F. Goerdeler.

Eine autoritäre, halbdemokratische Staatsform schwebte ihm vor; zeitweise konnte er sich auch die Rückkehr zur Monarchie vorstellen. 1935 hatte er das Amt des Reichspreiskommissars aufgegeben, zwei Jahre später verließ er Leipzig aus Protest gegen die Ächtung des jüdischen Komponisten Felix Mendelssohn Bartholdy. Auf Dienstreisen für Krupp und Bosch knüpfte er Kontakte im In- und Ausland und wurde zu einem der führenden Köpfe des bürgerlichen Widerstands. Doch er entkam den NS-Schergen nicht: Am 12. August 1944 denunziert, wurde er verhaftet und am 8. September 1944 zum Tode verurteilt.

Julius Leber

Politiker
geb. am 16. November 1891
in Biesheim/Elsaß
hingerichtet am 5. Januar
in Berlin-Plötzensee
»Für eine so gute und gerechte Sache ist der Einsatz des eigenen Lebens der angemessene Preis«, schrieb Leber kurz vor seiner Hinrichtung. Der ehemalige SPD-Reichstagsabgeordnete und promovierte Staatswissenschaftler war einer der führenden Köpfe des politischen Widerstands. Der Sohn eines Landwirts überlebte am Tag nach der »Machtergreifung« 1933 ein Attentat und durchlitt eine vierjährige Haftzeit in den KZs Oranienburg und Esterwegen. Wieder auf

Julius Leber.

freiem Fuß, schlug er sich als Kohlenhändler in Berlin durch. Leber knüpfte Kontakte zum »Kreisauer Kreis« und war nach einem geglückten Attentat auf Hitler für das Amt des Reichsinnenministers vorgesehen. Doch ein vermeintlich kommunistischer Kontaktmann entpuppte sich als Gestapo-Spitzel – Leber wurde am 4. Juli 1944 verhaftet und am 20. Oktober 1944 wegen Hochverrats zum Tod durch den Strang verurteilt.

Helmuth James Graf von Moltke

Jurist
geboren am 11. März 1907
auf Gut Kreisau/Schlesien
hingerichtet am 23. Januar
in Berlin-Plötzensee
Lange galt er eher als ein Mann des Geistes denn der Tat. Doch der Mitbegründer der

Helmuth J. Graf von Moltke.

Widerstandsgruppe »Kreisauer Kreis« diskutierte nicht nur über die deutsche Zukunft, er legte auch konkrete Pläne vor, die er sogar dem US-Auslandsnachrichtendienst (OSS) überbrachte: Hilfe zum Sturz Hitlers, die Kapitulation gegenüber den Westmächten und Besetzung Deutschlands durch angloamerikanische – nicht sowjetische – Truppen waren die Kernpunkte. Doch das Angebot blieb unberücksichtigt. Als die Amerikaner ihm zu Hilfe kommen wollten, war es zu spät: Vier Tage nach Verkündung des Todesurteils wird er am 23. Januar 1945 hingerichtet.
Auf der Grundlage christlicher Verantwortung hatte er eine moralische und demokratische Erneuerung gefordert und im »Kreisauer Kreis« kritische Geister unterschiedlichster Couleur zusammengeführt. Das Attentat auf Hitler am 20. Juli 1944 lehnte er ab, galt dem Volksgerichtshof aber dennoch als geistiger Urheber des Staatsstreichversuchs.

Hans Oster

Generalmajor
geboren am 9. August 1888
in Dresden
hingerichtet am 9. April
im KZ Flossenbürg
Das Militär war von jeher sein Metier. Bei Reichswehr und Wehrmacht hatte er fast sein ganzes Berufsleben verbracht.

Hans Oster.

Oster wurde zu einer der wichtigsten Figuren des militärischen Widerstands. Der Sohn eines Dresdner Geistlichen war ab 1933 im Abwehramt des Reichswehrministeriums tätig und leitete ab 1939 dessen Zentralabteilung. Spätestens seit der Ermordung seines einstigen Chefs, des Generals Schleicher, bei der Röhm-Affäre 1934 war er entschiedener Hitler-Gegner. 1939 wagte er es sogar – allerdings vergeblich –, mehrere Nachbarstaaten über die deutschen Angriffsabsichten zu unterrichten. Mit Rückendeckung seines Vorgesetzten, Admiral Canaris, organisierte er Sprengstoff für geplante Attentate, verhalf Hunderten von Juden zur Flucht aus Deutschland und setzte sich für politisch Verfolgte ein. Im April 1943 wurde er von seinem Dienst beurlaubt und am 31. März 1944 entlassen, nachdem er sich durch seinen Einsatz für einen verhafteten Mitarbeiter selbst verdächtig gemacht hatte. Einen Tag nach dem Hitler-Attentat am 20. Juli 1944 wurde er verhaftet – Oster war als späterer Präsident des Reichskriegsgerichts vorgesehen.

Die Toten des Faschismus

... und ihre Henker

Roland Freisler

deutscher Jurist
geboren am 30. Oktober 1893 in Celle
gestorben am 3. Februar in Berlin

Als »Blutrichter« ist er in die Geschichte eingegangen, denn er schickte fast jeden in Haft oder in den Tod, der ihm als Angeklagter vor dem sog. Volksgerichtshof gegenüberstand. Brutal, voller Sarkasmus und Sadismus, überhäufte er seine Opfer – unter ihnen die Geschwister Scholl und die Attentäter des 20. Juli 1944 – mit Beschimpfungen und

Roland Freisler.

Schmähungen. Bevor er zum Vorsitzenden dieses Gerichts gegen Hoch- und Landesverräter ernannt wurde, hatte er schon etliche Posten im NS-Staat bekleidet. Ehemals vom sowjetischen Bolschewismus überzeugt, war Freisler 1925 der NSDAP beigetreten und arbeitete ab 1933 als Jurist im Staatsdienst. Er verfaßte grundlegende Schriften zur NS-Justiz und nahm als Staatssekretär im Reichsjustizministerium an der Wannsee-Konferenz (1942) teil, auf der die »Endlösung der Judenfrage« beschlossen wurde. Außerdem war er Mitarbeiter der Akademie für Deutsches Recht. Freisler kommt – während einer Verhandlung wegen Hochverrats, bei der er den Vorsitz führt – bei einem Bombenangriff ums Leben.

Joseph Goebbels

deutscher Politiker
geboren am 29. Oktober 1897 in Rheydt
Selbstmord am 1. Mai in Berlin

Er selbst entsprach ganz und gar nicht dem »arischen Rasse-Ideal«: Ein Klumpfuß entstellte ihn. Und er war wehruntauglich. Doch es gelang ihm, sein Minderwertigkeitsgefühl und den Selbsthaß auf andere zu übertragen: Juden, Kommunisten, Zigeuner, Polen ... Goebbels hatte Philosophie, Germanistik und Literaturgeschichte studiert und war 1924 der NSDAP beigetreten. Noch 1926 hatte er gefordert, den »kleinen Bourgeois Adolf Hitler« aus der Partei auszuschließen. Im gleichen Jahr wechselte er allerdings die Fronten und wurde zu dessen treuestem Anhänger; 1929 übertrug Hitler ihm das Amt des Propagandaleiters der NSDAP. Mit dem »Reichsministerium für Volksaufklärung und Propaganda«, das 1933 eigens für ihn geschaffen wurde, war Goebbels ein Instrument in die Hand gegeben, mit dem er Presse und Rundfunk, Film- und Buchproduktion sowie alle übrigen Bereiche der Kultur beherrschte. Als Rednertalent und geschickter Propagandist inszenierte er einen pseudo- religiösen Führerkult und stellte alle Mittel der Massenbeeinflussung in Hitlers Dienste. Mal schürte er Ängste und Haß, mal zeichnete er verlockende Visionen. Selbst die Niederlage in Stalingrad nutzte er und brachte das Volk in seiner berüchtigten Rede im Berliner Sportpalast (18. Februar 1943) dazu, begeistert den »totalen Krieg« zu fordern. 1944 wurde er »Generalbevollmächtigter für den totalen Kriegseinsatz«. Goebbels folgt Hitler – entgegen dessen testamentarischer Anweisung, die ihm das Amt des Reichskanzlers übertrug – in den Tod. Am 1. Mai läßt er im Führerbunker unter der Reichskanzlei seine sechs Kinder vergiften und begeht mit seiner Frau Selbstmord.

Heinrich Himmler

deutscher Politiker
geboren am 7. Oktober 1900 in München
Selbstmord am 23. Mai in Lüneburg

Er war vollständig von der NS-Ideologie durchdrungen und setzte alles daran, sie als perfekter Organisator und Administrator umzusetzen. Er organisierte die systematische Vernichtung von Millionen von Menschen und stellte KZ-Häftlinge für grausamste medizinische Versuche zur Verfügung. Angesichts von Leichenbergen »anständig« zu bleiben, bezeichnete er als ein großes Verdienst der SS-Männer. Sich selbst sah er in seinem Wahn als wiedergeborenen König Heinrich I. und träumte vom »Germanischen Reich Deutscher Nation«. Der Diplom-Landwirt und Rassenfanatiker hatte 1929 die Führung der SS übernommen und arbeitete sich schließlich zum Chef der gesamten Polizei im Reichsgebiet hoch. Der »Reichsführer-SS« ließ die KZs errichten und kontrollierte sie, beutete in SS-eigenen Betrieben die Arbeitskraft von Zwangsarbeitern aus und war für Zwangsumsiedlungen im Osten verantwortlich. Ihm unterstand auch die Waffen-SS. Seit 1943 Reichsinnenminister, übernahm er 1944 den Oberbefehl über das Ersatzheer. Himmler organisierte den Volkssturm (1944), bevor er die aussichtslose Lage erkannte und Kontakt zu den Westalliierten aufnahm. Daraufhin enthebt ihn Hitler Ende April 1945 aller Ämter und stößt ihn aus der Partei aus. Als Zivilist verkleidet versucht er unterzutauchen, wird aber erkannt und nimmt sich in britischer Gefangenschaft am 23. Mai das Leben.

Die Leiche des Joseph Goebbels.

Adolf Hitler

»Führer« und Reichskanzler
geboren am 20. April 1889 in Braunau am Inn
Selbstmord am 30. April in Berlin

Als unumschränkter Diktator beherrschte Hitler mit seinen »Führerbefehlen« seit 1933 das gesamte politische Leben in Deutschland. Sein Name steht für staatliche Willkür, Krieg und Massenmord. Nach den wirtschaftlichen Wirren und politischen Unruhen der Weimarer Republik empfand eine Mehrheit der Deutschen die diktatorische Stabilisierung des Reichs durch den NSDAP- Führer als Rückkehr zur politischen Normalität, selbst Fememorde an ehemaligen Mitstreitern, staatlich organisierte Judenpogrome und offensichtliche Kriegsvorbereitung zerstörten seinen Nimbus als »Befreier« und »sittlichen Erneuerer« Deutschlands nicht. Nach der »Machtergreifung« am 30. Januar 1933 begann Hitler umgehend, seine Herrschaft im

Staat durch die Gleichschaltung sämtlicher gesellschaftlicher Kräfte zu zementieren, Gegner auszuschalten und die letzten Beschränkungen, die dem Reich durch die Versailler Verträge gegeben waren, zu beseitigen. Widerstand wurde durch Terror und Schauprozesse im Keim erstickt. Der »Anschluß« Österreichs (1938) ließ viele Zweifler an seiner kompromißlosen Politik verstummen. Diese Zeit innerer Gleichschaltung diente zugleich der aktiven Kriegsvorbereitung; Hochrüstung und Wehrertüchtigung waren die unabdingbaren Voraussetzungen seiner ideologisch-strategischen Weltmachtträume. Die logische Konsequenz seiner Politik – von den Westmächten noch 1938 bei Abschluß des Müchner Abkommens vollkommen unterschätzt – war der Beginn des 2. Weltkrieges. Hitlers »Rubikon« war die Grenze Polens, die die deutsche Wehrmacht am 1. September 1939 überschritt und damit den brutalsten, verlustreichsten und zerstörerischsten Krieg der Weltgeschichte entfesselte. Während der charismatische Propagandist stets ein Bündnis mit den Briten als den »natürlichen Verbündeten« angestrebt hatte und nur widerwillig gegen sie zu Felde zog, entsprach das »Unternehmen Barbarossa«, der Überfall auf die Sowjetunion (1941), dem Wahn vom »Lebensraum« im Osten, den er bereits fast zwei Jahrzehnte zuvor in seinem Buch »Mein Kampf« (1923) formuliert hatte. Mit Kriegseintritt der USA (1941) trat der letztlich kriegsentscheidende Gegner auf den Plan, die verlorene Schlacht von Stalingrad (1942/43) markierte die Wende von Hitlers kriegerischer Fortüne. Doch es sollte noch zweieinhalb Jahre dauern, bis Nazi-Deutschland niedergekämpft worden war. Das gescheiterte Attentat am 20. Juli 1944 beschleunigte Hitlers körperlichen und geistigen Verfall. Der Diktator schickte in den letzten Kriegsmonaten noch Hunderttausende seines »Herrenvolks« in den Tod, bevor er am 30. April 1945, zusammen mit seiner frisch angetrauten Lebensgefährtin Eva Braun, im Führerbunker unter der Reichskanzlei Selbstmord beging (siehe S. 57). Hitlers Hinterlassenschaft bedeutete für

1944: Hitler begrüßt Mussolini im Hauptquartier »Wolfsschanze«.

Millionen Menschen auf der ganzen Welt Entwurzelung von Heimat und Familie sowie Trauer über verlorene Verwandte. Neben unvorstellbaren Greueln, die vor allem mit dem Namen der SS verbunden werden, ist es die systematische Verfolgung und Vernichtung von Juden, Zigeunern und anderen den Nazis mißliebigen Menschen in den Konzentrationslagern, die die Welt erschütterte und bis zum heutigen Tag in ihrer menschlichen Dimension unbegreiflich erscheint. Hitler ließ bis zu seinem Selbstmord nicht von seinem Rassenwahn. In seinem Testament verpflichtete er das deutsche Volk auf Einhaltung der Rassengesetze.

Pierre Laval

französischer Politiker
geboren am 26. Juni 1883
in Chateldon
hingerichtet am 15. Oktober
in Paris

Als Sozialist 1914 in die französische Nationalversammlung gewählt, als Faschist und Kollaborateur 1945 hingerichtet – Lavales wandlungsreicher Werdegang kostete ihn schließlich das Leben, ebenso wie vielen Gegnern seines Regimes in den Jahren zuvor. Der Jurist war schon mehrfach Minister und Ministerpräsident gewesen, als er 1940 nach der deutschen Besetzung Frankreichs in die Vichy-Regierung berufen wurde. Als stellvertretender Ministerpräsident brachte er die Nationalversammlung dazu, Marschall Pétain alle Vollmachten zu übertragen. Wenig später wurde er entlassen, 1942 auf Druck Hitlers jedoch wieder eingesetzt. Laval setzte auf den Sieg des deutschen Diktators. 1945 floh er nach Spanien, wurde aber ins besetzte Österreich abgeschoben und von den Amerikanern an Frankreich ausgeliefert. Das Todesurteil gegen ihn wird am 15. Oktober 1945 vollstreckt.

Benito Mussolini

italienischer Politiker
geboren am 29. Juli 1883
in Predappio
erschossen am 28. April
in Giulino de Mezzegra

Das Symbol der von ihm gegründeten Bewegung, das Rutenbündel (lat. »fascis«), gab dem Faschismus seinen Namen. Mussolini war es, der sich – schon vor Hitler – »Duce« (Führer) nennen ließ und ab 1923 eine Einparteien-Diktatur in Italien errichtete. Er kämpfte gegen Sozialisten und Kommunisten, gegen Liberale und Demokraten und vereinte dabei eine ungeheure Machtfülle auf seine Person. Ebenso wie Hitler begeisterte Mussolini das Volk mit der Vision einer Großmacht. Doch der frühere Journalist respektierte auch andere Mächte: Wirtschaft, Kirche und Monarchie spielten eine tragende Rolle im Machtgefüge Italiens. Als alliierte Truppen 1943 in Italien landeten, wurde Mussolini auf Geheiß des Königs verhaftet. Wenig später von deutschen Fallschirmjägern aus der Haft befreit, fristete er sein Dasein als Chef der »Repubblica Sociale Italiana« am Gardasee – eine Marionette der Deutschen. Beim Versuch, in die Schweiz zu fliehen, wurden er und seine Geliebte am 27. April 1945 von Partisanen erkannt; einen Tag später werden sie erschossen und in Mailand zur Volksbelustigung öffentlich an den Füßen aufgehängt.

Vidkun Quisling

norwegischer Politiker
geboren am 18. Juli 1887
in Fyresdal
hingerichtet am 24. Oktober
in Oslo

Sein Name steht seit Ende des Krieges weltweit für Verrat und Kollaboration. In den dreißiger Jahren hatte der frühere Anhänger der Sowjetunion die faschistische »Norwegische Volkserhebung« (später »Nasjonal Samling«) gegründet und ließ sich »Forer« (Führer) nennen. Mit seinem gegen Juden und Marxisten gerichteten Programm gelang ihm allerdings

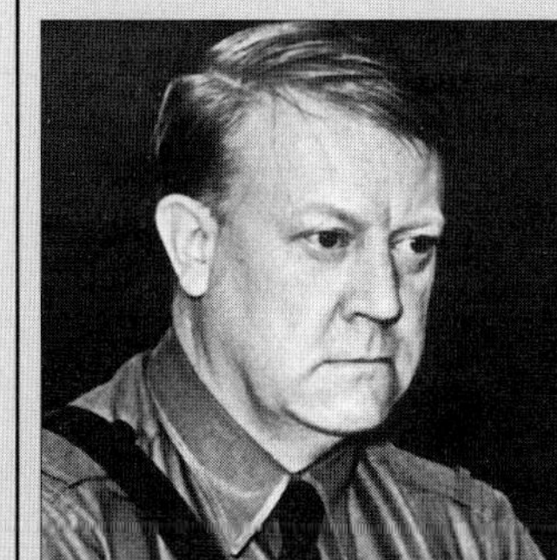

Vidkun Quisling.

nie der Einzug ins Parlament. 1939 besuchte er Hitler in der Reichskanzlei, wurde nach der Besetzung seines Landes Ministerpräsident und stand später an der Spitze einer »nationalen Regierung«. Doch weder Terrorjustiz noch ein Heer von Spitzeln brachten ihm wirkliche Macht über sein Land. Etliche Institutionen und Verbände waren ihm feindlich gesonnen. Auch in der Besatzungspolitik des Deutschen Reiches hatte er kaum ein Wort mitzureden. Am 10. September 1945 wird er zum Tode verurteilt.

Christiane Deuse

Die Kriegsgegner im Zweiten Weltkrieg

Dreimächtepaktstaaten

Von den Achsenmächten besetzte Gebiete

Weitester Machtbereich (1942)

Alliierte

Neutrale Staaten

1939–45 Kriegsbeginn mit Deutschland

Welt im Krieg

Zahlen des Jahres

Für das zerstörte, besetzte und von Flüchtlings- und Vertriebenenströmen überschwemmte Gebiet der vier Besatzungszonen nach dem Zweiten Weltkrieg gibt es natürlich für das Jahr 1945 kein auch nur halbwegs gesichertes demographisches oder wirtschaftliches Datenmaterial. Die einzigen verfügbaren Daten sind aus dem Jahr 1939 und würden ein verfälschtes Bild der Wirklichkeit im Nachkriegsdeutschland zeichnen. Aus diesem Grund haben wir auf eine derartige Aufstellung verzichtet. Stattdessen werden auf den folgenden zwei Seiten Zahlen angeboten, die schlaglichtartig die Wirklichkeit des Jahres 1945 beleuchten, sowie eine Bevölkerungsstatistik, die auf der Volkszählung vom 29. 10. 1946 beruht.

Bevölkerungsverluste in Europa
Gefallene und vermißte Soldaten

	Tote
Amerikaner	170 000
Engländer	330 000
Franzosen	250 000
Belgier	10 000
Holländer	10 000
Norweger	10 000
Deutsche	3 250 000
Italiener	330 000
Österreicher	230 000
Tschechen	20 000
Ungarn	120 000
Jugoslawen	300 000
Griechen	20 000
Bulgaren	10 000
Rumänen	200 000
Polen	120 000
Finnen	90 000
Sowjetrussen	13 600 000
gesamt	19 070 000

Ziviltote

	Tote
Engländer	60 000
Franzosen	270 000
Belgier	50 000
Holländer	100 000
Deutsche	3 640 000
Italiener	70 000
Österreicher	40 000
Tschechen	70 000
Ungarn	80 000
Jugoslawen	1 300 000
Griechen	80 000
Rumänen	40 000
Polen	2 500 000
Litauer	170 000
Letten	120 000
Esten	140 000
Sowjetrussen	6 000 000
gesamt	14 730 000

in Europa insgesamt

Gefallene (in Millionen)	
Soldaten	19,0
Ziviltote	14,7
ermordete Juden	5,9
gesamt	39,6

Ermordete Juden (Zahlen nach Leszczynski, Juni 1946; neuere geschätzte Zahlen weichen nicht erheblich von diesen Zahlen ab)

	Tote
Frankreich	90 000
Belgien	40 000
Niederlande	90 000
Luxemburg	3 000
Dänemark	1 500
Norwegen	1 500
Deutschland	170 000
Österreich	40 000
Tschechoslowakei	260 000
Ungarn	200 000
Italien	15 000
Jugoslawien	55 000
Griechenland	60 000
Rumänien	425 000
Bulgarien	7 000
Polen	2 800 000
Sowjetunion (mit Litauen, Lettland und Estland)	1 720 000
gesamt	5 978 000

Bevölkerungsverluste in Asien und im Pazifik
Gefallene und vermißte Soldaten

	Tote
Amerikaner	50 000
Neuseeländer	10 000
Australier	30 000
Engländer	40 000
Chinesen	3 500 000
Japaner	1 700 000
gesamt	5 330 000

Ziviltote

Chinesen	10 000 000
Japaner	360 000
gesamt	15 690 000

(nach: Putzger, Historischer Weltatlas)

Zusammenstellung der Bevölkerungsverluste in Europa und Asien

	Millionen Tote
Europa	39,6
Asien	15,7
gesamt	55,3

Zerstörter Wohnraum

Wohnungen	1939	davon 1945 zerstört
Im Gebiet		
der Bundesrepublik	10 835 200	2 202 300
der DDR	4 745 000	640 000
von Großberlin	1 543 000	556 000

Städte	Trümmermenge 1945 (in Mill. cbm)	Beseitigte Trümmermenge bis 1951 (in Mill. cbm)
Hamburg	43,0	11,7
Köln	30,2	8,1
Essen	20,2	3,6
Dortmund	18,4	5,4
Bremen	9,5	3,1

Lebensmittelkarte Hamburg 1945

Margarine	75 g =	566 kcal
Butter	200 g =	1 540 kcal
Schmalz	125 g =	1 110 kcal
Fleisch	450 g =	540 kcal
Fisch	300 g =	210 kcal
Käse	62,5 g =	100 kcal
Quark	125 g =	110 kcal
Zucker	500 g =	2 000 kcal
Marmelade	250 g =	500 kcal
Nährmittel	2000 g =	7 000 kcal
Brot	10 100 g =	24 240 kcal
Magermilch	1 500 g =	600 kcal
In 28 Tagen		= 38 516 kcal

1 Kilokalorie entspricht der Wärmemenge, durch die 1 Liter Wasser um 1 Grad Celsius erwärmt wird.

Fläche und Bevölkerung der Besatzungszonen

Länder	Fläche in 1000 qkm	Wohnbevölk. nach der Volkszählung vom 17. 5. 1939 in 1000	Ortsanw. Bev. nach der Volkszählung vom 29. 10. 1946 in 1000	Bev. in den jeweil. Zonen Berlins in 1000	Zu- und Abnahme der Bevölk. 1946 gegenüber 1939	Bevölkerungsdichte auf 1 qkm 1939	1946
Schleswig-Holstein	15,7	1 589,9	2 650,9		+ 66,7 %	101	169
Hansestadt Hamburg	0,7	1 711,7	1 426,7		– 16,7 %	2 445	2 038
Niedersachsen	47,3	4 541,8	6 448,4		+ 42,0 %	96	136
Nordrhein-Westfalen	34,0	11 946,5	11 798,6		– 1,2 %	351	347
Britische Zone insgesamt	97,7	19 789,9	22 324,6	602,5	+ 12,8 %	203	229
Bayern	70,3	7 037,6	8 983,0		+ 27,6 %	100	128
Hessen	15,7	3 178,6	4 050,2		+ 27,4 %	202	258
Württemberg-Baden	21,1	3 479,1	3 649,6		+ 4,9 %	165	173
Bremen	0,4	562,3	491,6		– 12,5 %	1 406	1 229
Amerikanische Zone insgesamt	107,5	14 257,6	17 174,4	975,5	+ 20,5 %	133	160
Baden	9,9	1 230	1 190		– 3,3 %	124	120
Württemberg/ Hohenzollern	10,4	1 076	1 129		+ 4,9 %	103	108
Rheinland-Pfalz	19,8	3 016	2 770		– 8,2 %	152	139
Saargebiet	2,5	887	850		– 4,1 %	355	330
Französische Zone insgesamt	42,8	6 209	5 939	421,4	– 4,4 %	145	139
Französische Zone ohne Saargebiet	40,2	5 322	5 089		– 4,4 %	133	126
Mark Brandenburg	26,9	2 413,9	2 535,7		+ 5,0 %	90	94
Mecklenburg	23,6	1 405,4	2 148,5		+ 52,9 %	60	91
Sachsen-Anhalt	24,4	3 442,0	4 162,1		+ 20,9 %	141	171
Thüringen	15,8	2 430,6	2 943,2		+ 21,1 %	154	186
Sachsen	17,1	5 465,2	5 543,4		+ 1,4 %	320	324
Sowjetische Zone insgesamt	107,8	15 157,1	17 332,9	1 170,3	+ 14,4 %	141	161

Staatsoberhäupter und Regierungen in Deutschland, Österreich und der Schweiz

Deutsches Reich (bis zum 30. 4.)

Reichspräsident:	Adolf Hitler
Reichskanzler:	Adolf Hitler (NSDAP)
Außenminister:	Joachim von Ribbentrop (NSDAP)
Innenminister:	Heinrich Himmler (NSDAP)
Finanzminister:	Johann Ludwig Graf Schwerin von Krosigk (parteilos)
Wirtschaftsminister:	Walter Funk (NSDAP)
Arbeitsminister:	Franz Seldte (NSDAP)
Justizminister:	Otto Georg Thierack (NSDAP)
Postminister:	Wilhelm Ohnesorge (NSDAP)
Verkehrsminister:	Julius Dorpmüller (NSDAP)
Ernährungsminister:	Herbert Backe (NSDAP)
Minister für Volksaufklärung und Propaganda:	Joseph Goebbels (NSDAP)
Minister für Wissenschaft, Erziehung und Volksbildung:	Bernhard Rust (NSDAP)
Chef des Oberkommandos der Wehrmacht:	Wilhelm Keitel
Oberbefehlshaber des Heeres:	Adolf Hitler (NSDAP)
Oberbefehlshaber der Kriegsmarine:	Karl Dönitz (parteilos)
Oberbefehlshaber der Luftwaffe:	Hermann Göring (NSDAP)

Geschäftsführende Reichsregierung (1. 5. – 23. 5.)

Reichspräsident:	Karl Dönitz
Leiter, Äußeres und Finanzen:	Johann Graf Schwerin von Krosigk
Inneres und Kultus:	Wilhelm Stuckart
Arbeit und Soziales:	Franz Seldte
Ernährung, Landwirtschaft und Forsten:	Herbert Backe
Industrie:	Albert Speer
Verkehr und Post:	Julius Dorpmüller

Die Militärgouverneure der Siegermächte (ab 5. 6. 1945)

Dwight D. Eisenhower (USA)
Georgi K. Schukow (UdSSR)
Bernard Law Montgomery (Großbritannien)
Pierre Kœnig (Frankreich)

Schweiz

Bundespräsident:	Eduard von Steiger
Chef des Politischen Departements (Äußeres):	Marcel Pilet-Golaz (freisinnig; 1940 – 4.1.1945), Max Petitpierre (freisinnig; ab 4. 1.)
Chef des Departements des Innern:	Philipp Etter (kath.-kons.)
Chef des Departements für Justiz und Polizei:	Eduard von Steiger (Bauern-, Gewerbe- und Bürgerpartei)
Chef des Departements für Finanzen und Zölle:	Ernst Nobs (Sozialdemokrat)
Chef des Militär-Departements:	Karl Kobelt (freisinnig)
Chef des Volkswirtschaftlichen Departements:	Walter Stampfli (freisinnig)
Chef des Departements für Post und Eisenbahn	Enrico Celio (kath.-kons.)

Die Regierungschefs der besetzten deutschen Länder, Freien Hansestädte und Berlins 1945

Bayern:	Fritz Schäffer (BVP)	Ministerpräsident (28. 5. 1945 – 28. 9. 1945)
	Wilhelm Hoegner (SPD)	Ministerpräsident (3. 10. 1945 – 1946, 1954 – 1957)
Berlin:	Arthur Werner (parteilos)	Oberbürgermeister (13. 5. 1945 – 1946)
Braunschweig:	Hubert Schlebusch (SPD)	Ministerpräsident (Mai 1945 – 1946)
Bremen:	Erich Vagts	Regierender Bürgermeister (22. 6. 1945 – 10. 8. 1945)
	Wilhelm Kaisen (SPD)	Regierender Bürgermeister und Senatspräsident (10. 8. 1945–1965)
Hamburg:	Rudolf H. Petersen (CDU)	Erster Bürgermeister (13. 8. 1945 – 1946)
Hessen:	Karl Geiler (parteilos)	Ministerpräsident (17. 10. 1945 – 1946)
Lippe (Schaumburg-Lippe):	Heinrich Drake (SPD)	Ministerpräsident (1920/21, 1921 – 1933, Mai 1945 – 1947)
Oldenburg:	Theodor Tantzen	Ministerpräsident (1919 – 1923, Mai 1945 – 1946)
Sachsen:	Rudolf Friedrichs (SPD, ab 1946 SED)	Ministerpräsident (4. 7. 1945 – 1947)
Sachsen-Anhalt:	Erhard Hübener (LDP)	Ministerpräsident (August 1945 – 1950)
Thüringen:	Hermann Louis Brill (SPD)	Leiter der Landesverwaltung (April – Juli 1945)
	Rudolf Paul (SPD, ab 1946 SED)	Vorsitzender der Landesverwaltung (Juli 1945 – 1946)
		Ministerpräsident (1946/47)
Württemberg-Baden:	Reinhold Maier (DVP/FDP)	Ministerpräsident (24. 9. 1945 – 1952)

Österreich

Von den Besatzungsmächten ernannte Regierung 27. 4. 1945 – 20. 12. 1945

Bundeskanzler:	Karl Renner (SPÖ)
Vizekanzler:	Leopold Figl (ÖVP)
	Adolf Schärf (SPÖ)
	Johann Koplenig (KPÖ)
Außenminister:	Karl Gruber (ÖVP)
Innenminister:	Karl Honner (KPÖ)
Minister für Unterricht, Erziehung und Volksaufklärung:	Ernst Fischer (KPÖ)
Justizminister:	Josef Gerö (parteilos)
Finanzminister:	Georg Zimmermann (parteilos)
Minister für Industrie, Gewerbe, Handel:	Eduard Heinl (ÖVP)
Minister für Öffentliche Arbeiten und Wiederaufbau:	Julius Raab (ÖVP)
Minister für Soziale Verwaltung:	Johann Böhm (SPÖ)
Ernährungsminister:	Andreas Korp (SPÖ)

20. 12. 1945 – 1949

Bundespräsident:	Karl Renner (SPÖ)
Bundeskanzler:	Leopold Figl (ÖVP)
Vizekanzler	Adolf Schärf (SPÖ)
Außenminister:	Karl Gruber (ÖVP)
Innenminister:	Oskar Helmer (SPÖ)
Unterrichtsminister:	Felix Hurdes (ÖVP)
Justizminister:	Josef Gerö (parteilos)
Finanzminister:	Georg Zimmermann (parteilos)
Handelsminister:	Eugen Fleischacker (ÖVP)
Verkehrsminister:	Vinzenz Übeleis (SPÖ)
Minister für Öffentliche Arbeiten und Wiederaufbau:	Julius Raab (ÖVP)
Minister für Soziale Verwaltung:	Karl Maisel (SPÖ)
Ernährungsminister:	Hans Frenzel (SPÖ)

Staatsoberhäupter und Regierungen Europas und der großen Staaten in Übersee

SP = Staatspräsident; MP = Ministerpräsident; AM = Außenminister
[In Klammern der vermutlich letzte Tag der Amtszeit; meist aus dem Beginn der Amtszeit des Nachfolgers abgeleitet.]

Australien

BG:	Sir Winston Joseph Dugan	5. 9. 1944 – (30. 1.) 1945
	Heinrich, Herzog von Gloucester	30. 1. 1945 – 1947
MP:	John Curtin	6. 10. 1941 – (5. 7.) 1945
	Joseph B. Chifley	5. 7. 1945 – 1949
AM:	Sir Herbert Vere Evatt	7. 10. 1941 – 13. 12. 1949

BG = Britischer Generalgouverneur

Brasilien

SP:	Dr. Getulio Dornelles Vargas	4. 11. 1930 – 30. 10. 1945
	José Linhares	30. 10. 1945 – 1946
AM:	Osvaldo Aranha	1938 – 24. 8. 1944
	Pedro Leão Vellozo	24. 8. 1944 – 23. 1. 1946

Bulgarien

König:	Simeon II.	28. 8. 1943 – 8. (15.) 9. 1946

Während seiner Minderjährigkeit übernimmt ein Regentschaftsrat die Regierung:

RR:	Wenelin Ganew, Theodor Pawlow, Boboschewski	9. 9. 1944 – 8. 9. 1946
MP:	Kimon Geórgiew	9. 9. 1944 – 20. 3. 1946
AM:	Petko Stainow	9. 9. 1944 – 21. 3. 1946

RR = Regentschaftsrat

China

SP:	Chiang Kai-shek	30. 5. 1943 – 21. 1. 1949
PE:	Sung Tsö-wön	4. 12. 1944 – 1. 3. 1947

PE = Präsident des Exekutivrates

Dänemark

König:	Christian X.	5. 1912 – 20. 4. 1947
MP:	Harold R. Erik (von) Scavenius (Der Rücktritt vom 29. 8. 1943 wird vom König erst am 5. 5. 1945 angenommen)	10. 11. 1942 – 29. 8. 1943
	Vilhelm Buhl	5. 5. – 7. 11. 1945
	Knud Kristensen	8. 11. 1945 – 1947
AM:	Harold R. Erik (von) Scavenius (Der Rücktritt wird erst am 5. 5. 1945 angenommen)	5. 7. 1940 – 29. 8. 19432
	J. Christmas Møller	5. 5. – 8. 11. 1945
	Gustav Rasmussen	8. 11. 1945 – 1950

Finnland

SP:	Karl Gustav Emil Frhr. von Mannerheim	4. 8. 1944 – 4. 3. 1946
MP:	Juho Kusti Paasikivi	17. 11. 1944 – 4. 3. 1946
AM:	Carl Enckell	9. 8. 1944 – 1. 3. 1950

Regierungen des Jahres

Frankreich

SP:	Henri Philippe Pétain (Chef d'Etat)	11. 7. 1940 – 24. 4. 1945
	Charles de Gaulle (vorläufig. Staatspräs.)	28. 8. 1944 – 16. 1. 1946
(im deutsch besetzten Gebiet:)		
MP:	Fernand de Brinon (in Sigmaringen)	30. 9. 1944 – 24. 4. 1945
(im befreiten Gebiet:)		
MP:	Charles de Gaulle (in Paris)	10. 9. 1944 – 16. 11. 1945 21. 11. 1945 – 20. 1. 1946
AM:	Georges Bidault	10. 9. 1944 – 16. 11. 1945 21. 11. 1945 – 20. 1. 1946

Griechenland

König:	Georg II.	3. 11. 1935 – 1. 4. 1947
(April 1941 – 27. 9. 1946 in Verbannung)		
Regent:	Erzbischof Damaskinos von Athen	Januar 1945 – 1946
MP:	Nikolaos Plastiras	3. 1. – 9. 4. 1945
	Peter Vulgaris	9. 4. – 9. 10. 1945
	Erzbischof Damaskinos	17. 10. – 1. 11. 1945
	Panajotis Kanellopulos	1. 11. – 20. 11. 1945
	Themistokles Sofulis	21. 11. 1945 – 1. 4. 1946

Großbritannien

König:	Georg VI.	10. 12. 1936 – 6. 2. 1952
PM:	Winston Churchill	10. 5. 1940 – 27. 7. 1945
	Clement Attlee	27. 7. 1945 – 26. 10. 1951
AM:	Robert Anthony Eden	23. 12. 1940 – 27. 7. 1945
	Ernest L. Bevin	27. 7. 1945 – 26. 10. 1951

PM = Premierminister

(Britisch-)Indien

VK:	Sir Archibald Parcival Wavell Viscount Wavell of Cyrenaika and Winchester	1. 10. 1943 – 21. 2. 1947

VK = Vizekönig

Irland

P:	Dubhglas de hÍde (= Douglas Hyde)	3. 5. 1938 – 25. 6. 1945
	Seán Tomás O'Ceallaigh (= Sean Thomas O'Kelly)	25. 6. 1945 – 25. 6. 1959
MP:	Eamon de Valera	Juni 1944 – 18. 2. 1948
AM:	Eamon de Valera	8. 2. 1933 – 18. 2. 1948

P = Präsident

Island

SP:	Sveinn Björnsson	17. 6. 1944 – 24. 1. 1952
MP:	Ólafur Thors	21. 10. 1944 – 10. 10. 1946

Italien

König:	Viktor Emmanuel III.	29. 7. 1900 – 9. 5. 1946
MP:	Ivanoe Bonomi	12. 12. 1944 – 8. 6. 1945
	Feruccio Parri	19./25.6. – 26. 11. 1945
	Alcide de Gasperi	4./10. 12. 1945 – 1953
AM:	Alcide de Gasperi	12. 12. 1944 – 28. 6. 1946
(faschistische Gegenregierung in Salò am Gardasee:)		
MP und AM:	Benito Mussolini	15. 9. 1943 – 28. 4. 1945

Japan

Kaiser:	Hirohito	24. 12. 1926 – 7. 1. 1989
MP:	Kunaiki Koiso	22. 7. 1944 – 5. 4. 1945
	Kantarō, Baron Suzuki	7. 4. – 14. 8. 1945
	Naruhiko, Prinz Higashikuni	17. 8. – 6. 10. 1945
	Kijūrō, Baron Shidehara	6. 10. 1945 – 22. 4. 1946
AM:	Mamoru Shigumetsu	20. 4. 1943 – 5. 4. 1945
	Shigenori Tōgō	9. 4. – 14. 8. 1945
	Mamoru Shigumetsu	17. 8. – 17. 9. 1945
	Shigeru Yoshida	17. 9. 1945 – 1947

Jugoslawien

König:	Peter II.	1934 – 1945 (seit 1941 im Exil)
Vorsitzender des Präsidiums der Nationalversammlung:	Johann Ribar	29. 12. 1945 – 14. 1. 1953
MP:	Josip (Broz) Tito	29. 11. 1943 – 1963
SP:	Josip (Broz) Tito	14. 1. 1953 – 1980

Kanada

BG:	Alexander Earl of Athlone	4. 4./21. 6. 1940 – (12. 4. 1946)
MP und AM:	William Lyon Mackenzie	25. 10. 1935 – 15. 11. 1948

BG = Brit. Gouverneur

Kroatien (ab 1946 eine der sechs Volksrepubliken Jugoslawiens)

SO:	Ante Pavelić	4. 1941 – 5. 1945
MP:	Nikolaus Mandić	2. 9. 1943 – 5. 1945
AM:	Mehmed Alajbegović	5. 5. 1944 – 9. 5. 1945

SO = Staatsoberhaupt

Liechtenstein

Fürst:	Franz Josef II.	seit 30. 3. 1938

Luxemburg

GH:	Charlotte	14. 1. 1919 – 1964
MP:	Pierre Dupong	5./6. 11. 1937 – 13. 2. 1947
AM:	Joseph Bech	5. 11. 1937 – 10. 12. 1958

GH = Großherzogin

Niederlande

Königin:	Wilhelmine	23. 11. 1890 – 2. 9. 1948
MP:	Pieter Sjoerd Gerbrandy	3. 9. 1940 – 16. 5. 1945 (Exil in London)
	Willem Schermerhorn	24. 6. 1945 – 17. 5. 1946
AM:	Eelco Nicolaas van Kleffens	3. 9. 1940 – 16. 5. 1945 (Exil in London) 24. 6. 1945 – 1. 3. 1946

Norwegen

König:	Haakon VII. (1940 – 1945 im Exil)	7. 11. 1905 – 21. 9. 1957
LV:	Vidkun Quisling	15./24. 4. 1940 – 9. 5. 1945
RK:	Josef Terboven	24. 4. 1940 – 30. 4. 1945
MP:	Einar Gerhardsen	9. 5. 1945 – 13. 11. 1951
AM:	Trygve Lie (bis Mai 1945 im Exil in London)	22. 2. 1941 – 1. 2. 1946

LV = Leiter des Verwaltungsrates; RK = Reichskommissar

Polen

SP:	Boleslaw Bierut	1. 1945 – 20. 11. 1956
MP und AM:	Eduard Osóbka-Morawski	1. 1. 1945 – 4. 2. 1947
AM:	Vinzenz Rzymowski	28. 6. 1945 – 4. 2. 1947

Portugal

SP:	António Óscar Fragoso Carmona	9. 8. 1926 – 18. 4. 1951
MP:	António de Oliveira Salazar	18. 1. 1936 – 9. 1968
AM:	António de Oliveira Salazar	24. 11. 1936 – 3. 2. 1947

Rumänien

König:	Michael	6. 10. 1940 – 30. 12. 1947
MP:	Nicolae Rădescu	7. 12. 1944 – 28. 2. 1945
	Petru Groza	6. 3. 1945 – 2. 6. 1952
AM:	Konstantin Visoianu	5. 11. 1944 – 6. 3. 1945
	Gheorghe Tatarescu	6. 3. 1945 – 6. 11. 1947

Schweden

König:	Gustav V.	8. 12. 1907 – 29. 10. 1950
MP:	Per Albin Hansson	13. 12. 1939 – 6. 10. 1946
AM:	Christian Günther	13. 12. 1939 – 12. 8. 1945
	Östen Undén	12. 8. 1945 – 15. 9. 1962

Spanien

SP und MP:	Francisco Franco Bahamonde	1. 10. 1936 – 1975
AM:	Francisco Gómez Graf Jordana y Souza	3. 9. 1942 – 3. 8. 1944
	José Félix de Lequerica y Erquicia	11. 8. 1944 – 20. 7. 1945
	Alberto Martín Artajo	20. 7. 1945 – 23. 2. 1957

Tschechoslowakei/Reichsprotektorat Böhmen-Mähren

SP:	Emil Hácha	30. 9. 1938 – 4. 5. 1945
	Eduard Beneš	4. 5. 1945 – 7. 6. 1948
(Unter deutscher Besetzung:)		
RP:	Wilhelm Frick	2. 9. 1943 – 8. 5. 1945
MP:	Joroslav Krejčí	19. 1. 1942 – 4. 5. 1945
(im Exil in London:)		
MP:	Jan Šrámek	18. 7. 1940 – 5. 1945
AM:	Jan Masaryk	18. 7. 1940 – 5. 1945
(Republik:)		
MP:	Zdeněk Fierlinger	5. 4. 1945 – 19. 6. 1946
AM:	Jan Masaryk	5. 4. 1945 – 10. 3. 1948

RP = Reichsprotektor

Türkei

SP:	Ismet Inönü	11. 11. 1938 – 22. 5. 1950
MP:	Sükrü Saracoğlu	9. 3. 1943 – 5. 8. 1946
AM:	Hasan Saka	13. 9. 1944 – 5. 8. 1946

UdSSR

VP:	Michaíl Iwánowitsch Kalínín	3. 1919 (1923) – 19. 3. 1946
VR:	Josef W. Stalin	7. 5. 1941 – 5. 3. 1953
VA:	Wjatscheslaw M. Mólotow	4. 5. 1939 – 5. 3. 1949

VP = Vorsitzender des Präsidiums des Obersten Sowjet (= Staatspräsident); VR = Vorsitzender des Rates der Volkskommissare (= Ministerpräsident); VA = Volkskommissar des Äußeren

Ungarn

König:	Otto II. (lebt in Bayern)	1. 4. 1922 – 1944/45
RV:	Ferenc Szálasi	15. 10. 1944 – 4. 1945
MP:	Ferenc Szálasi	16. 10. 1944 – 4. 1945
	Béla Dálnoki-Miklós	3. 12. 1944 – 15. 11. 1945
	(anfangs nur in den russisch besetzten Landesteilen)	
	Zoltán Tildy	15. 11. 1945 – 1. 2. 1946
AM:	Gabriel Frhr. von Kemény	16. 10. 1944 – 4. 1945
	István Gyöngyössi	3. 12. 1944 – 30. 5. 1947
	(anfangs nur in den russisch besetzten Landesteilen)	

RV = Reichsverweser

USA

P:	Franklin D. Roosevelt	4. 3. 1933 – 12. 4. 1945
	Harry S. Truman	12. 4. 1945 – 20. 1. 1953
AM:	Edward Reilly Stettinius jr.	27. 11. 1944 – 1. 7. 1945
	James Francis Byrnes	1. 7. 1945 – 10. 1. 1947

P = Präsident

Personenregister

Im Registeralphabet sind ä wie ae, ö wie oe und ü wie ue eingereiht. Kursive Ziffern nach dem Stichwort beziehen sich auf Abbildungen.

Personenregister

Im Registeralphabet sind ä wie ae, ö wie oe und ü wie ue eingereiht.

Sachregister

Bildnachweis

Für einige Abbildungen konnte der Verlag bis zum Zeitpunkt der Drucklegung die Rechteinhaber nicht ermitteln. Berechtigte Ansprüche werden im nachhinein selbstverständlich abgegolten.

Archiv DAMALS (97); Archiv für Kunst und Geschichte, Berlin (12); Franz Beckenbauer (1); Bärbel Bohley (1); Deutsche Presse Agentur (dpa), Bildarchiv (9); DVA Archiv (77); Hallberger Archiv (83); Maria Jepsen (1); Kilpper Archiv (76); Wim Wenders (1); Peter von Zahn, Stimme der ersten Stunde (2); ZDF-Archiv (15)

Die Deutsche Bibliothek – CIP-Einheitsaufnahme

Damals . . . /
Guido Knopp.–
Stuttgart: Deutsche Verlags-Anstalt
NE: Knopp, Guido [Hrsg.]

1945. Das Jahr Null, Hauptw.
In Zusammenarbeit mit Stefan Brauburger . . . –1994
ISBN 3-421-06745-7
NE: Brauburger, Stefan

Lektorat: Werner Wahls
Typographische Gestaltung:
Brigitte Müller und Edgar Schill
Satz: Fotosatz Sauter GmbH, Donzdorf
Reproduktionen:
Reprotechnik Herzog GmbH, Stuttgart
Druck und Bindearbeit:
Friedrich Pustet, Regensburg
Printed in Germany
ISBN 3-421-06745-7

Über damals im Bilde

Klaus Hildebrand Das vergangene Reich

Hatte Thomas Mann recht, wenn er befand: »Durch Kriege entstanden, konnte das unheilige Deutsche Reich preußischer Nation immer nur ein Kriegsreich sein«? Auf alle Fälle aber war die Außenpolitik das Schicksal des Deutschen Reiches, wie es Sebastian Haffner formulierte. Klaus Hildebrand legt hier das umfassende Werk über den deutschen Nationalstaat in seinem internationalen Geflecht vor. Deutsche Geschichte zwischen Bismarck und Hitler aus einem besonders spannenden Blickwinkel betrachtet.
ca. 1400 Seiten

Martin Wein Schicksalstage

544 Seiten mit 70 Abbildungen

Von 842 und den »Straßburger Eiden« bis 1989 und zur Maueröffnung in Berlin spannt sich der Bogen dieses aufregenden und spannenden Lese-Buchs. Es führt den Leser wie an einem Ariadnefaden durch das Labyrinth der deutschen Geschichte.

Das Deutsche Reich und der Zweite Weltkrieg

Zusammen mehr als 5000 Seiten mit vielen Karten, Faksimiles und Tabellen.

Warum strebte Deutschland die Hegemonie in Europa an? War »Lebensraum« im Osten notwendig? Wie verhielt sich das deutsche Volk in den Krisen 1938/39 und während des Kriegs? Wie konnte die deutsche Führung immer wieder die Rohstoff- und Ernährungsengpässe überwinden? Welche Bedeutung hatten die »Blitzkriege«? Wie konnte es zur Katastrophe von Stalingrad kommen?
Dieses zehnbändige Werk gibt Antwort.

DVA

Gustav Trampe (Hrsg.) Die Stunde Null

Erinnerungen an das Kriegsende 1945
ca. 320 Seiten

Ein lebendiges Bild der Stunde Null entsteht aus den zahlreichen ganz persönlichen Erinnerungen bekannter und weniger bekannter Mitmenschen, die dieses Buch miterleben läßt. Das Ende des Krieges fernab der großen Politik, wie es der einzelne Mensch erlebt hat. Ein ganz persönliches Zeitdokument.

Gerhard L. Weinberg Weltgeschichte des Zweiten Weltkriegs

2 Bände mit je ca. 650 Seiten im Schuber

Gerhard Weinberg legt hier nach Einsicht sämtlicher britischen, amerikanischen und deutschen Archive eine einzigartige Gesamtdarstellung des Zweiten Weltkriegs vor. Aus einer globalen Perspektive, die nicht nur sämtliche Kriegsereignisse betrachtet, sondern ebenso die Rolle von Diplomatie und Strategie, Aufklärung und Spionage und den Einfluß, den ein solcher Krieg auf die betroffenen Gesellschaften hat.

Eberhard Jäckel Hitlers Weltanschauung

Hitlers Herrschaft

176 bzw. 184 Seiten

Das gedankliche System Hitlers, wie er an die Macht kommen und seine unumschränkte Herrschaft errichten konnte, wie der Weg in den Krieg und zur Vernichtung der Juden verlief zeigt in diesen beiden Bänden einer »der fähigsten Autoren über den Nationalsozialismus«.